2025
제11회

최신판

 유튜버 나원참

손해평가사 2차 이론서

이론과 실무 및 손해평가 하권

| 개념·예제 설명 + 실전문제풀이 |

아무나 합격하는 것이 아니라 준비된 수험생들만 합격하는 아주 어렵고 고급스런 자격증입니다.

나원참 편저

영상 바로가기

"손해평가사 강의의 새로운 중심!! 나원참 손해평가사"

머리말
PREFACE

손해평가사의 바램이 되어~

안녕하세요 손해평가사 나원참입니다.

손해평가사 2차시험을 준비하고 계신 수험생 여러분들께 희망과 바램을 드리고자 이 책을 출간하게 되었습니다.

농업정책보험금융원의 이론서는 복잡하고 실망스런 설명으로 수험생들을 혼란스럽게 하고 이해하는데 어려움이 많이 있습니다. 손해평가 이론과 실무에 해당되는 내용들을 주제별로 묶어서 설명하고 예제문제 풀이를 통한 개념이해를 쉽게 만들었습니다.

논란이 되는 부분들도 잘 정리하여 문제풀이 요령 그리고 답안작성 방법에 대해서 자세하게 설명을 합니다.

손해평가사 2차시험은 아무나 합격하는 시험이 아니고 준비된 10% 수험생들만 합격하는 시험입니다. 10회 시험에서 5.9% 합격률이 발표되었듯이 10명 중에 9명은 불합격되는 시험으로 철저하게 준비를 해야 합격 할 수 있습니다.

어려운 시험에 수험생 여러분들이 합격 할 수 있도록 최선을 다해 열심히 노력하겠습니다.

감사합니다.

손해평가사 나원참

목차
CONTENTS

01

적과전종합
위험

01 적과전종합위험

◎ 적과전종합위험방식

■ 보험기간

(착과감소)

① **사과, 배:** 계약체결일 24시(2월경에 계약 체결)

　　　~적과종료시점(다만, 판매개시연도 6월 30일을 초과할 수 없음)

② **단감, 떫은감:** 계약체결일 24시 ~적과 종료시점(다만, 판매개시연도 7월 31일을 초과할 수 없음)

(과실손해)

① **태풍.지진.집중호우.화재.우박:** 적과종료 이후 ~수확기 종료시점(다만, 판매개시연도 11월 30일을 초과할 수 없음)

② **일소피해:** 적과종료이후 ~ 판매개시연도 9월 30일

② **가을동상해**

　　㉠ **사과, 배:** 판매개시연도 9월 1일 ~수확기종료시점(다만, 판매개시연도 11월 10일을 초과할 수 없음)

　　㉡ **단감, 떫은감:** 판매개시연도 9월 1일 ~수확기종료시점(다만, 판매개시연도 11월 15일을 초과할 수 없음)

(나무손해): 판매개시연도 2월 1일 또는 계약체결일 24시~이듬해 1월 31일

* 표본주 선정 ⇨ (과수4종, 포복자만호밤무): 조사대상주수 기준

(5) 50 (6) 100 (7) 150 (8) 200 (9) 300 (10) 400 (11) 500 (12) **1,000주 이상** (17)

* **(보험가입금액)=(가입수확량)×(kg당 가입가격),** 가입수확량=평년착과량의 100%

　가입수확량 > 기준수확량 ⇨ 보험가입금액을 감액, 차액보험료 발생

---

* 평년착과량= {A+(B-A)×(1-Y/5)}×(C/D)

　① A= Σ과거 5년간 적과후착과량 ÷ 과거 5년간 가입횟수

　② B= Σ과거 5년간 표준수확량 ÷ 과거 5년간 가입횟수

　③ Y= 과거 5년간 가입횟수

　④ C= 당해연도(가입연도) 기준표준수확량

　⑤ D= Σ과거 5년간 기준표준수확량 ÷ 과거 5년간 가입횟수

* 기준표준수확량: 아래 품목별 표준수확량 표에 의해 산출한 표준수확량

　· **사과: 일반재배방식의 표준수확량**　　　　　　· **배: 소식재배방식의 표준수확량**

　· **단감·떫은감: 표준수확량표의 표준수확량(B=D)**

* 과거기준표준수확량(D) 적용 비율

　· 대상품목 사과만 해당

　· **3년생: 일반재배 5년생의 50%,　4년생: 일반재배 5년생의 75%**

■ 과수 품목 인수 제한 목적물

(1) 공통

① 보험가입금액이 **200만원 미만**인 과수원

② **품목**이 혼식된 과수원

   (다만, 주력 품목의 결과주수가 90% 이상인 과수원은 주품목에 한하여 가입 가능)

③ 통상적인 영농활동(병충해방제, 시비관리, 전지·전정, 적과 등)을 하지 않은 과수원

④ 전정, 비배관리 잘못 또는 품종갱신 등의 이유로 수확량이 현저하게 감소할 것이 예상되는 과수원

⑤ 시험연구를 위해 재배되는 과수원

⑥ 하나의 과수원에 식재된 나무 중 일부 나무만 가입하는 과수원

⑦ 하천부지 및 상습 침수지역에 소재한 과수원

⑧ 판매를 목적으로 경작하지 않는 과수원

⑨ 가식(假植)되어 있는 과수원

⑩ 기타 인수가 부적절한 과수원

(2) 과수 4종(사과·배·단감·떫은감)

① 가입하는 해의 나무 수령(나이)이 다음 기준 미만인 경우

   ㉠ 사과: 밀식재배 **3년 미만**, 반밀식재배 **4년 미만**, 일반재배 **5년 미만**

   ㉡ 배: **3년 미만**

   ㉢ 단감·떫은감: **5년 미만** ※ 수령은 나무의 나이를 말하며 묘목이 가입과수원에 식재된 해를 1년으로 한다.

② 노지재배가 아닌 시설에서 재배하는 과수원

   (단, **일소피해 부보장특약**을 가입하는 경우 인수 가능)

③ 시험연구, 체험학습을 위해 재배되는 과수원

   (단, **200만원 이상** 출하증명 가능한 과수원 제외)

④ 가로수 형태의 과수원

⑤ 보험가입 이전에 자연재해 피해 및 접붙임 등으로 당 해년도의 정상적인 결실에 영향이 있는 과수원

⑥ 가입사무소 또는 계약자를 달리하여 중복 가입하는 과수원

⑦ 도서 지역의 경우 연륙교가 설치되어 있지 않고 정기선이 운항하지 않는 등 신속한 손해평가가 불가능한 지역에 소재한 과수원

⑧ 도시계획 등에 편입되어 수확 종료 전에 소유권 변동 또는 과수원 형질변경 등이 예정되어 있는 과수원

⑨ 군사시설보호구역 중 통제보호구역내의 농지(단, 통상적인 영농활동 및 손해평가 가 가능하다고 판단되는 농지는 인수 가능)

   ※ 통제보호구역: 민간인통제선 이북지역 또는 군사기지 및 군사시설의 최 외곽 경계선으로부터 300미터 범위 이내의 지역

(1) 적과전 종합위험 과실손해보장(4)-사과, 배, 단감, 떫은감

(2) 종합위험 수확감소보장(9)-복숭아, 자두, 호두, 밤, 매실, 살구, 오미자, 유자, 감귤(만감류)

(3) 비가림과수 수확감소보장(3)-참다래, 포도, 대추

(4) 종합위험 과실손해보장(2)-오디, 감귤(온주밀감)

(5) 수확전 종합위험과실손해보장(2)-무화과, 복분자

⊙ 사과. 배. 단감. 떫은감

1. 착과감소 보험금

① 평년착과수, **1주당 평년착과수**=(평년착과수)/(실제결과주수)

(A, B품종 표준착과수 ⇨ 가중평균으로 각각 1주당 평년착과수 산정)

📖 예제   *표준착과수를 이용한 평년착과수 산정

평년착과수	표준착과수/1주		가입주수		자기부담비율
	A품종	B품종	A품종	B품종	
66,000개	160개	180개	150주	200주	20%

표준착과수: A품종=160x150=24,000개(40%), B품종=180x200=36,000개(60%)

1주당 평년착과수: A품종=66,000개x0.4÷150=176개, B품종=66,000개x0.6÷200=198개

실제결과주수	가입일자를 기준으로 농지에 식재된 모든 나무 수. 다만, 인수조건에 따라 보험에 가입할 수 없는 나무(**유목 및 제한품종** 등) 수는 제외
고사주수	실제결과주수 중에서 보상하는 손해로 고사된 나무 수
미보상주수	실제결과주수 중 **보상하는 손해 이외**의 원인으로 고사되거나 수확량(착과량)이 현저하게 감소된 나무 수(병충해 고사)
기수확주수	실제결과주수 중 조사일자를 기준으로 수확이 완료된 나무 수
수확불능주수	실제결과주수 중 **보상하는 손해로** 전체주지·꽃(눈) 등이 보험약관에서 정하는 수준이상 분리되었거나 침수되어, 보험기간 내 수확이 불가능하나 나무가 죽지는 않아 향후에는 수확이 가능한 나무 수
조사대상주수	실제결과주수에서 고사주수, 미보상주수 및 수확완료주수, 수확불능주수를 뺀 나무 수로 과실에 대한 표본조사의 대상이 되는 나무 수
피해대상주수	**피해대상주수=(고사주수)+(수확불능주수)+(일부피해주수)**
무피해나무주수	**실제결과주수-고사주수-수확불능주수-기수확주수-일부피해주수**

② 조사대상주수=실제결과주수-미보상주수-고사주수-수확불능주수-기수확주수

③ 무피해나무수=실제결과주수-미보상주수-고사주수-기수확주수-수확불능주수-일부침수

④ 피해대상주수=고사주수+수확불능주수+일부피해주수, 미보상주수는 제외

⑤ 조사대상주수 ⇨ 표본주수 산정 ⇨ 표본주 1주당 착과수 산정

📄 예제 1   사과 나무, 조사대상주수=250주 ⇨ 적정 표본주수=9주(별표 참조)

📄 예제 2   사과 나무, A품종, 조사대상주수=150주, B품종 조사대상주수=250주

🔍 풀이 2

전체 조사대상주수=400주, 적정표본주수=11주

A품종, 적정표본주수=11주x(150/150+250)=4.125=5주(소수점 아래 올림)

B품종, 적정표본주수=11주x(250/150+250)=6.875=7주

📄 예제

품종	실제결과주수	고사주수	미보상주수	수확불능주수	적정표본주수
A	200	5	10	5	(가)
B	300	10	5	15	(나)
C	150	5	15	10	(다)

🔍 풀이

전체 조사대상주수: 570주, 적정표본주수=12주

A품종, 적정표본주수=12주x(180/570)=3.789=4주

B품종, 적정표본주수=12주x(270/570)=5.684=6주

C품종, 적정표본주수=12주x(120/570)=2.526=3주

*(A, B품종 조사대상주수): 2개 이상의 품종인 경우 적정 표본주수 산정

⇨ 전체 표본주수를 산정하여 가중평균으로 A, B품종 각각 적정 표본주수를 산정

적과후 착과수=(A품종, 조사대상주수)×(A품종, 표본주 1주당 착과수)

+(B품종, 조사대상주수)×(B품종, 표본주 1주당 착과수)

① **적과전 사고가 발생하고 착과수가 증가한 경우**

착과감소개수=(평년착과수)-(적과후착과수)<0 ⇨ **착과감소보험금=0원**

② **적과전 사고가 발생하지 않고 착과수가 증가한 경우**

착과감소개수=(평년착과수)-(적과후착과수)<0 ⇨ **착과감소보험금=0원**

③ **적과전 사고가 발생하지 않고 착과수가 감소한 경우** ⇨ **착과감소보험금=0원**(차액보험료)

④ **적과전 보상하는 재해로 사고가 발생하여 착과수가 감소한 경우**

⇨ 착과감소보험금을 지급한다.

📋 **예제** *적과전과 적과후 착과수 조사내용

적과종료후 착과수조사	[적과후 착과수 조사]				
	품종	실제결과주수	조사대상주수	적정표본주수	표본주 착과수의 합계
	A	240	240	(가)	1,050개
	B	160	160	(나)	800개

📝 **풀이**

전체 조사대상주수=400주, 적정표본주수=11주

A품종, 적정표본주수=11주x(240/400)=6.6=7주, 표본주 1주당 착과수=1,050/7=150개

B품종, 적정표본주수=11주x(160/400)=4.4=5주, 표본주 1주당 착과수=800/5=160개

적과후 착과수=240X150+160X160=36,000+25,600=61,600개

📋 예제   *적과후 착과수 조사내용(5종 한정 특약에 가입, 보험가입일자: 2025년 2월 10일)

구분	적과후 착과수 조사 및 나무피해조사
조사내용 (조사일자) 25년 7월5일	- 2024년 12월 1일 동상해 피해로 인한 고사주수: 15주 - 2025년 3월 10일 조수해 피해로 인한 고사주수: 10주 - 2025년 4월 1일 우박피해 사실확인조사 - 2025년 4월 15일 냉해피해로 인하여 수확량이 현저하게 감소한 나무수: 20주 - 2025년 5월 20일 화재피해 원인으로 고사한 주수: 40주 - 2025년 7월 5일 조사당시 과수원에 식재된 모든 나무수: 250주 (상태가 고사된 주수는 제외)
	- 적과후 착과수: 표본주의 착과수의 합계: 1,080개 (적정표본주수는 최소 표본주수임)

물음 1   실제결과주수, 미보상주수, 수확불능주수, 고사주수, 조사대상주수를 산정하시오.

물음 2   적과후 착과수를 산정하시오.

🔍 풀이

5종한정특약=태풍, 지진, 집중호우, 우박, 화재를 보상하고 나머지는 미보상
동상해 고사주=15주는 계약이전, 조수해 고사주=10주는 미보상고사, 냉해 20주는 미보상,
화재 고사주수=40주는 보상고사주,
실제결과주수=250+10+40=300주,
미보상주수=10+20=30주, 수확불능주수=0주, 고사주수=40주,
조사대상주수=300-30-40=230주 ⇨ 적정 표본주수는 9주
표본주 1주당 착과수=1,080/9=120개, 적과후 착과수=230x120=27,600개

(1) 적과전 종합위험방식이고 자연재해 피해가 있는 경우

⇨ **착과손해감수 과실수에 해당됨.** ⇨ 착과손해피해율=0.05x{1-(착과율)}/0.4

① (착과감소과실수)=(착과감소개수)=(평년착과수)-(적과후착과수)

② (기준착과수)=(착과감소과실수)+(적과후착과수)=(평년착과수)

③ **(자기부담감수과실수)**=(기준착과수)×(자기부담비율)

④ **(미보상감수과실수)**=(착과감수과실수)×(미보상비율)+(미보상주수)×(1주당 평년착과수)

⑤ (착과율)=(적과후착과수)/(평년착과수), **(착과손해피해율)**=0.05x{1-(착과율)}/0.4

    *착과율이 60% 이하인 경우 ⇨ **(착과손해피해율)**=0.05

⑥ (착과손해감수과실수)=(적과후착과수)x0.05x{1-(착과율)}/0.4 ⇨ 감수과실수

⑦ maxA=0.05x{1-착과율}/0.4 ⇨ 감수과실수 계산에서 차감하여 산정한다.

*(착과감소 보험금)

  =(착과감수과실수-미보상감수과실수-자기부담감수과실수)×(과중)×(가입가격)×(보장수준)

  =(착과감수량-미보상감수량-자기부담감수량)×(가입가격)×(보장수준)

* 부보비율 비례보상에 따른 보험금 산정(예정사항)

⇨ 가입수확량<기준수확량의 80%(**착과수가 증가한 경우**)

  착과감소보험금=0원

📋 **예제**

계약내용				조사내용	
품목	보장내용	평년 착과수	가입과중	피해사실 확인 조사내용	적과후 착과수
사과	종합 위험	4만개	400g/개	- 확인재해: 냉해 피해사실확인 - 실제결과주수: 250주 - 미보상주수: 10주	25,000개

- 자기부담비율(15%), 보장수준(50%), 미보상비율(10%), 가입가격: 3,000원/kg
- 과실수는 소수 첫째자리에서 반올림, 피해율은 % 단위로 소수 셋째자리에서 반올림.

🔍 **풀이**

착과감소과실수=40,000-25,000=15,000개, 기준착과수= 25,000+15,000=40,000개

자기부담감수과실수=40,000X0.15=6,000개, 1주당 평년착과수=4만/250=160개

미보상감수과실수=15,000X0.1+10X160=3,100개

착과감소보험금=(15,000-3,100-6,000)x0.4x3,000원x0.5=3,540,000원

착과율=25,000/40,000=0.625, 62.5%

착과손해감수과실수=25,000x0.05x(1-0.625)/0.4=**25,000x0.046875=1,171.8=1,172개**

maxA=0.046875, 4.6875%, 4.69%(소수점 처리에 주의), **25,000x0.0469=1,172.5=1,173개**

(2) 적과전 종합위험방식이고 자연재해 피해가 아닌 화재와 조수해 피해인 경우

⇨ 착과손해감수과실수에 해당되지 않음.

조수해, 화재에 의한 **나무인정피해율, 낙엽인정피해율**을 계산하여 최대인정피해율 적용
(나무인정피해율은 **누적계산**, 적과전 중복사고 발생시), **(고사나무피해율과 구분)**

① **착과감소과실수**=Min{(평년착과수)-(적과후착과수), (평년착과수)×(최대인정피해율)}

  =Min{(착과감소개수), (최대인정감소과실수)}

② (평년착과수)-(적과후착과수)=(착과감소개수),

③ (평년착과수)×(최대인정피해율)=**(최대인정감소과실수)**

④ (기준착과수)=(착과감소과실수)+(적과후착과수)

⑤ (자기부담감수과실수)=(기준착과수)×(자기부담비율)

⑥ **(미보상감수과실수)=(착과감소과실수)×(미보상비율)+(미보상주수)×(1주당 평년착과수)**

  ★ 적과전 종합위험방식이고 자연재해 피해가 아니므로 착과손해감수과실수에 해당되지 않음.

  (착과손해감수과실수)=적과후착과수x0.05x(1-착과율)/0.4

📋 **예제**

품목	보장 내용	평년 착과수	가입과중	피해사실 확인 조사내용	적과후 착과수
				계약내용 || 조사내용	
사과	종합 위험	5만개	400g/개	- 확인재해: 화재 - 미보상주수: 5주, - 고사주수: 20주, -수확불능주수:10주 - 일부피해주수: 50주 - 실제결과주수: 500주	3만개

- 자기부담비율(10%), 보장수준(50%), 미보상비율(10%), 가입가격: 5,000원/kg
- 과실수는 소수 첫째자리에서 반올림, 피해율은 %단위로 소수 셋째자리에서 반올림.

🔍 **풀이**

사과(종합)이고 화재, 나무인정피해율=80/500=0.16(최대인정피해율), 미보상주수=5주

착과감소개수=50,000-30,000=20,000개

착과감소과실수=Min{20,000, 50,000x0.16}=8,000개

기준착과수=30,000+8,000=38,000개, 자기부담감수과실수=38,000x0.1=3,800개

미보상감수과실수=8,000x0.1+5x100=1,300개

착과감소보험금=(8,000-1,300-3,800)x0.4x5,000x0.5=2,900,000원

(3) 적과전 5종한정 특약에 가입한 경우

⇨ 착과손해감수과실수에 해당되지 않음.(나무피해: 소절도매유침)

나무인정피해율, 유과타박율, 낙엽인정피해율을 계산하여 **최대인정피해율**을 적용

① **(나무인정피해율)**={(고사주수)+(수확불능주수)+(침수피해주수)×(침수율)}/실제결과주수

② **(유과타박율)**=(피해 유과개수)/(표본주 유과 총개수), 표본주 최소 유과개수=표본주수x4가지x5개

③ **(낙엽인정피해율)** ⇨ 표본주를 선정하고 동서남북 4가지에 착엽수와 낙엽수를 카운트

　　㉠ 단감: **1.0115x(낙엽률)-0.0014x(경과일수)**,

　　㉡ 떫은감: **0.9662x(낙엽률)-0.0703**

④ 착과감수과실수=Min{(평년착과수)-(적과후착과수), (평년착과수)×(최대인정피해율)}

⑤ (기준착과수)=(착과감수과실수)+(적과후착과수)

⑥ (자기부담감수과실수)=(기준착과수)×(자기부담비율)

⑦ **(미보상감수과실수)=(착과감수과실수)×(미보상비율)+(미보상주수)×(1주당 평년착과수)**

　　적과전 5종한정특약에 가입한 경우이므로 착과손해감수과실수에 해당되지 않음.

📖 예제

품목	계약내용			조사내용	
	보장 내용	평년 착과수	가입과중	피해사실 확인 조사내용	적과후 착과수
단감	적과전 5종한정 특약	6만개	300g/개	- 확인재해: 우박, 태풍 - 피해유과: 60개, 정상유과: 140개 - 나무유실(고사): 20주, 　일부침수: 20주(침수율: 50%) - 낙엽률: 40%(경과일수: 100일) - 실제결과주수: 300주	4만개

- 자기부담비율(20%), 보장수준(50%), 미보상비율(10%), 가입가격: 3,000원/kg
- 과실수는 소수 첫째자리에서 반올림, 피해율은 %단위로 소수 셋째자리에서 반올림.

🔍 풀이

(기준착과수: 58,000개<평년착과수: 60,000개) ⇨ **보험가입금액 감액 대상임**

단감(5종한정특약)이고 자연재해(우박, 태풍)이므로 최대인정피해율을 계산해야 한다.

유과타박율=60/200=0.3(최대인정피해율), 나무인정피해율=(20+20x0.5)/300=0.1,

낙엽인정피해율=1.0115x0.4-0.0014x100=0.2646, 3가지 중에서 가장 큰 값=(최대인정피해율)

착과감소개수=60,000-40,000=20,000개, 착과감수과실수=Min{20,000, 60,000x0.3}=18,000개

기준착과수=40,000+18,000=58,000개, 자기부담감수과실수=58,000x0.2=11,600개

미보상감수과실수=18,000x0.1=1,800개

착과감소보험금=(18,000-1,800-11,600)x0.3x3,000x0.5=2,070,000원

(4) 적과전에 피해가 없는데 착과감소가 있는 경우

⇨ 착과손해감수과실수에 해당되지 않음.

① 적과전에 피해가 없으므로 착과감소보험금=0원, **기준착과수=적과후착과수**

　　적과종료후 사고에 의해 감수량과 자기부담감수량을 계산하여 과실손해보험금을 산정

② 착과감소량만큼 보험료를 돌려 받는다.(차액보험료)

③ **(순보험료)=(보험가입금액)×(순보험요율)×(할인.할증율)×(방재시설할인율)×(한정.부보장)**

④ (계약자부담보험료)=(순보험료)×(1-정부지원비율-지자체지원비율),

　　(정부지원율: 33%, 38, 50, 60, 60%)

⑤ (감액분)=(계약자부담보험료)x{(착과감소량)/(평년착과량)} =**(계약자부담보험료)×(착과감소율)**

⑥ **(차액보험료)=(감액분)×(감액미경과비율), (63%, 70, 78, 83%), (79, 84, 88, 90%)**

<정부의 농가부담보험료 지원 비율>

구분	품목	보장 수준 (%)				
		60	70	80	85	90
국고	사과, 배, 단감, 떫은감	60	60	50	**38**	33
보조율	벼	60	55	50	44	41

<감액미경과비율>

* 적과종료 이전 특정위험 5종 한정보장 특별약관에 가입하지 않은 경우(종합위험보장방식)

품목	착과감소보험금 보장수준 50%형	착과감소보험금 보장수준 70%형
사과,배	70%	63%
단감,떫은감	84%	79%

* 적과종료 이전 특정위험 5종 한정보장 특별약관에 가입한 경우(적과전 5종한정특약)

품목	착과감소보험금 보장수준 50%형	착과감소보험금 보장수준 70%형
사과,배	83%	78%
단감,떫은감	90%	88%

계약내용				조사내용	
품목	보장 내용	평년 착과수	가입과중	피해사실 확인 조사내용	적과후 착과수
배	종합 위험	5만개	400g	- 확인재해: 없음 - 실제결과주수: 400주	3만개

- 자기부담비율(20%), 보장수준(50%), 미보상비율(10%), 가입가격: 4,000원/kg
- 각 보험료 산정 시 원단위 미만은 절사할 것

순보험료율	할인.할증율	방충망설치	일소부보장	지자체지원율	정부지원율
8%	+13%	20%	5%	30%	(가)

풀이

(적과전 피해가 없으므로 착과감소보험금=0원, 기준착과수=3만개)

보험가입금액=5만x0.4x4,000원=8,000만원,

착과율=60%, 착과감소율=2만/5만=0.4

순보험료=8,000만원x0.08x(1+0.13)x(1-0.2)x(1-0.05)=5,496,320원

계약자부담보험료=5,496,320원x(1-0.5-0.3)=1,099,264원

감액분=(계약자부담보험료)x(착과감소율)=1,099,264원x0.4=439,705.6원

감액미경과비율: 종합위험보장이고 보장수준 50%이면 70%

차액보험료=439,705.6원x0.7=307,793.92원

(5) 적과전에 피해가 없는데 착과수가 증가한 경우
⇨ 착과손해감수과실수에 해당되지 않음.

① 적과전에 피해가 없으므로 **착과감소보험금=0원, 기준착과수=적과후착과수**
적과종료후 사고에 의해 감수량과 자기부담감수량을 계산하여 과실손해보험금을 산정

② (과실손해 보험금)=(누적감수과실수-자기부담감수과실수)×(과중)×(가입가격) 또는
(보험가입금액)×(1-자기부담비율) 중에서 최솟값을 지급보험금으로 한다.

(6) 적과전에 피해가 있는데 착과수가 증가한 경우
⇨ 착과손해감수과실수에 해당되지 않음.

① 적과전에 피해가 있지만 착과수가 증가이므로 **착과감소보험금=0원, 기준착과수=적과후착과수**

② 적과종료후 사고에 의해 감수량과 자기부담감수량을 계산하여 과실손해보험금을 산정한다.

③ (과실손해 보험금)=(누적감수과실수-자기부담감수과실수)×(과중)×(가입가격) 또는 **(보험가입금액)×
(1-자기부담비율)** 중에서 최솟값을 지급보험금으로 한다.

예제 1 적과전 종합위험보장방식에 가입된 각 농가의 기준착과수를 구하시오.

구분	평년착과수	적과후착과수	적과전 피해상황	기준착과수
A(종합)	20,000개	12,000개	자연재해 피해	(가)
B(종합)	20,000개	12,000개	조수해 피해 나무인정피해율: 20%	(나)
C(종합)	20,000개	12,000개	화재 피해 나무인정피해율: 50%	(다)
D(종합)	20,000개	18,000개	피해없음	(라)
E(종합)	20,000개	24,000개	조수해 피해	(마)
F(5종)	20,000개	12,000개	자연재해 피해 유과타박율: 20% 나무인정피해율: 18% 낙엽인정피해율: 25%	(바)
G(5종)	20,000개	12,000개	자연재해 피해 유과타박율: 45% 나무인정피해율: 28% 낙엽인정피해율: 35%	(사)
H(5종)	20,000개	16,000개	피해없음	(아)
I(5종)	20,000개	24,000개	조수해 피해	(자)

풀이 1

A(종합) 자연재해 피해이면 착과감소개수는 8,000개 모두를 착과감수과실수로 인정

　기준착과수=적과후착과수+착과감소개수=12,000+8,000=20,000개=(가)

B(종합) 나무피해율이 최대인정피해율이고 착과감수과실수=Min{8,000, 20,000x0.2}=4,000개

　기준착과수=적과후착과수+착과감소개수=12,000+4,000=16,000개=(나)

C(종합) 나무피해율이 최대인정피해율이고 착과감수과실수=Min{8,000, 20,000x0.5}=8,000개

　기준착과수=적과후착과수+착과감소개수=12,000+8,000=20,000개=(다)

D(종합) 적과전 피해가 없으므로 착과감소개수=0개

　기준착과수=적과후착과수+착과감소개수=18,000+0=18,000개=(라)

E(종합) 적과전 피해가 있는데 착과개수가 증가, 착과감소개수=0개

　기준착과수=적과후착과수+착과감소개수=24,000+0=24,000개=(마)

F(5종) 최대인정피해율은 낙엽인정피해율=25%, 착과감수과실수=Min{8,000, 20,000x0.25}=5,000개

　기준착과수=적과후착과수+착과감소개수=12,000+5,000=17,000개=(바)

G(5종) 최대인정피해율은 유과타박율=45%, 착과감수과실수=Min{8,000, 20,000x0.45}=8,000개

　기준착과수=적과후착과수+착과감소개수=12,000+8,000=20,000개=(사)

H(5종) 적과전 피해가 없으므로 착과감소개수=0개

　기준착과수=적과후착과수+착과감소개수=16,000+0=16,000개=(아)

I(5종) 적과전 피해(미보상)가 있는데 착과개수가 증가, 착과감소개수=0개

　기준착과수=적과후착과수+착과감소개수=24,000+0=24,000개=(자)

예제 2 다음의 계약내용 및 조사내용을 참조하여 물음에 답하시오.

- 적과전 피해여부 확인 및 적과후 착과수 조사내용

구분	평년 착과수	적과후 착과수	피해사실 확인조사	자기부담 비율	가입과중	가입가격
A과수원 사과(종합)	2만개	15,000개	냉해	10%	400g	4,000원
B과수원 배(5종가입)	2만개	12,000개	사고없음	20%	500g	4,000원
C과수원 단감(종합)	2만개	30,000개	냉해	15%	300g	4,000원
D과수원 떫은감(5종 가입)	2만개	15,000개	조수해	20%	300g	4,000원

- 보장수준: 50%, 미보상비율: 10%
- 적과종료 이후 사고 없고 주어진 조건 이외의 사고피해 없음.

물음 1 4개 과수원의 기준수확량을 구하시오.

물음 2 착과감소보험금을 받을 수 있는 과수원의 착과감소보험금을 구하시오.

물음 3 과실손해보험금을 받을 수 있는 과수원의 과실손해보험금을 구하시오.

📖 풀이 2

(A과수원) 사과(종합)이고 자연재해(냉해) 착과율과 착과손해감소과실수를 산정하여 과실손해보험금
지급대상임. 착과감소과실수=5,000개, 기준착과수=20,000개, 자기부담감수과실수=2,000개
미보상감수과실수=500개, 착과감소보험금=(5,000-500-2,000)x0.4x4,000x0.5=2,000,000원
착과율=0.75, 착과손해감소과실수=15,000x0.05x{(1-0.75)/0.4}=468.75=469개
과실손해보험금=(469-0)x0.4x4,000=750,400원 기준수확량=20,000x0.4=8,000kg
(B과수원) 배(5종한정특약)이므로 과실손해보험금 지급대상이 아님.
착과감소과실수=8,000개이지만 적과전 사고가 없으므로 착과감소보험금 지급대상이 아님.
착과감소보험금=0원, 기준착과수=12,000개, 기준수확량=12,000x0.5=6,000kg
(차액보험료)=(계약자부담보험료)x0.4x0.83, 보험가입금액도 4,000만원에서 2,400만원으로 조정됨
(C과수원) 단감(종합)이고 자연재해(냉해)이지만 착과감소가 아닌 증가이므로 착과감소보험금
지급대상이 아님. 착과감소보험금=0원, 기준수확량=30,000x0.3=9,000kg
(D과수원) 떫은감(5종특약)이고 조수해는 보상하는 재해가 아니므로 착과감소보험금 지급대상이 아님.
착과감소보험금=0원, 기준수확량=15,000x0.3=4,500kg

예제 3 다음 A과수원 사과 품목의 계약내용 및 조사내용을 참조하여 착과감소보험금을 구하시오.

*계약내용

보장	보험가입금액	평년착과수	가입주수	가입과중	가입가격
적과전 종합위험	7,200만원	45,000개	300주	0.4kg/개	4,000원/kg

- 자기부담비율: 10%   - 보장수준: 50%

*적과전과 적과후착과수 조사내용 - 적과종료후 조사내용(사고 없음)

구분	재해종류	사고일자/조사일자	조사내용
적과종료 이전 조사	조수해	6월10일/6월12일	- 고사주수: 10주 - 수확불능주수: 20주 - 일부피해주수: 30주 - 미보상비율: 10%
적과종료후 착과수 조사	-	7월20일	- 실제결과주수: 300주 - 고사주수(누적): 10주 - 수확불능주수(누적): 20주 - 표본주의 착과수의 합: 1,080개 - 미보상비율: 5%

풀이 3

사과(종합)이고 적과전 조수해 피해이므로 최대인정피해율을 계산해야 한다.

나무인정피해율=60/300=0.2(최대인정피해율)

적과후 착과수조사, 조사대상주수=300-10-20=270주, 표본주수=9주, 표본주 1주당 착과수=120개

적과후 착과수=270x120=32,400개, 착과감소개수=45,000-32,400=12,600개,

착과감소과실수=Min{12,600, 45,000x0.2}=9,000개

기준착과수=32,400+9,000=41,400개, 자기부담감수과실수=41,400x0.1=4,140개

미보상감수과실수=9,000x0.1=900개

착과감소보험금=(9,000-900-4,140)x0.4x4,000x0.5=3,168,000원

다음의 계약내용 및 조사내용을 참조하여 물음에 답하시오.

*계약사항: 단감(적과전 5종 한정특약에 가입)

- 적과전 5종 한정특약: 단감

평년착과수	가입주수	가입가격	자기부담비율	가입과중	보장수준
60,000개	400주	3,000원/kg	10%	300g/개	70%

- 보험가입일자: 2025년 2월 10일

*적과후 착과수 조사내용

구분	적과후 착과수 조사 및 나무피해조사

조사내용
(조사일자)
25년 7월5일
	- 2024년 12월 1일 동상해 피해로 인한 고사주수: 15주
	- 2025년 3월 10일 조수해 피해로 인한 고사주수: 10주
	- 2025년 4월 1일 우박피해 사실확인조사
	- 2025년 4월 15일 냉해피해로 인하여 수확량이 현저하게 감소한 나무수: 20주
	- 2025년 5월 20일 화재피해 원인으로 고사한 주수: 40주
	- 2025년 7월 5일 조사당시 과수원에 식재된 모든 나무수: 350주
	  (상태가 고사된 주수는 제외)
	- 적과후 착과수: 표본주의 착과수의 합계: 1,200개
	  (적정표본주수는 최소 표본주수임)
	- 적과전 보상하는 재해로 아래와 같은 피해가 발생함
	- 나무인정피해율: 13.33% - 유과타박율: 30%
	- 낙엽인정피해율: 29.85% - 미보상비율: 10%

물음 1 실제결과주수, 미보상주수, 수확불능주수, 고사주수, 조사대상주수를 구하시오.

물음 2 적과후 착과수를 구하시오.

물음 3 착과감소 보험금을 구하시오.

풀이 4

5종한정특약=태풍, 지진, 집중호우, 우박, 화재를 보상하고 나머지는 미보상
동상해 고사주=15주는 계약이전, 조수해 고사주=10주는 미보상고사, 냉해 20주는 미보상,
화재 고사주수=40주는 보상고사주,
실제결과주수=400주, 미보상주수=10+20=30주, 수확불능주수=0주, 고사주수=40주,
조사대상주수=400-30-40=330주 ⇨ 적정 표본주수는 10주
표본주 1주당 착과수=1,200/9=120개, 적과후 착과수=330x120=39,600개
착과감소개수=60,000-39,600=20,400개, 최대인정피해율=30%
착과감수과실수=Min{20,400, 60,000x0.3}=18,000개
기준착과수=18,000+39,600=57,600개, 자기부담감수과실수=57,600x0.1=5,760개
미보상감수과실수=30x150+18,000x0.1=6,300개
착과감소 보험금=(18,000-6,300-5,760)x0.3x3,000x0.7=3,742,200원

2. 과실손해보험금(적과종료 이후 감수과실수 산정)
(사과. 배 피해감수과실수 산정)

① 태풍.지진.집중호우.화재**(착과피해인정개수: 7%)**

  maxA: 이전사고 **착과피해구성율, 낙엽인정피해율, 착과손해피해율** 중에서 가장 큰 값

  ㉠ (낙과피해감수과실수)=(총낙과과실수)×(낙과피해구성율-maxA)**x1.07**

  ㉡ (침수피해감수과실수)=(침수된 과실수)×(1-maxA),

  (침수된 과실수)=(일부침수주수)×(침수1주당 과실수)

  ㉢ (나무피해감수과실수)=(총 피해 과실수)×(1-maxA),

  (총 피해 과실수)=(고사주수+수확불능)×(1주당 무피해 과실수)

📋 예제   *적과종료후 조사내용(품목: 사과)

재해종류	사고일자/조사일자	조사내용
화재	8월10일/8월11일	- 나무피해 조사: 고사주수 10주 무피해나무 1주당 평균착과수: 100개

태풍
집중호우
	8월15일/8월17일	- 총낙과수: 3,000개(낙과피해구성률: 60%)
		- 나무피해 조사: 고사주수 5주
		  무피해나무 1주당 평균착과수: 100개
		- 일부침수주수: 30주
		  침수 1주당 평균 과실수: 60개

🔍 풀이

*8월10일 화재, maxA=0

 (나무피해감수과실수)=10x100x(1-0)=1,000개

*8월15일 태풍, 집중호우, maxA=0

 (낙과피해감수과실수)=3,000x(0.6-0)**x1.07**=1,926개

 (나무피해감수과실수)=5x100x(1-0)=500개

 (침수피해감수과실수)=30x60x(1-0)=1,800개

*누적감수과실수=1,000+1,926+500+1,800=5,226개

📋 예제   *낙과피해구성율(전수조사 또는 표본조사)

품목	정상	50% 피해형	80%피해형	100%피해형	합계
사과	20	40	15	25	100

🔍 풀이

낙과피해구성율=(40x0.5+15x0.8+25x1)/100=0.57, 57%

② 우박

 ㉠ **(낙과피해감수과실수)**=(총낙과과실수)×(낙과피해구성율-maxA)

 ㉡ **(착과피해감수과실수)**=(사고당시 착과수)×(착과피해구성율-maxA)

③ 일소피해

 ㉠ **(낙과피해감수과실수)**=(총낙과과실수)×(낙과피해구성율-maxA)

 ㉡ **(착과피해감수과실수)**=(사고당시 착과수)×(착과피해구성율-maxA)

 - 일소피해 감수과실수는 1사고당 착과피해, 낙과피해 감수과실수의 합이 **적과후착과수의 6%를 초과**해야 감수과실수로 인정한다.

④ **가을동상해** ⇨ 사과, 배: **(정상과실수)x0.0031x(잔여일수)**

 (착과피해감수과실수)=(사고당시 착과수)×(착과피해구성율-maxA)

📖 **예제 1**   *적과종료후 조사내용(사과 품목, 적과후 착과수: 33,000개)

재해종류	사고일자/조사일자	조사내용
일소	8월10일/8월11일	- 낙과피해조사 낙과과실수: 3,000개, 낙과피해구성률: 80% - 착과피해조사 사고당시 착과수=30,000개, 착과피해구성률: 20%
조수해	9월8일/9월10일	- 나무피해 조사: 고사주수 20주 무피해나무 1주당 평균착과수: 150개
우박	9월25일/9월27일	- 낙과피해조사 낙과과실수: 2,000개, 낙과피해구성률: 60% - 착과피해조사 사고당시 착과수=(S), 착과피해구성률: 50%
가을동상해	10월27일/10월28일	* 착과피해조사- 잎 피해율:60%, 잔여일수: 20일 100%형:30개, 80%형:20개, 50%형:20개, 정상:30개

🔍 **풀이 1**

*8월10일 일소피해, maxA=0

 (낙과피해감수과실수)=3,000x(0.8-0)=2,400개

 (착과피해감수과실수)=30,000x(0.2-0)=6,000개

 일소피해 감수과실수=8,400개(적과후 착과수의 6%를 초과하면 감수과실수로 인정한다.)

*9월8일 조수해(적과후 7종 제한이므로 미보상)

 나무피해감수과실수=20x150=3,000개(사고당시 착과수에는 영향을 준다.)

*9월25일 우박, maxA=0.2

 (낙과피해감수과실수)=2,000x(0.6-0.2)=800개

*사고당시 착과수=30,000-3,000-2,000=25,000개

 (착과피해감수과실수)=25,000x(0.5-0.2)=7,500개

*10월27일 가을동상해**(사과)**, maxA=0.5, 착과피해구성율=(30+16+10)/100=0.56, 56%

 (착과피해감수과실수)=25,000x(0.56-0.5)=1,500개

*누적감수과실수=2,400+6,000+800+7,500+1,500=18,200개

예제 2 다음 계약내용 및 조사내용을 참조하여 착과감소보험금과 과실손해보험금을 구하시오.

*계약내용

보장	품목	평년착과수	가입주수	가입과중	가입가격
적과전 종합위험	사과	60,000개	500주	0.3kg/개	4,000원/kg

- 자기부담비율: 10%   - 보장수준: 50%

*적과전과 적과후 착과수 조사내용

구분	재해종류	사고일자/조사일자	조사내용
적과종료 이전 조사	냉해	5월10일/5월11일	- 전체 냉해피해 있음, -미보상비율: 5%
	조수해	6월5일/6월6일	- 고사주수:50주, -미보상비율: 10%
적과종료후 착과수 조사	- 적과후 착과수: 90,000개 - 실제결과주수: 500주		

* 적과종료후 조사내용

재해종류	사고일자/조사일자	조사내용
태풍	8월15일/8월16일	- 총낙과수: 5,000개(낙과피해구성률: 100%) - 태풍 고사주수: 50주(무피해 1주당 평균착과수 180개) - 태풍 침수피해주수: 100주(침수나무 1주당 평균침수착과수 120개)
일소	9월10일/9월11일	- 사고당시 착과수: 40,000개(착과피해구성률: 20%) - 총낙과수: 5,000개(낙과피해구성률: 80%)

풀이 1

사과(종합)이고 적과전 자연재해와 조수해 피해가 있는데 착과수가 증가했으므로
기준착과수=90,000개, 자기부담감수과실수=90,000x0.1=9,000개, 착과감소보험금=0원
(1) 8월 15일 태풍피해
    낙과피해감수과실수=5,000x(1-0)x1.07=5,350개
    나무피해감수과실수=50x180x(1-0)=9,000개
    침수피해감수과실수=100x120x(1-0)=12,000개
(2) 9월 10일 일소피해,
    낙과피해감수과실수=5,000x(0.8-0)=4,000개
    착과피해감수과실수=40,000x(0.2-0)=8,000개
    4,000+8,000=12,000개로서 90,000x0.06=5,400개를 초과하므로 감수과실수로 인정한다.
    누적감수과실수=5,350+9,000+12,000+4,000+8,000=38,350개
    기준착과수90,000개, 자기부담감수과실수=90,000x0.1=9,000개
    과실손해보험금=(38,350-9,000)x0.3x4,000=35,220,000원
    7,200만x(1-0.1)=6,480만원 미만이므로 지급보험금액은 35,220,000원

■ 단감.떫은감 피해감수과실수 산정

① **태풍.지진.집중호우.화재**

　㉠ **(낙과피해감수과실수)=(총낙과과실수)×(낙과피해구성율-maxA)x1.07**

　㉡ **(낙엽피해감수과실수)=(사고당시 착과수)×(낙엽인정피해율-maxA)×(1-미보상비율)**

　　(낙엽인정피해율) ⇨ **(단감)=1.0115x(낙엽률)-0.0014x(경과일수)**, 6월1일~사고일자

　　　　　　　　　　⇨ **(떫은감)=0.9662x(낙엽률)-0.0703,**

　　(낙엽률 산정) ⇨ 표본주 선정하고 동서남북 4가지에서 낙엽수와 착엽수를 카운트

　㉢ **(나무피해감수과실수)=(총피해 과실수)(1-maxA)**,

　　(총피해 과실수)=(고사주수+수확불능)×(1주당 무피해 과실수)

📖 예제

*적과종료후 조사내용(과실수는 소수점 아래 첫째자리에서 반올림)

재해종류	사고일자/조사일자	조사내용
화재	8월10일/8월11일	- 나무피해 조사: 고사주수 10주 　무피해나무 1주당 평균착과수: 150개
태풍 집중호우	9월8일/9월10일	- 총낙과수: 3,000개(낙과피해구성률: 80%) - 나무피해 조사: 고사주수 5주, 수확불능주수: 15주 　무피해나무 1주당 평균착과수: 150개 - 낙엽피해조사(단감), 사고당시착과수=30,000개 　낙엽률: 40%, 경과일수: 100일

🔍 풀이

*8월10일 화재, maxA=0

(나무피해감수과실수)=10x150x(1-0)=1,500개

*9월8일 태풍, 집중호우, maxA=0

(낙과피해감수과실수)=3,000x(0.8-0)x1.07=**2,400개**

(나무피해감수과실수)=(5+15)x150x(1-0)=3,000개

(낙엽피해감수과실수)=30,000x(0.2646-0)=7,938개

단감의 낙엽인정피해율=1.0115x0.4-0.0014x100=0.2646,

*누적감수과실수=1,500+2,400+3,000+7,938=14,838개

② **우박(사과, 배와 동일)**

　㉠ **(낙과피해감수과실수)=(총낙과과실수)×(낙과피해구성율-maxA)**

　㉡ **(착과피해감수과실수)=(사고당시 착과수)×(착과피해구성율-maxA)**

③ **일소피해(사과, 배와 동일)**

　㉠ **(낙과피해감수과실수)=(총낙과과실수)×(낙과피해구성율-maxA)**

　㉡ **(착과피해감수과실수)=(사고당시 착과수)×(착과피해구성율-maxA)**

　- 일소피해 감수과실수는 **적과후착과수의 6%**를 초과해야 감수과실수로 인정한다.

④ 가을동상해

(착과피해감수과실수)=(사고당시 착과수)×(착과피해구성율-maxA)

(착과피해구성율),

㉠ **10월 31일 이전사고이고 잎피해가 50% 이상인 경우**

⇨ (정상과실수)x0.0031x(잔여일수), (잔여일수)=(사고발생일자~보장종료일, 11월15일)

㉡ 11월 사고 또는 잎피해 50% 미만인 경우 ⇨ ~~(정상과실수)x0.0031x(잔여일수)~~

> 📋 **예제**   *착과피해조사 – 10월 27일 사고, 잎 피해율:60%, 잔여일수: 20일

품목	정상	50% 피해형	80%피해형	100%피해형	합계
단감	40	20	15	25	100

> 🔍 **풀이**

착과피해구성율=(20x0.5+15x0.8+25x1+**40x0.0031x20**)/100=0.4948, 49.48%

▣ 과실손해 보험금 산정

① 적과 종료이후 여러가지 중복사고가 발생하였다면 사고마다 감수과실수를 산정하여 누적감수과실수를 구한다. 감수과실수가 많으면 과실손해보험금도 많아지지만 최대한도 보험금액은 **(보험가입금액)×(1-자기부담비율)**을 지급한도금액으로 한다.

② **(누적 감수과실수)>(기준착과수) ⇨ (누적감수과실수)=(기준착과수)**

③ 자기부담감수과실수, 미보상감수과실수를 산정하여 과실손해보험금을 산정한다.

④ (과실손해보험금)=(누적감수과실수-자기부담감수과실수)×(과중)×(가입가격)

⑤ A=착과감수과실수, B=자기부담감수과실수, C=미보상감수과실수
과실손해 자기부담감수과실수=-(A-C-B)=B+C-A

⑥ 착과감소보험금이 지급되었다면 과실손해에서 자기부담감수과실수=B-(A-C)=0이 된다.
(착과감소보험금에서 자기부담금액 차감이 완료되었다고 해석됨)

* 과실손해보험금의 부보비율 비례보상에 따른 보험금 산정(예정사항)

⇨ 가입수확량<기준수확량의 80%(**평년착과수가 기준착과수의 80% 미만인 경우**)

과실손해보험금=(지급보험금)×(평년착과수/기준착과수의 80%)

> **예** **평년착과수: 20,000개, 적과후 착과수: 25,000개**
>
> **자기부담비율: 20%, 미보상주수: 10주, 1주당 평년착과수: 150개, 미보상비율: 10%**

| 풀이 | 착과감소보험금=0원, 기준착과수=25,000개, 자기부담감수과실수=5,000개,

미보상감수과실수=0x0.1+10x150=1,500개

과실손해 자기부담감수과실수=5,000-(0-1,500)=6,500개

다음 계약내용 및 조사내용을 참조하여 착과감소보험금과 과실손해보험금을 구하시오.

(단, 피해율은 %단위로 소수점 아래 셋째자리에서 반올림)

*계약내용

보장	품목	평년착과수	가입주수	가입과중	가입가격
5종 한정특약	떫은감	80,000개	400주	0.3kg/개	2,000원/kg

- 자기부담비율: 10%   -보장수준: 50%

*적과전과 적과후 착과수 조사내용

구분	재해종류	사고일자/조사일자	조사내용
적과종료 이전 조사	우박	5월3일/5월4일	- 피해유과: 240개, 정상유과: 760개 - 미보상비율: 10%
	태풍	6월20일/6월21일	- 고사나무: 20주 - 일부침수: 50주 (침수율: 50%) - 낙엽률: 30%(경과일수: 20일)
적과종료후 착과수 조사			- 적과후 착과수: 60,000개 - 실제결과주수: 400주

*적과종료후 조사내용

재해종류	사고일자/조사일자	조사내용			
집중호우	8월10일/8월12일	- 총낙과수: 5,000개(낙과피해구성률: 100%) - 침수피해주수: 30주 (침수나무 1주당 평균침수착과수 100개)			
가을동상해	10월17일/10월18일	* 착과피해조사 - 잎 피해율:60%, 잔여일수: 30일 사고당시 착과수: 30,000개			
		피해구분	정상	50%피해	80%피해	100%피해
		과실수	20	50	20	10

🔍 **풀이 1**

떫은감(5종특약)이고 적과전 자연재해 피해가 있으므로 최대인정피해율 계산해야 한다.

유과타박율=240/1,000=0.24, 나무인정피해율=(20+50x0.5)/400=0.1125,

낙엽인정피해율=0.9662x0.3-0.0703=0.21956, 21.96%

최대인정피해율=24%, 착과감소개수=80,000-60,000=20,000개,

착과감소과실수=Min{20,000, 80,000x0.24}=19,200개

기준착과수=79,200개, 자기부담감수과실수=7,920개

착과감소과실수=19,200개, 미보상감수과실수=1,920개

착과감소보험금=(19,200-1,920-7,920)x0.3x2,000x0.5=2,808,000원

(적과이후 감수과실수)

(1) 8월 10일 집중호우피해,

  낙과피해감수과실수=5,000x(1-0)=5,000개

  침수피해감수과실수=30x100(1-0)=3,000개

(2) 10월 16일 가을동상해피해, (10월 17일~11월15일까지 잔여일수=30일)

  착과피해구성율=(20x0.0031x30+25+16+10)/100=0.5286, 52.86%

  착과피해감수과실수=30,000x(0.5286-0)=15,858개

  누적감수과실수=5,000+3,000+15,858=23,858개

  과실손해보험금=(23,858-0)x0.3x2,000=14,314,800원

📑 예제 2 (단감 낙엽률 조사)

잎 상태	착엽수			낙엽수
	일부 찢겨진 잎	50%미만 꺾인 잎	60% 짤린 잎	
개수	50	70	30	50

- 24년 7월 30일 적과종료일이고 8월 19일 태풍피해 발생 (경과일수: ?일)
- 기사고 착과피해율: 15%
- 사고당시 착과 과실수: 20,000개

물음 1 낙엽률(%)을 구하시오.

물음 2 낙엽인정피해율(%)을 구하시오.

물음 3 낙엽피해감수과실수를 구하시오.(과실수는 소수점이하 절사)

📑 풀이 2

표본주를 선정하고 동서남북 4가지를 선택하여 착엽수와 낙엽수를 카운트한다.

전체 잎의 개수가 200개, 일부 찢겨진 잎과 50%미만 꺾인 잎은 착엽수로 인정.

낙엽수=30+50=80개,

(1) 낙엽률=80/200=0.4, 40%

(2) 단감의 낙엽인정피해율=1.0115x(낙엽률)-0.0014x(경과일수)

  경과일수=(6월 1일~사고발생일자)=(6월1일~8월19일)=80일

  낙엽인정피해율=1.0115x(0.4)-0.0014x(80)=0.2926, 29.26%

(3) 낙엽피해감수과실수=20,000x(0.2926-0.15)=2,852개

(단감, 떫은감의 잎이 떨어지면 과실에 영향을 많이 준다고 합니다.)

잎의 생명은 6월 1일에 성엽이 되어 10월 31일이 되면 잎의 역할은 끝나므로 10월 31일까지만 보상을 해주는 것입니다.

(11월 이후 사고는 정상은 무시하고 계산한다.)

⊙ 적과전 종합위험 과수4종(25년도 실시 예정)

* 과실손해보험금의 부보비율 비례보상에 따른 보험금 산정(예정사항)

(1) 평년착과수<기준착과수의 80%(착과수가 증가한 경우)

    ⇨ 과실손해보험금=(지급보험금)×(평년착과수/기준착과수의 80%)

(2) 평년착과수<기준착과수의 80%는 착과수가 증가한 경우

    ⇨ 착과감소 보험금=0원

(3) 기준착과수=(착과감수과실수)+(적과후착과수)

    ① 전체피해 ⇨ 착과감수과실수=(평년착과수)-(적과후 착과수)
    ② 일부피해(**나무인정피해율, 유과타박율, 낙엽인정피해율**)
        ⇨ 착과감수과실수=Min{(평년착과수)-(적과후착과수), (평년착과수)x(최대인정피해율)}
    ③ **착과수가 증가한 경우** ⇨ 기준착과수=적과후착과수

(4) 착과수가 감소한 경우

    평년착과수-적과후착과수>0
    자연재해 피해(전체피해와 일부피해)
    ⇨ **평년착과수=기준착과수이므로 평년착과수>기준착과수의 80%(비례보상X)**
    ⇨ **평년착과수>기준착과수이므로 평년착과수>기준착과수의 80%(비례보상X)**
    ⇨ (착과감소 보험금)=(착과감수량-미보상감수량-자기부담감수량)×(가입가격)×(보장수준)

(4) 적과 종료이후 여러가지 중복사고가 발생하였다면 사고마다 감수과실수를 산정하여 누적감수과실수를 구한다. 감수과실수가 많으면 과실손해보험금도 많아지지만 최대한도 보험금액은 (보험가입금액)×(1-자기부담비율)을 지급한도금액으로 한다.

    지급 보험금=Min{과실손해보험금, (보험가입금액)×(1-자기부담비율)}

(5) (누적 감수과실수)>(기준착과수) ⇨ (누적감수과실수)=(기준착과수)

(6) 부보비율 조건부 실손보상(축사)

    ⇨ 가축재해보험에서 보험가입금액과 보험가액의 80%를 비교하여 비례보상
    ① **보험가입금액 ≧ 보험가액의 80%** ⇨ **전부보험 또는 초과보험(비례보상X)**
    ② **보험가입금액 < 보험가액의 80%** ⇨ **일부보험 (비례보상)=(보험가입금액)/(보험가액의 80%)**

📖 예제 1
적과전 종합위험방식 떫은감 상품에 관한 내용이다. 다음 조건을 참조하여 물음에 답하시오. (단, 보험금 산정 시 원단위 미만은 절사 하시오.)

*계약사항

- 보장내용: 과실손해보장(5종특약 미가입)	- 순보험요율: 10%
- 평년착과량(가입수확량): 12,000kg	- 지자체지원비율: 순보험료의 30%
- 가입일자: 2024년 2월 7일	- 부가보험료: 순보험료의 20%
- 가입주수: 300주	- 보장수준: 가입 가능한 최대수준
- 평균과중: 200g	- 자기부담비율: 가입 가능한 최소수준
- 가입가격(kg당): 2,500원	- 방재시설 할인율: 30%
- 보통약관 영업요율: 12%	- 과수원 할인.할증율: 지급내용 참조

*조사사항

- 조사일자: 2024년 8월 2일	- 적과후 착과수: 76,000개
- 재해내용: 태풍, 집중호우 피해	- 미보상감수량: 0kg

*보험료 및 보험금 지급내용

(단위: 천원)

구분	영업보험료	순보험료	부가보험료	지급보험금	
				착과감소보험금	과실손해보험금
2019년	1,733	1,575	158		
2020년	1,832	1,665	167	1,000	2,000
2021년	1,733	1,575	158	3,000	
2022년	1,931	1,755	176	1,800	
2023년	1,782	1,620	162		1,500

물음 1 정부보조보험료의 계산과정과 값을 쓰시오.

물음 2 계약자부담보험료의 계산과정과 값을 쓰시오.

물음 3 착과감소보험금의 계산과정과 값을 쓰시오.

물음 4 적과종료 이후에 보상하는 재해로 인하여 누적감수과실수가 32,000개일 때, 과실손해보험금의 계산과정과 값을 쓰시오.

📖 **풀이 1**

(1) 정부보조 보험료=순보험료x38%+부가보험료x100%

순보험료=3,000만원x0.1x(1+0)x(1-0.3)=2,100,000원

최근 2년 연속 보험에 가입하고 손해율이 100%미만

최근 3년 연속 보험에 가입하고 손해율이 100%초과 이므로 최저자기부담비율=15%

5년 연속 가입하고 손해율=930만/819만=113.55%, 손해율에 따른 할인.할증률=0%

정부보조 보험료=210만원x38%+210만원x20%=1,218,000원

(2) 계약자부담보험료=순보험료x(1-정부지원비율-지자체지원비율)

=210만원x(1-0.38-0.3)=672,000원

(3) 착과감수량=12,000-76,000x0.2<0, 착과량 증가(보험가입금액 변동 없음)

기준착과수=76,000개, 착과감소과실수=0개

미보상감수량=320kg, 자기부담감수량=76,000x0.2x0.15=2,280kg

착과감소보험금=0원

(4) 누적감수량=32,000x0.2=6,400kg, 자기부담감수량=2,280kg, 미보상감수량=0

과실손해보험금=(6,400-2,280)x2,500원=10,300,000원

평년착과수=6만개, 기준착과수의 80%=76,000x0.8=60,800개

부보비율에 대한 비례보상

지급보험금=1,030만원x(60,000/60,800)=10,164,473.68원=10,164,473원

한도 적용=Min{과실손해보험금, 보험가입금액x(1-자기부담비율)} =Min{10,164,473원, 3,000만원x(1-0.15)}=10,164,473원

📋 **예제 2** 적과전 종합위험방식 과수 상품에서 적과종료이후 보상하는 손해가 발생하여 다음과 같이 조사를 하였다. 계약내용 및 조사내용을 참조하여 물음에 답하시오.

(단, 피해율은 % 단위로 소수점 아래 셋째자리에서 반올림)

*계약내용

보장	품목	평년착과수	가입주수	가입과중	가입가격
적과전 종합위험	사과	40,000개	250주	0.3kg/개	4,000원/kg

- 자기부담비율: 20% 보장수준: 50%

*적과전과 적과후착과수 조사내용

구분	재해종류	사고일자/조사일자	조사내용
적과종료 이전 조사	-	냉해 피해 확인	-
적과종료후 착과수 조사	-	7월2일	- 적과후 착과수: 46,000개

*적과종료후 조사내용

재해종류	사고일자/조사일자	조사내용
태풍	7월12일/7월13일	- 총낙과수: 25,000개(낙과피해구성률: 100%)
강풍	8월15일/8월16일	- 총낙과수: 20,000개(낙과피해구성률: 90%)

물음 1 착과감소보험금의 계산과정과 값(원)을 쓰시오.

물음 2 과실손해보험금의 계산과정과 값(원)을 쓰시오.

풀이 2

사과(종합)이고 적과전 냉해피해이고 착과수가 증가이므로 착과감소보험금 지급대상이 아님

보험가입금액=40,000x0.3x4,000=4,800만원

착과수가 증가하였으므로 착과감소과실수=0

적과후착과수=46,000개, 착과감소개수=0개,

기준착과수=46,000개, 자기부담감수과실수=46,000x0.2=9,200개,

착과감소과실수=0개, 미보상감수과실수=0개

착과감소보험금=0원

적과이후 감수과실수

(1) 7월 12일 태풍피해

　낙과피해감수과실수=25,000x(1-0)x1.07=26,750개

(2) 8월 15일 강풍피해

　낙과피해감수과실수=20,000x(0.9-0)x1.07=19,260개

　누적감수과실수=26,750+19,260=46,010개(기준착과수를 초과하여 46,000개)

　누적감수과실수는 기준착과수를 한도로 한다.

　기준착과수=46,000개, 자기부담감수과실수=46,000x0.2=9,200개

　B+C-A=9,200-0-0=9,200개

　과실손해보험금=(46,000-9,200)x0.3x4,000=44,160,000원

　부보비율에 따른 비례보상(평년착과수>기준착과수의 80%)은 적용하지 않는다.

　평년착과수=4만개, 기준착과수의 80%=36,800개

　보험가입금액=4,800만원, (착과수 증가이므로 변동 없음)

　한도적용=4,800만원x(1-0.2)=38,400,000원

　지급 보험금=Min{44,160,000원, 4,800만원x(1-0.2)}=38,400,000원

📖 예제 3

적과전종합위험 떫은감 품목에 보상하는 재해로 피해가 발생하였다. 다음 계약내용 및 조사내용을 참조하여 착과감소보험금과 과실손해보험금(원)을 구하시오.

(단, 피해율은 % 단위로 소수점 아래 셋째자리에서 반올림하시오.)

*계약내용

보장	품목	평년착과수	가입주수	가입과중	가입가격
5종 한정특약	떫은감	60,000개	400주	0.3kg/개	3,000원/kg

- 자기부담비율: 10%   - 보장수준: 50%

*적과전과 적과후 착과수 조사내용

구분	재해종류	사고일자/조사일자	조사내용
적과종료 이전 조사	태풍	6월20일/6월21일	- 고사나무: 20주 - 일부침수: 50주 (침수율: 50%) - 낙엽률: 30%(경과일수: 20일)
적과종료후 착과수 조사			- 적과후 착과수: 80,000개 - 실제결과주수: 400주, 미보상비율: 10%

*적과종료후 조사내용

재해종류	사고일자/조사일자	조사내용			
집중호우	8월10일/8월12일	- 총낙과수: 3,000개(낙과피해구성률: 100%) - 침수피해주수: 30주 　(침수나무 1주당 평균침수착과수 80개)			
가을동상해	10월17일/10월18일	*착과피해조사 - 잎 피해율:60%, 잔여일수: 30일 사고당시 착과수: 40,000개			

피해구분	정상	50%피해	80%피해	100%피해
과실수	50	20	25	5

📖 풀이 3

떫은감(5종특약)이고 적과전 자연재해 피해가 있지만 착과수 증가이므로 착과감소험금=0원

기준착과수=80,000개, 자기부담감수과실수=8,000개, 미보상감수과실수=0개

착과감소보험금=0원

(적과이후 감수과실수)

(1) 8월 10일 집중호우피해,

　　낙과피해감수과실수=3,000x(1-0)=3,000개

　　침수피해감수과실수=30x80x(1-0)=2,400개

(2) 10월 16일 가을동상해피해, (10월 17일~11월15일까지 잔여일수=30일)

착과피해구성율=(50x0.0031x30+10+20+5)/100=0.3965, 39.65%

착과피해감수과실수=40,000x(0.3965-0)=15,860개

누적감수과실수=3,000+2,400+15,860=21,260개

자기부담감수과실수=8,000개

과실손해보험금=(21,260-8,000)x0.3x3,000=11,934,000원

부보비율에 따른 비례보상(평년착과수<기준착과수의 80%)

지급보험금=11,934,000원x(6만개/8만개의 80%)=11,934,000원x(60,000/64,000) **=11,188,125원**

보험가입금액=6만개x0.3x3,000원=5,400만원

한도 적용=5,400만원x(1-0.1)=4,860만원

📖 문제 1 적과전 종합위험방식 과수 상품에서 적과종료이후 보상하는 손해가 발생하여 다음과 같이 조사를 하였다. 계약내용 및 조사내용을 참조하여 물음에 답하시오.

(단, 과실수는 소수 첫째자리에서 반올림, 피해율은 %단위로 소수 셋째자리에서 반올림)

*계약내용

보장	품목	평년착과수	가입주수	가입과중	가입가격
적과전 종합위험	사과	60,000개	300주	0.4kg/개	4,000원/kg

- 자기부담비율: 30%   보장수준: 50%

*적과전과 적과후착과수 조사내용

구분	재해종류	사고일자/조사일자	조사내용
적과종료 이전 조사	-	사고없음	-
적과종료후 착과수 조사	-	7월2일	- 적과후 착과수: 45,000개

*적과종료후 조사내용

재해종류	사고일자/조사일자	조사내용
태풍	7월12일/7월13일	- 총낙과수: 24,000개(낙과피해구성률: 100%)
강풍	8월15일/8월16일	- 총낙과수: 20,000개(낙과피해구성률: 95%)

물음 1 착과감소보험금의 계산과정과 값(원)을 쓰시오.

물음 2 과실손해보험금의 계산과정과 값(원)을 쓰시오.

다음 계약내용 및 조사내용을 참조하여 물음에 답하시오.

(단, 과실수는 소수 첫째자리에서 반올림, 피해율은 %단위로 소수 셋째자리에서 반올림)

*계약내용

보장	품목	평년착과수	실제결과주수	가입과중	가입가격
적과전 종합위험	배	15,000개	100주	0.5kg/개	4,000원/kg

- 자기부담비율: 10%   -보장수준: 70%

*적과전과 적과후착과수 조사내용

구분	재해종류	사고일자/ 조사일자	조사내용			
적과종료 이전 조사	강풍	5월20일/ 5월22일	- 강풍피해 있음. - 미보상비율: 10%			
적과종료후 착과수 조사	- -	7월10일 7월10일	실제 결과주수	미보상주수	표본주수	착과수의 합계
			100주	10주	6주	600개

*적과종료후 조사내용

재해종류	사고일자/조사일자	조사내용
일소	8월15일/8월16일	- 총낙과수: 3,000개(낙과피해구성률: 25%) - 착과피해조사(착과피해구성률: 30%)
태풍	8월30일/8월31일	- 총낙과수: 1,000개(낙과피해구성률: 60%) - 나무피해 조사: 고사주수 3주 무피해나무 1주당 평균착과수: 100개

물음 1 착과감소보험금(원)을 구하시오.

물음 2 과실손해보험금(원)을 구하시오.

문제 3 다음 계약내용 및 조사내용을 참조하여 물음에 답하시오.

(단, 피해율은 %단위로 소수점 아래 셋째자리에서 반올림하시오.)

*계약내용

보장	품목	평년착과수	가입주수	가입과중	가입가격
적과전 종합위험방식	떫은감	90,000개	600주	0.3kg/개	3,000원/kg

- 자기부담비율: 20% 보장수준: 50%

*적과전과 적과후착과수 조사내용

구분	재해종류	사고일자/조사일자	조사내용			
적과종료 이전 조사	우박	5월20일/5월21일	- 우박피해 있음 - 미보상비율: 15%			
적과종료후 착과수 조사			[적과후 착과수 조사]			
	품종	실제결과주수	조사대상주수	적정표본주수	표본주 착과수의 합계	
	A	340	340	(가)	720개	
	B	260	260	(나)	480개	

*적과종료후 조사내용

재해종류	사고일자 /조사일자	조사내용
태풍	8월15일 /8월16일	- 총낙과수: 3,900개(낙과피해구성률: 65%) - A품종 고사주수: 10주, B품종 수확불능주수: 20주 　(무피해나무의 평균착과수는 적과후착과수 조사와 동일) - 낙엽율: 50%, 경과일수:76일
조수해	9월10일 /9월11일	- 나무피해조사 　A품종 고사주수: 20주, B품종 고사주수: 20주 　(무피해나무의 평균착과수는 적과후착과수 조사와 동일)
우박	6월2일 /9월20일	- 착과피해조사 　사고당시 착과수=(다), 착과피해구성률: 60.28%
가을동상해	10월22일 /10월23일	- 잎 피해 55% 인정됨, 잔여일수: 25일 - 피해과실 구성: 정상(50개), 50%피해(10개), 　　　　　　　　　80%피해(20개), 100%피해(20개)

물음 1 착과감소보험금(원)을 구하시오.

물음 2 과실손해보험금(원)을 구하시오.

적과전 종합위험방식 후지사과(밀식재배) 품목의 계약내용 및 조사내용을 참조하여 다음 물음에 답하시오.

*계약내용

- 적과전 종합위험방식 사과(밀식재배)

품목	가입수확량	평년착과량	자기부담비율	보장수준	가입가격
사과(밀식)	최대가입	(가)	최저비율적용	50%	4,000원/kg

- 부보장특약과 적과전 5종 한정특약 미가입

순보험료율	할인.할증율	방충망설치	방상펜설치	지자체지원율	정부지원율
10%	(나)	20%	20%	32%	(다)

*과거 수확량(단위: kg), 2020년 가입당시 수령: 3년

구분	2020년	2021년	2022년	2023년	2024년	2025년
표준수확량	3,200	3,200	3,100	3,200	3,300	
적과후착과량	2,700	2,600	2,800	2,800	3,100	

*사과 일반재배방식 표준수확량(기준표준수확량)(단위: kg)

수령	5년	6년	7년	8년	9년
표준수확량	4,000	4,200	4,600	5,340	5,400

*최근 5년간 순보험료와 수령보험금(최근 5년 연속가입)

구분	2020년	2021년	2022년	2023년	2024년
순보험료	170만원	130만원	250만원	280만원	220만원
수령보험금	무사고	1,000만원	400만원	무사고	400만원

물음 1 2025년도 평년착과량을 구하시오.

물음 2 손해율에 따른 할인.할증율을 구하시오.

물음 3 계약자 부담보험료를 구하시오.

문제 5 적과전 종합위험방식 후지사과(밀식재배) 품목의 계약내용 및 조사내용을 참조하여 다음 물음에 답하시오.

*계약내용(2025년 2월 18일 계약체결)

- 적과전 종합위험방식 사과(밀식재배)

품목	가입수확량	평년착과량	자기부담비율	보장수준	가입가격
사과(밀식)	8,000kg	8,000kg	최저비율적용	50%	3,000원/kg

- 일소피해 부보장특약과 적과전 5종 한정특약에 가입함

*보험요율(지자체 지원비율: 32%)

보통약관영업요율	할인.할증율	순보험요율	5종한정특약	일소부보장특약
15%	(나)	10%	- 8%	- 2%

*최근 5년간 순보험료와 수령보험금(최근 5년 연속가입)

구분	2020년	2021년	2022년	2023년	2024년
순보험료	135만원	150만원	145만원	160만원	180만원
수령보험금	140만원	무사고	150만원	130만원	160만원

* 방재시설 설치현황

- 높이가 6m 이상의 영년생침엽수와 상록활엽수로 6m 간격으로 과수원 전체에 방풍림을 식재함.
- 망구멍이 가로 및 세로가 8mm의 방목네트로 과수원 둘레 일부에 방풍망을 설치함.
- 망구멍이 가로 및 세로가 5mm의 방목네트로 과수원 둘레 전체에 방충망을 설치함.
- 서리피해를 방지하기 위하여 살수량 300리터/10a의 미세살수장치를 설치함.

*사과 품목의 방재시설 판정기준 만족 시 할인율

방풍림	방풍망(일부)	방충망	방상팬	서리방지 미세살수장치
5%	5%	20%	20%	20%

물음 1 손해율에 따른 할인.할증율을 구하시오.

물음 2 방재시설 설치 할인율을 구하시오.(적용 미달은 제외)

물음 3 계약자 부담보험료를 구하시오.

문제 6 적과전 종합위험방식 떫은감 상품에 관한 내용이다. 다음 조건을 참조하여 물음에 답하시오.
(단 주어진 조건 외 다른 사항은 고려하지 않음)

*계약사항

- 보장내용: 과실손해보장(5종특약 미가입)	- 순보험요율: 10%
- 평년착과량(가입수확량): 15,000kg	- 지자체지원비율: 순보험료의 30%
- 가입일자: 2024년 2월 7일	- 부가보험료: 순보험료의 10%
- 가입주수: 300주	- 보장수준: 가입 가능한 최대수준
- 평균과중: 160g	- 자기부담비율: 가입 가능한 최소수준
- 가입가격(kg당): 1,200원	- 방재시설 할인율: 20%
- 보통약관 영업요율: 11%	- 과수원 할인.할증율: 없음

*조사사항

- 조사일자: 2024년 8월 2일	- 적과후 착과수: 37,500개
- 재해내용: 냉해, 집중호우 피해	- 미보상감수량: 450kg

*보험료 및 보험금 지급내용

(단위: 천원)

구분	영업보험료	순보험료	부가보험료	지급보험금	
				착과감소보험금	과실손해보험금
2019년	1,733	1,575	158		
2020년	1,832	1,665	167	1,000	2,000
2021년	1,733	1,575	158	3,000	
2022년	1,931	1,755	176	1,800	
2023년	1,782	1,620	162		1,500

*정부의 농가부담보험료 지원 비율(%)

구분	품목	보장수준(%)				
		60	70	80	85	90
국고보조율(%)	사과.배.단감.떫은감	60	60	50	38	33

물음 1 정부보조보험료의 계산과정과 값을 쓰시오.

물음 2 계약자부담보험료의 계산과정과 값을 쓰시오.

물음 3 착과감소보험금의 계산과정과 값을 쓰시오.

문제 7 떫은감 과수원을 경작하는 갑(甲)은 적과전 종합위험방식에 가입한 후 적과 전에 냉해, 집중호우, 조수해 피해를 입고 2023년 7월30일 적과후 착과수 조사를 받았다. 다음의 계약사항과 조사내용을 참조하여 물음에 답하시오.

(단, 주어진 조건 외 다른 사항은 고려하지 않음)

***계약내용**

품목	평년착과수	보험가입금액	실제결과주수	가입과중	자기부담비율
떫은감	30,000개	2,000만원	250주	0.5kg/개	10%

- 5종한정특약과 나무손해보장 특약에 가입함, -1주당 나무 가입금액: 100,000원

***적과전과 적과후착과수 조사내용**

구분	조사내용	조사결과
적과종료 이전 조사	2023년 4월5일 냉해로 고사한 주수	10주
	2023년 6월1일 집중호우로 유실되거나 도복되어 고사한 주수	유실: 10주 도복: 40주
	2023년 6월25일 멧돼지 피해로 고사한 주수	10주
적과후 착과수 조사	병충해로 고사한 주수	10주
	조사대상 주수를 산정하여 착과수 조사 결과 표본주 1주당 평균 착과수	100개
	잡초 등 제초작업 불량으로 인한 미보상비율	10%

물음 1 착과감소과실수의 계산과정과 값을 쓰시오.

물음 2 미보상감수과실수의 계산과정과 값을 쓰시오.

물음 3 나무손해보험금의 계산과정과 값을 쓰시오.

적과전 종합위험방식 II 사과품목에 관한 사항이다. 다음 조건을 참조하여 물음에 답하시오.
(주어진 조건 외에 다른 사항은 고려하지 않음)

*계약내용

보장	품목	평년착과수	실제결과주수	가입과중	가입가격
적과전 종합위험	사과	75,000개	650주	0.3kg/개	2,000원/kg

- 자기부담비율: 15%, -보장수준: 70%, -가을동상해부보장 특약에 가입함

*적과전과 적과후착과수 조사내용

구분	재해종류	사고일자/ 조사일자	조사내용			
적과종료 이전 조사	동상해	4월9일/ 4월10일	- 피해사실 확인 조사: 피해 발생 인정 - 미보상비율: 0%			
	우박	6월8일/ 6월9일	- 피해사실 확인 조사: 피해 발생 인정 - 미보상비율: 0%			
적과종료후 착과수 조사	- - -	6월25일	품종	실제결과주수	조사대상주수	표본주 1주당 착과수
			미얀마	320주	320주	65개
			후지	330주	330주	70개

*적과종료후 조사내용(적과이후 자연낙과 등은 감안하지 않음)

재해종류	사고일자/조사일자	조사내용
일소	9월10일/9월11일	- 총낙과수: 1,000개(전수조사) 낙과피해구성률: 50%(500개), 100%(500개) - 착과피해조사: 없음
태풍	9월25일/9월26일	- 총낙과수: 2,000개(전수조사) 낙과피해구성률: 정상(400개), 50%(1,000개), 100%(600개)
우박	6월8일/10월3일	- 착과피해조사(표본조사) 착과피해구성률: 정상(170개), 50%(80개), 100%(50개)

물음 1 착과감소보험금(원)을 구하시오.

물음 2 과실손해보험금(원)을 구하시오.

사과(종합)이고 적과전 사고가 없으므로 착과감소보험금 지급대상이 아니고 보험가입금액과

보험료감액 대상임.

보험가입금액=60,000x0.4x4,000=9,600만원

착과감소율=15,000/60,000=25%, 조정된 보험가입금액=9,600만x0.75=7,200만원

보험료는 계약자부담보험료의 25%가 감액분이고 감액분의 70%가 차액보험료이다.

적과후 착과수=45,000개,

착과감소개수=60,000-45,000=15,000개,

기준착과수=45,000개,

자기부담감수과실수=45,000x0.3=13,500개,

착과감수과실수=0개, 미보상감수과실수=0개

착과감소보험금=0원

적과이후 감수과실수

(1) 7월 12일 태풍피해

낙과피해감수과실수=24,000x(1-0)x1.07=25,680개

(2) 8월 15일 강풍피해

낙과피해감수과실수=20,000x(0.95-0)x1.07=20,330개

누적감수과실수=25,680+20,330=46,010개(기준착과수를 초과하여 45,000개)

누적감수과실수는 기준착과수를 한도로 한다.

기준착과수=45,000개,

자기부담감수과실수=45,000x0.3=13,500개

B+C-A=13,500-0-0=13,500개

과실손해보험금=(45,000-13,500)x0.4x4,000=50,400,000원

보험가입금액 감액=45,000x0.4x4,000=7,200만원

한도적용=7,200만원x(1-0.3)=50,400,000원

배(종합)이고 적과전 자연재해 피해가 있으므로 착과율과 착과손해감수과실수를 계산해야한다.

적과후 착과수조사, 조사대상주수=100-10=90주,

표본주수=6주, 표본주 1주당 착과수=100개

적과후 착과수=90x100=9,000개,

착과감소개수=15,000-9,000=6,000개,

기준착과수=15,000개, 자기부담감수과실수=1,500개

착과감수과실수=6,000개,

미보상감수과실수=6,000x0.1+10x150=2,100개

착과감소보험금=(6,000-2,100-1,500)x0.5x4,000x0.7=3,360,000원

적과이후 감수과실수

착과율=9,000/15,000=60%,

착과손해감수과실수=9,000x0.05=450개

(1) 8월 15일 일소피해, maxA=0.05

낙과피해감수과실수=3,000x(0.25-0.05)=600개

착과피해감수과실수=6,000x(0.3-0.05)=1,500개

(사고당시착과수=9,000-3,000=6,000개)

600+1,500=2,100개로서 9,000x0.06=540개를 초과하므로 감수과실수로 인정한다.

(2) 8월 30일 태풍피해, maxA=0.3

낙과피해감수과실수=1,000x(0.6-0.3)x**1.07**=321개

나무피해감수과실수=3x100x(1-0.3)=210개

누적감수과실수=450+2,100+531=3,081개

자기부담감수과실수=0개

과실손해보험금=(3,081-0)x0.5x4,000=6,162,000원

떫은감(종합)이고 적과전 자연재해 피해가 있으므로 착과율과 착과손해감수과실수를 계산해야한다.

적과후 착과수조사, 조사대상주수, A품종=340주, B품종=260주, 전체 조사대상주수=600주, 표본주수=13주, (가)=8주, (나)=6주, A품종 적정표본주수=13x(340/600)=8주, A품종 표본주 1주당 착과수=720/8=90개

B품종 적정표본주수=13x(260/600)=6주, B품종 표본주 1주당 착과수=480/6=80개

적과후 착과수=340x90+260x80=51,400개, **종합이고 자연재해**

착과감소개수=90,000-51,400=38,600개, 기준착과수=90,000개, 자기부담감수과실수=90,000x0.2=18,000개

착과감수과실수=38,600개, 미보상감수과실수=38,600x0.15=5,790개

착과감소보험금=(38,600-5,790-18,000)x0.3x3,000x0.5=6,664,500원

적과이후 감수과실수

착과율=57.11%<60%,

착과손해감수과실수=51,400x0.05=2,570개

(1) 8월 15일 태풍피해, maxA=0.05

낙과피해감수과실수=3,900x(0.65-0.05)=2,340개

나무피해 감수과실수=(10x90+20x80)x(1-0.05)=2,375개

사고당시 착과수=51,400-3,900-2,500=45,000개

낙엽인정피해율=0.9662x0.5-0.0703=0.4128

낙엽피해감수과실수=45,000x(0.4128-0.05)=16,326개

(2) 9월 10일 조수해(미보상) 그러나 나무피해로 인한 감수과실수 산정이 필요함.

조수해 고사나무감수과실수=(20x90+20x80)=3,400개

사고당시 착과수=45,000-3,400=41,600개

(3) 6월 2일(9월20일) 우박피해, maxA=0.4128

착과피해감수과실수=41,600x(0.6028-0.4128)=7,904개

(4) 가을동상해, 착과피해구성율= (5+16+20+50x0.0031x25)/100=0.44875, maxA=0.6028

착과피해감수과실수=41,600x(0.44875-0.6028)=0개

누적감수과실수=2,570+2,340+2,375+16,326+7,904=31,515개

과실손해보험금=(31,515-0)x0.3x3,000=28,363,500원

(평년착과량)={A+(B-A)(1-Y/5)}xC/D

A=2,800, (가입 5년 평균), (2,700+2,600+2,800+2,800+3,100)/5=2,800

B=3,200, (가입기간 5년 표준수확량의 평균)

C=5,340, (가입년도 기준 표준수확량)

D=3,560, (4,000x0.5+4,000x0.75+4,000+4,200+4,600)/5=3,560

기준표준수확량 산정은 수령 5년차가 기준이 된다. 5년 미만 3년차는 5년의 50%

4년차는 5년의 75%, 5년차부터는 100%로 적용한다.

평년착과량={2,800+(3,200-2,800)(1-5/5)}x(5,340/3,560)=4,200kg

가입수확량=4,200kg,

보험가입금액=4,200x4,000원=1,680만원

5년간 손해율에 따른 할인. 할증율

5년 손해율=1,800만원/1,050만원=171.4%이므로 할증율=+17%

최근 2년 연속가입 손해율=400만/500만<100%

최근 3년 연속가입 손해율=800만/750만>100%

자기부담비율 최저적용=15%, 정부지원비율=38%

순보험료=1,680만원x0.1x(1+0.17)x(1-0.3)=1,375,920원

계약자부담 보험료=1,375,920x(1-0.38-0.32)=412,776원

가입수확량=8,000kg, 보험가입금액=8,000x3,000원=2,400만원

(1) 5년간 손해율에 따른 할인. 할증율

손해율=580만원/770만원=75.32%이므로 할인율=-18%

최근 2년 연속가입 손해율=290만/340만<100%

최근 3년 연속가입 손해율=440만/485만<100%

자기부담비율 최저적용=10%, 정부지원비율=33%

(2) 방재시설 할인=25%

방풍림(X), 방풍망(일부): 5%, 방충망: 20%, 방상팬은 미설치, 미세살수장치(X)

(3) 5한정특약 할인율=8%, 일소피해부보장특약 할인율=2%

순보험료=2,400만원x0.1x(1-0.18)x(1-0.25)x(1-0.08-0.02)=1,328,400원

계약자부담 보험료=1,328,400원x(1-0.33-0.32)=464,940원

착과감소과실수=Min{13,000, 30,000x0.2}=6,000개

(2) 미보상감수과실수=6,000x0.1+30x120=4,200개

(3) 고사나무수(종합)=10+10+40+10=70주, 고사나무피해율=0.28

나무손해보장 보험금=2,500만원x(0.28-0.05)=5,750,000원

06 | 풀이

(1) 정부보조 보험료=순보험료x38%+부가보험료

순보험료=1,800만원x0.1x(1+0)x(1-0.2)=1,440,000원

최근 2년 연속 보험에 가입하고 손해율이 100%미만

최근 3년 연속 보험에 가입하고 손해율이 100%초과 이므로 최저자기부담비율=15%

정부보조 보험료=144만원x38%+144만원x10%=691,200원

(2) 계약자부담보험료=순보험료x(1-정부지원비율-지자체지원비율)

=144만원x(1-0.38-0.3)=460,800원

(3) 착과감수량=15,000-37,500x0.16=9,000kg

미보상감수량=450kg, 자기부담감수량=2,250kg

착과감소보험금=(9,000-450-2,250)x0.7x1,200원=5,292,000원

07 | 풀이

(1) 떫은감(5종특약)이고 적과전 자연재해 피해가 있으므로 최대인정피해율 계산

나무인정피해율=(10+40)/250=0.2, (냉해, 조수해, 병충해는 미보상주수)

조사대상주수=250-50-30=170주, 표본주 1주당 착과수=100개

적과후 착과수=170x100=17,000개, 최대인정피해율=20%, 착과감소개수=30,000-17,000=13,000개,

08 | 풀이

(1) 사과(종합)이고 적과전 자연재해 피해

적과후 착과수조사,

적과후 착과수=320x65+330x70=43,900개,

착과감소개수=75,000-43,900=31,100개, 기준착과수=75,000개,

자기부담감수과실수=11,250개

착과감수과실수=31,100개, 미보상감수과실수=0개

착과감소보험금=(31,100-0-11,250)x0.3x2,000x0.7=8,337,000원

적과이후 감수과실수

착과율=43,900/75,000<60%, 착과손해감수과실수=43,900x0.05=2,195개

8월 15일 일소피해, maxA=0.05, 낙과피해구성률=0.75

낙과피해감수과실수=1,000x(0.75-0.05)=700개

착과피해감수과실수=0개, (사고당시착과수=43,900-1,000=42,900개)

700+0=700개로서 43,900x0.06=2,634개 미만으로 감수과실수로 인정하지 않는다.

8월 30일 태풍피해, maxA=0.05, 낙과피해구성률=0.55

낙과피해감수과실수=2,000x(0.55-0.05)x**1.07**=1,070개

(사고당시착과수=43,900-1,000-2,000=40,900개)

우박피해, maxA=0.05, 낙과피해구성률=0.3

착과피해감수과실수=40,900x(0.3-0.05)=10,225개

누적감수과실수=2,195+1,070+10,225=13,490개

자기부담감수과실수=0개

과실손해보험금=(13,490-0)x0.3x2,000=8,094,000원

02

포도. 복숭아.
자두. 만감류

02 포도.복숭아.자두.만감류

◎ 포도.복숭아.자두.만감류

■ 보험기간

1. 포도(비가림시설만 가입, 작물만 가입 가능)-비가림시설부보장특약, 비가림과수농작물부보장특약

① 비가림시설(보통약관) ⇨ 계약체결일 24시 ~ **이듬해** 10월 10일
② 비가림시설(화재특약) ⇨ 계약체결일 24시 ~ **이듬해** 10월 10일
③ 수확감소보장 ⇨ 계약체결일 24시 ~ 수확기종료시점 단, **이듬해 10월 10일** 초과불가
④ 수확량감소추가보장 특약 ⇨ 계약체결일 24시
 ~ 수확기종료시점 단, **이듬해 10월 10일** 초과불가
⑤ 농업수입감소보장 ⇨ 계약체결일 24시 ~ **수확기가격 공시시점**
 ~ 수확기종료시점 단, **이듬해 10월 10일** 초과불가
⑥ 나무손해보장 ⇨ 판매개시연도 **12월 1일** 또는 계약체결일 24시 ~ **이듬해** 11월 30일

2. 복숭아

① 수확감소보장 ⇨ 계약체결일 24시 ~ 수확기종료시점 단, **이듬해** 10월 10일 초과불가
② 수확량감소추가보장 특약 ⇨ 계약체결일 24시
 ~ 수확기종료시점 단, **이듬해 10월 10일** 초과불가
③ 나무손해보장 ⇨ 판매개시연도 **12월 1일** 또는 계약체결일 24시 ~ **이듬해** 11월 30일

3. 자두

① 수확감소보장 ⇨ 계약체결일 24시 ~ 수확기종료시점 단, **이듬해** 9월 30일 초과불가
② 나무손해보장 ⇨ 판매개시연도 **12월 1일** 또는 계약체결일 24시 ~ **이듬해** 11월 30일

4. 감귤(만감류)

① 수확감소보장 ⇨ 계약체결일 24시~ 수확기종료시점 이듬해 2월 말일

② **수확감소 추가보장 특약** ⇨ 계약체결일 24시~ 수확기종료시점 이듬해 2월 말일

③ **나무손해보장** ⇨ 계약체결일 24시~이듬해 4월 30일

* **과수 품목 인수 제한 목적물**(자두)
 ① 가입하는 해의 나무 수령(나이)이 6년 미만인 과수원

  (수확년도 기준 수령이 7년 미만)

  ※ 수령은 나무의 나이를 말하며, 묘목이 가입과수원에 식재된 해를 1년으로 한다.
 ② 품종이 '귀양'인 자두, 서양자두(푸룬 등) 및 품목이 풀럼코트를 재배하는 과수원
 ③ 도서 지역의 경우 연륙교가 설치되어 있지 않고 정기선이 운항하지 않는 등 신속한 손해평가가 불가능한
  지역에 소재한 과수원

* **과수 품목 인수 제한 목적물**(포도) (비가림시설 포함)
 ① 가입하는 해의 나무 수령(나이)이 3년 미만인 과수원

  ※ 수령(나이)은 나무의 나이를 말하며, 묘목이 가입과수원에 식재된 해를 1년으로 한다.
 ② 보험가입 직전연도(이전)에 **역병 및 궤양병** 등의 병해가 발생하여 보험가입 시 전체 나무의 **20% 이상**이
  고사하였거나 정상적인 결실을 하지 못할 것으로 판단되는 과수원

  ※ 다만, 고사한 나무가 전체의 **20%** 미만이더라도 고사된 나무를 제거하지 않거나, 방재조치를 하지 않은
   경우에는 인수 제한
 ③ 친환경 재배과수원으로서 일반재배와 결실 차이가 현저히 있다고 판단되는 과수원
 ④ **비가림 폭이 2.4m ± 15%, 동고가 3m ± 5%**의 범위를 벗어나는 비가림시설

  (과수원의 형태 및 품종에 따라 조정)

* **과수 품목 인수 제한 목적물**(복숭아)
 ① 가입하는 해의 나무 수령(나이)이 3년 미만인 과수원

  ※ 수령(나이)은 나무의 나이를 말하며, 묘목이 가입과수원에 식재된 해를 1년으로 한다.
 ② 보험가입 직전년도(이전)에 **역병 및 궤양병** 등의 병해가 발생하여 보험가입 시 전체 나무의 **20%** 이상이
  고사하였거나 정상적인 결실을 하지 못할 것으로 판단되는 과수원

  ※ 다만, 고사한 나무가 전체의 20% 미만이더라도 고사된 나무를 제거하지 않거나, 방재조치를 하지 않은
   경우에는 인수 제한
 ③ 친환경 재배과수원으로서 일반재배와 결실 차이가 현저히 있다고 판단되는 과수원

* **적정 표본주 선정** ⇨ (과수4종, 포복자만호밤무) **조사대상주수 기준**

  (5) 50 (6) 100 (7) 150 (8) 200 (9) 300 (10) 400 (11) 500 (12) 600 (13) **1,000주 이상** (17)

■ 포도, 복숭아, 자두, 만감류

(1) 1주당 평년수확량 산정=(평년수확량)/(실제결과주수)

2개 품종 이상인 경우에는 표준수확량으로 가중평균하여 평년수확량을 산정한다.

📋 예제 *계약내용

품목	보험가입금액	평년수확량	품종	표준수확량	가입주수	자기부담비율
포도	최대가입금액	6,000kg	A	20kg/주	100주	최저비율적용
			B	15kg/주	200주	

🔍 풀이

표준수확량(A품종=20x100=2,000kg(40%), B품종=15x200=3,000kg(60%)
1주당 평년수확량: A품종=6,000x0.4÷100=24kg, B품종=6,000x0.6÷200=18kg

(2) 조사대상주수=실제결과주수-미보상주수-고사주수-수확불능주수-기수확주수

⇨ **적정 표본주수 산정**(포복자만호밤무=과수 4종과 동일한 계산방법)
⇨ 표본주 1주당 착과수 산정

📋 예제 *착과수 및 과중 조사내용

실제결과 주수	미보상 주수	고사 주수	표본조사		과중조사	
			적정표본주수	착과수 합계	표본과실수	표본과실중량
250주	20주	10주	(가)	270개	30개	12kg

🔍 풀이

조사대상주수=250-20-10=220주 ⇨ 적정표본주수=9주
표본주 1주당 착과수=270/9=30개, 과중=12/30=0.4kg

(3) 과중조사(과중조사를 하지 않은 경우 ⇨ 착과량=평년수확량)

① 포도, 만감류: 품종별 20개, 농지별 30개 이상,
② 복숭아, 자두: 품종별 20개, 농지별 60개 이상

예제 과중조사의 최소 과일의 개수

품목	품종	과중조사의 최소 과일의 개수
포도	2종	(가)
복숭아	4종	(나)
자두	2종	(다)

풀이

포도=Max{품종수x20, 30}, 복숭아, 자두=Max{품종수x20, 60}
(가)=Max{2x20, 30}=40개, (나)=Max{4x20, 60}=80개, (다)=Max{2x20, 60}=60개

(4) 착과량=(조사대상주수)x(표본주 1주당 착과수)x(과중)+(미보상주수)x(1주당 평년수확량)

(포도, 복숭아, 자두, 만감류는 수확개시 이전에 착과수 조사는 필수)

① 착과수조사 이전 사고의 피해사실이 인정된 경우
② 착과수조사 이전 사고의 피해사실이 인정되지 않는 경우

예제 1 *계약내용

품목	보험가입금액	평년수확량	가입주수	자기부담비율
포도	1,000만원	3,600kg	240주	10%

*착과수 및 과중 조사내용(착과수조사 이전 사고의 피해사실이 인정된 경우)

실제결과 주수	미보상 주수	고사 주수	표본조사		과중조사	
			적정표본주수	착과수 합계	표본과실수	표본과실중량
240주	30주	20주	(가)	320개	30개	12kg

풀이 1

1주당 평년수확량=3,600/240=15kg, 과중=12/30=0.4kg
조사대상주수=240-30-20=190주, 적정표본주수=8주, 표본주 1주당 착과수=40개
착과량=190x40x0.4+30x15=3,490kg

품목	보험가입금액	평년수확량	품종	표준수확량	가입주수	자기부담비율
포도	2,000만원	6,300kg	A	16kg/주	150주	20%
			B	20kg/주	180주	

*착과수 및 과중 조사내용(착과수조사 이전 사고의 피해사실이 인정된 경우)

품종	실제결과 주수	미보상 주수	표본조사		과중조사	
			적정표본주수	착과수 합계	개당과중	미보상비율
A	150주	10주	(가)	250개	350g	10%
B	180주	20주	(나)	270개	400g	5%

📖 **풀이 2**

표준수확량(A품종=16x150=2,400kg(40%), B품종=20x180=3,600kg(60%))
1주당 평년수확량: A품종=6,300x0.4÷150=16.8≒17kg, B품종=6,300x0.6÷180=21kg
조사대상주수, A품종=150-10=140주, B품종180-20=160주, 합=300주, 적정표본주수=10주
A품종 적정표본주수=10x140/300=5주, B품종 적정표본주수=10x160/300=6주
표본주 1주당 착과수, A품종=250/5=50개, B품종=270/6=45개
착과량={140x50x0.35+10x17}+{160x45x0.4+20x21}=2,620+3,300=5,920kg

(5) 감수량 계산

① **(1차사고)** ⇨ 조사대상주수 ⇨ 표본주수 산정 ⇨ 1주당 착과수, 낙과수 산정

　㉠ 착과피해구성율, 낙과피해구성율, (금차고사주수, **maxA값 삭제**)

　㉡ **착과피해감수량**=(조사대상주수)×(표본주 1주당 착과수)×(과중)×(착과피해구성율-maxA)

　㉢ **낙과피해감수량**=(조사대상주수)×(표본주 1주당 낙과수)×(과중)×(낙과피해구성율-maxA)

　㉣ **고사나무피해감수량**=(금차고사주수)×(표본주1주당착과수+낙과수)×(과중)×(1-maxA)

　　* 착과피해감수량+낙과피해감수량+고사나무피해감수량=A

📋 **예제** *착과피해 및 낙과피해 조사내용(1차사고) (이전 고사주수=5주, 과중=0.4kg, maxA=0)

실제결과 주수	미보상 주수	고사주수 (누적)	표본조사		피해구성율		미보상 비율
			착과수합계	낙과수합계	착과	낙과	
250주	30주	10주	225개	27개	15%	52%	20%

📖 풀이

감수량 계산, 조사대상주수=250-30-10=210주이므로 적정표본주수는 9주,

표본주수 1주당 착과수=25개, 낙과수=3개, 금차고사주수=5주, 과중=0.4kg, maxA=0,

착과피해감수량=210x25x0.4x(0.15-0)=315kg,

낙과피해감수량=210x3x0.4x(0.52-0)=131.04=131kg, 고사나무피해감수량=5x(25+3)x0.4=56kg

1차사고 감수량의 총합=315+131+56=502kg,

② **(2차사고)** ⇨ 조사대상주수 ⇨ 표본주수 산정 ⇨ 1주당 착과수, 낙과수 산정

  ㉠ 착과피해구성율, 낙과피해구성율, (금차고사주수, **maxA값 삭제**)

  ㉡ 착과피해감수량=(조사대상주수)×(표본주 1주당 착과수)×(과중)(착과피해구성율-maxA)

  ㉢ 낙과피해감수량=(조사대상주수)×(표본주 1주당 낙과수)×(과중)(낙과피해구성율-maxA)

  ㉣ 고사나무피해감수량=(금차고사주수)×(표본주1주당착과수+낙과수)×(과중)

    * 착과피해감수량+낙과피해감수량+고사나무피해감수량=B

③ 누적감수량=(A+B)

④ (착과수조사 이전 사고의 피해사실이 인정된 경우) ⇨ 수확량=착과량-(A+B),

  (피해사실이 인정되지 않은 경우) ⇨ 수확량=Max{평년수확량, 착과량}-(A+B),

⑤ 미보상감수량=(평년수확량-수확량)×(미보상비율)

⑥ **피해율=(평년수확량-수확량-미보상감수량)÷(평년수확량)**

⑦ (수확감소 보험금)=(보험가입금액)×(피해율-자기부담비율)

  ㉠ 포도, 복숭아, 만감류는 (수확량감소추가보장 보험금)=**(보험가입금액)×(피해율)×(10%)**

  ㉡ 포도는 (농업수입감소보장 보험금)=(보험가입금액)×(피해율-자기부담비율)

예제 1 *착과피해 및 낙과피해 조사내용(이전 고사주수=10주, 과중=0.4kg, maxA=0)

시기	실제 결과 주수	미보상 주수 (누적)	고사 주수 (누적)	표본조사		피해구성율		미보상 비율
				착과수 합계	낙과수 합계	착과	낙과	
1차(태풍)	250주	20주	15주	180개	27개	20%	50%	15%
2차(강풍)	250주	20주	20주	135개	0개	40%	0%	20%

풀이 2

(1) 1차사고, 감수량, 조사대상주수=250-20-15=215주이므로 적정표본주수는 9개

표본주 1주당 착과수=20개, 20%, 낙과수=3개, 50%, 금차고사주수=5주, 과중=0.4kg, maxA=0,

1차피해감수량=215x20x0.4x(0.2-0)+215x3x0.4x(0.5-0)+5x(20+3)x0.4=519kg

(2) 2차사고, 감수량, 조사대상주수=250-20-20=210주이므로 적정표본주수는 9주, 과중=0.4kg,

표본주 1주당 착과수=15개, 40%, 낙과수=0개, 0%, 금차고사주수=5주, maxA=0.2

2차피해감수량=210x15x0.4x(0.4-0.2)+210x0x0.4x(0-0)+5x(15+0)x0.4=282kg

감수량의 총합=519+282=801kg,

예제 2 *수확개시 이후 착과피해 및 낙과피해 조사내용

착과피해조사 (9월 10일)	- 착과수조사이후 착과피해 유발 재해가 발생하여 조사함 - 각품종별 착과수는 이전 착과수 조사값으로 대체함 (A품종: 5,000개, 과중: 300g, B품종: 8,000개, 과중: 400g) - A품종 착과피해구성율: 30%, B품종 착과피해구성율: 20%, - 미보상비율: 20%
낙과피해 조사 (9월 20일)	- 착과피해 조사이후 낙과피해 발생하여 조사함 - 총 낙과수(전수조사): 2,000개 - 낙과된 과실 중 표본과실 100개 조사(A품종: 40개, B품종: 60개) - A품종 낙과피해구성율: 60%, B품종 낙과피해구성율: 80%,

풀이 2

수확개시 이후 조사

(1) 착과피해감수량: A품종, 착과피해감수량=5,000x0.3x(0.3-0)=450kg,

B품종, 착과피해감수량=8,000x0.4x(0.2-0)=640kg,

(2) 낙과피해감수량, 총낙과수 2,000개(A품종(40%): 800개, B품종(60%): 1,200개),

maxA=0.3(A품종), maxA=0.2(B품종)

A품종, 낙과피해감수량=800x0.3x(0.6-0.3)=72kg,

B품종, 낙과피해감수량=1,200x0.4x(0.8-0.2)=288kg,

감수량의 총합=450+640+72+288=1,450kg,

(6) 포도, 농업수입감소보장

① (보험가입금액)=(평년수확량의 50~100%=가입수확량)×(기준가격)

② (기준수입)=(평년수확량)×(기준가격)

③ (실제수입)=(수확량+미보상감수량) x Min{(기준가격), (수확기가격)}

④ 피해율=(기준수입-실제수입)÷(기준수입)

⑤ 농업수입감소 보험금=(보험가입금액)×(피해율-자기부담비율)

⑥ (수확량감소추가보장 보험금)=(보험가입금액)×(피해율)×(10%)

📋 예제   *계약내용(농업수입감소보장 방식)

품목	보험가입금액	평년수확량	가입주수	기준가격	자기부담비율
포도	최대가입금액	3,000kg	250주	5,000원/kg	최저비율적용

- 수확량감소추가보장 특별약관에 가입함

*수확개시 이전 착과수 및 과중 조사내용(착과수조사 이전 사고의 피해사실이 인정된 경우)

실제결과 주수	미보상 주수	고사 주수	표본조사		과중조사	
			적정표본주수	착과수 합계	표본과실수	표본과실중량
250주	20주	10주	(가)	270개	30개	12kg

*수확개시 이후 착과피해 및 낙과피해 조사내용

실제결과 주수	미보상주수 (누적)	고사주수 (누적)	표본조사		피해구성율		미보상 비율
			착과수합계	낙과수합계	착과	낙과	
250주	20주	15주	225개	27개	30%	50%	20%

- 수확기가격: 4,000원/kg, -나무조사는 이전 사고와 누적하여 조사함

🔍 풀이

가입수확량=평년수확량의 50~100%(최대)=3,000kg

보험가입금액(최대)=3,000x5,000원=1,500만원, 기준수입=3,000x5,000=1,500만원

농업수입감소보장 자기부담비율: 20, 30, 40%(3가지), 최저 자기부담비율=20%

조사대상주수=220주, 과중=0.4kg, (착과량)=220x30x0.4+20x12=2,880kg,

1차, 감수량=215x25x0.4x(0.3-0)+215x3x0.4x(0.5-0)+5x(25+3)x0.4=830kg

　수확량=2,880-830=2,050kg, 미보상감수량=(3,000-2,050)x0.2=190kg

　수확기가격=4,000원, 실제수입=(2,050+190)x4,000=8,960,000원

　피해율=(1,500만-8,960,000)/1,500만=0.402666, 40.27%

　농업수입감소 보험금=1,500만원x(0.4027-0.2)=3,040,500원

　수확감소 피해율=(3,000-2,050-190)/3,000=0.25333, 25.33%

　수확량감소추가보장 보험금=1,500만원x0.2533x0.1=379,950원

(7) 복숭아 병충해(세균구멍병) 감수량 ⇨ maxA값 삭제

　① (병충해 착과피해감수량)

　　=(조사대상주수)(1주당착과수)(과중)×(병충해과실수)x0.5/(표본의 총개수=60개)

　② (병충해 낙과피해감수량)

　　=(조사대상주수)(1주당낙과수)(과중)×(병충해과실수)x0.5/(표본의 총개수=60개)

　③ 복숭아 병충해(세균구멍병) **감수량**=(병충해 착과피해감수량)+(병충해 낙과피해감수량)

　④ 복숭아 피해율=(평년수확량-수확량-미보상감수량+병충해감수량)÷(평년수확량)

📑 예제 1　*착과피해 조사내용(착과수조사 이전 사고의 피해사실이 인정된 경우)

실제결과 주수	미보상 주수	고사 주수	1주당 착과수	착과피해구성조사(60개)				
				정상과실	50%	80%	100%	병충해
100주	5주	11주	70개	22개	6개	10개	4개	18개

- 미보상비율: 20%, -과중: 0.4kg/개, -병충해(세균구멍병)확인 됨.

🔍 풀이 1

(병충해감수량, 착과) 조사대상주수=100-5-11=84주이고 1주당 착과수=70개, 과중=0.4kg

착과피해구성율=(3+8+4)/60=0.25(착과피해감수량 산정 시 이용)

병충해감수량(착과)=84x70x0.4x{18x0.5}/60=352.8kg

📑 예제 2　*낙과피해 조사내용(착과수조사 이전 사고의 피해사실이 인정된 경우)

실제결과 주수	미보상 주수	고사 주수	1주당 낙과수	낙과피해구성조사(60개)				
				정상과실	50%	80%	100%	병충해
150주	10주	10주	5개	5개	10개	10개	17개	18개

- 미보상비율: 20%, -과중: 0.4kg/개, -병충해(세균구멍병)확인 됨.

🔍 풀이 2

(병충해감수량, 낙과) 조사대상주수=150-10-10=130주이고 1주당 낙과수=5개, 과중=0.4kg

낙과피해구성율=(5+8+17)/60=0.5(낙과피해감수량 산정 시 이용)

병충해감수량(낙과)=130x5x0.4x{18x0.5}/60=39kg

예제 3 종합위험 수확감소보장방식 복숭아 품목에 보상하는 재해로 피해가 발생하였다.
다음 계약내용 및 조사내용을 참조하여 총 지급보험금을 구하시오.
(단, 피해율은 %단위로 소수점 아래 셋째자리에서 반올림할 것)

계약내용	조사내용
*품목: 복숭아 (백도, 종합) *가입주수: 200주(수령 6년) *보험가입금액: 2,000만원 *평년수확량: 8,000kg *자기부담비율: 20% *수확량감소추가보장 특약에 가입함	*사고접수(7월 5일): 강풍과 병충해 *조사일자(7월 6일) *병충해과실무게: 1,000kg (세균구멍병: 600kg, 복숭아순나방: 400kg) *수확량: 4,500kg *미보상비율: 10%

풀이 3

병충해는 세균구멍병만 보상하고 50%를 인정하므로 병충해감수량=600x0.5=300kg
미보상감수량=(8,000-4,500)x0.1=350kg
피해율=(8,000-4,500-350+300)/8,000=0.43125, 43.13%
수확감소 보험금=2,000만원x(0.4313-0.2)=4,626,000원
수확량감소추가보장 보험금=2,000만x0.4313x0.1=862,600원
총 지급보험금=4,626,000+862,600=5,488,600원

예제 4 *착과피해 및 낙과피해 조사내용(과중: 0.4kg, 착과수조사: 3,600개)

8월 10일 (태풍)	- 낙과피해있음, 낙과수의 총합: 1,200개, 낙과피해구성율: 80%
9월 5일(자연재해) (병충해)	- 착과피해있음, 착과수의 총합: 2,400개, 착과피해구성율: 30% - 병충해 착과피해 확인: 세균구멍병 - 표본과실 60개, 병충해과실: 24개

풀이 4

(착과수조사 이전 사고의 피해사실이 인정된 경우)
과중=0.4kg, 착과수=3,600개, 착과량=3,600x0.4=1,440kg
감수량 계산,
낙과감수량=1,200x0.4x(0.8-0)=384kg
착과감수량=2,400x0.4x(0.3-0)=288kg, 고사나무감수량=0kg
감수량의 총합=384+288=672kg,
병충해감수량=2,400x0.4x{24x0.5}/60=192kg

📖 문제 1 종합위험 수확감소보장방식 비가림과수 포도 품목에 피해가 발생하였다. 다음 계약내용 및 조사내용을 참조하여 물음에 답하시오.
(단, 피해율은 % 단위로 소수점 아래 셋째자리에서 반올림하시오.)

*계약내용

품목	보험가입금액	평년수확량	품종	표준수확량	가입주수	자기부담비율
포도	3,000만원	9,600kg	A	15kg/주	200주	10%
			B	20kg/주	100주	
			C	10kg/주	300주	

*수확개시 이전 착과수 및 과중 조사내용(착과수조사 이전 사고의 피해사실이 인정된 경우)

품종	실제결과 주수	미보상 주수	표본조사		과중조사	
			적정표본주수	착과수 합계	개당과중	미보상비율
A	200주	10주	(가)	150개	300g	15%
B	100주	5주	(나)	120개	400g	20%
C	300주	20주	(다)	300개	조사없음	10%

물음 1 수확량(kg)을 구하시오.

물음 2 수확감소보험금(원)을 구하시오.

📖 문제 2 종합위험 수확감소보장방식 감귤(만감류) 품목에 피해가 발생하였다. 다음 계약내용 및 조사내용을 참조하여 물음에 답하시오. (단, 피해율은 %단위로 소수점 아래 셋째자리에서 반올림)

*계약내용

품목	보험가입금액	평년수확량	가입주수	자기부담비율
감귤(만감류)	1,000만원	4,200kg	350주	10%

*수확개시 이전 착과수 및 과중 조사내용(착과수조사 이전 사고의 피해사실이 인정된 경우)

실제결과 주수	미보상 주수	고사 주수	표본조사		과중조사	
			적정표본주수	착과수 합계	표본과실수	표본과실중량
350주	20주	10주	(가)	300개	30개	12kg

*수확개시 이후 착과피해 및 낙과피해 조사내용

기수확 주수	미보상 주수(누적)	고사 주수(누적)	표본조사		피해구성율		미보상 비율
			착과수합계	낙과수합계	착과	낙과	
10주	20주	20주	200개	100개	20%	50%	20%

물음 1 수확량(kg)을 구하시오.

물음 2 수확감소보험금(원)을 구하시오.

문제 3 종합위험 수확감소보장방식 비가림과수 포도 품목에 피해가 발생하였다. 다음 계약내용 및 조사내용을 참조하여 총 지급보험금(원)을 구하시오. (단, 피해율은 %단위로 소수점 아래 셋째자리에서 반올림)

계약사항	- 품목: 포도(9년생) - 보험가입금액: 1,000만원 - 수확량감소추가보장 특약 가입	- 평년수확량: 3,000kg - 가입주수: 200주 - 자기부담비율: 10%
착과수 조사	- 실제결과주수: 200주, 미보상주수: 5주, 고사주수: 5주 - 적정표본주수 착과수의 총합: 320개, 미보상비율: 10%	
과중조사	- 1차조사: 포도 30개 무게 합: 12kg, - 2차조사: 포도 30개 무게 합: 15kg,	

자연재해
(8월 10일)
착과피해조사
낙과피해조사

- 실제결과주수: 200주, 미보상주수(누적): 10주, 고사주수(누적): 10주
- 적정표본주수 착과수의 총합: 160개, 낙과수의 총합: 40개
- 미보상비율: 20%

*착과피해구성

분류	정상	50%피해	80%피해	100%피해
과실수	13	8	5	4

*낙과피해구성

분류	정상	50%피해	80%피해	100%피해
과실수	10	6	10	4

- 주어진 조건 외에 다른 조건은 고려하지 않음.

문제 4 종합위험 수확감소보장방식 복숭아 품목에 보상하는 재해로 피해가 발생하였다.
다음 계약내용 및 조사내용을 참조하여 물음에 답하시오.
(단, 피해율은 %단위로 소수점 아래 셋째자리에서 반올림)

*계약내용

품목	보험가입금액	평년수확량	품종	표준수확량	가입주수	자기부담비율
복숭아	2,000만원	8,000kg	A	15kg/주	200주	20%
			B	20kg/주	100주	

*수확개시 이전 착과수 및 과중 조사내용(착과수조사 이전 사고의 피해사실이 인정된 경우)

품종	실제결과주수	미보상주수	표본조사		과중조사	
			적정표본주수	착과수 합계	개당과중	미보상비율
A	200주	10주	(가)	180개	300g	10%
B	100주	5주	(나)	120개	조사없음	5%

물음 1 수확량(kg)을 구하시오.

물음 2 수확감소보험금(원)을 구하시오.

문제 5 종합위험 수확감소보장방식 복숭아 품목에 보상하는 재해로 피해가 발생하였다. 다음 계약내용 및
조사내용을 참조하여 물음에 답하시오. (단, 피해율은 %단위로 소수점 아래 셋째자리에서 반올림)

*계약내용

품목	보험가입금액	평년수확량	가입주수	자기부담비율
복숭아	2,000만원	5,000kg	100주	15%

*수확개시 이전 착과수 및 과중 조사내용(착과수조사 이전 사고의 피해사실이 인정된 경우)

실제결과주수	미보상주수	고사주수	표본조사		과중조사	
			적정표본주수	착과수 합계	표본과실수	표본과실중량
100주	5주	5주	(가)	720개	60개	24kg

*수확개시 이후 착과피해 조사내용: 병충해(세균구멍병)확인 됨.

실제결과 주수	미보상주수 (누적)	고사주수 (누적)	1주당 착과수	착과피해구성조사(60개)				
				정상과실	50%	80%	100%	병충해
100주	5주	11주	70개	22개	6개	10개	4개	18개

- 미보상비율: 20%

물음 1 수확량(kg)과 병충해감수량(kg)을 구하시오.

물음 2 수확감소보험금(원)을 구하시오.

문제 6 종합위험 수확감소보장방식 자두 품목에 보상하는 재해로 피해가 발생하였다. 다음 계약내용 및 조사내용을 참조하여 물음에 답하시오. (단, 피해율은 %단위로 소수점 아래 셋째자리에서 반올림)

*계약내용

품목	보험가입금액	평년수확량	가입주수	자기부담비율
자두	2,000만원	16,000kg	400주	10%

*수확개시 이전 착과수 및 과중 조사내용

실제결과 주수	미보상 주수	고사 주수	표본조사		과중조사	
			적정표본주수	착과수 합계	표본과실수	표본과실중량
400주	10주	5주	(가)	1,800개	60개	12kg

*수확 개시 이후 착과피해 및 낙과피해 조사내용

기수확 주수	미보상주수 (누적)	고사주수 (누적)	표본조사		피해구성율		미보상 비율
			착과수합계	낙과수합계	착과	낙과	
5주	15주	10주	800개	300개	20%	50%	10%

물음 1 수확량(kg)을 구하시오.

물음 2 수확감소보험금(원)을 구하시오.

종합위험 수확감소보장방식 자두 품목에 보상하는 재해로 피해가 발생하였다. 다음 계약내용 및
조사내용을 참조하여 물음에 답하시오. (단, 피해율은 % 단위로 소수점 아래 셋째자리에서 반올림)

*계약내용

품목	보험가입금액	평년수확량	가입주수	자기부담비율
자두	1,000만원	8,000kg	200주	10%

*수확개시 이전 착과수 및 과중 조사내용

실제결과 주수	미보상 주수	고사 주수	표본조사		과중조사	
			적정표본주수	착과수 합계	표본과실수	표본과실중량
200주	10주	5주	(가)	1,440개	60개	12kg

*수확개시 이후 착과피해 및 낙과피해 조사내용

사고	미보상 주수(누적)	고사주수 (누적)	표본조사		피해구성율		미보상 비율
			착과수합계	낙과수합계	착과	낙과	
1차	15주	10주	640개	240개	20%	50%	10%
2차	20주	20주	480개	80개	40%	80%	20%

물음 1 수확량(kg)을 구하시오.

물음 2 수확감소보험금(원)을 구하시오.

01 | 풀이

표준수확량, A품종=3,000kg(3/8), B품종=2,000kg(2/8), C품종=3,000kg(3/8),

A품종 평년수확량=9,600x3/8=3,600kg, A품종 1주당 평년수확량=9,600x3/8÷200=18kg,

B품종 평년수확량=9,600x2/8=2,400kg, B품종 1주당 평년수확량=9,600x2/8÷100=24kg,

C품종 평년수확량=9,600x3/8=3,600kg, C품종 1주당 평년수확량=9,600x3/8÷300=12kg,

전체 조사대상주수=600-10-5-20=565주이므로 전체 적정표본주수는 12개

A품종 적정표본주수=12x(190/565)=5주, B품종 적정 표본주수=12x(95/565)=3주,

C품종 적정 표본주수=12x(280/565)=6주

A품종 표본주 1주당 착과수=150/5=30개, 과중=0.3kg, 착과량=190x30x0.3+10x18=1,890kg

B품종 표본주 1주당 착과수=120/3=40개, 과중=0.4kg, 착과량=95x40x0.4+5x24=1,640kg

C품종 표본주 1주당 착과수=300/6=50개, 과중조사(x) 평년수확량을 C품종 수확량=3,600kg

수확량=1,890+1,640+3,600=7,130kg, 미보상감수량=(9,600-7,130)x0.2=494kg,

피해율=(9,600-7,130-494)/9,600=0.20583, 20.58%

수확감소보험금=3,000만원x(0.2058-0.1)=3,174,000원

02 | 풀이

1주당 평년수확량=12kg, 조사대상주수 =350-20-10=320주이므로 적정표본주수는 10주

표본주 1주당 착과수=30개, 과중=0.4kg, 착과량=320x30x0.4+20x12=4,080kg

감수량 계산, maxA=0

조사대상주수=350-10-20-20=300주이므로 적정 표본주수는 10주

표본주수 1주당 착과수=20개(20%), 낙과수(50%)=10개, 금차고사주수=10주

착과피해감수량=300x20x0.4x(0.2-0)=480kg

낙과피해감수량=300x10x0.4x(0.5-0)=600kg

고사나무피해감수량=10x(20+10)x0.4x(1-0)=120kg

감수량의 총합=480+600+120=1,200kg,

수확량=4,080-1,200=2,880kg

미보상감수량=(4,200-2,880)x0.2=264kg

피해율=(4,200-2,880-264)/4,200=0.25142, 25.14%

수확감소보험금=1,000만원x(0.2514-0.1)=1,514,000원

03 | 풀이

1주당 평년수확량=15kg, 조사대상주수=200-5-5=190주이므로 적정표본주수는 8주

표본주 1주당 착과수=320/8=40개, 과중(최초조사)=0.4kg,

착과량=190x40x0.4+5x15=3,115kg

감수량 계산, maxA=0, 조사대상주수=200-10-10=180주이므로 적정 표본주수는 8주

착과피해구성율=(4+4+4)/30=0.4, 40%,

낙과피해구성율=(3+8+4)/30=0.5, 50%

표본주 1주당 착과수=20개(40%), 낙과수=5개(50%), 금차고사주수=5주

감수량=180x20x0.4x(0.4-0)+180x5x0.4x(0.5-0)+5x(20+5)x0.4x(1-0)=806kg

수확량=3,115-806=2,309kg, 미보상감수량=(3,000-2,309)x0.2=138.2kg

피해율=(3,000-2,309-138.2)/3,000=0.184266, 18.43%

수확량감소 추가보장보험금=1,000만원x0.1843x0.1=184,300원

수확감소보험금=1,000만원x(0.1843-0.1)=843,000원

총 지급보험금=184,300원+843,000원=1,027,300원

04 | 풀이

표준수확량, A품종=3,000kg(60%), A품종=2,000kg(40%)

A품종 평년수확량=8,000x60%=4,800kg, A품종 1주당 평년수확량=8,000x0.6÷200=24kg,

B품종 평년수확량=8,000x40%=3,200kg, B품종 1주당 평년수확량=8,000x0.4÷100=32kg,

(착과량 조사) 전체 조사대상주수=300-10-5=285주이므로 적정표본주수는 9주

A품종 적정표본주수=9x(190/285)=6주,

B품종 적정표본주수=9x(95/285)=3주,

A품종 표본주 1주당 착과수=180/6=30개, 과중=0.3kg, A품종 착과량=190x30x0.3+10x24=1,950kg

B품종 표본주 1주당 착과수=120/3=40개, 과중조사(x), B품종

착과량(평년수확량)=3,200kg

착과량=1,950+3,200=5,150kg, (착과피해, 낙과피해 감수량이 없으므로 착과량=수확량)

미보상감수량=(8,000-5,150)x0.1=285kg,

피해율=(8,000-5,150-285)/8,000=0.320625, 32.06%

수확감소보험금=2,000만원x(0.3206-0.2)=2,412,000원

05 | 풀이

1주당 평년수확량=50kg, 조사대상주수=100-5-5=90주이므로 적정 표본주수는 6주

표본주 1주당 착과수=120개, 과중=0.4kg,

착과량=90x120x0.4+5x50=4,570kg

감수량 계산, 조사대상주수=100-5-11=84주이고 표본주 1주당 착과수=70개,

착과피해구성율=(3+8+4)/60=0.25, 금차고사나무주수=6주,

착과피해감수량=84x70x0.4x(0.25-0)=588kg,

낙과피해감수량=0kg

고사나무피해감수량=6x(70+0)x0.4=168kg

감수량의 총합=588+168=756kg, 수확량=4,570-756=3,814kg

미보상감수량=(5,000-3,814)x0.2=237.2kg,

병충해감수량(착과)=84x70x0.4x{18x(0.5-0)}/60=352.8kg

피해율=(5,000-3,814-237.2+352.8)/5,000=0.26032, 26.03%

수확감소보험금=2,000만원x(0.2603-0.15)=2,206,000원

06 | 풀이

1주당 평년수확량=40kg, 조사대상주수=400-10-5=385주이므로 적정표본주수는 10주

표본주 1주당 착과수=180개, 과중=12/60=0.2kg, 착과량=385x180x0.2+10x40=14,260kg

감수량 계산, 조사대상주수=400-5-15-10=370주이므로 적정표본주수는 10주

표본주 1주당 착과수=80개, 낙과수=30개, 금차고사주수=5주

착과피해감수량=370x80x0.2x(0.2-0)=1,184kg

낙과피해감수량=370x30x0.2x(0.5-0)=1,110kg

고사나무피해감수량=5x(80+30)x0.2=110kg

감수량의 총합=1,184+1,110+110=2,404kg, 수확량=14,260-2,404=11,856kg

미보상감수량=(16,000-11,856)x0.1=414.4kg

피해율=(16,000-11,856-414.4)/16,000=0.2331, 23.31%

수확감소보험금=2,000만원x(0.2331-0.1)=2,662,000원

표본주 1주당 착과수=60개(40%), 낙과수=10개(80%), 금차고사주수=10주

착과피해감수량=160x60x0.2x(0.4-0.2)=384kg

낙과피해감수량=160x10x0.2x(0.8-0.2)=192kg

고사나무피해감수량=10x(60+10)x0.2=140kg

2차 감수량의 총합=384+192+140=716kg, 감수량의 총합=1,195+716=1,911kg

수확량=7,060-1,911=5,149kg, 미보상감수량=(8,000-5,149)x0.2=570.2kg

피해율=(8,000-5,149-570.2)/8,000=0.2851, 28.51%

수확감소보험금=1,000만원x(0.2851-0.1)=1,851,000원

07 | 풀이

1주당 평년수확량=40kg, 조사대상주수=200-10-5=185주이므로 적정표본주수는 8주

표본주 1주당 착과수=1,440/8=180개, 과중=12/60=0.2kg, 착과량=185x180x0.2+10x40=7,060kg

(1차 감수량) 조사대상주수=200-15-10=175주이므로 적정표본주수는 8주

표본주 1주당 착과수=80개(20%), 낙과수=30개(50%), 금차고사주수=5주

착과피해감수량=175x80x0.2x(0.2-0)=560kg

낙과피해감수량=175x30x0.2x(0.5-0)=525kg

고사나무피해감수량=5x(80+30)x0.2=110kg

1차 감수량의 총합=560+525+110=1,195kg,

(2차 감수량) 조사대상주수=200-20-20=160주이므로 적정표본주수는 8주, maxA=0.2,

 MEMO

03

밤, 호두

03 밤, 호두

◉ 밤, 호두

▣ 보험기간

(밤) (수확감소보장): 발아기(다만, 발아기가 지난 경우에는 계약체결일 24시)
　　　　　　　~수확기종료시점(다만, 판매개시연도 **10월 31일**을 초과할 수 없음)
(호두) (수확감소보장): 발아기(다만, 발아기가 지난 경우에는 계약체결일 24시)
　　　　　　　~수확기종료시점(다만, 판매개시연도 **9월 30일**을 초과할 수 없음)

▣ 과수 품목 인수 제한 목적물

(1) 밤

　① 가입하는 해의 나무 수령(나이)이 5년 미만인 과수원
　　※ 수령(나이)은 나무의 나이를 말하며, 묘목이 가입과수원에 식재된 해를 1년으로 한다.
　② 보험가입 이전에 자연재해 피해 및 접붙임 등으로 당해년도의 정상적인 결실에 영향이 있는 과수원
　③ 가입사무소 또는 계약자를 달리하여 중복 가입하는 과수원
　④ 도서 지역의 경우 연륙교가 설치되어 있지 않고 정기선이 운항하지 않는 등 신속한 손해평가가 불가능한
　　지역에 소재한 과수원
　⑤ 도시계획 등에 편입되어 수확 종료 전에 소유권 변동 또는 과수원 형질변경 등이 예정되어 있는 과수원

(2) 호두

　① 가입하는 해의 나무 수령(나이)이 8년 미만인 경우
　　※ 수령(나이)은 나무의 나이를 말하며, 묘목이 가입과수원에 식재된 해를 1년으로 한다.
　② 보험가입 이전에 자연재해 피해 및 접붙임 등으로 당해년도의 정상적인 결실에 영향이 있는 과수원
　③ 가입사무소 또는 계약자를 달리하여 중복 가입하는 과수원
　④ 도서 지역의 경우 연륙교가 설치되어 있지 않고 정기선이 운항하지 않는 등 신속한 손해평가가 불가능한
　　지역에 소재한 과수원
　⑤ 도시계획 등에 편입되어 수확 종료 전에 소유권 변동 또는 과수원 형질변경 등이 예정되어 있는 과수원
　⑥ 군사시설보호구역 중 통제보호구역내의 농지(단, 통상적인 영농활동 및 손해평가가 가능하다고 판단되는
　　농지는 인수 가능)

※ 통제보호구역: 민간인통제선 이북지역 또는 군사기지 및 군사시설의 최외곽 경계선으로부터 300미터 범위 이내의 지역

◎ 밤, 호두

(1) 1주당 평년수확량 산정=평년수확량/실제결과주수,
  2개 품종 이상인 경우에는 표준수확량으로 가중평균하여 평년수확량을 산정한다.

예제 *계약내용

품목	보험가입금액	평년수확량	품종	표준수확량	가입주수	자기부담비율
밤	최대가입금액	6,000kg	A	20kg/주	100주	20%
			B	24kg/주	125주	20%

풀이

표준수확량(A품종=20x100=2,000kg(40%), B품종=24x125=3,000kg(60%)
1주당 평년수확량: A품종=6,000x0.4÷100=24kg, B품종=6,000x0.6÷125=28.8kg

(2) 조사대상주수=실제결과주수-미보상주수-고사주수-수.불-기수확주수 ⇨ 표본주수 산정

  ⇨ 표본주 1주당 착과수, 낙과수 산정, 과중조사

  * 수확개시이전 조사에서 **착과량과 낙과량**을 동시에 계산하는 품목이다.
    (밤, 호두: 땅에 떨어진 것도 착과량(수확량)에 포함하는 품목)

(3) 수확개시 이전 수확량조사

  조사대상주수, 표본주산정, 착과피해구성율, 낙과피해구성율, 미보상주수
  수확개시이전 수확량=(조사대상주수)×(표본주 1주당 착과수)×(과중)×(1-착과피해구성율)
    +(조사대상주수)×(표본주 1주당 낙과수)×(과중)×(1-낙과피해구성율)
  +(미보상주수)×(1주당 평년수확량)=S

📋 **예제** *수확개시이전 조사내용

실제결과 주수	미보상 주수	고사 주수	표본조사		피해구성율		미보상 비율
			착과수합계	낙과수합계	착과	낙과	
200주	10주	10주	1,200개	48개	20%	50%	10%

- 조사대상주수에 따른 적정표본주수 선정, 평년수확량: 4,000kg
- 과중조사, 표준과중:100g

🔍 **풀이**

1주당 평년수확량=20kg, 과중=표준과중=0.1kg
(수확량조사) 조사대상주수=200-10-10=180주이므로 적정표본주수는 8주
표본주 1주당 착과수=150개(20%), 1주당 낙과수=6개(50%), 미보상주수=10주
(수확량)=180x150x0.1x(1-0.2)+180x6x0.1x(1-0.5)+10x20=2,414kg

(4) 과중조사

⇨ **밤, 호두:** 품종별 20개 이상, 농지별 60개 이상
⇨ **1개 과중**={(과립지름30mm초과)+(과립지름30mm이하)×0.8}÷(과중조사 표본과실수)

📋 **예제** *과중조사의 최소 과일의 개수

품목	품종	과중조사의 최소 과일의 개수
밤	2종	(가)
호두	4종	(나)
밤	3종	(다)

🔍 **풀이**

밤, 호두=Max{품종수x20, 60}
(가)=Max{2x20, 60}=60개, (나)=Max{4x20, 60}=80개, (다)=Max{3x20, 60}=60개

📋 **예제** 과중조사(밤: 60송이): 과립지름30mm초과(4.4kg), 과립지름30mm이하(2kg)

🔍 **풀이**

1개 과중={4.4+2x0.8}/60=0.1kg

* **착과피해구성률과 낙과피해구성률** ⇨ 품종별 20개 이상, 농지별 60개 이상

예제 종합위험 과수 품목의 수확 개시 이전에 보상하는 재해로 손해가 발생하여 실시한 수확량조사 내용의 일부이다. 다음 조사내용을 참조하여 (가)~(바)에 들어갈 적당한 값을 구하시오.

품목: 밤	A품종	B품종
실제결과주수	200주	300주
고사주수	20주	30주
미보상주수	20주	30주
착과피해 구성	50%: 8개, 80%: 10개	50%: 6개, 80%: 15개
낙과피해 구성	80%: 10개, 100%: 7개	50%: 16개, 100%: 10개
착과피해의 경우 표본과실의 최소개수	(가)	(나)
착과피해 구성률	(다)	(라)
낙과피해 구성률	(마)	(바)
표본과실무게(과중조사)	과립지름 30mm초과: 4.4kg, 과립지름 30mm이하: 2kg	

풀이

과중조사(밤)=(4.4+2x0.8)/60=0.1kg, 2개 품종이므로 농지별 최소 60개 과실은 산정
조사대상주수, A=160주(40%), B=240주(60%), A=60개x0.2=**24개**, B=60개x0.6=**36개**

* **(착과수와 낙과수) 조사 ⇨ 표본주 선정 후에 표본주 전체 조사, 여러 품종일 경우에는 100개 표본조사(품종별 구분)**

(5) 수확개시 이후 조사

① **(1차 사고)**

⇨ 조사대상주수 ⇨ 표본주수 산정 ⇨ 표본주 1주당 착과수, 낙과수 산정
착과피해구성율, 낙과피해구성율, **(금차고사주수)**

㉠ (금차수확량)=(조사대상주수)×(표본1주당 착과수)×(과중)x{1-(착과피해구성율-maxA)}
+(조사대상주수)×(표본 1주당 낙과수)×(과중)x{1-(**낙과피해구성율-maxA**)}
+(누적 미보상주수)×(1주당 평년수확량)— ①

㉡ (금차감수량)=(조사대상주수)×(표본 1주당 착과수)×(과중)×(착과피해구성율-maxA)
+(조사대상주수)×(표본 1주당 낙과수)×(과중)×(낙과피해구성율-maxA)
+(금차고사주수)×(**1주당착과수+1주당낙과수**)×(과중)×(1-maxA)— ②

㉢ (기수확량)— ③

② **(2차 사고)**

⇨ 조사대상주수 ⇨ 표본주수 산정 ⇨ 표본주 1주당 착과수, 낙과수 산정
착과피해구성율, 낙과피해구성율, **(금차고사주수)**

ⓐ (금차수확량)=(조사대상주수)×(표본1주당 착과수)×(과중)×{1-(착과피해구성율-maxA)}

   +(조사대상주수)×(표본 1주당 낙과수)×(과중)×{1-(낙과피해구성율-maxA)}

   +(누적 미보상주수)×(1주당 평년수확량)─ ④

ⓑ (금차감수량)=(조사대상주수)×(표본 1주당 착과수)×(과중)×(착과피해구성율-maxA)

   +(조사대상주수)×(표본 1주당 낙과수)×(과중)×(낙과피해구성율-maxA)

   +(**금차고사주수**)×(1주당착과수+1주당낙과수)×(과중)×(1-maxA)─ ⑤

ⓒ (기수확량)─ ⑥

(6) 수확개시 이전 조사만 있는 경우

착과피해구성율, 낙과피해구성율, 미보상주수

수확개시이전 수확량=(조사대상주수)×(표본주 1주당 착과수)×(과중)×(1-착과피해구성율)

   +(조사대상주수)×(표본주 1주당 낙과수)×(과중)×(1-낙과피해구성율)

   +(**미보상주수**)×(1주당 평년수확량)=S

➡ 수확량=S, 미보상감수량, 피해율을 계산하여 보험금 산정

📋 예제   *수확개시이전 조사내용(밤 품목: 평년수확량: 4,000kg)

실제결과 주수	미보상 주수	고사 주수	표본조사		피해구성율		미보상비율
			착과수합	낙과수합	착과	낙과	
200주	10주	10주	1,200개	48개	20%	50%	10%

- 조사대상주수에 따른 적정표본주수 선정
- 과중조사:과중조사(60송이): 과립지름30mm초과(4.4kg), 과립지름30mm이하(2kg)

🔍 풀이

1주당 평년수확량=20kg, 1개 과중={4.4+2x0.8}/60=0.1kg

(수확량조사) 조사대상주수=200-10-10=180주이므로 적정표본주수는 8주

표본주 1주당 착과수=150개, 20%, 1주당 낙과수=6개, 50%, 미보상주수=10주

(수확량)=180x150x0.1x(1-0.2)+180x6x0.1x(1-0.5)+10x20=2,414kg

(미보상감수량)=(4,000-2,414)x0.1=158.6kg

(7) 수확개시 이전 조사가 없고 수확개시 이후(1차) 조사내용만 있는 경우

(금차수확량)―①, (금차감수량)―②, (기수확량)―③

(산출량의 총합)=①+②+③

*(산출량의 총합)≥(평년수확량) ⇨ **(수확량)=①+③**

*(산출량의 총합)<(평년수확량) ⇨ **(수확량)=(평년수확량)-②**

📋 예제   *수확개시 후 조사내용 (수확개시이전 사고 없음)(평년수확량: 6,000kg)

실제결과 주수	미보상 주수	고사 주수	표본조사		피해구성율		기수확량
			착과수 합	낙과수 합	착과	낙과	
300주	20주	30주	1,080개	450개	20%	60%	200kg

- 조사대상주수에 따른 적정표본주수 선정   - 미보상율: 10%
- 과중조사(60송이): 과립지름30mm초과(4.4kg), 과립지름30mm이하(2kg)

🔍 풀이

1주당 평년수확량=20kg, 과중=(4.4+2x0.8)/60=0.1kg

(수확개시 이후 수확량조사) 조사대상주수=200-20-30=250주이므로 적정표본주수는 9주

표본주 1주당착과수=120개(30%),1주당낙과수=50개(60%), 미보상주수=20주, 금차고사주수=30주

(금차수확량)=250x120x0.1x(1-0.2)+250x50x0.1x(1-0.6)+**20**x20=3,300kg―①

(금차감수량)=250x120x0.1x(0.2-0)+250x50x0.1x(0.6-0)+**30**x(120+50)x0.1x(1-0)=1,860kg―②

(기수확량)=200kg―③, 산출량의 총합=3,300+1,860+200 < 평년수확량=6,000kg이므로

(수확량)=6,000-1,860=4,140kg, 미보상감수량=(6,000-4,140)x0.1=186kg

---

(8) 수확개시 이전 조사가 없고 수확개시 이후(1차, 2차) 조사내용만 있는 경우

1차사고: (금차수확량)―①, (금차감수량)―②, (기수확량)―③

2차사고: (금차수확량)―④, (금차감수량)―⑤, (기수확량)―⑥

*오류검증

㉠ ①+③ ≥ ④+⑤+⑥ ⇨ 오류검증 필요 없음

㉡ ①+③ < ④+⑤+⑥ ⇨ 오류수정 필요함

*수확량 산정

(산출량의 총합)=①+②+③

㉠ (산출량의 총합)≥(평년수확량) ⇨ **(수확량)=(①+③)-⑤**

㉡ (산출량의 총합)<(평년수확량) ⇨ **(수확량)=(평년수확량)-(②+⑤)**

*수확개시 이후 조사내용(수확개시 이전 수확량조사 없음)(평년수확량: 2,500kg)

시기	금차수확량	금차감수량	기수확량	미보상비율
1차	1,500kg	400kg	200kg	15%
2차	900kg	300kg	400kg	20%

📖 풀이

(오류검증) 1,500+200>900+300+400이므로 오류검증 필요 없음

산출량의 총합=1,500+400+200 < 평년수확량=2,500kg이므로

수확량=2,500-(400+300)=1,800kg

미보상감수량=(2,500-1,800)x0.2=140kg

(9) 수확개시 이전 조사와 수확개시 이후(1차사고)가 있는 경우

수확개시이전 **수확량**—A

1차사고: (금차수확량)—①, (금차감수량)—②, (기수확량)—③

*오류검증

㉠ A ≧ ①+②+③ ⇨ 오류검증 필요 없음

㉡ A < ①+②+③ ⇨ 오류수정 필요함

*수확량 산정: **(수확량)=A-②**

📑 예제 *수확개시 전. 후 조사내용(밤 품목, 평년수확량: 3,000kg, -미보상율: 10%)

시기	실제 결과 주수	미보상 주수 (누적)	고사 주수 (누적)	표본조사		피해구성율		기수확량
				착과수 합계	낙과수 합계	착과	낙과	
전	250주	20주	10주	900개	45개	30%	50%	-
후	250주	30주	30주	480개	40개	50%	60%	100kg

- 과중조사(60송이): 과립지름30mm초과(4.4kg), 과립지름30mm이하(2kg)

- 단, 수확량과 감수량은 kg단위로 소수점 아래 첫째자리에서 반올림할 것

📖 풀이

1주당 평년수확량=3,000/250=12kg, 과중=(4.4+2x0.8)/60=0.1kg

(수확개시 이전 수확량조사) 조사대상주수=250-20-10=220주이므로 적정표본주수는 9주

표본주 1주당 착과수=100개, 30%, 1주당 낙과수=5개, 50%

(수확개시 이전 수확량)=220x100x0.1x(1-0.3)+220x5x0.1x(1-0.5)+20x12=1,835kg

(1차사고) 조사대상주수=250-30-30=190주이므로 적정표본주수는 8주, maxA=0.3

표본주 1주당 착과수=60개, 50% 표본주 1주당 낙과수=5개, 60%

(금차수확량)=190x60x0.1x(1-0.5+0.3)+190x5x0.1x(1-0.6+0.3)+**30x12**=1,338.5=1,339kg

(금차감수량)=190x60x0.1x(0.5-0.3)+190x5x0.1x(0.6-0.3)+20x(60+5)x0.1x(1-0.3)=347.5=348kg

(기수확량)=100kg,

(오류검증) 1,835>1,339+348+100이므로 오류검증 필요 없음

(수확량)=1,835-348=1,487kg,

미보상감수량=(3,000-1,487)x0.1=151.3=151kg

---

(10) 수확개시 이전 조사와 수확개시 이후(1차, 2차사고)가 있는 경우

수확개시이전 **수확량**─A

1차사고: (금차수확량)─①, (금차감수량)─②, (기수확량)─③

2차사고: (금차수확량)─④, (금차감수량)─⑤, (기수확량)─⑥

*오류검증

㉠ A ≥ ①+②+③ ⇨ 오류검증 필요 없음

㉡ A < ①+②+③ ⇨ 오류수정 필요함

㉢ ①+③ ≥ ④+⑤+⑥ ⇨ 오류검증 필요 없음

㉣ ①+③ < ④+⑤+⑥ ⇨ 오류수정 필요함

*수확량 산정: **(수확량)=A-(②+⑤)**

📃 예제 *수확개시이전 조사내용(밤 품목, 평년수확량: 5,000kg)

실제결과 주수	미보상 주수	고사 주수	표본조사		피해구성율		미보상비율
			착과수 합	낙과수 합	착과	낙과	
200주	10주	10주	1,600개	800개	20%	50%	10%

- 조사대상주수에 따른 적정표본주수 선정, -과중조사, 표준과중: 100g

*수확개시후 조사내용(수확개시 전 수확량조사 없음)

시기	금차수확량	금차감수량	기수확량	미보상비율
1차	1,800kg	1,000kg	300kg	15%
2차	1,000kg	330kg	200kg	20%

🔎 풀이

1주당 평년수확량=25kg, 과중=0.1kg

(수확량조사) 조사대상주수=200-10-10=180주이므로 적정표본주수는 8주

표본주 1주당 착과수=200개(20%), 1주당 낙과수=100개(50%), 미보상주수=10주

(수확량)=180x200x0.1x(1-0.2)+180x100x0.1x(1-0.5)+10x25=4,030kg

(오류검증) 4,030>1,800+1,000+300이므로 오류검증 필요 없음

　　　　 1,800+300>1,000+330+200이므로 오류검증 필요 없음

(수확량)=4,030-(1,000+330)=2,700kg,

미보상감수량=(5,000-2,700)x0.2=460kg

문제 1 종합위험 과수 품목의 수확 개시 이전에 보상하는 재해로 손해가 발생하여 실시한 수확량조사 내용의 일부이다. 다음 조사내용을 참조하여 (가)~(바)에 들어갈 적당한 값을 구하시오.

품목: 밤	A품종	B품종
실제결과주수	200주	150주
고사주수	20주	30주
미보상주수	30주	20주
착과피해 구성	50%: 10개, 80%: 10개	50%: 4개, 80%: 5개
낙과피해 구성	80%: 10개, 100%: 2개	80%: 5개, 100%: 4개
착과피해의 경우 표본과실의 최소개수	(가)	(나)
착과피해 구성률	(다)	(라)
낙과피해 구성률	(마)	(바)
표본과실무게(과중조사)	과립지름 30mm초과: 4.4kg, 과립지름 30mm이하: 2kg	

문제 2 종합위험 수확감소보장방식 밤 품목에 보상하는 재해로 피해가 발생하였다. 다음 계약내용 및 조사내용을 참조하여 물음에 답하시오. (단, 피해율은 % 단위로 소수점 아래 셋째자리에서 반올림)

*계약내용

품목	보험가입금액	평년수확량	가입주수	자기부담비율
밤	1,000만원	S	200주	10%

*수확개시 이후 1차, 2차사고 조사내용(수확개시 전 수확량조사 없음)

시기	금차수확량	금차감수량	기수확량	미보상비율
1차	1,500kg	400kg	200kg	15%
2차	900kg	300kg	400kg	20%

물음 1 평년수확량 S=2,500kg일 때, 수확감소 보험금(원)을 구하시오.

물음 2 평년수확량 S=2,000kg일 때, 수확감소 보험금(원)을 구하시오.

문제 3 종합위험 수확감소보장방식 호두 품목에 보상하는 재해로 피해가 발생하였다. 다음 계약내용 및 조사내용을 참조하여 물음에 답하시오. (단, 피해율은 % 단위로 소수점 아래 셋째자리에서 반올림)

*계약내용

품목	보험가입금액	평년수확량	가입주수	자기부담비율
호두	1,000만원	4,000kg	200주	최저비율적용

*수확개시이전 조사내용

실제 결과 주수	미보상 주수	고사 주수	표본조사		피해구성율		미보상비율
			착과수합계	낙과수합계	착과	낙과	
200주	10주	10주	1,200개	640개	20%	50%	10%

- 조사대상주수에 따른 적정표본주수 선정
- 과중조사, 표준과중:100g

*수확개시이후 조사내용

시기	금차수확량	금차감수량	기수확량(누적)	미보상비율
1차	1,500kg	1,000kg	500kg	20%

물음 1 수확량(kg)을 구하시오.

물음 2 수확감소보험금(원)을 구하시오.

📱 문제 4 종합위험 수확감소보장방식 호두 품목에 보상하는 재해로 피해가 발생하였다. 다음 계약내용 및 조사내용을 참조하여 물음에 답하시오. (단, 피해율은 % 단위로 소수점 아래 셋째자리에서 반올림)

*계약내용

품목	보험가입금액	평년수확량	가입주수		자기부담비율
			A품종	B품종	
호두	2,000만원	6,000kg	150주	100주	20%

*1주당 표준수확량: A품종: 20kg, B품종: 30kg

*수확개시 이전 착과수 및 과중 조사내용(수확개시이후 사고조사 없음)

품종	실제결과 주수	미보상 주수	표본조사			피해구성율	
			적정 표본주수	착과수의 총합	낙과수의 총합	착과	낙과
A	150주	10주	(가)	1,200	30개	20%	50%
B	100주	5주	(나)	720	0	40%	0%

- 과중조사, 표준과중, A품종: 100g, B품종: 150g, -미보상율: 20%

물음 1 품종별 1주당 평년수확량을 구하시오.(단, 소수점 첫째자리에서 반올림)

물음 2 수확량(kg)을 구하시오.(단, 수확량은 소수점 첫째자리에서 반올림)

물음 3 수확감소 보험금(원)을 구하시오.

문제 5 종합위험 수확감소보장방식 품목에 보상하는 재해로 피해가 발생하였다. 다음을 참조하여 물음에 답하시오.

품목	수확전 조사내용	수확개시이후 조사내용					
호두	무사고		평년수확량	금차수확량	금차감수량	기수확량
			3,000kg	1,600kg	1,000kg	200kg
밤	사고있음 수확량=2,600kg		평년수확량	금차수확량	금차감수량	기수확량
			3,000kg	1,600kg	800kg	200kg
매실	무사고	사고	평년수확량	금차수확량	금차감수량	기수확량
		1차	3,000kg	1,800kg	1,000kg	300kg
		2차		1,000kg	600kg	100kg
대추	사고있음 수확량=3,000kg 사고있음	사고	평년수확량	금차수확량	금차감수량	기수확량
		1차	3,000kg	1,800kg	1,000kg	100kg
		2차		1,000kg	800kg	100kg
참다래	사고있음 수확량=3,000kg 사고있음	사고	평년수확량	금차수확량	금차감수량	기수확량
		1차	3,000kg	1,800kg	1,000kg	100kg
		2차		1,000kg	900kg	100kg

물음 1 오류검증이 필요 없는 품목의 수확량을 각각 구하시오.

물음 2 오류 수정이 필요한 품목을 쓰시오.

*오류 수정이 필요한 경우

① 수확개시이전 사고가 없고 수확개시이후 1차사고만 있는 경우
⇨ 오류검증 필요 없음
② 수확개시이전 사고가 없고 수확개시이후 1차, 2차사고가 있는 경우
⇨ (1차 금차수확량+기수확량) < (2차 산출량의 총합)인 경우 ⇨ 오류수정 필요함
③ 수확개시이전 사고가 있고 수확개시이후 1차사고만 있는 경우
(수확개시이전 수확량) < (1차 산출량의 총합)인 경우 ⇨ 오류수정 필요함
④ 수확개시이전 사고가 있고 수확개시이후 1차, 2차사고가 있는 경우
㉠ (수확개시이전 수확량) < (1차 산출량의 총합)인 경우 ⇨ 오류수정 필요함

정답 및 해설

01 | 풀이

밤의 과중조사는 품종별 3주 이상의 표본주에서 20개 이상(농지별 60개 이상)의 과실에서 과립지름 30mm 초과와 과립지름 30mm이하로 분류하여 과립지름 30mm 이하인 과실은 0.8로 적용

A품종 조사대상주수=200-20-30=150주(60%)

B품종 조사대상주수=150-30-20=100주(40%)

2개 품종이므로 최소표본과실의 개수는 60개

A품종 최소표본과실의 개수=60x(150/250=60%)=36개=(가)

B품종 최소표본과실의 개수=60x(100/250=40%)=24개=(나)

A품종 착과피해구성률=(10x0.5+10x0.8)/36=36.11%=(다)

A품종 낙과피해구성률=(10x0.8+2x1)/36=27.78%=(마)

B품종 착과피해구성률=(4x0.5+5x0.8)/24=25%=(라)

B품종 낙과피해구성률=(5x0.8+4x1)/24=33.33%=(바)

과중조사=(4.4+2x0.8)/60=0.1kg

02 | 풀이

(오류검증) 1,500+200>900+300+400이므로 오류검증 필요 없음

(1) 산출량의 총합=1,500+400+200 <

평년수확량=2,500kg이므로

수확량=2,500-(400+300)=1,800kg

미보상감수량=(2,500-1,800)x0.2=140kg

피해율=(2,500-1,800-140)/2,500=0.224, 22.4%

수확감소보험금=1,000만원x(0.224-0.1)=1,240,000원

(2) 산출량의 총합=1,500+400+200 >

평년수확량=2,000kg이므로

수확량=1,500+200-300=1,400kg

미보상감수량=(2,000-1,400)x0.2=120kg

피해율=(2,000-1,400-120)/2,000=0.24, 24%

수확감소보험금=1,000만원x(0.24-0.1)=1,400,000원

03 | 풀이

호두의 최저 자기부담비율은 20%

1주당 평년수확량=20kg, 과중=1차조사=0.1kg

(수확개시 이전 수확량조사) 조사대상주수=200-10-10=180주이므로 적정표본주수는 8주

표본주 1주당 착과수=150개, 20%, 1주당 낙과수=80개, 50%, 미보상주수=10주

(수확개시 이전 수확량)=180x150x0.1x(1-0.2)+180x80x0.1x(1-0.5)+10x20=3,080kg

1차사고 산출량의 총합=1,500+1,000+500=3,000kg

(오류검증) 3,080>1,500+1,000+500이므로 오류검증 필요 없음

수확량=3,080-1,000=2,080kg

미보상감수량=(4,000-2,080)x0.2=384kg

피해율=(4,000-2,080-384)/4,000=0.384, 38.4%

수확감소보험금=1,000만x(0.384-0.2)=1,840,000원

04 | 풀이

A품종 표준수확량=150x20=3,000kg(50%), B품종 표준수확량=100x30=3,000kg(50%)

A품종 1주당 평년수확량=6,000x0.5÷150=20kg, A과중=0.1kg

B품종 1주당 평년결실수=6,000x0.5÷100=30kg,
B과중=0.15kg

조사대상주수, A품종=150-10=140, B품종=100-5=95,
전체조사대상주수=235주, 적정표본주수=9주

A품종 적정표본주수=9x(140/235)=6주(가),
B품종 적정표본주수=9x(95/235)=4주(나),

A품종 표본주 1주당 착과수=200개, 낙과수=5개,
B품종 표본주 1주당 착과수=180개, 낙과수=0개,

A수확량=140x200x0.1x(1-0.2)+140x5x0.1x(1-
0.5)+10x20=2,475kg

B수확량=95x180x0.15x(1-0.4)+0+5x30=1,689kg

수확량의 총합=2,475+1,689=4,164kg,
미보상감수량=(6,000-4,164)x0.2=367.2kg

피해율=0.2448, 24.48%,
수확감소보험금=2,000만x(0.2448-0.2)=896,000원

(1차 산출량의 총합=2,900)<(평년수확량=3,000)
수확량=3,000-1,000-800=1,200kg

참다래: (1차) 금차수확량+금차감수량+기수확량=1,800+1,000
+100=2,900kg
수확전 수확량=3,000이므로 오류검증 필요 없음
1차 금차수확량+기수확량=1,800+100=1,900kg
2차 산출량의 총합=1,000+900+100=2,000kg이므로
오류수정 필요함

(물음 2) 오류수정이 필요한 품목=참다래

05 | 풀이

(물음 1)

호두: 수확전 무사고이고 수확개시이후 1차사고 이므로 오류검증
필요 없음 수확량=3,000-1,000=2,000kg

밤: (산출량의 총합=2,600)=(수확량=2,600)이므로 오류검증
필요 없음
수확량=2,600-800=1,800kg

매실: 1차 금차수확량+기수확량=1,800+300=2,100kg
2차 산출량의 총합=1,000+600+100=1,700kg이므로
오류검증 필요 없음
(1차 산출량의 총합=3,100)>(평년수확량=3,000)
수확량=1,800+300-600=1,500kg

대추: (1차) 금차수확량+금차감수량+기수확량=1,800+1,000+
200=3,000kg
수확전수확량=3,000kg이므로 오류검증 필요 없음
(1차) 금차수확량+기수확량=1,800+200=2,000kg
2차 산출량의 총합=1,000+800+100=1,900kg이므로
오류검증 필요 없음

04

매실.대추.
살구.오미자

04 매실.대추.살구.오미자

◉ 매실.대추.살구.오미자

■ 보험기간

(매실 보험기간)

    ① **(수확감소보장):** 계약체결일 24시

                ~수확기종료시점(다만, 이듬해 7월 31일을 초과할 수 없음)

    ② **(나무손해보장)** ⇨ 판매개시연도 **12월 1일** 또는 계약체결일 24시~**이듬해 11월 30일**

(대추 보험기간)

    ① **(수확감소보장):** 신초발아기 또는 계약체결일 24시

                ~수확기종료시점(다만, 판매개시연도 10월 31일을 초과할 수 없음)

    ② **비가림시설(종합, 화재)** 계약체결일 24시 ~ 판매개시연도 **10월 31일**

(살구 보험기간)

    ① **(수확감소보장):** 계약체결일 24시

                ~수확기종료시점(다만, 이듬해 7월 20일을 초과할 수 없음)

    ② **(나무손해보장)** ⇨ 판매개시연도 **12월 1일** 또는 계약체결일 24시~**이듬해 11월 30일**

(오미자 보험기간)

    ① **(수확감소보장):** 계약체결일 24시

                ~수확기종료시점(다만, 이듬해 10월 10일을 초과할 수 없음)

표본주 선정 ⇨ **(매실, 대추, 살구):** (5) **100** (7) **300** (9) **500** (12) **1,000** (16)

        ⇨ **(오미자):** (5) **500m** (6) **1,000m** (7) **2,000m** (8) **4,000m** (9) **6,000m** (10)

■ 과수 품목 인수 제한 목적물

(1) 매실

    가입하는 해의 나무 수령(나이)이 5년 미만인 경우

    ※ 수령(나이)은 나무의 나이를 말하며 묘목이 가입과수원에 식재된 해를 1년으로 한다.

(2) 대추(비가림시설 포함)

① 가입하는 해의 나무 수령이 **4년 미만**인 경우

　※ 수령은 나무의 나이를 말하며, 묘목이 가입과수원에 식재된 해를 1년으로 한다.

② 사과대추(왕대추)류를 재배하는 과수원.

　(단, 다음 사업지역에서 재배하는 경우에 한하여 가입 가능)

사업지역	충남(부여)	충남(청양)	전남(영광)
가입가능 품종	황실	천황	대능

③ 재래종대추와 사과대추(왕대추)류가 혼식되어 있는 과수원

④ 건축 또는 공사 중인 비가림시설

⑤ 목재, 죽재로 시공된 비가림시설

⑥ 피복재가 없거나 대추를 재배하고 있지 않은 시설

⑦ 작업동, 창고동 등 대추 재배용으로 사용되지 않는 시설

⑧ 목적물의 소유권에 대한 확인이 불가능한 시설

⑨ 정부에서 보험료의 일부를 지원하는 다른 계약에 이미 가입되어 있는 시설

⑩ 비가림시설 전체가 피복재로 씐 시설 (일반적인 비닐하우스와 차이가 없는 시설은 원예시설보험으로 가입)

⑪ 보험가입 이전에 자연재해 피해 및 접붙임 등으로 당해년도의 정상적인 결실에 영향이 있는 과수원

⑫ 가입사무소 또는 계약자를 달리하여 중복 가입하는 과수원

⑬ 도서 지역의 경우 연륙교가 설치되어 있지 않고 정기선이 운항하지 않는 등 신속한 손해평가가 불가능한 지역에 소재한 과수원

⑭ 도시계획 등에 편입되어 수확 종료 전에 소유권 변동 또는 과수원 형질변경 등이 예정되어 있는 과수원

(3) 살구

① 노지재배가 아닌 시설에서 살구를 재배하는 과수원

② 가입연도 나무수령이 **5년 미만**인 과수원(**관수시설** 미설치 인수제한)

　※ 수령은 나무의 나이를 말하며, 묘목이 가입과수원에 식재된 해를 1년으로 한다.

③ 보험가입 이전에 자연재해 피해 및 접붙임 등으로 당해년도의 정상적인 결실에 영향이 있는 과수원

④ 친환경 재배과수원으로서 일반재배와 결실 차이가 현저히 있다고 판단되는 과수원

⑤ 가입사무소 또는 계약자를 달리하여 중복 가입하는 과수원

⑥ 도서 지역의 경우 연륙교가 설치되어 있지 않고 정기선이 운항하지 않는 등 신속한 손해평가가 불가능한 지역에 소재한 과수원

⑦ 도시계획 등에 편입되어 수확 종료 전에 소유권 변동 또는 과수원 형질변경 등이 예정되어 있는 과수원

⑧ 군사시설보호구역 중 통제보호구역내의 농지(단, 통상적인 영농활동 및 손해평가가 가능하다고 판단되는 농지는 인수 가능)

　※ 통제보호구역 : 민간인통제선 이북지역 또는 군사기지 및 군사시설의 최외곽 경계선으로부터 **300미터** 범위 이내의 지역

(4) 오미자

① 삭벌 3년차 이상 과수원 또는 삭벌하지 않는 과수원 중 식묘 4년차 이상인 과수원

② 가지가 과도하게 번무하여 수관 폭이 두꺼워져 광부족 현상이 일어날 것으로 예상되는 과수원

③ 유인틀의 상태가 적절치 못하여 수확량이 현저하게 낮을 것으로 예상되는 과수원 (유인틀의 붕괴, 매우 낮은 높이의 유인틀)

④ 주간거리가 50㎝ 이상으로 과도하게 넓은 과수원

◎ 매실, 대추, 살구

(1) 수확개시 이전 조사 요령

① 1주당 평년수확량 산정=평년수확량÷실제결과주수,

② **조사대상주수=실제결과주수-미보상주수-고사주수-수확불능주수-기수확주수**

　　⇨ 표본주수 산정 ⇨ 표본주 1주당 착과량, 착과피해구성율

③ **표본주 선정 ⇨ (매실, 대추, 살구): (5) 100 (7) 300 (9) 500 (12) 1,000 (16)**

④ 표본구간 전체수확 수확량조사, 1주당 착과량=(표본주의 착과 무게)÷표본주수

***과중조사(X)**: 표본주 전체를 수확하여 무게를 측정한 다음에 표본주 1주당 착과량 계산

⑤ **(표본주의 1주당 착과량)=(조사착과량)×(비대추정지수)×(1 또는 2)(절반조사)÷표본주수**

⑥ 절반조사=2(수확개시이전, 이후 모두 적용), (비대추정지수는 착과과실에만 적용)

⑦ **(비대추정지수)**, 매실: 4종(재래종, 남고, 백가하, 천매), 나머지 품종은 남고에 따름

⑧ 수확량=(조사대상주수)×(표본주 1주당 착과량)×(1-착과피해구성율) +(미보상주수)×(1주당 평년수확량)=S

예제 *계약내용

품목	보험가입금액	평년수확량	가입주수	자기부담비율
매실(남고)	1,000만원	6,000kg	200주	20%

*수확개시 이전 조사내용(수확개시이후 조사 없음)

나무조사			표본조사(전체조사)		
실제결과주수	고사주수	미보상주수	표본주수	수확과실 무게	착과피해구성율
200	10	10	(가)	84kg	30%

- 미보상비율: 10%, -매실 비대추정지수, (재래종)=1.4, (남고)=2.0, (백가하)=1.228

1주당 평년수확량=6,000/200=30kg,

조사대상주수=200-10-10=180주이므로 적정표본주수는 7주(5, 7, 9, 12, 15)

표본주 1주당 착과량=84x2.0/7=24kg,

수확량=180x24x(1-0.3)+10x30=3,324kg, 미보상감수량=(6,000-3,324)x0.1=267.6kg

피해율=(6,000-3,324-267.6)/6,000=0.4014, 40.14%

수확감소 보험금=1,000만원x(0,4014-0.2)=2,014,000원

(매실은 과중조사가 없고 표본주 전체를 수확하여 조사수확량을 조사하고 비대추정지수와 절반조사 여부를 확인하여 표본주 1주당
수확량을 산정한다. 착과피해구성율 조사는 표본주별 100개이상 또는 1kg 이상 조사한다.)

예제 종합위험 과수 품목의 수확 개시 이전에 보상하는 재해로 손해가 발생하여 실시한 수확량조사 내용의 일부이다. 다음 조사내용을 참조하여 (가)~(라)에 들어갈 적당한 값을 구하시오.

품목: 매실	A품종	B품종
실제결과주수	130주	200주
고사주수	20주	30주
미보상주수	10주	20주
착과피해 구성	50%: 100개, 80%: 50개	50%: 200개, 80%: 100개
착과피해의 경우 표본과실의 최소개수	(가)	(나)
착과피해 구성률	(다)	(라)

매실, 대추, 살구, 오미자는 과중조사는 없고 표본주(구간)에서 전체를 수확하여 조사한다.

A품종 조사대상주수=130-20-10=100주(40%), B품종 조사대상주수=200-30-20=150주(60%)

전체 조사대상주수=250주이면 표본주수=7주, A품종 적정표본주수=7x40%=3주,

B품종 적정표본주수=7x60%=5주, 표본주별 100개 이상 과실을 조사

A품종 최소표본과실의 개수=3x100=300개=(가), B품종 최소표본과실의 개수=5x100=500개=(나)

A품종 착과피해구성률=(100x0.5+50x0.8)/300=30%=(다)

B품종 착과피해구성률=(200x0.5+100x0.8)/500=36%=(라)

(2) 수확개시 이후 조사 요령

① **(1차 사고)** ⇨ 조사대상주수 ⇨ 표본주수 산정 ⇨ 표본주 1주당 착과량, 낙과량 산정
　　　　　착과피해구성율, 낙과피해구성율, (금차고사주수)

⊙ (금차수확량)=(조사대상주수)×(표본주 1주당 착과량)x{1-(착과피해구성율-maxA)}

　　　　+(조사대상주수)×(표본주 1주당 낙과량)x{1-(낙과피해구성율-maxA)}

　　　　+(미보상주수)×(1주당 평년수확량)— ①

ⓛ (금차감수량)=(조사대상주수)×(표본주 1주당 착과량)×(착과피해구성율-maxA)

　　　　+(조사대상주수)×(표본주 1주당 낙과량)×(낙과피해구성율-maxA)

　　　　+(금차고사주수)×(표본주 1주당착과량+1주당낙과량)×**(1-maxA)**— ②

ⓒ (기수확량)— ③

② **(2차 사고)** ⇨ 조사대상주수 ⇨ 표본주수 산정 ⇨ 표본주 1주당 착과량, 낙과량 산정

　　　　착과피해구성율, 낙과피해구성율, (금차고사주수)

⊙ (금차수확량)=(조사대상주수)×(표본주 1주당 착과량)x{1-(착과피해구성율-maxA)}

　　　　+(조사대상주수)×(표본주 1주당 낙과량)x{1-(낙과피해구성율-maxA)}

　　　　+(누적미보상주수)×(1주당 평년수확량)— ④

ⓛ (금차감수량)=(조사대상주수)×(표본주 1주당 착과량)×(착과피해구성율-maxA)

　　　　+(조사대상주수)×(표본주 1주당 낙과량)×(낙과피해구성율-maxA)

　　　　+(금차고사주수)×(표본주 1주당착과량+1주당낙과량)×**(1-maxA)**— ⑤

ⓒ (기수확량)— ⑥

(3) 수확개시 이전 조사만 있는 경우

조사대상주수, 표본주산정, 착과피해구성율, 절반조사, 비대추정지수, 미보상주수

① **(표본주 1주당 착과량)=(표본구간 조사수확량)×(비대추정지수)×(1 or 2)÷표본주수**

② **수확개시이전 수확량=(조사대상주수)×(표본주 1주당 착과량)×(1-착과피해구성율)**

　+(미보상주수)×(1주당 평년수확량)=A

　⇨ 수확량=A, 미보상감수량, 피해율을 계산하여 수확감소 보험금 산정

📖 **예제**　　***계약내용**

품목	보험가입금액	평년수확량	가입주수	자기부담비율
매실(재래종)	800만원	3,000kg	150주	20%

*수확개시 이전 조사내용(수확개시이후 조사 없음)

나무조사			표본조사(절반조사)		
실제결과주수	고사주수	미보상주수	표본주수	수확과실 무게	착과피해구성율
150	5	10	(가)	35kg	20%

- 미보상비율: 10%, -매실 비대추정지수, (재래종)=1.4, (남고)=2.0, (백가하)=1.228

📖 풀이

1주당 평년수확량=20kg, 조사대상주수=150-5-10=135주이므로 적정표본주수는 7주
표본주 1주당 착과량=35x1.4x2/7=14kg, 수확량=135x14x(1-0.2)+10x20=1,712kg
미보상감수량=(3,000-1,712)x0.1=128.8kg, 피해율=(3,000-1,712-128.8)/3,000=0.3864, 38.64%
수확감소 보험금=800만원x(0.3864-0.2)=1,491,200원

(4) 수확개시 이전 조사가 없고 수확개시 이후(1차) 조사내용만 있는 경우

(금차수확량)—①, (금차감수량)—②, (기수확량)—③

(산출량의 총합)=①+②+③

*(산출량의 총합)≧(평년수확량) ⇨ (수확량)=①+③

*(산출량의 총합)<(평년수확량) ⇨ (수확량)=(평년수확량)-②

📋 예제 ***수확개시 후 조사내용(수확개시 이전 조사 없음)(평년수확량: 6,000kg)**

실제결과 주수	고사 주수	미보상 주수	표본조사(절반조사)		피해구성율		기수확량
			착과량합계	낙과량합계	착과	낙과	
200주	10주	10주	28kg	14kg	20%	60%	100kg

- 미보상율: 20%, -매실 비대추정지수, (재래종)=1.4, (남고)=2.0

📖 풀이

1주당 평년수확량=30kg, 조사대상주수=200-10-10=180주, 적정표본주수=7주,
표본1주당 착과량=28x2.0x2/7=16kg, 1주당 낙과량=14x2/7=4kg**(비대추정지수 적용하지 않음)**
금차수확량=180x16x(1-0.2)+180x4x(1-0.6)+10x30=2,892kg
금차감수량=180x16x(0.2-0)+180x4x(0.6-0)+10x(16+4)x(1-0)=1,208kg, 기수확량=100kg
산출량의 총합=2,892+1,208+100=4,200<6,000(평년수확량)이므로
(수확량)=6,000-1,208=4,792kg, 미보상감수량=(6,000-4,792)x0.2=241.6kg

(5) 수확개시 이전 조사가 없고 수확개시 이후(1차, 2차) 조사내용만 있는 경우

1차사고: (금차수확량)—①, (금차감수량)—②, (기수확량)—③
2차사고: (금차수확량)—④, (금차감수량)—⑤, (기수확량)—⑥
*오류검증
  ㉠ ①+③ ≧ ④+⑤+⑥ ⇨ 오류검증 필요 없음
  ㉡ ①+③ < ④+⑤+⑥ ⇨ 오류수정 필요함

*수확량 산정

(산출량의 총합)=①+②+③

㉠ (산출량의 총합)≧(평년수확량) ⇨ (수확량)=(①+③)-⑤

㉡ (산출량의 총합)<(평년수확량) ⇨ (수확량)=(평년수확량)-(②+⑤)

📱 **예제** *수확개시후 조사내용(수확개시 전 수확량조사 없음)(평년수확량: 3,000kg)

시기	금차수확량	금차감수량	기수확량	미보상비율
1차	1,800kg	1,000kg	300kg	15%
2차	1,000kg	500kg	400kg	20%

📖 **풀이**

(오류검증) 1,800+300>1,000+500+400이므로 오류검증 필요 없음

산출량의 총합=1,800+1,000+300 > 평년수확량=3,000kg이므로

수확량=1,800+300-(1,000+500)=1,600kg

미보상감수량=(3,000-1,600)x0.2=280kg

(6) 수확개시 이전 조사와 수확개시 이후(1차사고)가 있는 경우

수확개시이전 **수확량**—A

1차사고: (금차수확량)—①, (금차감수량)—②, (기수확량)—③

*오류검증

㉠ A ≧ ①+②+③ ⇨ 오류검증 필요없음

㉡ A < ①+②+③ ⇨ 오류수정 필요함

*수확량 산정: (수확량)=A-②

(7) 수확개시 이전 조사와 수확개시 이후(1차, 2차사고)가 있는 경우

수확개시이전 **수확량**—A

1차사고: (금차수확량)—①, (금차감수량)—②, (기수확량)—③

2차사고: (금차수확량)—④, (금차감수량)—⑤, (기수확량)—⑥

*오류검증

㉠ A ≧ ①+②+③ ⇨ 오류검증 필요없음

㉡ A < ①+②+③ ⇨ 오류수정 필요함

㉢ ①+③ ≧ ④+⑤+⑥ ⇨ 오류검증 필요없음

㉣ ①+③ < ④+⑤+⑥ ⇨ 오류수정 필요함

*수확량 산정: (수확량)=A-(②+⑤)

⊙ 오미자

(1) 수확개시 이전 조사 요령

① (m당 평년수확량)=(평년수확량)÷(실제재배길이),

    (A, B품종 표준수확량 ⇨ 가중평균으로 각각 1m당 평년수확량 산정)

② **(조사대상 길이)=(실제재배길이)-(고사길이)-(미보상길이)-(수.불길이)-(기수확길이)**

    ⇨ 표본주수 산정 ⇨ 표본구간 길이, 표본구간 m당 착과량, 착과피해구성율 표본구간 전체 수확량 중에서

       3,000g이상 추출하여 착과피해구성율 조사

③ **표본구간 선정(오미자)**

    ⇨ (5) **500m** (6) **1,000m** (7) **2,000m** (8) **4,000m** (9) **6,000m** (10)

④ (m당 착과량)=(표본구간의 착과량)÷(표본구간 길이의 총합)

    *표본1구간의 길이=유인틀 1m, 표본구간이 8구간이면 표본구간 길이의 총합은 8m

⑤ **(표본구간의 착과량)=(조사착과량)×(1 또는 2)** (절반조사)

⑥ **절반조사=2**(수확개시이전, 수확개시이후 모두 적용)

⑦ 수확량=(조사대상길이)×(m당 착과량)(1-착과피해구성율) +(미보상길이)×(m당 평년수확량)

📖 예제 *계약내용

품목	보험가입금액	평년수확량	가입길이	자기부담비율
오미자	1,500만원	4,500kg	3,000m	20%

*조사내용(수확개시이전 조사)-수확개시 이후 조사 없음

유인틀 길이 측정			표본구간 착과량 조사(절반조사)		
실제재배길이	고사길이	미보상길이	표본구간	표본구간 착과량의 합	착과피해구성율
3,000m	200m	800m	(가)	4kg	20%

- 미보상비율: 10%,

🔍 풀이

조사대상길이, 3,000-500-500=2,000m이므로 적정 표본구간 수는 8구간

1m당 평년수확량=4,500/3,000=1.5kg, 표본구간 1m당 착과량=4x2/8=1kg,

수확개시 이전 수확량=2,000x1x(1-0.2)+800x1.5=2,800kg,

(2) 수확개시 이후 조사 요령

① **(1차 사고)** ⇨ 조사대상길이 ⇨ 표본구간 산정 ⇨ 표본 m당 착과량, 낙과량 산정
   착과피해구성율, 낙과피해구성율, **(금차고사길이)**

　ⓐ (금차수확량)=(조사대상길이)×(표본구간 m당 착과량)x{1-(착과피해구성율-maxA)}
　　　　　　　　+(조사대상길이)×(표본구간 m당 낙과량)x{1-(낙과피해구성율-maxA)}
　　　　　　　　+(누적미보상길이)×(m당 평년수확량)— ①

　ⓑ (금차감수량)=(조사대상길이)×(표본구간 m당 착과량)×(착과피해구성율-maxA)
　　　　　　　　+(조사대상길이)×(표본구간 m당 낙과량)×(낙과피해구성율-maxA)
　　　　　　　　+(금차고사길이)×(표본 m당 착과량+표본 m당 낙과량)×**(1-maxA)**— ②

　ⓒ (기수확량)— ③

② **(2차 사고)** ⇨ 조사대상길이 ⇨ 표본구간 산정 ⇨ 표본 m당 착과량, 낙과량 산정
   착과피해구성율, 낙과피해구성율, **(금차고사길이)**

　ⓐ (금차수확량)=(조사대상길이)×(표본주 m당 착과량)x{1-(착과피해구성율-maxA)}
　　　　　　　　+(조사대상길이)×(표본주 m당 낙과량)x{1-(낙과피해구성율-maxA)}
　　　　　　　　+(누적미보상길이)×(m당 평년수확량)— ④

　ⓑ (금차감수량)=(조사대상길이)×(표본주 m당 착과량)×(착과피해구성율-maxA)
　　　　　　　　+(조사대상길이)×(표본주 m당 낙과량)×(낙과피해구성율-maxA)
　　　　　　　　+(금차고사길이)×(표본 m당 착과량+표본 m당 낙과량)×(1-maxA)— ⑤

　ⓒ (기수확량)— ⑥

📋 **예제** ***수확개시 이후 조사내용-수확개시 이전 조사 없음, 평년수확량: 6,000kg**

실제재배 길이	고사 길이	미보상 길이	표본구간(7구간) 조사		피해구성율		기수확량
			착과량합계	낙과량합계	착과	낙과	
3,000m	800m	500m	7kg	3.5kg	50%	80%	100kg

- 미보상율: 20%,

🔍 **풀이**

(1차 조사) 조사대상길이, 3,000-800-500=1,700m이므로 적정 표본구간 수는 7구간
(금차고사길이=800m), 표본구간 1m당 착과량=7/7=1kg, 표본구간 1m당 낙과량=3.5/7=0.5kg,

금차수확량=1,700x1x(1-0.5)+1,700x0.5x(1-0.8)+500x2=2,020kg

금차감수량=1,700x1x(0.5-0)+1,700x0.5x(0.8-0)+800x(1+0.5)x(1-0)=2,730kg

기수확량=100kg

산출량의 총합=2,020+2,730+100=4,850<6,000(평년수확량)

(수확량)=6,000-2,730=3,270kg,

미보상감수량=(6,000-3,270)x0.2=546kg

피해율=(6,000-3,270-546)/6,000=0.364, 36.4%,

---

(3) 오류검증

⇨ 매실, 살구, 대추, 호두, 밤, 참다래와 같은 방법으로 오류 검증을 한다.

*오류 검증이 필요한 경우

① 수확개시이전 사고가 없고 수확개시이후 1차사고만 있는 경우

　　⇨ 오류검증 필요 없음

② 수확개시이전 사고가 없고 수확개시이후 1차, 2차사고가 있는 경우

　　⇨ (1차 금차수확량+기수확량) < (2차 산출량의 총합)인 경우 ⇨ 오류수정 필요함

③ 수확개시이전 사고가 있고 수확개시이후 1차사고만 있는 경우

　　(수확개시이전 수확량) < (1차 산출량의 총합)인 경우 ⇨ 오류수정 필요함

④ 수확개시이전 사고가 있고 수확개시이후 1차, 2차사고가 있는 경우

　　㉠ (수확개시이전 수확량) < (1차 산출량의 총합)인 경우 ⇨ 오류수정 필요함

　　㉡ (1차 금차수확량+기수확량) < (2차 산출량의 총합)인 경우 ⇨ 오류수정 필요함

(4) 수확량 산정

① 수확개시 이전 조사만 있는 경우

　　⇨ 수확량=A(수확개시 이전 수확량)

② 수확개시 이전 수확량 조사는 없고 수확개시 이후 1차 조사만 있는 경우

　　(산출량의 총합)<(평년수확량) ⇨ (수확량)=(평년수확량)-②

　　(산출량의 총합)≧(평년수확량) ⇨ (수확량)=①+③

③ 수확개시 이전 조사와 수확개시 이후 1차 조사가 모두 있는 경우

　　⇨ (수확량)=A-②

(5) 수확감소 보험금=(보험가입금액)x(피해율-자기부담비율)

*과중조사와 착과피해구성율 조사

품목	과중조사	착과피해구성율조사
포도, 만감류	품종별: 20개 이상 농지별: 30개 이상	품종별: 20개 이상 농지별: 30개 이상
복숭아, 자두 밤, 호두	품종별: 20개 이상 농지별: 60개 이상	품종별: 20개 이상 농지별: 60개 이상
참다래, 유자	품종별: 20개 이상 농지별: 60개 이상	품종별: 100개 이상
매실, 대추, 살구	과중조사(x) 표본구간 전체 수확량 조사 표본주 1주당 수확량(절반조사)	표본주별: 100개 이상 또는 표본주별: 1kg 이상
오미자	과중조사(x) 표본구간 전체 수확량 조사 표본구간 1m당 수확량(절반조사)	표본구간 수확한 과실 중에서 3kg 이상

예제 1   *과중조사의 최소 과일의 개수

품목	품종	과중조사의 최소 과일의 개수
포도	2종	(가)
복숭아	4종	(나)
자두	2종	(다)
참다래	5종	(라)
유자	1종	(마)
밤	2종	(바)
호두	4종	(사)

풀이 1

포도=Max{품종수x20, 30},   복숭아, 자두=Max{품종수x20, 60}

(가)=Max{2x20, 30}=40개, (나)=Max{4x20, 60}=80개, (다)=Max{2x20, 60}=60개

(라)=Max{5x20, 60}=100개, (마)=Max{1x20, 60}=60개, (바)=Max{2x20, 60}=60개

(사)=Max{4x20, 60}=80개

예제 2 종합위험 과수 품목의 수확 개시 이전에 보상하는 재해로 손해가 발생하여 실시한 수확량조사 내용의 일부이다. 다음 조사내용을 참조하여 (가)~(라)에 들어갈 적당한 값을 구하시오.

품목: 유자	A품종	B품종
실제결과주수	250주	150주
고사주수	20주	30주
미보상주수	10주	20주
착과피해 구성	50%: 40개, 80%: 30개	50%: 60개, 80%: 20개
착과피해의 경우 표본과실의 최소개수	(가)	(나)
착과피해 구성률	(다)	(라)

풀이 2

참다래, 유자는 과중조사는 포복자만과 같고 착과피해구성율은 품종별 100개 이상 조사한다.

A품종 최소표본과실의 개수=100개=(가), B품종 최소표본과실의 개수=100개=(나)

A품종 착과피해구성률=(40x0.5+30x0.8)/100=44%=(다)

B품종 착과피해구성률=(60x0.5+20x0.8)/100=46%=(라)

📋 문제 1 종합위험 수확감소보장방식 매실 품목에 보상하는 재해로 피해가 발생하여 나무조사와
착과피해조사를 하였다. 다음 조사내용을 참조하여 물음에 답하시오.

*조사내용

품종	나무조사			표본주의 착과피해구성율 조사		
	실제결과 주수	고사 주수	미보상 주수	적정표본주수	표본과실의 최소 개수	표본과실의 최소 무게
A	150	5	10	(가)	①	④
B	250	10	10	(나)	②	⑤
C	100	5	5	(다)	③	⑥

- 적정표본주수는 최소표본주수로 산정한다.
- 착과피해 조사에서 표본과실의 최소 개수와 최소 무게를 이용한다.

물음 1 품종별 적정표본주수, (가)+(나)+(다)의 값을 구하시오.

물음 2 ①+②+③의 값을 구하시오.

물음 3 ④+⑤+⑥의 값을 구하시오.

📋 문제 2 종합위험 수확감소보장방식 매실 품목의 수확개시이전 조사이다. 다음 계약내용 및 조사내용을
참조하여 물음에 답하시오. (단, 피해율은 % 단위로 소수점 아래 셋째자리에서 반올림)

* 계약내용

품종	보험가입금액	평년수확량	가입주수	표준수확량	자기부담비율
남고	1,000만원	6,000kg	100주	20kg/1주	20%
재래종			200주	15kg/1주	

*수확개시 이전 착과수 및 과중 조사내용

품종	실제 결과 주수	미보상 주수	고사 주수	표본조사(전체조사)			미보상비율
				적정 표본주수	착과수 합계	착과피해 구성율	
남고	100주	5주	5주	3주	30kg	30%	5%
재래종	200주	10주	10주	5주	50kg	40%	10%

- 매실 비대추정지수, (재래종)=1.6, (남고)=2.0

물음 1 품종별 1주당 평년수확량을 구하시오.

물음 2 수확량을 구하시오. (단, 수확량과 미보상감수량은 kg 단위로 소수점 아래 첫째자리에서 반올림)

물음 2 수확감소 보험금(원)을 구하시오.

문제 3 종합위험 수확감소보장방식 매실 품목에 피해가 발생하였다. 다음 계약내용 및 조사내용을 참조하여 물음에 답하시오. (단, 피해율은 % 단위로 소수점 아래 셋째자리에서 반올림)

*계약내용

품목	보험가입금액	평년수확량	가입주수	자기부담비율
매실(남고)	1,000만원	6,000kg	200주	20%

*수확개시 후 조사내용(수확개시 이전 조사 없음)

시기	실제 결과 주수	미보상 주수	고사 주수	표본조사(7주)		피해구성율		기수확량
				착과량 합계	낙과량 합계	착과	낙과	
1차	200주	5주	5주	70kg	14kg	20%	40%	300kg

- 미보상율: 20%, -매실 비대추정지수, (재래종)=1.4, (남고)=2.0

물음 1 수확량을 구하시오. (단, 수확량과 미보상감수량은 kg 단위로 소수점 아래 첫째자리에서 반올림)

물음 2 수확감소보험금(원)을 구하시오.

📋 문제 4 종합위험 수확감소보장방식 대추 품목에 피해가 발생하였다. 다음 계약내용 및 조사내용을
참조하여 물음에 답하시오. (단, 피해율은 % 단위로 소수점 아래 셋째자리에서 반올림)

*계약내용

품목	보험가입금액	평년수확량	가입주수	자기부담비율
대추	1,000만원	3,000kg	200주	20%

*조사내용(수확개시 이전 조사)

나무조사			표본주 조사		
실제결과주수	고사주수	미보상주수	표본주수	수확과실 무게	착과피해구성율
200	10	10	(가)	91kg	20%

- 미보상비율: 10%

*수확개시 후 조사내용

실제결과 주수	고사주수 (누적)	미보상주수 (누적)	표본조사		피해구성율		기수확량
			착과량합계	낙과량합계	착과	낙과	
200주	20주	10주	56kg	14kg	40%	60%	0kg

- 미보상율: 20%,

물음 1 수확량을 구하시오. (단, 수확량과 미보상감수량은 kg 단위로 소수점 아래 첫째자리에서 반올림)

물음 2 수확감소보험금(원)을 구하시오.

문제 5 종합위험 수확감소보장방식 살구 품목에 보상하는 재해로 피해가 발생하였다. 다음 계약내용 및 조사내용을 참조하여 물음에 답하시오. (단, 피해율은 % 단위로 소수점 아래 셋째자리에서 반올림)

*계약내용

품목	보험가입금액	평년수확량	가입주수	자기부담비율
살구	1,000만원	3,000kg	200주	20%

*조사내용(표본주 조사는 전체조사)

나무조사			표본주 조사(전체조사)		
실제결과주수	고사주수	미보상주수	표본주수	수확과실 무게	착과피해구성율
200	10	10	(가)	84kg	30%

- 미보상비율: 10%

*수확개시 후 조사내용(표본주 조사는 절반조사)

실제결과 주수	고사주수 (누적)	미보상주수 (누적)	표본조사(절반조사)		피해구성율		기수확량
			착과량합계	낙과량합계	착과	낙과	
200주	20주	10주	21kg	7kg	50%	80%	50kg

- 미보상율: 20%,

물음 1 수확량을 구하시오. (단, 수확량과 미보상감수량은 kg 단위로 소수점 아래 첫째자리에서 반올림)

물음 2 수확감소보험금(원)을 구하시오.

문제 6 종합위험 수확감소보장방식 오미자 품목의 수확개시 이전의 조사이다. 다음 계약내용 및 조사내용을 참조하여 물음에 답하시오. (단, 피해율은 % 단위로 소수점 아래 셋째자리에서 반올림)

*계약내용

품목	보험가입금액	평년수확량	가입길이	자기부담비율
오미자	1,500만원	4,500kg	3,000m	20%

*조사내용(수확개시이전 조사)

유인틀 길이 측정			표본구간 착과량 조사		
실제재배길이	고사길이	미보상길이	표본구간	표본구간 착과량의 합	착과피해구성율
3,000m	500m	500m	(가)	9.6kg	20%

- 미보상비율: 10%,

*수확개시 이후 조사내용

실제재배 길이	고사 길이	미보상 길이	표본구간(7구간) 조사		피해구성율		기수확량
			착과량합계	낙과량합계	착과	낙과	
3,000m	800m	500m	3.5kg	1.4kg	50%	80%	100kg

- 미보상율: 20%,

물음 1 수확량을 구하시오. (단, 수확량과 미보상감수량은 kg 단위로 소수점 아래 첫째자리에서 반올림)

물음 2 수확감소보험금(원)을 구하시오.

정답 및 해설

01 | 풀이

(1) 조사대상주수, A품종=150-5-10=135,

B품종=250-10-10=230, C품종=100-5-5=90

전체 조사대상주수=455주이므로 적정표본주수는 9주

A품종 적정표본주수=9x(135/455)=3주, B품종

적정표본주수=9x(230/455)=5주

C품종 적정표본주수=9x(90/455)=2주,

(가)+(나)+(다)=3+5+2=10주

(2) 매실의 착과피해구성율 조사시 표본과실의 개수는 표본주당

최소 100개 이상의 과실을 조사한다.

A품종 표본과실의 최소개수=3x100=300개

B품종 표본과실의 최소개수=5x100=500개

C품종 표본과실의 최소개수=2x100=200개

①+②+③=1,000개

(3) 매실의 착과피해구성율 조사시 표본과실의 무게는 표본주당

최소 1kg 이상의 과실을 조사한다.

A품종 표본과실의 최소 무게=3x1kg=3kg

B품종 표본과실의 최소 무게=5x1kg=5kg

C품종 표본과실의 최소 무게=2x1kg=2kg

④+⑤+⑥=10kg

02 | 풀이

표준수확량, 남고=2,000kg(40%), 재래종=3,000kg(60%)

남고 품종 1주당 평년수확량=6,000x0.4÷100=24kg,

재래종 품종 1주당 평년수확량=18kg,

남고 품종 조사대상주수=100-5-5=90주,

재래종 조사대상주수=200-10-10=180주이고

조사대상주수의 합=270주, 적정표본주수=7주

남고 적정표본주수=7x90/270=3주, 재래종

적정표본주수=7x180/270=5주,

남고 품종의 비대추정지수=2.0, 재래종 품종의

비대추정지수=1.6

남고 품종 표본주수 1주당 착과량=30x2.0/3=20kg

재래종 품종 표본주수 1주당 착과량=50x1.6/5=16kg

남고 품종 수확량=90x20x(1-0.3)+5x24=1,380kg

재래종 수확량=180x16x(1-0.4)+10x18=1,908kg

총 수확량=1,380+1,908=3,288kg

미보상감수량=(6,000-3,288)x0.1=271.2=271kg,

피해율=(6,000-3,288-271)/6,000=0.40683, 40.68%

수확감소 보험금=1,000만x(0.4068-0.2)=2,068,000원

03 | 풀이

1주당 평년수확량=30kg, 1차 조사, 조사대상주수

=200-5-5=190주, 적정표본주수=7주,

표본1주당 착과량=70x2.0/7=20kg, 1주당 낙과량=14/7=2kg

금차수확량=190x20x(1-0.2)+190x2x(1-0.4)+5x30=3,418kg

금차감수량=190x20x(0.2-0)+190x2x(0.4-0)+5x(20+2)x

(1-0)=1,022kg

기수확량=300kg,

수확개시 이후 1차사고만 있으므로 오류검증 필요 없음

1차 산출량의 총합=4,740kg<6,000(평년수확량)이므로

(수확량)=6,000-1,022=4,978kg

미보상감수량=(6,000-4,978)x0.2=204.4=204kg

피해율=(6,000-4,978-204)/6,000=0.1363333, 13.63%

수확감소 보험금=1,000만원x(0.1363-0.2)=0원

조사대상주수, 200-10-10=180이므로 적정표본주수는 7주

1주당 평년수확량=15kg, 표본주 1주당 착과량=91/7=13kg,

수확개시이전 수확량=180x13x(1-0.2)+10x15=2,022kg,

(1차 조사), maxA=0.2, 조사대상주수=200-10-20=170주,

적정표본주수=7주, (금차고사주수=10주)

표본1주당 착과량=56/7=8kg(40%), 1주당 낙과량=14/7=2kg(60%)

금차수확량=170x8x(1-0.4+0.2)+170x2x(1-0.6+0.2)+10x15
=1,442kg

금차감수량=170x8x(0.4-0.2)+170x2x(0.6-0.2)+10x(8+2)x(1-0.2)
=488kg

기수확량=0kg,

산출량의 총합=1,442+488+0=1,930<2,022(수확량)이므로
오류검증 필요 없음.

(수확량)=2,022-488=1,534kg,

미보상감수량=(3,000-1,534)x0.2=293.2=293kg

피해율=(3,000-1,534-293)/3,000=0.391, 39.1%,

수확감소 보험금=1,000만x(0,391-0.2)=1,910,000원

조사대상주수, 200-10-10=180이므로 적정표본주수는 7주

1주당 평년수확량=15kg, 표본주 1주당 착과량=84/7=12kg,

수확개시 이전 수확량=180x12x(1-0.3)+10x15=1,662kg,

1차 조사, maxA=0.3, 조사대상주수=200-20-10=170주,

적정표본주수=7주, (금차고사주수=10주)

표본1주당 착과량=21x2/7=6kg(50%), 1주당 낙과량=7x2/7
=2kg(80%)

금차수확량=170x6x(1-0.5+0.3)+170x2x(1-0.8+0.3)+10x15
=1,136kg

금차감수량=170x6x(0.5-0.3)+170x2x(0.8-0.3)+10x(6+2)
x(1-0.3)=430kg

기수확량=50kg

산출량의 총합=1,136+430+50=1,616<1,662(수확전

수확량)이므로 오류검증 필요 없음.

(수확량)=1,662-430=1,232kg,

미보상감수량=(3,000-1,232)x0.2=353.6=354kg

피해율=(3,000-1,232-354)/3,000=0.47133, 47.13%,

수확감소 보험금=1,000만x(0,4713-0.2)=2,713,000원

조사대상길이, 3,000-500-500=2,000m이므로 적정
표본구간 수는 8구간

1m당 평년수확량=4,500/3,000=1.5kg, 표본구간 1m당
착과량=9.6/8=1.2kg,

수확개시 이전 수확량=2,000x1.2x(1-0.2)+500x1.5=2,670kg,

(1차 조사), maxA=0.2, 조사대상길이, 3,000-800-
500=1,700m이므로 적정 표본구간 수는 7구간

(금차고사길이=300m), 표본구간 1m당 착과량=3.5/7=0.5kg,
표본구간 1m당 낙과량=1.4/7=0.2kg,

금차수확량=1,700x0.5x(1-0.5+0.2)+1,700x0.2x(1-0.8+0.2)
+500x1.5=1,481kg

금차감수량=1,700x0.5x(0.5-0.2)+1,700x0.2x(0.8-0.2)+300
x(0.5+0.2)x(1-0.2)=627kg

기수확량=100kg

산출량의 총합=1,481+627+100=2,208<2,670(수확개시 이전
수확량)이므로 오류검증 필요 없음.

(수확량)=2,670-627=2,043kg,

미보상감수량=(4,500-2,043)x0.2=491.4=491kg

피해율=(4,500-2,043-491)/4,500=0.436888, 43.69%,

수확감소 보험금=1,500만원x(0,4369-0.2)=3,553,500원

05

참다래, 유자

05 참다래, 유자

⊙ 참다래.유자

(참다래 보험기간) 6~7월 가입

① **(수확감소보장)** 꽃눈분화기(다만, 꽃눈분화기가 지난 경우에는 계약체결일 24시)
   ~수확기종료시점(다만, 이듬해 11월 30일을 초과할 수 없음)
② **(비가림시설) (보통약관, 화재특약)** ⇨ **계약체결일 24시 ~ 이듬해 6월30일**
③ **(나무손해보장)** ⇨ 판매개시연도 7월 1일 또는 계약체결일 24시 ~ **이듬해 6월30일**

(유자 보험기간)

① **(수확감소보장) 이듬해에 맺은 유자 과실,** 계약체결일 24시 11월~12월 가입
   ~수확개시시점(다만, **이듬해 10월31일**을 초과할 수 없음)
② **(나무손해보장)** ⇨ 판매개시연도 12월 1일 또는 계약체결일 24시 ~ **이듬해 11월30일**
   *표본주 선정 ⇨ (참다래.유자): (5) 50 (6) 100 (7) 200 (8) 500 (9) 800 (10)

■ 과수 품목 인수 제한 목적물

(1) 참다래(비가림시설 포함)

   ① 가입하는 해의 나무 수령이 **3년 미만**인 경우
      ※ 수령은 나무의 나이를 말하며, 묘목이 가입과수원에 식재된 해를 1년으로 한다.
   ② 수령이 혼식된 과수원(다만, 수령의 구분이 가능하며 동일 수령군이 90% 이상인   경우에 한하여 가입 가능)
   ③ 보험가입 이전에 **역병 및 궤양병** 등의 병해가 발생하여 보험 가입 시 전체 나무의 **20% 이상**이 고사하였거나
      정상적인 결실을 하지 못할 것으로 판단되는 과수원 (다만, 고사한 나무가 전체의 20% 미만이더라도 고사한
      나무를 제거하지 않거나 방재 조치를 하지 않은 경우에는 인수를 제한)
   ④ 가입사무소 또는 계약자를 달리하여 중복 가입하는 과수원
   ⑤ 도시계획 등에 편입되어 수확 종료 전에 소유권 변동 또는 과수원 형질변경 등이 예정되어 있는 과수원
   ⑥ 가입면적이 **200㎡ 미만**인 참다래 비가림시설
   ⑦ 참다래 재배 목적으로 사용되지 않는 비가림시설
   ⑧ 목재 또는 죽재로 시공된 비가림시설

(2) 유자

① 가입하는 해의 나무 수령(나이)이 **4년 미만**인 경우

※ 수령은 나무의 나이를 말하며, 묘목이 가입과수원에 식재된 해를 1년으로 한다.

② 가입사무소 또는 계약자를 달리하여 중복 가입하는 과수원

③ 도서 지역의 경우 연륙교가 설치되어 있지 않고 정기선이 운항하지 않는 등 신속한 손해평가가 불가능한 지역에 소재한 과수원

⊙ 참다래

(1) 수확개시 이전 조사

① 1주당 평년수확량 산정=평년수확량÷실제결과주수,

② **m²당 평년수확량** 산정=평년수확량÷가입면적(실제결과주수x재식면적)

③ 표본주수: (5) 50주 (6) 100주 (7) 200주 (8) 500주 (9) 800주 (최대10)

④ **(재식면적)=(주간거리)×(열간거리), (표본구간면적)=(사다리꼴의 넓이)**,

⑤ 과중조사 ⇨ **1개 과중={(50g 초과)+(50g 이하)x0.7}/(과중조사 표본과실수)**

⑥ 표본구간 m²당 착과수=(표본구간 총착과수)÷{(표본주수)×(표본구간면적)},

⑦ 착과수 산정, 착과피해구성율,

⑧ **조사대상면적=(조사대상주수)×(재식면적)**

⑨ 수확량=(조사대상면적)×(표본구간 m²당 착과수)×(과중)×(1-착과피해구성율) +(미보상면적)×(m²당 평년수확량)=A

　　*(미보상면적)×(m²당 평년수확량)=(미보상주수)×(1주당 평년수확량)

*계약내용

품목	보험가입금액	평년수확량	가입주수	재식면적		자기부담비율
				주간거리	열간거리	
참다래	1,500만원	5,000kg	250주	4m	5m	15%

- 주어진 조건이외는 고려하지 않음

*수확개시 이전 조사내용

실제결과 주수	미보상 주수	고사 주수	표본조사(8주)		피해구성율		미보상율
			착과수합계	낙과수합계	착과	낙과	
250주	10주	40주	720개	-	30%	-	10%

- 표본구간면적: 윗변:1.2m, 아랫변:1.8m, 높이:1.5m
- 과중조사(60개): 50g초과(1.77kg), 50g이하(0.9kg)

1주당 평년수확량=5,000/250=20kg, 재식면적=4x5=20m², 표본구간면적=(1.2+1.8)x1.5/2=2.25m²,

과중=(1.77+0.9x0.7)/60=0.04kg, 조사대상주수=250-10-40=200주, 표본주수는 8주,

표본구간 m²당 착과수=720/8x2.25=40개(착과피해구성율: 30%)

수확개시 이전 수확량=200x20x0.04x40x(1-0.3)+**10**x20=4,680kg

수확개시 이전 수확량=200x20x0.04x40x(1-0.3)+**10**x20x1=4,680kg

(1주당 평년수확량=5,000/250=20kg, m²당 평년수확량=5,000/250x20=1kg)

(2) 과중조사

⇨ 참다래, 유자: 품종별 20개, 농지별 60개 이상

⇨ 1개 과중={(50g 초과)+(50g 이하)x0.7}÷(과중조사 표본과실수)

과중조사(60개): 50g 초과(2.3kg), 50g 이하(1.0kg)

1개 과중={2.3+1.0x0.7)/60=0.05kg

예제 *과중조사의 최소 과일의 개수

품목	품종	과중조사의 최소 과일의 개수
참다래	2종	(가)
유자	4종	(나)
참다래	3종	(다)

풀이

참다래, 유자=Max{품종수x20, 60}

(가)=Max{2x20, 60}=60개, (나)=Max{4x20, 60}=80개, (다)=Max{3x20, 60}=60개

예제 종합위험 과수 품목의 수확 개시 이전에 보상하는 재해로 손해가 발생하여 실시한 수확량조사 내용의 일부이다. 다음 조사내용을 참조하여 (가)~(라)에 들어갈 적당한 값을 구하시오.

품목: 참다래	A품종	B품종
실제결과주수	200주	300주
고사주수	20주	30주
미보상주수	10주	10주
착과피해 구성	50%: 30개, 80%: 10개	50%: 20개, 80%: 20개
착과피해의 경우 표본과실의 최소개수	(가)	(나)
착과피해 구성률	(다)	(라)
표본과실무게(과중조사)	무게 50g 초과: 4.6kg, 무게 50g 이하: 2kg	

풀이

과중조사=(4.6+2x0.7)/60=0.1kg

착과피해 또는 낙과피해 조사는 품종별 3주 이상에서 최소 100개 이상의 과실을 추출한다.

(품종별 100개 이상) (가)=100개, (나)=100개

A품종 착과피해구성률=(30x0.5+10x0.8)/100=23%=(다)

B품종 착과피해구성률=(20x0.5+20x0.8)/100=26%=(라)

(3) 수확개시 이후 조사

① (1차 사고) ⇨ 조사대상주수 ⇨ 표본주수 산정 ⇨ 표본주 m²당 착과수, 낙과수 산정 ⇨ 착과피해구성율, 낙과피해구성율, **(누적 미보상주수), (금차고사주수)**

    ㉠ (금차수확량)

        =(조사대상주수)×(재식면적)×(m²당 착과수)×(과중)x{1-(**착과피해구성율-maxA**)}

        +(조사대상주수)×(재식면적)×(m²당 낙과수)×(과중)x{1-(**낙과피해구성율-maxA**)}

        +(**누적미보상면적**)×(**m²당 평년수확량**)— **①**

        *(누적 미보상면적)×(m²당 평년수확량)=(**누적 미보상주수**)×(1주당 평년수확량)

    ㉡ (금차감수량)

        =(조사대상주수)×(재식면적)×(m²당 착과수)×(과중)×(착과피해구성율-maxA)

        +(조사대상주수)×(재식면적)×(m²당 낙과수)×(과중)×(낙과피해구성율-maxA)

        +(금차고사주수)×(재식면적)×(**m²당 평년수확량**)×(1-maxA)— **②**

        *(금차고사주수)×(재식면적)×(m²당 평년수확량)=(금차고사주수)×(1주당 평년수확량)

    ㉢ (기수확량)— **③**

② (2차 사고) ⇨ 조사대상주수 ⇨ 표본주수 산정 ⇨ 표본주 m²당 착과수, 낙과수 산정 ⇨ 착과피해구성율, 낙과피해구성율, **(누적 미보상주수), (금차고사주수)**

    ㉠ (금차수확량)

        =(조사대상주수)×(재식면적)×(m²당 착과수)×(과중)x{1-(**착과피해구성율-maxA**)}

        +(조사대상주수)×(재식면적)×(m²당 낙과수)×(과중)x{1-(**낙과피해구성율-maxA**)}

        +(**누적미보상면적**)×(m²당 평년수확량)— **④**

    ㉡ (금차감수량)

        =(조사대상주수)×(재식면적)×(m²당 착과수)×(과중)×(착과피해구성율-maxA)

        +(조사대상주수)×(재식면적)×(m²당 낙과수)×(과중)×(낙과피해구성율-maxA)

        +(금차고사주수)×(재식면적)×(**m²당 평년수확량**)×(1-maxA)— **⑤**

    ㉢ (기수확량)— **⑥**

(4) 수확개시 이전 조사만 있는 경우

착과피해구성율, 낙과피해구성율, 미보상주수

(수확개시 이전 수확량)=(조사대상면적)×(m²당 착과수)×(과중)×(1-착과피해구성율)

+(미보상면적)×(m²당 평년수확량)=A

⇨ 수확량=A, 미보상감수량, 피해율을 계산하여 보험금 산정

예제　*계약내용

품목	보험가입금액	평년수확량	가입주수	재식면적		자기부담비율
				주간거리	열간거리	
참다래	1,000만원	4,000kg	200주	4m	5m	20%

- 주어진 조건이외는 고려하지 않음

*수확개시 이전 조사내용

실제결과 주수	미보상 주수	고사 주수	표본조사(7주)		피해구성율		미보상율
			착과수합계	낙과수합계	착과	낙과	
200주	20주	10주	420개	-	20%	-	10%

- 표본구간면적: 윗변:1.2m, 아랫변:1.8m, 높이:2m
- 과중조사(60개): 50g초과(1.77kg), 50g이하(0.9kg)

풀이

1주당 평년수확량=4,000/200=20kg, 재식면적=4x5=20m², 표본구간면적=(1.2+1.8)x2/2=3m²,

과중=(1.77+0.9x0.7)/60=0.04kg, 조사대상주수=200-20-10=170주, 표본주수는 7주,

표본구간 m²당 착과수=420/7x3=20개(착과피해구성율: 20%)

수확개시 이전 수확량=170x20x0.04x20x(1-0.2)+20x20=2,576kg

미보상감수량=(4,000-2,576)x0.1=142.4kg

피해율=(4,000-2,576-142.4)/4,000=0.3204, 32.04%

수확감소보험금=1,000만원x(0.3204-0.2)=1,204,000원

(5) 수확개시 이전 조사가 없고 수확개시 이후(1차) 조사내용만 있는 경우

　　　(금차수확량)—①, (금차감수량)—②, (기수확량)—③

　　　(산출량의 총합)=①+②+③

　　　*(산출량의 총합)=①+②+③≧(평년수확량) ⇨ (수확량)=①+③

　　　*(산출량의 총합)=①+②+③<(평년수확량) ⇨ (수확량)=(평년수확량)-②

📋 예제　　*수확개시 후 조사내용(수확개시 이전 조사 없음), 보험가입금액: 2,000만원

실제결과 주수	미보상 주수	고사 주수	표본조사(7주)		피해구성율		기수확량
			착과수합계	낙과수합계	착과	낙과	
200주	10주	10주	840개	105개	40%	60%	-

- 표본구간면적: 윗변:1.5m, 아랫변:2.5m, 높이:1.5m, -과중=0.05kg, 재식면적=10m²
- 미보상율: 20%, -평년수확량: 5,000kg, -자기부담비율: 20%

🔍 풀이

(1차사고) 1주당 평년수확량=25kg, 과중=0.05kg, 표본 1구간면적=3m², 재식면적=10m²

조사대상주수=200-10-10=180주이므로 적정표본주수는 7주

표본구간 m²당 착과수=840/7x3=40개(40%), 표본구간 m²당 낙과수=105/7x3=5개(60%)

(금차수확량)=180x10x40x0.05x(1-0.4)+180x10x5x0.05x(1-0.6)+10x25=2,590kg

(금차감수량)=180x10x40x0.05x(0.4-0)+180x10x5x0.05x(0.6-0)+10x25=1,960kg

(기수확량)=0kg,

수확개시 이후 1차사고 조사만 있으므로 오류검증 필요 없음

(평년수확량)=5,000>(산출량의 총합)=2,590+1,960+0=4,550

(수확량)=5,000-1,960=3,040kg, 미보상감수량=(5,000-3,040)x0.2=392kg

피해율=(5,000-3,040-392)/5,000=0.3136, 31.36%

수확감소보험금=2,000만원x(0.3136-0.2)=2,272,000원

(6) 수확개시 이전 조사가 없고 수확개시 이후(1차, 2차) 조사내용만 있는 경우

1차사고: (금차수확량)—①, (금차감수량)—②, (기수확량)—③

2차사고: (금차수확량)—④, (금차감수량)—⑤, (기수확량)—⑥

*오류검증

㉠ ①+③ ≧ ④+⑤+⑥ ⇨ 오류검증 필요 없음

㉡ ①+③ < ④+⑤+⑥ ⇨ 오류수정 필요함

*수확량 산정: (산출량의 총합)=①+②+③

㉠ (산출량의 총합)≧(평년수확량) ⇨ (수확량)=(①+③)-⑤

㉡ (산출량의 총합)<(평년수확량) ⇨ (수확량)=(평년수확량)-(②+⑤)

📋 예제   *수확개시후 조사내용(수확개시 전 수확량조사 없음)(평년수확량: 3,500kg)

시기	금차수확량	금차감수량	기수확량	미보상비율
1차	1,800kg	900kg	200kg	15%
2차	1,000kg	600kg	300kg	20%

📑 풀이

(오류검증) 1,800+200>1,000+600+300이므로 오류검증 필요 없음

산출량의 총합=1,800+900+200 < 평년수확량=3,500kg이므로

수확량=3,500-(900+600)=2,000kg, 미보상감수량=(3,500-2,000)x0.2=300kg

(7) 수확개시 이전 조사와 수확개시 이후(1차사고)가 있는 경우

수확개시이전 **수확량**—A

1차사고: (금차수확량)—①, (금차감수량)—②, (기수확량)—③

*오류검증

㉠ A ≧ ①+②+③ ⇨ 오류검증 필요없음

㉡ A < ①+②+③ ⇨ 오류수정 필요함

*수확량 산정: (수확량)=A-②

*수확개시 전.후 조사내용 (평년수확량: 6,000kg, 재식면적: 10m²)

시기	실제 결과 주수	미보상 주수 (누적)	고사 주수 (누적)	표본조사(7주)		피해구성율		기수확량
				착과수 합계	낙과수 합계	착과	낙과	
전	200주	10주	10주	1,470개	-	20%	-	-
후	200주	15주	15주	1,050개	63개	60%	80%	200kg

- 표본구간면적: 윗변:1.5m, 아랫변:2.5m, 높이:1.5m
- 과중조사(60개): 50g초과(2.3kg), 50g이하(1.0kg)　　　-미보상율: 10%

풀이

1주당 평년수확량=30kg, 과중=0.05kg, 표본구간면적=3m², 재식면적=10m²
(수확개시 이전 수확량조사) 조사대상주수=200-10-10=180주이므로 적정표본주수는 7주
표본구간 m²당 착과수=1,470/7x3=70개, 20%,
(수확개시 이전 수확량)=180x10x70x0.05x(1-0.2)+10x30=5,340kg
(1차사고) 조사대상주수=200-15-15=170주이므로 적정표본주수는 7주, maxA=0.2
표본구간 m²당 착과수=1,050/7x3=50개, 60%, 표본구간 m²당 낙과수=63/7x3=3개, 80%
(금차수확량)=170x10x50x0.05x(1-0.6+0.2)+170x10x3x0.05x(1-0.8+0.2)+15x30=3,102kg
(금차감수량)=170x10x50x0.05x(0.6-0.2)+170x10x3x0.05x(0.8-0.2)+5x30(1-0.2)=1,973kg
(기수확량)=200kg, (오류검증) 5,340>3,102+1,973+200=5,275이므로 오류검증 필요 없음
(수확량)=5,340-1,973=3,367kg, 미보상감수량=(6,000-3,367)x0.1=263.3kg

(8) 수확개시 이전 조사와 수확개시 이후(1차, 2차사고)가 있는 경우

　수확개시이전 **수확량**—A
　　1차사고: (금차수확량)—①, (금차감수량)—②, (기수확량)—③
　　2차사고: (금차수확량)—④, (금차감수량)—⑤, (기수확량)—⑥
　　*오류검증
　　　㉠ A ≥ ①+②+③ ⇨ 오류검증 필요없음
　　　㉡ A < ①+②+③ ⇨ 오류수정 필요함
　　　㉢ ①+③ ≥ ④+⑤+⑥ ⇨ 오류검증 필요없음
　　　㉣ ①+③ < ④+⑤+⑥ ⇨ 오류수정 필요함

　　*수확량 산정: (수확량)=A-(②+⑤)

⊙ 유자 (유자는 수확개시 이전 조사만 있고 수확개시 이후 조사는 없다.)

① 1주당 평년수확량 산정=평년수확량÷실제결과주수, 과중계산
② 조사대상주수=실제결과주수-미보상주수-고사주수 ⇨ 표본주수 산정
    ⇨ 표본주 1주당 착과수 산정
③ 착과피해구성율, 낙과피해구성율, 미보상주수
④ 수확량=(조사대상주수)×(표본주 1주당 착과수)×(과중)×(1-착과피해구성율)
          +(미보상주수)×(1주당 평년수확량)=A
⑤ 미보상감수량=(평년수확량-수확량)×(미보상비율)
⑥ 피해율=(평년수확량-수확량-미보상감수량)÷(평년수확량)
⑦ 수확감소 보험금=(보험가입금액)×(피해율-자기부담비율)

예제 종합위험 수확감소보장방식 유자 품목에 보상하는 재해로 피해가 발생하였다. 다음 계약내용 및 조사내용을 참조하여 하시오. (단, 피해율은 %단위로 소수점 아래 셋째자리에서 반올림할 것)

*계약내용

품목	보험가입금액	평년수확량	가입주수	자기부담비율
유자	1,000만원	4,000kg	200주	20%

*조사내용

실제결과 주수	미보상 주수	고사 주수	표본조사		과중	미보상 비율
			착과수 합계	착과피해구성율		
200주	20주	10주	1,050개	20%	100g	10%

물음 1 수확량을 구하시오. (단, 수확량, 미보상감수량은 kg 단위로 소수 첫째자리에서 반올림)

물음 2 수확감소보험금(원)을 구하시오.

풀이

1주당 평년수확량=4,000/200=20kg, 조사대상주수=200-20-10=170주이므로 적정 표본주수는 7주
표본주수 1주당 착과수=1,050/7=150개, 과중=0.1kg, 착과피해구성율=20%
수확량=170x150x0.1x(1-0.2)+20x20=2,440kg
미보상감수량=(4,000-2,440)x0.1=156kg,
피해율=(4,000-2,440-156)/4,000=0.351, 35.1%
수확감소보험금=1,000만x(0.351-0.2)=1,510,000원

📋 문제 1　종합위험 과수 품목의 수확 개시 이전에 보상하는 재해로 손해가 발생하여 실시한 수확량조사 내용의 일부이다. 다음 조사내용을 참조하여 (가)~(라)에 들어갈 적당한 값을 구하시오.

품목: 참다래	A품종	B품종
실제결과주수	250주	350주
고사주수	20주	30주
미보상주수	30주	20주
착과피해 구성	50%: 40개, 80%: 20개 100%: 5개	50%: 30개, 80%: 20개 100%: 15개
착과피해의 경우 표본과실의 최소개수	(가)	(나)
착과피해 구성률	(다)	(라)
표본과실무게(과중조사)	무게 50g 초과: 4.6kg, 무게 50g 이하: 2kg	

📋 문제 2　종합위험 비가림과수 손해방식 참다래 품목에 보상하는 재해로 피해가 발생하였다. 다음 계약내용 및 조사내용을 참조하여 수확감소보장방식 보험금을 구하시오.
(단, 피해율은 % 단위로 소수점 아래 셋째자리에서 반올림)

*계약내용

품목	보험가입금액	평년수확량	가입주수	재식면적		자기부담비율
				주간거리	열간거리	
참다래	1,500만원	5,000kg	200주	2.5m	4m	20%

- 주어진 조건이외는 고려하지 않음

*수확개시 후 조사내용(수확개시 이전 조사 없음)

실제결과 주수	미보상 주수	고사 주수	표본조사		피해구성률		기수확량
			착과수합계	낙과수합계	착과	낙과	
200주	10주	10주	840개	210개	40%	60%	-

- 표본구간면적: 윗변:1.5m, 아랫변:2.5m, 높이:1.5m
- 과중조사(60개): 50g초과(2.3kg), 50g이하(1.0kg)　　- 미보상율: 20%,

문제 3 종합위험 수확감소보장방식 참다래 품목에 보상하는 재해로 피해가 발생하였다. 다음 계약내용 및 조사내용을 참조하여 수확감소보험금을 구하시오.
(단, 피해율은 % 단위로 소수점 아래 셋째자리에서 반올림)

*계약내용

품목	보험가입금액	평년수확량	가입주수	재식면적		자기부담비율
				주간거리	열간거리	
참다래	2,000만원	6,000kg	200주	2.5m	4m	20%

- 주어진 조건이외는 고려하지 않음

*수확개시 전.후 조사내용(우박피해)

시기	실제 결과 주수	미보상주수 (누적)	고사주수 (누적)	표본조사		피해구성율		기수확량
				착과수 합계	낙과수 합계	착과	낙과	
전	200주	10주	10주	1,470개	-	20%	-	-
후	200주	15주	15주	1,050개	63개	60%	80%	200kg

- 과중조사(60개): 50g초과(2.3kg), 50g이하(1.0kg)   - 미보상율: 10%
- 표본구간면적: 윗변:1.5m, 아랫변:2.5m, 높이:1.5m

📖 문제 4 종합위험 수확감소보장방식 유자 품목에 보상하는 재해로 피해가 발생하였다. 다음 계약내용 및 조사내용을 참조하여 물음에 답하시오. (단, 피해율은 % 단위로 소수점 아래 셋째자리에서 반올림)

*계약내용

품목	보험가입금액	평년수확량	가입주수	표준수확량	자기부담비율
유자(A품종)	2,000만원	12,000kg	200주	3,000kg	20%
유자(B품종)			300주	7,000kg	

*착과수 및 과중 조사내용

품종	실제 결과 주수	미보상 주수	고사 주수	표본조사			과중	미보상 비율
				적정 표본주수	착과수 합계	착과피해 구성율		
A	200주	10주	5주	(가)	600개	30%	200g	15%
B	300주	10주	15주	(나)	800개	40%	150g	20%

물음 1 품종별 적정 표본주수를 구하시오.

물음 2 수확량(kg)을 구하시오. (단, 수확량, 미보상감수량은 kg 단위로 소수 첫째자리에서 반올림)

물음 3 수확감소 보험금(원)을 구하시오.

01 | 풀이

참다래의 과중조사는 표본주에서 60개 이상의 과실에서 무게 50g 초과와 무게 50g 이하로

분류하여 무게 50g이하인 과실은 0.7로 적용

착과피해 또는 낙과피해 조사는 품종별 3주 이상에서 최소 100개 이상의 과실을 추출한다.

A품종 조사대상주수=200-20-30=150주(60%)

B품종 조사대상주수=150-30-20=100주(40%)

A품종 최소표본과실의 개수=품종별 3주 이상에서 최소 100개=(가)

B품종 최소표본과실의 개수=품종별 3주 이상에서 최소 100개=(나)

A품종 착과피해구성률=(40x0.5+20x0.8+5)/100=41%=(다)

B품종 착과피해구성률=(30x0.5+20x0.8+15)/100=46%=(라)

과중조사=(4.6+2x0.7)/60=0.1kg

02 | 풀이

1주당 평년수확량=25kg, 과중=0.05kg, 표본 1구간면적=3m², 재식면적=10m²

(1차사고) 조사대상주수=200-10-10=180주이므로 적정표본주수는 7주

표본구간 m²당 착과수=840/7x3=40개, 60%, 표본구간 m²당 낙과수=210/7x3=10개, 60%

(금차수확량)=180x10x40x0.05x(1-0.4)+180x10x10x0.05x(1-0.6)+10x25=2,770kg

(금차감수량)=180x10x40x0.05x(0.4-0)+180x10x10x0.05x(0.6-0)+10x25=2,230kg

(기수확량)=100kg,

(평년수확량)=5,000=(산출량의 총합)=2,770+2,230+0=5,000 (오류검증 필요 없음)

(수확량)=5,000-2,230=2,770kg, 미보상감수량=(5,000-2,770)x0.2=446kg

피해율=(5,000-2,770-446)/5,000=0.3568, 35.68%

수확감소보험금=1,500만원x(0.3568-0.2)=2,352,000원

03 | 풀이

1주당 평년수확량=30kg, 과중=0.05kg, 표본구간면적=3m², 재식면적=10m²

(수확개시 이전 수확량조사) 조사대상주수=200-10-10=180주이므로 적정표본주수는 7주

표본구간 m²당 착과수=1,470/7x3=70개, 20%, 표본구간 m²당 낙과수=84/7x3=4개, 50%

(수확개시 이전 수확량)=180x10x70x0.05x(1-0.2)+10x30=5,340kg

(1차사고) 조사대상주수=200-15-15=170주이므로 적정표본주수는 7주, maxA=0.2

표본구간 m²당 착과수=1,050/7x3=50개, 60%, 표본구간 m²당 낙과수=63/7x3=3개, 80%

(금차수확량)=170x10x50x0.05x(1-0.6+0.2)+170x10x3x0.05x(1-0.8+0.2)+15x30=3,102kg

(금차감수량)=170x10x50x0.05x(0.6-0.2)+170x10x3x0.05x(0.8-0.2)+5x30x(1-0.2)=1,973kg

(기수확량)=300kg,

(오류검증) 5,340kg>3,102+1,973+200=5,275kg이므로 오류검증 필요 없음

(수확량)=5,340-1,973=3,367kg, 미보상감수량=(6,000-3,367)x0.1=263.3kg

피해율=(6,000-3,367-263.3)/6,000=0.39495, 39.5%

수확감소보험금=2,000만원x(0.395-0.2)=3,900,000원

A품종 표준수확량(30%), B품종 표준수확량(70%),

A품종 1주당 평년수확량=3,600/200=18kg, B품종 1주당 평년수확량=8,400/300=28kg,

A품종 조사대상주수=200-10-5=185주, B품종 조사대상주수=300-10-15=275주이므로

전체 조사대상주수는 460주 이므로 표본주수는 8주

A품종 적정표본주수=8x(185/460)=4주, B품종 적정표본주수=8x(275/460)=5주

A품종 표본주수 1주당 착과수=150개, 착과피해구성율=30%, 과중=0.2kg,

A품종 수확량=185x150x0.2x(1-0.3)+10x18=4,065kg

B품종 표본주수 1주당 착과수=160개, 착과피해구성율=40%, 과중=0.15kg,

B품종 수확량=275x160x0.15x(1-0.4)+10x28=4,240kg

총 수확량=4,065+4,240=8,305kg

미보상감수량=(12,000-8,305)x0.2=739kg,

피해율=(12,000-8,305-739)/12,000=0.246333, 24.63%

수확감소보험금=2,000만원x(0.2463-0.2)=926,000원

06

복분자. 무화과

06 복분자.무화과

⊙ 복분자.무화과

▣ 보험기간

(무화과) *과실손해보장(종합):** 계약체결일 24시 ~ 이듬해 7월 31일
　　　　　 *특정위험(태풍.우박):** 이듬해 8월 1일 이후(수확개시 이후)
　　　　　　　 ~ 이듬해 수확기 종료시점 다만, 이듬해 10월 31일을 초과불가
　　　　 *(나무손해보장 특약):** 판매개시연도 12월 1일 ~이듬해 11월 30일

(복분자) *과실손해보장(종합):** 계약체결일 24시 ~ 이듬해 5월 31일
　　　　 *특정위험(태풍.우박): 이듬해 6월 1일 이후(수확개시 이후)
　　　　　 ~ 이듬해 수확기 종료시점 다만, 이듬해 6월 20일을 초과불가
　　　 *(경작불능보장):** 계약체결일 24시
　　　　　 ~ 수확개시시점 다만, 이듬해 5월 31일을 초과불가

*표본주 선정(무화과: 조사대상주수 기준, 복분자: 가입포기 기준)
　① 무화과 ⇨ (5) 50 (6) 100 (7) 150 (8) 200 (9) 300 (10) 400 (11) 500 (12) 600
　② 복분자 ⇨ (8) 1,000포기 (9) 1,500 (10) 2,000 (11) 2,500 (12) 3,000포기 (13)

▣ 과수 품목 인수 제한 목적물

(1) 무화과

　① 가입하는 해의 나무 수령(나이)이 4년 미만인 과수원
　　※ 수령(나이)은 나무의 나이를 말하며 묘목이 가입과수원에 식재된 해를 1년으로 한다.
　　※ 나무손해보장특약의 경우 가입하는 해의 나무 수령이 4년~9년 이내의 무화과 나무만 가입가능하다.
　② 관수시설(양배추, 살구, 무화과)이 미설치된 과수원
　③ 노지재배가 아닌 시설에서 무화과를 재배하는 과수원
　④ 보험가입 이전에 자연재해 피해 및 접붙임 등으로 당해년도의 정상적인 결실에 영향이 있는 과수원
　⑤ 가입사무소 또는 계약자를 달리하여 중복 가입하는 과수원
　⑥ 도시계획 등에 편입되어 수확 종료 전에 소유권 변동 또는 과수원 형질변경 등이 예정되어 있는 과수원

(2) 복분자

① 가입연도 기준, 수령이 1년 이하 또는 11년 이상인 포기로만 구성된 과수원

   ※ 수령(나이)은 나무의 나이를 말하며, 묘목이 가입과수원에 식재된 해를 1년으로 한다.

② 계약인수 시까지 구결과모지(올해 복분자 과실이 열렸던 가지)의 전정 활동(통상적인 영농활동)을 하지 않은 과수원

③ 노지재배가 아닌 시설에서 복분자를 재배하는 과수원

④ 적정한 비배관리를 하지 않는 **조방재배** 과수원

   ※ **조방재배**: 일정한 토지면적에 대하여 자본과 노력을 적게 들이고 자연력의 작용을 주(主)로 하여 경작하는 방법

⑤ 보험가입 이전에 자연재해 피해 및 접붙임 등으로 당해년도의 정상적인 결실에 영향이 있는 과수원

⑥ 가입사무소 또는 계약자를 달리하여 중복 가입하는 과수원

⑦ 도서 지역의 경우 연륙교가 설치되어 있지 않고 정기선이 운항하지 않는 등 신속한 손해평가가 불가능한 지역에 소재한 과수원

⑧ 도시계획 등에 편입되어 수확 종료 전에 소유권 변동 또는 과수원 형질변경 등이 예정되어 있는 과수원

⑨ 군사시설보호구역 중 통제보호구역내의 농지(단, 통상적인 영농활동 및 손해평가가 가능하다고 판단되는 농지는 인수 가능)

   ※ 통제보호구역: 민간인통제선 이북지역 또는 군사기지 및 군사시설의 최외곽 경계선으로부터 **300미터** 범위 이내의 지역

◉ 무화과

(1) 수확개시 이전 조사 요령(7월 31일 이전사고, 종합위험 과실손해 보장)

① 1주당 평년수확량 산정=평년수확량÷실제결과주수

   (A, B품종 표준수확량 ⇨ 가중평균으로 각각 1주당 평년수확량 산정)

② 조사대상주수=실제결과주수-미보상주수-고사주수 ⇨ 표본주수 산정

   ⇨ 표본주 1주당 착과수, 착과피해구성율,

③ A, B품종 적정 표본주수 ⇨ **과수4종, 포복자만호밤무 동일**

   ⇨ 전체 표본주수산정, 가중평균으로 각각 적정 표본주수 산정

④ 수확개시 이전 수확량 산정(종합위험 과실손해보장 수확량)

⑤ 수확량=(조사대상주수)×(표본주 1주당 착과수)×(과중)×(1-착과피해구성율)

   +(미보상주수)×(1주당 평년수확량)

⑥ 미보상감수량=(평년수확량-수확량)×(미보상비율)

⑦ **(종합위험 과실손해보장 피해율)**

   =(평년수확량-수확량-미보상감수량)÷(평년수확량)— Ⓐ

품목	보험가입금액	평년수확량	가입주수	자기부담비율
무화과	1,000만원	2,000kg	200주	20%

*종합위험과실손해 조사내용(수확기 이후 사고 없음)

실제결과주수	미보상주수	고사주수	표본조사		미보상비율
			착과수합계	착과피해구성율	
200주	5주	15주	720개	20%	10%

- 조사대상주수에 따른 최소 표본주수 선정할 것.
- 과중조사, 표준과중:100g

풀이

1주당 평년수확량=10kg, 조사대상주수=200-15-5=180주, 적정표본주수는 8주
표본주 1주당 착과수=90개, 20%, 미보상주수=5주, 과중은 1차조사 0.1kg을 적용
수확량=180x90x0.1x(1-0.2)+5x10=1,346kg
미보상감수량=(2,000-1,346)x0.1=65.4kg
종합위험과실손해 피해율=(2,000-1,346-65.4)/2,000=0.2943, 29.43%

(2) 수확개시 이후 조사 요령(8월 1일 이후 사고, 특정위험 과실손해 보장)
① 결과지 피해율={(보상고사결과지수)+(정상결과지수)×(착과피해율)}÷(기준결과지수)
ㄱ 기준결과지수=고사결과지수+정상결과지수(미고사)
ㄴ 고사결과지수=보상고사결과지수+미보상고사결과지수
② 잔여수확량비율(무화과)
ㄱ 8월 ⇨ 100-1.06x(사고발생일자)
ㄴ 9월 ⇨ 67-1.13x(사고발생일자)
ㄷ 10월 ⇨ 33-0.84x(사고발생일자)
③ (특정위험 과실손해보장 피해율)=(1- Ⓐ)×(잔여수확량비율)×(결과지피해율)— Ⓑ
④ (무화과 피해율)=Ⓐ+Ⓑ
⑤ 과실손해 보험금=(보험가입금액)×(피해율-자기부담비율)
⑥ 특정위험 과실손해보장에서 중복사고일 경우
(1차 결과지피해율)-(2차결과지피해율)로 2차 피해율 산정

📄 예제

*계약내용

품목	보험가입금액	평년수확량	가입주수	자기부담비율
무화과	1,000만원	2,000kg	200주	20%

*특정위험과실손해 조사내용(수확개시이전 조사 없음)

사고	표본주 3주의 결과지 피해조사		정상결과지수	착과피해율
	고사결과지수			
	보상고사결과지수	미보상고사결과지수		
8/20일 (태풍)	6개	4개	10개	20%

- 잔여수확량비율(8월)=100-1.06x(사고발생일자)

물음 1 특정위험과실손해 피해율을 구하시오.

물음 2 과실손해보험금을 구하시오.

🔍 풀이

수확개시이전 사고가 없으므로 종합위험과실손해 피해율=0%

결과지피해율=(10x0.2+6)/20=0.4, 40%

잔여수확량비율=100-1.06x20=0.788, 78.8%

특정위험 피해율=(1-0)x0.788x0.4=0.3152, 31.52%

과실손해 보험금=1,000만x(0.3152-0.2)=1,152,000원

품목	보험가입금액	평년수확량	가입주수	자기부담비율
무화과	1,000만원	2,000kg	200주	20%

*특정위험과실손해 조사내용(수확개시이전 조사 없음)

사고	고사결과지수		정상결과지수	착과피해율
	보상고사결과지수	미보상고사결과지수		
8/15일 (태풍)	8개	2개	10개	10%
9/10일 (강풍)	12개	5개	3개	20%

- 잔여수확량비율(8월)=100-1.06x(사고발생일자)
- 잔여수확량비율(9월)=67-1.13x(사고발생일자)

물음 1 특정위험과실손해 피해율을 구하시오.

물음 2 과실손해보험금을 구하시오.

📖 풀이

종합위험과실손해 피해율=0%
1차 결과지피해율=(10x0.1+8)/20=0.45, 45%
잔여수확량비율=100-1.06x15=0.841, 84.1%
1차 피해율=(1-0)x0.841x0.45=0.37845, 37.85%
2차 결과지피해율=(3x0.2+12)/20=0.63, 63%
잔여수확량비율=67-1.13x10=0.557, 55.7%
2차 피해율=(1-0)x0.557x(0.63-0.45)=0.10026, 10.03%
특정위험과실손해 피해율=0.3785+0.1003=0.4788, 47.88%
과실손해 보험금=1,000만원x(0.4788-0.2)=2,788,000원

⊙ 복분자

(1) 수확개시 이전 조사 요령(5월 31일 이전사고, 종합위험 과실손해 보장)

① 평년결과모지수={A+(B-A)×(1-Y/5)}를 이용

② 가입포기수 기준 ⇨ 표본포기수 산정,

    (8) **1,000포기** (9) **1,500** (10) **2,000** (11) **2,500** (12) **3,000포기** (13)

    *표본포기가 10포기라고 하면 각 포기당 전후 2포기씩 추가하여 10x5=50포기에서 살아있는 결과모지수를 카운트하여 기준 살아있는 결과모지수를 산정합니다.

③ (살아있는 결과모지수)=(표본구간 살아있는 결과모지수의 합)÷{(표본포기수)x5}

④ **수정불량환산계수=[(피해열매수)÷{(정상열매수)+(피해열매수)}]-0.15)** * 표본포기 8포기에서 각각 6송이씩 추출하여 48송이가 되고 다시 1송이에서 5개 열매씩 240개의 열매중에서 피해열매개수를 세서 수정불량환산계수를 산정합니다.

⑤ 수정불량환산 고사결과모지수=(살아있는 결과모지수)×(수정불량환산계수)

⑥ 미보상 고사결과모지수=(①-③+⑤)×(미보상비율)

⑦ 종합위험 과실손해 고사결과모지수=①-③+⑤-⑥ ― Ⓐ

📋 예제   *계약내용 및 조사내용

품목	보험가입금액	가입포기수	평년결과모지수	자기부담비율
복분자	1,000만원	2,500	8	20%

*조사내용(6월 1일 이후 사고 없음)

사고일자	표본포기수	살아있는 결과모지수의 총합	표본송이(12x6=72송이)		미보상비율
			피해 열매수	정상 열매수	
5월 20일	(가)	360	126	234	20%

🔎 풀이

가입포기수가 2,500포기이면 표본포기수는12포기,

살아있는 결과모지수=360/(12x5)=6개

수정불량환산고사결과모지수=6x(126/360-0.15)=1.2,

수정불량환산계수=126/360-0.15=0.2, 20%

미보상고사결과모지수=(8-6+1.2)x0.2=0.64

종합위험 과실손해보장 고사결과모지수=8-6+1.2-0.64=2.56개

피해율=2.56/8=0.32, 32%

과실손해 보험금=1,000만원x(0.32-0.2)=1,200,000원

(2) 수확개시 이후 조사 요령(6월 1일 이후 사고, 특정위험 과실손해 보장)

① 잔여수확량비율

㉠ 98-D, (1일~7일 사고발생)

㉡ (D²-43xD+460)/2, (8일~20일 사고발생)

② (1차 수확감소 환산계수)=(잔여수확량비율-결실율)

③ (2차 수확감소 환산계수)=(잔여수확량비율-결실율)

④ 누적 수확감소환산계수=(1차 수확감소 환산계수)+(2차 수확감소 환산계수)

⑤ 수확감소환산 고사결과모지수

   =(살아있는 결과모지수-수정불량환산 고사결과모지수)×(누적 수확감소환산계수)=S

⑥ (특정위험 과실손해보장 고사결과모지수)=Sx(1- 미보상비율) - Ⓑ

⑦ (복분자 고사결과모지수)=Ⓐ+Ⓑ

⑧ (복분자 피해율)=(Ⓐ+Ⓑ)/평년결과모지수

(3) 종합위험 과실손해보장에서 사고가 없고 6월 1일 이후 사고만 있는 경우

① 수확감소환산 고사결과모지수=(평년결과모지수)×(누적 수확감소환산계수)=S

② (특정위험 과실손해보장 고사결과모지수)=Sx(1- 미보상비율) - Ⓒ

③ (복분자 피해율)=Ⓒ/평년결과모지수

📋 예제   *계약내용 및 조사내용

품목	보험가입금액	가입포기수	평년결과모지수	자기부담비율
복분자	1,000만원	2,500	8	20%

*조사내용(6월 1일 이전 사고 없음)

사고일자	잔여수확량비율	미보상비율	결실율
6월 8일	(가)%	20%	50%
6월 15일	(나)%	15%	30%

📖 풀이

수확감소환산계수 (1차) 0.9-0.5=0.4, (2차) 0.2-0.3<0=0

누적수확감소환산계수=0.4+0=0.4,

수확감소환산 고사결과모지수=8x0.4=3.2

특정위험 과실손해보장 고사결과모지수=3.2x(1-0.2)=2.56개,

복분자 피해율=2.56/8=0.32, 32%

📋 **예제** *계약내용 및 조사내용

품목	보험가입금액	가입포기수	평년결과모지수	자기부담비율
복분자	1,000만원	1,500	7	15%

*조사내용

표본포기수	살아있는 결과모지수의 총합	표본송이(10x6=60송이)		누적수확 감소환산계수
		피해 열매수	정상 열매수	
(가)	250	105	195	45%

- 미보상비율: 20%

물음 1 종합위험 과실손해보장 고사결과모지수를 구하시오.

물음 2 특정위험 과실손해보장 고사결과모지수를 구하시오.

물음 3 과실손해 보험금을 구하시오.

🔍 **풀이**

가입포기수가 1,500포기이면 10포기, 기준 살아있는 결과모지수=250/10x5=5개
수정불량환산고사결과모지수=5x(105/300-0.15)=1
수정불량환산계수=(105/300)-0.15=0.2, 20%, 미보상고사결과모지수=(7-5+1)x0.2=0.6
종합위험 과실손해보장 고사결과모지수=7-5+1-0.6=2.4개
누적수확감소환산계수=0.45, 수확감소환산 고사결과모지수=(5-1)x0.45=1.8
특정위험 과실손해보장 고사결과모지수=1.8x(1-0.2)=1.44개
복분자 고사결과모지수= 2.4+1.44=3.84개, 복분자 피해율=3.84/7=0.54857, 54.86%
과실손해 보험금=1,000만x(0.5486-0.15)=3,986,000원

📖 문제 1 수확전 종합위험보장방식 복분자와 무화과 품목의 잔여수확량비율을 산정하고 종합위험 과실손해보장방식 감귤(온주밀감) 품목의 수확기 잔존비율을 구하시오.

품목	사고발생일자	잔여수확량비율 및 수확기잔존비율
복분자	2024년 6월 8일	(가) 조사자가 조사일자를 6월 10일로 변경함
무화과	2024년 9월 18일	(나) 조사자가 조사일자를 9월 20일로 변경함
감귤(온주밀감)	2024년 12월 25일	(다)
감귤(온주밀감)	2024년 1월 10일	(라)
감귤(온주밀감)	2024년 2월 15일	(마)

📖 문제 2 수확전 종합위험보장방식 무화과 품목에 보상하는 재해로 피해가 발생하였다. 다음 계약내용 및 조사내용을 참조하여 물음에 답하시오. (단, 피해율은 % 단위로 소수점 아래 셋째자리에서 반올림)

*계약내용

품목	보험가입금액	평년수확량	가입주수	자기부담비율
무화과	1,000만원	2,000kg	200주	20%

*종합위험과실손해 조사내용

실제결과주수	미보상주수	고사주수	표본조사		미보상비율
			착과수합계	착과피해구성율	
200주	5주	15주	720개	20%	10%

- 조사대상주수에 따른 최소 표본주수 선정할 것.
- 과중조사, 표준과중:100g,

*특정위험과실손해 (10월 10일 사고발생)조사내용

결과지 피해조사				
표본주	고사결과지수		정상결과지수	착과피해율
	보상고사결과지수	미보상고사결과지수		
3주	11개	4개	25개	20%

- 잔여수확량비율(10월)=33-0.84x(사고발생일자)

물음 1 수확량(kg)을 구하시오.(단, 무게는 kg 단위로 소수점 첫째자리에서 반올림)

물음 2 종합위험과실손해 피해율(%)을 구하시오.

물음 3 특정위험과실손해 피해율(%)을 구하시오.

물음 4 과실손해보험금(원)을 구하시오.

📖 문제 3 수확전 종합위험보장방식 무화과 품목에 보상하는 재해로 피해가 발생하였다. 다음 계약내용 및 조사내용을 참조하여 물음에 답하시오. (단, 피해율은 % 단위로 소수점 아래 셋째자리에서 반올림)

*계약내용

품목	보험가입금액	평년수확량	가입주수	자기부담비율
무화과	1,000만원	2,000kg	200주	20%

*특정위험과실손해 조사내용(수확개시이전 조사 없음)

사고	고사결과지수		정상결과지수	착과피해율
	보상고사결과지수	미보상고사결과지수		
8/15일 (태풍)	8개	2개	10개	10%
9/10일 (강풍)	12개	5개	3개	20%

표본주 3주의 결과지 피해조사

- 잔여수확량비율(8월)=100-1.06x(사고발생일자)
- 잔여수확량비율(9월)=67-1.13x(사고발생일자)

물음 1 특정위험과실손해 피해율(%)을 구하시오.

물음 2 과실손해보험금(원)을 구하시오.

수확전 종합위험 과실손해보장방식 복분자에 보상하는 재해로 피해가 발생하였다. 다음 계약내용 및 조사내용을 참조하여 물음에 답하시오.

(단, 피해율은 % 단위로 소수점 아래 셋째자리에서 반올림)

*계약내용 및 조사내용

품목	보험가입금액	가입포기수	평년결과모지수	자기부담비율
복분자	1,000만원	900포기	8	20%

*조사내용 (표본포기 8포기 구간조사, 6월 1일 이후 사고조사 없음)

구분	1구간	2구간	3구간	4구간	5구간	6구간	7구간	8구간
살아있는 결과모지수	40개	30개	20개	30개	40개	20개	40개	20개
수정불량 환산계수	10%	30%	20%	10%	15%	20%	10%	40%

*미보상비율: 10%

물음 1   종합위험 과실손해보장 고사결과모지수를 구하시오.

물음 2   과실손해 보험금(원)을 구하시오.

문제 5 수확전 종합위험 과실손해보장방식 복분자에 보상하는 재해로 피해가 발생하였다. 다음 계약내용 및 조사내용을 참조하여 물음에 답하시오.
(단, 피해율은 % 단위로 소수점 아래 셋째자리에서 반올림)

*계약내용

품목	보험가입금액	가입포기수	평년결과모지수	자기부담비율
복분자	1,000만원	2,500	8	20%

*조사내용(종합위험 과실손해 조사)

| 사고일자 | 표본포기수 | 살아있는 결과모지수의 총합 | 표본송이(12x6=72송이) | | 미보상비율 |
			피해 열매수	정상 열매수	
5월 20일	(가)	360	126	234	20%

*조사내용(특정위험 과실손해 조사)

사고일자	잔여수확량비율	미보상비율	결실율
6월 8일	(가)	20%	65%
6월 10일	(나)	15%	50%

물음 1 종합위험 과실손해보장 고사결과모지수를 구하시오.

물음 2 특정위험 과실손해보장 고사결과모지수를 구하시오.

물음 3 과실손해 보험금(원)을 구하시오.

정답 및 해설

01 | 풀이

(가) 복분자 ⇨ (6월1일~7일) ⇨ 98-D, (6월8일~20일) ⇨ (D²-43×D+460)/2

D=10일이므로 (100-430+460)/2=65%

(나) 무화과, 9월 ⇨ 67-1.13×D ⇨ D=20일이므로 67-22.6=44.4%

(다) 감귤(온주밀감), 12월 ⇨ 62-1×D ⇨ D=25일이므로 62-25=37%

(라) 감귤(온주밀감), 1월 ⇨ 32-0.8×D ⇨ D=10일이므로 24%

(마) 감귤(온주밀감), 2월 ⇨ 7-0.3×D ⇨ D=15일이므로 7-4.5=2.5%

품목	사고발생 월	잔여수확량비율 또는 수확기 잔존비율(%)
복분자	(6월1일~7일)	98-D (D: 사고발생일자)
	(6월8일~20일)	{D²-43×D+460}÷2
무화과	8월	100-1.06×D
	9월	67-1.13×D
	10월	33-0.84×D
감귤 (온주밀감)	12월	62-1×D
	1월	32-0.8×D
	2월	7-0.3×D

02 | 풀이

1주당 평년수확량=10kg, 조사대상주수=200-15-5=180주, 적정표본주수는 8주

표본주 1주당 착과수=90개, 20%, 미보상주수=5주, 과중은 1차조사 0.1kg을 적용

수확량=180×90×0.1×(1-0.2)+5×10=1,346kg

미보상감수량=(2,000-1,346)×0.1=65.4=65kg

종합위험과실손해 피해율=(2,000-1,346-65)/2,000=0.2945, 29.45%

결과지피해율=(25×0.2+11)/40=0.4, 40%

잔여수확량비율=33-0.84×10=0.246, 24.6%

특정위험과실손해 피해율=(1-0.2945)×0.246×0.4=0.06942, 6.94%

무화과 피해율=0.2945+0.0694=0.3639, 36.39%

과실손해 보험금=1,000만원×(0.3639-0.2)=1,639,000원

03 | 풀이

종합위험과실손해 피해율=0%

1차 결과지피해율=(10×0.1+8)/20=0.45, 45%

잔여수확량비율=100-1.06×15=0.841, 84.1%

1차 피해율=(1-0)×0.841×0.45=0.37845, 37.85%

2차 결과지피해율=(3×0.2+12)/20=0.63, 63%

잔여수확량비율=67-1.13×10=0.557, 55.7%

2차 피해율=(1-0)×0.557×**(0.63-0.45)**=0.10026, 10.03%

특정위험과실손해 피해율=0.3785+0.1003=0.4788, 47.88%

과실손해 보험금=1,000만원×(0.4788-0.2)=2,788,000원

04 | 풀이

가입포기수가 900포기이면 적정 표본포기수=8포기

살아있는 결과모지수=

(40+30+20+30+40+20+40+20)=240/8x5=6개

수정불량환산고사결과모지수=42/8X5=1.05개

수정불량결과모지수=

40X0.1+30X0.3+20X0.2+30X0.1+40X

0.15+20X0.2+40X0.1+20X0.4=42개

미보상고사결과모지수=(8-6+1.05)x0.1=0.305

종합위험 과실손해보장 고사결과모지수=8-6+1.05-0.305

=2.745개

피해율=2.745/8=0.343125,   34.31%

과실손해 보험금=1,000만원x(0.3431-0.2)=1,431,000원

05 | 풀이

가입포기수가 2,500포기이면 12포기, 기준 살아있는

결과모지수=360/12x5=6개

(12포기)x(6송이)x(5열매)=360개의 열매를 조사하여

수정률을 계산한다.

수정불량환산고사결과모지수=6x(126/360-0.15)=1.2

미보상고사결과모지수=(8-6+1.2)x0.2=0.64

(1) 종합위험 과실손해보장 고사결과모지수=8-6+1.2-0.64

=2.56개

수확감소환산계수 (가)=90%, (1차) 0.9-0.65=0.25,

(나)=65%, (2차) 0.65-0.5=0.15

누적수확감소환산계수=0.25+15=0.4, 수확감소환산

고사결과모지수=(6-1.2)x0.4=1.92

(2) 특정위험 과실손해보장 고사결과모지수=1.92x(1-0.2)=1.536개

복분자 고사결과모지수= 2.56+1.536=4.096개,

복분자 피해율=4.096/8=0.512, 51.2%

(3) 과실손해 보험금=1,000만원x(0.512-0.2)=3,120,000원

07

감귤.오디

07 감귤.오디

⊙ 감귤.오디

■ 보험기간 감귤, 온주밀감

(과실손해보장) 계약체결일 24시 ~ 판매개시연도 12월 20일

(과실손해 추가보장 특약) 계약체결일 24시~ 판매개시연도 12월 20일

(동상해 과실손해보장 특약) 판매개시연도 12월 21일~이듬해 2월 말일

(나무손해보장 특약) 계약체결일 24시~이듬해 4월 30일

■ 보험기간 감귤, 만감류

(수확감소보장) 계약체결일 24시~ 수확기종료시점 이듬해 2월 말일

(수확감소 추가보장 특약) 계약체결일 24시~ 수확기종료시점 이듬해 2월 말일

*표본주수 선정: 표본주수(가입면적 기준) ⇨ (4) 5,000m² (6) 10,000m² (8)

　① 수확전 과실손해조사(최소 3주 이상)

　② 과실손해조사(최소 2주 이상)

　③ 동상해 과실손해조사(최소 2주 이상)

■ 보험기간 오디

(과실손해보장) 계약체결일 24시 ~ 결실완료시점, 다만 **이듬해** 5월 31일 초과불가)

⇨ **표본주수 선정:** (6) 50 (7) 100 (8) 200 (9) 300 (10) 400 (11) 500 (12) 600 (13)

* 과수 품목 인수 제한 목적물(감귤)

① 가입하는 해의 나무 수령(나이)이 다음 기준 미만인 경우

　㉠ 온주밀감류, 만감류 재식: 4년 미만

　㉡ 만감류 고접 : 2년 미만

　※ 수령은 나무의 나이를 말하며, 묘목이 가입과수원에 식재된 해를 1년으로 한다.

② 주요 품종을 제외한 실험용 기타품종을 경작하는 과수원

③ 노지 만감류를 재배하는 과수원

④ 온주밀감과 만감류 혼식 과수원

⑤ 하나의 과수원에 식재된 나무 중 일부 나무만 가입하는 과수원

　(단, 해걸이가 예상되는 나무의 경우 제외)

⑥ 보험가입 이전에 자연재해 피해 및 접붙임 등으로 당해년도의 정상적인 결실에 영향이 있는 과수원

⑦ 가입사무소 또는 계약자를 달리하여 중복 가입하는 과수원

⑧ 도시계획 등에 편입되어 수확 종료 전에 소유권 변동 또는 과수원 형질변경 등이 예정되어 있는 과수원

* 과수 품목 인수 제한 목적물(오디)

① 가입연도 기준 **3년 미만**(수확연도 기준 수령이 4년 미만)인 뽕나무

② 흰 오디 계통(**터키-D, 백옹왕** 등)

③ 보험가입 이전에 **균핵병** 등의 병해가 발생하여 과거 보험 가입 시 전체 나무의 20%
　이상이 고사하였거나 정상적인 결실을 하지 못할 것으로 예상되는 과수원

④ 적정한 비배관리를 하지 않는 조방재배 과수원

　※ **조방재배**: 일정한 토지면적에 대하여 자본과 노력을 적게 들이고 자연력의 작용을 주(主)로 하여 경작하는
　　방법

⑤ 노지재배가 아닌 시설에서 오디를 재배하는 과수원

⑥ 보험가입 이전에 자연재해 피해 및 접붙임 등으로 당해년도의 정상적인 결실에 영향이 있는 과수원

⑦ 가입사무소 또는 계약자를 달리하여 중복 가입하는 과수원

⑧ 도서 지역의 경우 연륙교가 설치되어 있지 않고 정기선이 운항하지 않는 등 신속한 손해평가가 불가능한
　지역에 소재한 과수원

⑨ 도시계획 등에 편입되어 수확 종료 전에 소유권 변동 또는 과수원 형질변경 등이 예정되어 있는 과수원

⑩ 군사시설보호구역 중 통제보호구역내의 농지(단, 통상적인 영농활동 및 손해평가가 가능하다고 판단되는
　농지는 인수 가능)

　※ 통제보호구역: 민간인통제선 이북지역 또는 군사기지 및 군사시설의 최외곽 경계선으로부터 **300미터**
　　범위 이내의 지역

* 보험가입금액

① 감귤(온주밀감)=(가입수확량)×(표준가격)

② 오디=(표준수확량)×(표준가격)×{(평년결실수)÷(표준결실수)}

⊙ 감귤-온주밀감

(1) 수확개시 이전 조사 요령(수확전 과실손해조사)

　　① 수확전 과실손해 피해율(100% 피해과실과 보상하는 낙과피해 과실수로 산정) — ①
　　② 수확전 과실손해 미보상비율 — ②

📋 예제　*수확전 과실손해조사(8월 5일 태풍, 표본조사)

표본주수 (3주)	100% 피해과실수	80% 피해과실수	생리적 낙과개수	태풍 낙과개수	정상 과실수	미보상 비율
600개	60	100	40	120	280	10%

📝 풀이

수확전 과실손해 피해율={(60+120)/600}x(1-0.1)=0.3x(1-0.1)=0.27, 27%

(2) 수확개시 이후 조사 요령(과실손해조사)

　　① 과실손해 피해율 (등급내 과실과 등급외 과실로 산정) — ③
　　② 피해과실 분류(등급외 피해과실수는 50% 적용)
　　③ 과실손해 미보상비율 — ④

📋 예제　*과실손해조사(9월 25일 강풍, 표본조사)-온주밀감

표본 주수	피해과실수								정상 과실수
	등급내 피해과실수				등급외 피해과실수				
	30%	50%	80%	100%	30%	50%	80%	100%	
2주 (300)	50	30	20	20	20	20	60	20	60
	- 미보상비율: 20%								

📝 풀이

과실손해조사 피해율={(15+15+16+20)+(6+10+48+20)x0.5}/300x(1-0.2)=0.36x0.8=0.288
수확전 과실손해 피해율=0.3x(1-0.1)=0.27,
주계약피해율=0.3+(1-0.3)x0.36x(1-0.2)=0.5016={0.3+(1-0.3)x0.36}x(1-0.2)=0.4416

④ **(주계약피해율)**=[①/(1-②)+{1-①/(1-②)}x{③/(1-④)}]x{1-Max(②, ④)} —Ⓐ

⑤ (수확개시이전 조사가 없으면 주계약피해율=③)

⑥ 손해액=(보험가입금액)×(주계약피해율)

⑦ 자기부담금액=(보험가입금액)×(자기부담비율)

⑧ **(과실손해 보험금)=손해액-자기부담금액,**

⑨ **(과실손해추가보장 보험금)=(보험가입금액)×(주계약피해율)x10%**

예제 종합위험 과실손해보장방식 감귤(온주밀감) 품목에 피해가 발생하였다. 다음 계약내용 및 조사내용을 참조하여 보험금의 총액을 구하시오.

*계약내용 (과실손해추가보장 특약에 가입)

품목	보험가입금액	평년수확량	가입주수	가입면적	자기부담비율
감귤(온주밀감)	2,000만원	3,000kg	200주	3,000m²	10%

*수확전 과실손해조사 없음

*과실손해조사(8월 25일 태풍) 조사내용(표본조사)

표본 주수	피해과실수								정상 과실수
	등급내 피해과실수				등급외 피해과실수				
	30%	50%	80%	100%	30%	50%	80%	100%	
2주 (300)	60	30	15	5	10	8	20	27	100
	- 병충해과실수: 25개,　-미보상비율: 10%								

풀이

과실손해조사 피해율={(18+15+12+5)+(3+4+16+27)x0.5}/300x(1-0.1)=0.25x0.9=0.225
수확전 과실손해조사 없으므로 주계약피해율=0.225
손해액=2,000만원x0.225=4,500,000원, 자기부담금액=2,000만원x0.1=2,000,000원
과실손해보험금=4,500,000-2,000,000=2,500,000원
과실손해추가보장 보험금=2,000만원x0.225x0.1=450,000원
지급 보험금 총액=2,950,000원

* (등급내 피해과실 분류)

① **정상:** 무피해 과실의 수 또는 과피전체 표면 면적의 **10%미만 피해**가 있는 과실

② **30%형**: 과육은 피해가 없고 과피전체 표면 면적의 10%이상 **30%미만 피해**가 있는 과실

③ **50%형**: 과육은 피해가 없고 과피전체 표면 면적의 30%이상 **50%미만 피해**가 있는 과실

④ **80%형**: 과육은 피해가 없고 과피전체 표면 면적의 50%이상 **80%미만 피해**가 있는 과실

⑤ **100%형**: 과피전체 표면 면적의 **80%이상 피해가 있거나 과육의 부패 및 무름** 등의 피해가 있는 과실

* (등급외 피해과실 분류)

① **30%형**: 등급외 크기이면서 무피해 또는 과피 및 과육 피해가 없는 과실의 수

② **50%형**: 등급외 크기이면서 과육은 피해가 없고 과피 전체 표면 면적의 10% 이상 피해가 있고 과실 횡경의 크기가 71mm 이상인 과실

③ **80%형**: 등급외 크기이면서 과육은 피해가 없고 과피 전체 표면 면적의 10% 이상 피해가 있고 과실 횡경의 크기가 49mm 미만인 과실

④ **100%형**: 등급외 크기이면서 과육의 부패 및 무름 등의 피해가 있어 가공용으로 공급이 될 수 없는 과실

📖 **예제**   온주밀감

*과실손해조사(9월 25일 강풍, 표본조사)-수확전 과실손해조사 없음

표본 주수 2주 (300)	- 과피전체 표면 면적의 10%미만 피해가 있는 과실의 수: 90개 - 과육은 피해가 없고 과피전체 표면 면적의 30%이상 50%미만 피해가 있는 과실의 수: 60개 - 과피전체 표면 면적의 80%이상 피해가 있거나 과육의 부패 및 무름등의 피해가 있는 과실의 수: 20개 - 등급외 크기이면서 과피 및 과육 피해가 없는 과실의 수: 80개 - 등급외 크기이면서 과육은 피해가 없고 과피 전체 표면 면적의 10% 이상 피해가 있고 과실 횡경의 **크기가 49mm 미만**인 과실의 수: 30개 - 등급외 크기이면서 과육의 부패 및 무름등의 피해가 있어 가공용으로 공급이 될 수 없는 과실의 수: 20개
	- 미보상비율: 20%

📖 **풀이**

피해 과실의 분류는 다음과 같다.

표본 주수	피해과실수								정상 과실수
	등급내 피해과실수				등급외 피해과실수				
	30%	50%	80%	100%	30%	50%	80%	100%	
2주 (300))	0	60	0	20	80	0	30	20	90
	- 미보상비율: 10%								

과실손해 피해율=[{(30+20)+(24+24+20)x0.5}/300]x(1-0.1)=0.28x0.9=0.252, 25.2%

수확전 과실손해조사 없으므로 과실손해피해율이 주계약 피해율이 된다.

(주계약 피해율)=0.252, 25.2%

📑 예제   온주밀감

*과실손해조사(9월 25일 강풍, 표본조사)

표본 주수 2주 (200개)	- 무피해 과실의 수: 40개 - 과피전체 표면 면적의 10%미만 피해가 있는 과실의 수: 20개 - 과육은 피해가 없고 과피전체 표면 면적의 10%이상 30%미만 피해가 있는 실의 수: 10개 - 과육은 피해가 없고 과피전체 표면 면적의 30%이상 50%미만 피해가 있는 과실의 수: 20개 - 과육은 피해가 없고 과피전체 표면 면적의 50%이상 80%미만 피해가 있는 과실의 수: 5개 - 과피전체 표면 면적의 80%이상 피해가 있거나 과육의 부패 및 무름등의 피해가 있는 과실의 수: 25개 - 등급외 크기이면서 무피해 과실의 수: 5개 - 등급외 크기이면서 과피 및 과육 피해가 없는 과실의 수: 5개 - 등급외 크기이면서 과육은 피해가 없고 과피 전체 표면 면적의 10% 이상 피해가 있고 과실 횡경의 크기가 　71mm 이상인 과실의 수: 10개 - 등급외 크기이면서 과육은 피해가 없고 과피 전체 표면 면적의 10% 이상 피해가 있고 과실 횡경의 크기가 　49mm 미만인 과실의 수: 30개 - 등급외 크기이면서 과육의 부패 및 무름등의 피해가 있어 가공용으로 공급이 될 수 없는 과실의 수: 30개
	- 미보상비율: 20%

📑 풀이

피해 과실의 분류는 다음과 같다.

표본 주수	피해과실수								정상 과실수
	등급내 피해과실수				등급외 피해과실수				
	30%	50%	80%	100%	30%	50%	80%	100%	
2주 (200)	10	20	5	25	10	10	30	30	60
	- 미보상비율: 20%								

과실손해조사 피해율=[{(3+10+4+25)+(3+5+24+30)x0.5}/200]x(1-0.2)=0.365x0.8=0.292

수확전 과실손해 유무에 따라 주계약 피해율이 달라진다.

① 수확전 과실손해 피해율=0.3x(1-0.1)=0.27이라 하면

　주계약피해율=0.3+(1-0.3)x0.365x(1-0.2)=0.5044

② 수확전 과실손해조사가 없는 경우

　주계약피해율=0.365x(1-0.2)=0.292

(3) 동상해 과실손해 조사(특별약관)

① 기수확비율=(기수확과실수)÷(표본주(2주) 기준과실수)
② 수확기잔존비율

구분	온주밀감
12월(21일~31일)	62-(1x사고발생일자)
1월	32-(0.8x사고발생일자)
2월	7-(0.3x사고발생일자)

*경과비율=(1-수확기잔존비율),

③ 차이값={기수확비율-경과비율}이 10% 이상이면
   (차이값)×(기준과실수)를 유효과실수로 인정하여 동상해피해율을 산정한다.
④ 동상해 피해율(기수확과실수, 80%피해, 100%피해, 정상과실수)
   =(1x100%피해개수+0.8x80%피해개수)÷(기준과실수-기수확과실수)
⑤ 기사고피해율={(주계약 피해율)÷(1-주계약 미보상비율)}+(이전 동상해피해율)
⑥ 손해액
   =(보험가입금액)×(1-기사고피해율)×(수확기잔존비율)×(동상해피해율)×(1-미보상비율)
⑦ 자기부담금액=(보험가입금액) x |Min{A-자기부담비율, 0}| (절댓값, A: 주계약피해율)
⑧ (동상해과실손해 보험금)=손해액-자기부담금액
⑨ (나무손해보장 보험금)=(보험가입금액) x(피해율-자기부담비율, 5%)

📖 예제 1   온주밀감

*동상해과실손해조사(1월 10일, 표본조사)

표본주수	기수확 과실수	100% 피해과실수	80% 피해과실수	정상 과실수	병충해 과실수
2주(200개)	100	20	30	40	10

- 미보상비율: 10%,   -수확기잔존비율: 32-(0.8x사고발생일자)

🔍 풀이 1

(기수확비율)=100/200=50%, 수확기잔존비율=32-0.8x10=24%, 경과비율=76%
차이값=50%-76%<0
동상해피해율=(20+24)/100=0.44, 44%

예제 2 온주밀감

*동상해과실손해조사(12월 25일, 표본조사)

표본주수	기수확 과실수	100% 피해과실수	80% 피해과실수	정상 과실수	병충해 과실수
2주(200개)	100	30	20	40	10

- 미보상비율: 10%
- 수확기잔존비율: 62-(1x사고발생일자)

풀이 2

(기수확비율)=100/200=50%, 수확기잔존비율=62-1x25=37%, 경과비율=63%

차이값=50%-63%<0 ⇒ 차이값 없음

동상해피해율=(30+16)/100=0.46, 46%

예제 3 종합위험 과실손해보장방식 감귤(온주밀감) 품목에 피해가 발생하였다. 다음 계약내용 및 조사내용을 참조하여 동상해과실손해 보험금을 구하시오.

(단, 피해율은 % 단위로 소수점 아래 셋째자리에서 반올림)

*계약내용

품목	보험가입금액	주계약 피해율	주계약 미보상비율	이전동상해 과실피해율	자기부담 비율
감귤(온주밀감)	2,000만원	27%	10%	20%	30%

특약: 동상해과실손해 특약에 가입함.

*동상해과실손해조사(1월 10일, 표본조사)

표본주수	기수확 과실수	100% 피해과실수	80% 피해과실수	정상 과실수	병충해 과실수
2주(200개)	110	12	30	40	8

- 미보상비율: 5%   - 수확기잔존비율: 32-(0.8x사고발생일자)

풀이 3

주계약피해율=0.27, 27%, 기수확비율=110/200=55%

수확기잔존비율=32-0.8x10=24%, 경과비율=76%, 차이값=55%-76%<0

동상해피해율=(12+24)/90=0.4, 기사고피해율={0.27/(1-0.1)}+0.2=0.5

손해액=2,000만원x(1-0.5)x0.24x0.4x(1-0.05)=912,000원

자기부담금액=2,000만원xMin{(0.27-0.3, 0)}=2,000만x0.03=600,000원

동상해과실손해 보험금=912,000-600,000=312,000원

⊙ 오디

- 과실손해 보험금 산정

① 1주 1m당 평년결실수=(평년결실수)÷(실제결과주수),

② **A, B품종 표준결실수 ⇨ 가중평균으로 각각 1주 1m당 평년결실수 산정**

③ 조사대상주수 ⇨ 표본주수 산정 ⇨ (표본주수)×(가장 긴 3가지)의 길이의 합

④ **1m당 환산결실수=(표본가지 결실수의 합)÷(표본가지 길이의 합)**

⑤ (표본가지)=(표본주수)x3

⑥ 조사결실수

=={(조사대상주수)(환산결실수)+(미보상주수)(1주당평년결실수)}÷(실제결과주수)

⑦ **조사결실수={(A,조사대상주수)(A,환산결실수)+(A,미보상주수)(A,1주당평년결실수)}**

+{(B,조사대상주수)(B,환산결실수)+(B,미보상주수)(B,1주당평년결실수)}÷(실제결과주수)

⑧ 미보상감수 결실수=(평년결실수-조사결실수)×(미보상비율)

⑨ 피해율=(평년결실수-조사결실수-미보상감수 결실수)÷(평년결실수)

⑩ **과실손해보장 보험금=(보험가입금액)×(피해율-자기부담비율)**

📖 예제 1   *계약내용

품목	보험가입금액	평년결실수	가입주수	자기부담비율
오디	600만원	120개/1m	350주	10%

*조사내용

나무조사			표본주 결실수 조사		
실제결과주수	고사주수	미보상주수	표본주수	표본가지 결실수 합계	표본가지 길이 합계
350	20	10	(가)	1,600개	20m

- 미보상비율: 10%, 적정표본주수는 최소표본주수로 산정한다.

🔍 풀이 1

조사대상주수=350-20-10=320이므로 적정표본주수는 10주

표본주의 1m당 환산결실수=1,600÷20=80개, 1주의 1m당 평년결실수=120개

(조사결실수)=(320x80+10x120)÷350=76.57=77개

미보상감수 결실수=(120-77)x0.1=4.3=4개

피해율=(120-77-4)÷120=0.325, 32.5%

과실손해 보험금=600만원x(0,325-0.1)=1,350,000원

예제 2 종합위험 과실손해보장방식 오디 품목에 보상하는 재해로 피해가 발생하였다. 다음 계약내용 및 조사내용을 참조하여 물음에 답하시오. (단, 피해율은 % 단위로 소수점 아래 셋째자리에서 반올림)

*계약내용

품목	보험가입금액	평년결실수	가입주수		자기부담 비율
			A품종	B품종	
오디	2,000만원	6만개/400m, 150개/1m	150주	250주	15%

- 표준결실수, A품종: 200개, B품종: 160개

*조사내용

품종	나무조사			표본주 결실수 조사			
	실제결과주수	고사주수	미보상 주수	표본 주수	표본 가지수	표본가지 결실수 합	표본가지 길이 합
A	150	5	10	(가)	(다)	1,680개	14m
B	250	10	10	(나)	(라)	2,000개	20m

- 미보상 비율: 5%, -적정표본주수는 최소표본주수로 산정한다.

물음 1 (가)+(나)+(다)+(라)의 값을 구하시오.

물음 2 품종별 1주 1m당 평년결실수를 구하시오.(단, 소수점 아래 첫째자리에서 반올림)

물음 2 과실손해보험금을 구하시오. (단, 조사결실수와 미보상감수결실수는 소수점 아래 첫째자리에서 반올림)

풀이 2

조사대상주수, A품종=150-5-10=135주, B품종=250-10-10=230주
전체 조사대상주수=365주이므로 적정표본주수는 10주
A품종 적정표본주수=10x(135/365)=4주=(가), 표본가지수=4x3=12개=(다)
B품종 적정표본주수=10x(230/365)=7주=(나), 표본가지수=7x3=21개=(라)
A품종 표준수확량=200x150=30,000, B품종 표준수확량=160x250=40,000,
A품종 1주당 평년결실수=60,000x(3/7)÷150=171개
B품종 1주당 평년결실수=60,000x(4/7)÷250=137개
A품종 환산결실수=1,680/14=120개, B품종 환산결실수=2,000/20=100개
(조사결실수)={(135x120+10x171)+(230x100+10x137)}/400=105.7=106개
미보상감수결실수=(150-106)x0.05=2.2=2개, 피해율=(150-106-2)/150=0.28, 28%
과실손해보험금=2,000만원x(0,28-0.15)=2,600,000원

과실손해보장 감귤(온주밀감) 품목에 관한 조사내용이다. 다음을 참조하여 2025년도 평년수확량(kg)을 구하시오. (단, 평년수확량은 kg 단위로 소수점 아래 첫째자리에서 반올림)

*과거 수확량(단위: kg)

구분	2020년	2021년	2022년	2023년	2024년	2025년
표준수확량	4,000	4,200	4,400	4,500	4,600	4,730
평년수확량	4,000	3,800	4,000	-	4,760	
피해율	40%	무사고	보통약관피해율: 25% 동상해피해율: 50% 수확기잔존비율: 20%	-	60%	
가입여부	O	O	O	X	O	

문제 2 종합위험 과실손해보장방식 감귤(온주밀감) 품목에 피해가 발생하였다. 다음 계약내용 및 조사내용을 참조하여 물음에 답하시오. (단, 피해율은 % 단위로 소수점 아래 셋째자리에서 반올림)

*계약내용

품목	보험가입금액	평년수확량	가입주수	자기부담비율
감귤(온주밀감)	2,000만원	4,000kg	200주	20%

특약: 동상해과실손해 특약에 가입함.

*과실손해조사(10월 25일 강풍, 표본조사)-수확전 과실손해조사 없음.

표본 주수	피해과실수								정상 과실수
	등급내 피해과실수				등급외 피해과실수				
	30%	50%	80%	100%	30%	50%	80%	100%	
2주 (200)	10	20	15	20	10	20	20	15	70
	- 미보상비율: 20%								

*동상해과실손해조사(12월 25일, 표본조사)

표본주수	기수확 과실수	100% 피해과실수	80% 피해과실수	정상 과실수	병충해 과실수
2주(200개)	40	60	40	54	6

- 미보상비율: 10%   -온주밀감, 수확기잔존비율: 12월=62-(1x사고발생일자)

물음 1 과실손해 보험금(원)을 구하시오.

물음 2 과실손해추가보장 보험금(원)을 구하시오.

물음 2 동상해과실손해 보험금(원)을 구하시오.(원단위 미만은 절사)

📋 문제 3 종합위험 과실손해보장방식 감귤(온주밀감) 품목에 피해가 발생하였다. 다음 계약내용 및 조사내용을 참조하여 물음에 답하시오. (단, 피해율은 % 단위로 소수점 아래 셋째자리에서 반올림)

*계약내용

품목	보험가입금액	가입면적	가입주수	자기부담비율
감귤(온주밀감)	5,000만원	10,000m²	700주	30%

특약: 동상해과실손해, 과실손해추가보장 특약에 가입함.

*수확전 과실손해조사(8월 5일 태풍, 표본조사)

표본주수 (3주)	100% 피해과실수	80% 피해과실수	생리적 낙과개수	태풍 낙과개수	정상 과실수	미보상 비율
600개	120	180	40	60	200	15%

*과실손해조사(9월 25일 강풍, 표본조사)

표본 주수	피해과실수								정상 과실수
	등급내 피해과실수				등급외 피해과실수				
	30%	50%	80%	100%	30%	50%	80%	100%	
2주 (200)	10	20	5	15	10	10	40	10	80
	- 미보상비율: 20%								

*동상해과실손해조사(1월 10일, 표본조사)

표본주수	기수확 과실수	100% 피해과실수	80% 피해과실수	정상 과실수	병충해 과실수
2주(150개)	60	20	20	30	20

- 미보상비율: 10%

물음 1 과실손해 보험금(원)을 구하시오.

물음 2 과실손해추가보장 보험금(원)을 구하시오.

물음 1 동상해과실손해 보험금(원)을 구하시오.

문제 4 종합위험 과실손해보장방식 감귤(온주밀감) 품목에 피해가 발생하였다. 다음 계약내용 및 조사내용을 참조하여 물음에 답하시오. (단, 피해율은 % 단위로 소수점 아래 셋째자리에서 반올림)

*계약내용

품목	보험가입금액	가입면적	가입주수	자기부담비율
감귤(온주밀감)	3,000만원	6,000m²	500주	15%

특약: 동상해과실손해, 과실손해추가보장 특약에 가입함.

*과실손해조사(9월 25일 강풍, 표본조사)-수확 전 과실손해조사 없음

표본
주수
2주
(300개)
	- 과피전체 표면 면적의 10%미만 피해가 있는 과실의 수: 100개
	- 과육은 피해가 없고 과피전체 표면 면적의 10%이상 30%미만 피해가 있는 과실의 수: 20개
	- 과육은 피해가 없고 과피전체 표면 면적의 30%이상 50%미만 피해가 있는 과실의 수: 30개
	- 과육은 피해가 없고 과피전체 표면 면적의 50%이상 80%미만 피해가 있는 과실의 수: 15개
	- 과피전체 표면 면적의 80%이상 피해가 있거나 과육의 부패 및 무름등의 피해가 있는 과실의 수: 25개
	- 등급외 크기이면서 과피 및 과육 피해가 없는 과실의 수: 20개
	- 등급외 크기이면서 과육은 피해가 없고 과피 전체 표면 면적의 10% 이상 피해가 있고 과실 횡경의 크기가
	  71mm 이상인 과실의 수: 20개
	- 등급외 크기이면서 과육은 피해가 없고 과피 전체 표면 면적의 10% 이상 피해가 있고 과실 횡경의 크기가
	  49mm 미만인 과실의 수: 50개
	- 등급외 크기이면서 과육의 부패 및 무름등의 피해가 있어 가공용으로 공급이 될 수 없는 과실의 수: 20개

	- 미보상비율: 20%

*동상해과실손해조사(1월 20일, 표본조사)

표본주수	기수확 과실수	100% 피해과실수	80% 피해과실수	정상 과실수	병충해 과실수
2주(150개)	60	21	30	20	19

- 미보상비율: 10%

물음 1 과실손해 보험금과 과실손해추가보장 보험금(원)을 구하시오.

물음 2 동상해과실손해 보험금(원)을 구하시오.

종합위험 과실손해보장방식 오디 품목에 보상하는 재해로 피해가 발생하였다. 다음 계약내용 및 조사내용을 참조하여 물음에 답하시오. (단, 피해율은 % 단위로 소수점 아래 셋째자리에서 반올림)

*계약내용

품목	보험가입금액	평년결실수	가입주수	자기부담비율
오디	1,500만원	180개/1m	200주	10%

*조사내용

실제 결과주수	고사주수	미보상 주수	표본조사		미보상 비율
			표본가지 결실수 합	표본가지 길이 합	
200	10	10	1,750개	14m	20%

- 적정표본주수는 최소표본주수로 산정한다.

물음 1 적정표본주수를 최소표본주수로 산정하시오.

물음 2 과실손해보험금(원)을 구하시오. (단, 조사결실수와 미보상감수결실수는 소수점 아래 첫째자리에서 반올림)

문제 6 종합위험 과실손해보장방식 오디 품목에 보상하는 재해로 피해가 발생하였다. 다음 계약내용 및 조사내용을 참조하여 물음에 답하시오. (단, 피해율은 % 단위로 소수점 아래 셋째자리에서 반올림)

*계약내용

품목	보험가입금액	평년결실수	가입주수		자기부담 비율
			A품종	B품종	
오디	2,000만원	6만개/400m, 150개/1m	150주	250주	15%

- 표준결실수, A품종: 200개, B품종: 160개

*조사내용

품종	나무조사			표본주 결실수 조사			
	실제결과주수	고사주수	미보상 주수	표본 주수	표본 가지수	표본가지 결실수 합	표본가지 길이 합
A	150	5	10	(가)	(다)	1,680개	14m
B	250	10	10	(나)	(라)	2,000개	20m

- 미보상 비율: 5%, -적정표본주수는 최소표본주수로 산정한다.

물음 1 (가)+(나)+(다)+(라)의 값을 구하시오.

물음 2 품종별 1주 1m당 평년결실수를 구하시오.(단, 소수점 아래 첫째자리에서 반올림)

물음 3 과실손해보험금(원)을 구하시오. (단, 조사결실수와 미보상감수결실수는 소수점 아래 첫째자리에서 반올림)

01 | 풀이

B=(4,000+4,200+4,400+4,600)/4=4,300kg

4,000x(1-0.4)=2,400, 4,200x1.1=4,620,

피해율=0.25+(0.5x0.2)=0.35, 4,000x0.65=2,600,

4,760x0.5=2,380

A=(2,400+4,620+2,600+2,380)/4=3,000kg

C=4,730, Y=4

Max{평년수확량의 50%, (1-피해율)x평년수확량}

피해율=보통약관피해율+(동상해피해율)x(수확기잔존비율)
100%한도

평년수확량={3,000+(4,300-3,000)(1-4/5)}x(4,730/4,300)=3,586kg

02 | 풀이

과실손해조사 피해율={(3+10+12+20)+(3+10+16+15)x0.5}/200x(1-0.2)=0.335x0.8=0.268

주계약 피해율=0.268, 26.8%

손해액=2,000만원x0.268=5,360,000원,
자기부담금액=2,000만원x0.2=400만원

과실손해보험금=536만원-400만원=1,360,000원

기수확비율=40/200=20%, 수확기잔존비율=62-1x25=37%,

동상해피해율=(60+32)÷160=0.575

기사고 피해율=0.268/(1-0.2)=0.335

손해액=2,000만원x(1-0.335)x0.37x0.575x(1-0.1)=2,546,617.5원

자기부담금액=2,000만원x|Min{(0.268-0.2, 0)|=0원

동상해과실손해 보험금=2,546,617원

03 | 풀이

수확전 과실손해 피해율=(120+60)/600x(1-0.15)
=0.3x0.85=0.255

과실손해조사 피해율={(3+10+4+15)+(3+5+32+10)x0.5}/200x(1-0.2)=0.285x0.8=0.228

주계약피해율={0.3+(1-0.3)x0.285}x(1-0.2)=0.3996

손해액=5,000만원x0.3996=19,980,000원,
자기부담금액=5,000만원x0.3=1,500만원

과실손해보험금=4,980,000원, 과실손해추가보장
보험금=5,000만x0.3996x0.1=1,998,000원

기수확비율=60/150=40%, 수확기잔존비율=32-0.8x10=24%,

동상해피해율=(20+16)/90=0.4,

기사고피해율=0.3996/(1-0.2)=0.4995

손해액=5,000만원x(1-0.4995)x0.24x0.4x(1-0.1)=2,162,160원

자기부담금액=5,000만원xMin{(0.3996-0.3, 0}=0원

동상해과실손해 보험금=2,162,160원

04 | 풀이

표본 주수	피해과실수									정상 과실 수
	등급내 피해과실수				등급외 피해과실수					
	30%	50%	80%	100%	30%	50%	80%	100%		
2주 (300)	20	30	15	25	20	20	50	20		100
	- 미보상비율: 20%									

과실손해조사

피해율=[{(6+15+12+25)+(6+10+40+20)x0.5}/300]x
(1-0.2)=0.32x0.8=0.256, 25.6%

주계약피해율=0.256, 25.6%,

손해액=3,000만x0.256=7,680,000원

자기부담금액=3,000만원x0.15=450만원

과실손해보험금=3,180,000원

과실손해추가보장 보험금=3,000만원x0.256x0.1=768,000원

기수확비율=60/150=40%

수확기잔존비율=32-0.8x20=16%,

동상해피해율=(21+24)/90=0.5, 50%,

기사고피해율=0.256/(1-0.2)=0.32, 32%

손해액=3,000만원x(1-0.32)x0.16x0.5x(1-0.1)=1,468,800원

자기부담금액=3,000만원xMin{(0.256-0.15, 0)=0원

동상해과실손해 보험금=1,468,800원

A품종 1주당 평년결실수=60,000x(3/7)÷150=171개

B품종 1주당 평년결실수=60,000x(4/7)÷250=137개

A품종 환산결실수=1,680/14=120개, B품종 환산결실수=2,000/20=100개

(조사결실수)={(135x120+10x171)+(230x100+10x137)}/400=105.7=106개

미보상감수결실수=(150-106)x0.05=2.2=2개, 피해율=(150-106-2)/150=0.28, 28%

과실손해보험금=2,000만x(0.28-0.15)=2,600,000원

05 | 풀이

조사대상주수, A품종=200-10-10=180주, 적정표본주수는 8주

1주당 평년결실수=180개, 환산결실수=1750/14=125개

(조사결실수)=(180x125+10x180)/200=121.5=122개

미보상감수결실수=(180-122)x0.2=11.6=12개

피해율=(180-122-12)/180=0.25555, 25.56%

과실손해보험금=1,500만원x(0,2556-0.1)=2,334,000원

06 | 풀이

조사대상주수, A품종=150-5-10=135주, B품종=250-10-10=230주

전체 조사대상주수=365주이므로 적정표본주수는 10주

A품종 적정표본주수=10x(135/365)=4주=(가),

표본가지수=4x3=12개=(다)

B품종 적정표본주수=10x(230/365)=7주=(나),

표본가지수=7x3=21개=(라)

A품종 표준수확량=200x150=30,000,

B품종 표준수확량=160x250=40,000,

08

논작물

⓪8 논작물

⦿ 벼.보리.밀.귀리

■ 보험기간

(1) 벼 (4~6월 가입)

① **이앙. 직파불능 보장:** 계약체결일 24시 ~ 판매개시연도 7월 31일

② **재이앙. 재직파 보장:** 이앙(직파)완료일 24시 또는 계약체결일 24시
　　　　　　　　　　　 ~ 판매개시연도 7월 31일

③ **경작불능 보장:** 이앙(직파)완료일 24시 또는 계약체결일 24시
　　　　　　　　 ~ 출수기 전

④ **수확불능 보장:** 이앙(직파)완료일 24시 또는 계약체결일 24시
　　　　　　　　 ~ 수확기 종료 시점(다만, 판매개시연도 11월 30일 초과 불가)

⑤ **수확감소 보장:** 이앙(직파)완료일 24시 또는 계약체결일 24시
　　　　　　　　 ~ 수확기 종료 시점(다만, 판매개시연도 11월 30일 초과 불가)

⑥ **병충해 보장** 특별약관: 각 보장별 보통약관과 동일

　　(세균성벼알마름병, 줄무늬잎마름병, 흰잎마름병, 도열병, 깨씨무늬병, 벼멸구, 먹노린재)

　　(도열병: **목도열병**, 이삭도열병, 모도열병, 잎도열병, 진균(곰팡이)에 의한 전염병)

(2) 밀, 보리, 귀리 (10~12월 가입)

① **경작불능 보장:** 계약체결일 24시 ~ **수확개시 시점**

② **수확감소 보장:** 계약체결일 24시(10~12월 가입)
　　　　　　　　 ~ 수확기 종료 시점(다만, 이듬해 6월 30일 초과 불가)

(3) 조사료용 벼 (4~6월 가입)

① **경작불능 보장:** 이앙(직파)완료일 24시 또는 계약체결일 24시
　　　　　　　　 ~ 판매개시연도 8월 31일

* **표본구간 선정(벼. 밀. 보리, 귀리)**

　⇨ **조사대상 면적 기준**

　　(3) 2,000m² (4) 3,000m² (5) 4,000m² (6) 5,000m² (7) 6,000m² (8)

* **보험가입금액(벼. 밀. 보리, 귀리)**

  ⇨ **(보험가입금액)=(가입수확량)×(표준가격, 가입가격), (천원단위 절사)**

  ① 가입수확량=평년수확량의 50~100%

  ② 평년수확량 산출 방법에 의해 산정(신규가입은 평년수확량=표준수확량의 100%)

* **보험가입금액(조사료용벼)**

  ⇨ **(보험가입금액)=(가입면적)×(m²당 보장생산비), (천원단위 절사)**

*(벼 표준가격)

=(시. 군별 농협 RPC 계약재배 수매가격의 5개년 평균가격)×(민간 RPC(양곡처리장)지수)

■ 논작물 품목 인수 제한 목적물

(1) 공통

① 보험가입금액이 50만원 미만인 농지(조사료용 벼는 제외)

② **하천부지**에 소재한 농지

③ 최근 **3년 연속 침수피해**를 입은 농지. 다만, 호우주의보 및 호우경보 등 기상특보에 해당되는 재해로 피해를 입은 경우는 제외함

④ 오염 및 훼손 등의 피해를 입어 복구가 완전히 이루어지지 않은 농지

⑤ 보험가입 전 농작물의 피해가 확인된 농지

⑥ 통상적인 재배 및 영농활동을 하지 않는다고 판단되는 농지

⑦ 보험목적물을 수확하여 판매를 목적으로 경작하지 않는 농지(채종농지 등)

⑧ 농업용지가 다른 용도로 전용되어 수용 예정 농지로 결정된 농지(**수용지**)

⑨ **전환지**(개간, 복토 등을 통해 논으로 변경한 농지), 휴경지 등 농지로 변경하여 경작한지 3년 이내인 농지

⑩ **최근 5년 이내에 간척된 농지**

⑪ 도서 지역의 경우 연륙교가 설치되어 있지 않고 정기선이 운항하지 않는 등 신속한 손해평가가 불가능한 지역에 소재한 농지

  ※ 단, 벼 · 조사료용 벼 품목의 경우 연륙교가 설치되어 있거나, 농작물재해보험 위탁계약을 체결한 지역 농·축협 또는 품목농협(지소포함)이 소재하고 있고 손해 평가인 구성이 가능한 지역은 보험 가입 가능

⑫ 기타 인수가 부적절한 농지

(2) 벼

① 밭벼를 재배하는 농지

② 군사시설보호구역 중 통제보호구역내의 농지

  (단, 통상적인 영농활동 및 손해평가가 가능하다고 판단되는 농지는 인수 가능)

  ※ 통제보호구역: 민간인통제선 이북지역 또는 군사기지 및 군사시설의 최외곽 경계선으로부터 **300미터 범위 이내**의 지역

(3) 조사료용 벼

① 가입면적이 1,000㎡ 미만인 농지

② 밭벼를 재배하는 농지

③ 광역시·도를 달리하는 농지(단, 본부 승인심사를 통해 인수 가능)

④ 군사시설보호구역 중 통제보호구역내의 농지

　(단, 통상적인 영농활동 및 손해평가가 가능하다고 판단되는 농지는 인수 가능)

　※ 통제보호구역: 민간인통제선 이북지역 또는 군사기지 및 군사시설의 최외곽　경계선으로부터 300미터 범위 이내의 지역

(4) 밀, 귀리

① **파종을** 11월 20일 이후에 실시한 농지

② 춘파재배 방식에 의한 봄파종을 실시한 농지

③ **출현율 80% 미만**인 농지

(5) 보리

① **파종을** 11월 20일 이후에 실시한 농지

② 춘파재배 방식에 의한 봄파종을 실시한 농지

③ **출현율 80% 미만**인 농지

　* 출현율, 80%미만(밀, 보리, 귀리), 85%미만(팥), 90%미만(옥수수, 감자, 콩)

* 논작물 품목의 평년수확량 산출방법

---

(1) 벼 품목 평년수확량= {A+(B×D-A)×(1-Y/5)}×(C/D)

　ㅇ A(과거평균수확량)= Σ과거 5년간 수확량 ÷ Y

　ㅇ B=가입연도 지역별 기준수확량

　ㅇ C(가입연도 보정계수)=(가입년도의 품종)x(이앙일자)x(친환경재배 보정계수)

　ㅇ D(과거평균보정계수)= Σ과거 5년간 보정계수 ÷ Y

　ㅇ Y= 과거수확량 산출연도 횟수(가입횟수)

　※ 다만, 평년수확량은 **보험가입연도 표준수확량의 130%**를 초과할 수 없음

　*과거수확량 산출방법

　ㅇ **사고 발생 시 ⇨ Max{조사수확량, 평년수확량의 50%}**

　ㅇ **무사고 시 ⇨ Max{표준수확량, 평년수확량}x110%**

(2) 보리·밀.귀리 품목 평년수확량= {A+(B-A)×(1-Y/5)}×(C/B)

　ㅇ A(과거평균수확량)= Σ과거 5년간 수확량 ÷ Y

　ㅇ B(평균표준수확량)= Σ과거 5년간 표준수확량 ÷ Y

　ㅇ C(표준수확량)= 가입연도 표준수확량

　ㅇ Y= 과거수확량 산출연도 횟수(가입횟수)

　※ 다만, 평년수확량은 보험가입연도 표준수확량의 130%를 초과할 수 없음

　* 과거수확량 산출방법

　ㅇ **사고 발생 시 ⇨ Max{조사수확량, 평년수확량의 50%}**

　ㅇ **무사고 시 ⇨ Max{표준수확량, 평년수확량}x110%**

📖 예제 *과거 수확량(벼 품목)

구분	2020년	2021년	2022년	2023년	2024년	2025년
표준수확량(kg)	2,000	2,100	2,200	2,000	2,100	2,200
평년수확량(kg)	2,000	-	2,100	2,400	2,300	
조사수확량(kg)	1,800	-	무사고	1,000	2,000	
보험가입여부	O	X	O	O	O	

*2025년 해당지역 기준수확량=2,200kg　　*과거 평균 보정계수=0.9

*2025년 품종 보정계수=0.92, 이앙일자 보정계수=1.05, 친환경 보정계수=0.95

🔍 풀이

A=Max{조사수확량, (평년수확량)x50%}, 무사고=Max{표준수확량, 평년수확량}x110%

1,800, 2,200x1.1=2,420, 1,200, 2,000 값들의 평균값

A=(1,800+2,420+1,200+2,000)/4=1,855kg, B=(가입연도 지역별 기준수확량)=2,200kg

C=(가입연도, 2024년 보정계수)=0.92x1.05x0.95=0.9177≒0.92, D=(과거 보정계수의 평균)=0.9

(평년수확량)={1,855+(2,200x0.9-1,855)x(1-4/5)}x(0.92/0.9)=1,921.7≒1,922kg

(평년수확량은 보험가입연도의 표준수확량 130% 이내이므로 적합함)

---

* 논작물 품목의 보험료 산출방법 (방재시설 할인:X)

① 보험료의 구성, 영업보험료=순보험료+부가보험료

② **수확감소 보장 영업보험료(벼)=**가x요x손x친x직

　　=(보험가입금액)×(보통약관영업요율)×(1±할인.할증율)×(1+친환경재배)×(1+직파재배)

③ **수확감소 보장 영업보험료 (밀,보리.귀리)=**가x요x손

　　=(보험가입금액)×(보통약관영업요율)×(1±손해율에 따른 할인.할증율)

④ **정부지원 보험료=(순보험료)×(정부지원비율)+(부가보험료)x100%**

⑤ 정부지원비율

　　㉠ 벼: 자기부담비율에 따른 차등 지원율 적용 (**41%, 44%**, 50%, 55%, 60%)

　　㉡ 밀, 보리, 귀리: 고정 50% 지원

⑥ 계약자부담 보험료=(순보험료)×(1-정부지원비율-지자체지원비율)

*가입조건(보험료는 원단위 미만 절사)

영업보험요율	친환경재배할증율	직파재배할증율	자기부담비율	지자체지원비율
10%	5%	5%	15%	40%

- 손해율에 따른 할인율: 8%, -보험가입금액: 1,000만원, 순보험료: 적용보험료의 80%

📖 풀이

(적용보험료)=1,000만원x0.1x(1-0.08)x(1+0.05)x(1+0.05)=1,014,300원

(순보험료)=1,014,300원x80%=811,440원, 자기부담비율: 15%이면 정부지원율: **44%**

(계약자부담보험료)=811,440원x(1-0.44-0.4)=129,830원

■ 보험료의 환급

(1) 계약이 무효, 효력상실 또는 해지된 때에는 다음과 같이 보험료를 반환한다.

① 계약자 또는 피보험자의 책임 없는 사유에 의하는 경우: 무효의 경우에는 납입한 계약자부담보험료의 전액, 효력상실 또는 해지의 경우에는 해당 월 미경과비율에 따라 아래와 같이 '환급보험료'를 계산한다.

> **환급보험료 = 계약자부담보험료 x 미경과비율 <별표>**
>
> ※ 계약자부담보험료는 최종 보험가입금액 기준으로 산출한 보험료 중 계약자가 부담한 금액

② 계약자 또는 피보험자의 책임있는 사유에 의하는 경우: 계산한 해당 월 미경과비율에 따른 환급보험료. 다만 계약자, 피보험자의 고의 또는 중대한과실로 무효가 된 때에는 보험료를 반환하지 않는다.

(2) 계약자 또는 피보험자의 책임 있는 사유라 함은 다음 각 호를 말한다.

① 계약자 또는 피보험자가 임의 해지하는 경우

② 사기에 의한 계약, 계약의 해지 또는 중대사유로 인한 해지에 따라 계약을 취소 또는 해지하는 경우

③ 보험료 미납으로 인한 계약의 효력 상실

(3) 계약의 무효, 효력상실 또는 해지로 인하여 반환해야 할 보험료가 있을 때에는 계약자는 환급금을 청구하여야 하며, 청구일의 다음 날부터 지급일까지의 기간에 대하여 '보험개발원이 공시하는 보험계약대출이율'을 연단위 복리로 계산한 금액을 더하여 지급한다.

⊙ 벼

(1) 이앙 · 직파불능 조사(벼)

피해사실확인조사 시 이앙·직파불능조사가 필요하다고 판단된 농지에 대하여 실시하는 조사로 손해평가반은 피해농지를 방문하여 보상하는 재해여부 및 이앙·직파불능 여부를 조사한다.

① 조사 시기: 이앙 한계일(7월 31일) 이후

② 이앙·직파불능 보험금 지급 대상 여부 조사

실제 경작면적이 보험 가입 면적 대비 10% 이상 차이가 날 경우에는 계약 사항을 변경해야 한다.(원장변경: 이론서에는 구체적인 설명이 없음)

③ 이앙·직파불능 판정 기준

보상하는 손해로 인하여 이앙 한계일(7월 31일)까지 해당 농지전체를 이앙·직파하지 못한 경우 이앙·직파불능피해로 판단한다.

④ 통상적인 영농활동 이행 여부 확인

대상 농지에 통상적인 영농활동(논둑 정리, 논갈이, 비료시비, 제초제 살포 등)을 실시했는지를 확인한다.

⑤ **지급사유 ⇨ 보상하는 손해로 인하여 이앙 한계일(7월 31일)까지 해당 농지전체를 이앙·직파하지 못한 경우**

⑥ **지급거절사유**

㉠ 논둑 정리, 논갈이, 비료시비, 제초제 살포 등 이앙전의 통상적인 영농활동을 하지 않은 농지에 대해서는 이앙.직파불능 보험금을 지급하지 않는다.

㉡ 보험금 지급 완료 후에는 계약이 소멸되고 환급보험료도 없다.

⑦ 지급 보험금=(보험가입금액)x15%

📑 예제 1

	(A농가) 이앙(직파)불능조사(계약체결일 24시~7월 31일)			
조사일자	보험가입금액	실제경작면적	조사결과	자기부담비율
8월 1일	600만원	3,000m²	전체 이앙하지 못함	20%

🔍 풀이 1

이앙 한계일(7월 31일)까지 해당 농지전체를 이앙·직파하지 못한 경우 지급 보험금=600만원x0.15=900,000원

(A농가) 이앙(직파)불능조사(계약체결일 24시~7월 31일)

조사일자	보험가입금액	실제경작면적	조사결과	자기부담비율
7월 30일	600만원	3,000m²	전체 이앙하지 못함	20%

풀이 2

(풀이) 이앙 한계일(7월 31일)이전이므로 지급보험금=0원

(2) 재이앙 · 재직파 조사(벼)

피해사실확인조사 시 재이앙·재직파조사가 필요하다고 판단된 농지에 대하여 실시하는 조사로 손해평가반은 피해농지를 방문하여 보상하는 재해여부 및 피해면적을 조사한다.

① 재이앙·재직파 보험금 지급 대상 여부 조사(1차: 재이앙·재직파 전(前) 조사)

(면적피해율 조사) ⇨ 면적피해율이 10%를 초과하는 경우

② **피해면적의 판정 기준**은 다음 각 목과 같다.

   ㉠ 묘가 본답의 바닥에 있는 흙과 분리되어 물 위에 뜬 면적

   ㉡ 묘가 토양에 의해 묻히거나 잎이 흙에 덮여져 햇빛이 차단된 면적

   ㉢ 묘는 살아 있으나 수확이 불가능할 것으로 판단된 면적

③ 재이앙·재직파 이행 완료 여부 조사(재이앙·재직파 후(後) 조사)

   재이앙·재직파 완료 면적을 계산하여 재이앙·재직파 보험금을 산정한다.

④ 재이앙. 재직파 보험금=(보험가입금액)x25%x(면적피해율)

   *면적피해율=(재이앙. 재직파 완료 면적)÷(보험가입면적)

(B농가) 재이앙(재직파)조사(이앙(직파)완료일~7월 31일)

조사일자	보험가입금액	실제경작면적	피해면적	재이앙면적	자기부담비율
8월 1일	600만원	4,000m²	3,000m²	2,800m²	20%

풀이 1

(면적피해율)=75%, 재이앙 면적비율=2,800/4,000=70%

재이앙. 재직파 보장 보험금=600만원x0.25x0.7=1,050,000원

(재이앙 하지 못한 면적은 나중에 수확량 조사 시에 고사면적으로 분류함)

예제 2

(B농가) 재이앙(재직파)조사(이앙(직파)완료일~7월 31일)

조사일자	보험가입금액	실제경작면적	피해면적	재이앙면적	자기부담비율
8월 1일	600만원	4,000m²	1,000m²	800m²	20%

풀이 2

(면적피해율)=25%, 재이앙 면적비율=800/4,000=20%
재이앙. 재직파 보장 보험금=600만원x0.25x0.2=300,000원

(3) 경작불능 조사 (벼, 조사료용 벼, 밀, 보리, 귀리)

① 피해사실 확인조사 시 경작불능조사가 필요하다고 판단된 농지 또는 사고 접수 시 이에 준하는 피해가 예상되는 농지에 대하여 실시하는 조사

② 경작불능 보험금 지급 대상 여부 조사(경작불능 전(前)조사)

③ 식물체 피해율 조사: **식물체 피해율이 65% 이상**인 경우(분질미: 60% 이상)

④ 계약자의 경작불능보험금 신청 여부 확인

⑤ 수확량조사 대상 확인 ⇨ 향후 수확량조사가 필요한 농지로 결정한다.
　　㉠ **식물체 피해율이 65% 미만인 농지**
　　㉡ **계약자가 경작불능보험금을 신청하지 않은 경우**

⑥ 산지폐기 여부 확인

⑦ **지급사유**
보험기간 내에 보상하는 재해로 식물체 피해율이 65% 이상이고, 계약자가 경작불능 보험금을 신청한 경우 경작불능보험금은 자기부담비율에 따라 보험가입금액의 일정 비율로 계산한다.

⑧ **경작불능 보험금**
　　㉠ **지급보험금(벼.보리.밀, 귀리)**=(보험가입금액)×(보장비율)
　　(보장비율)={100-자기부담비율}÷2, (45%, 42%, 40%, 35%, 30%)
　　㉡ **지급보험금(조사료용 벼)**=(보험가입금액)×(보장비율)×(경과비율)
　　(경과비율)=80%(5월), 85%(6월), 90%(7월), 100%(8월)

⑨ 지급거절 사유
보험금 지급 대상 농지 벼가 산지폐기 등의 방법을 통해 시장으로 유통되지 않게 된 것이 확인되지 않으면 경작불능보험금을 지급하지 않는다.

⑩ 경작불능보험금을 지급한 때에는 그 손해보상의 원인이 생긴 때로부터 해당 농지에 대한 보험계약은 소멸되며, 이 경우 환급보험료는 발생하지 않는다.

(C농가) 경작불능조사(벼)

조사일자	보험가입금액	실제경작면적	고사면적	자기부담비율
9월 21일	1,000만원	5,000m²	3,500m²	30%

풀이 1

식물체 피해율=70%, 지급보험금=1,000만원x0.35=3,500,000원

예제 2

(D농가) 경작불능조사(조사료용 벼)

조사일자	보험가입금액	실제경작면적	고사면적	자기부담비율
6월 21일	1,000만원	6,000m²	3,600m²	30%

풀이 1

식물체 피해율=60%, 지급보험금=0원

(4) 수확불능 조사 (벼)

① 수확량조사 시 수확불능 대상 농지

(벼의 **제현율이 65% 미만**으로 정상적인 출하가 불가능한 농지)로 확인된 농지

② 수확불능 대상여부 확인 (분질미: 70% 미만)

벼의 제현율이 65% 미만으로 정상적인 출하가 불가능한지를 확인한다.

③ **수확포기** 여부 확인(아래의 경우에 한하여 수확을 포기한 것으로 한다.)

㉠ **당해연도 11월 30일까지 수확을 하지 않은 경우**

㉡ **목적물을 수확하지 않고 갈아엎은 경우(로터리 작업 등)**

㉢ **대상 농지의 수확물 모두가 시장으로 유통되지 않은 것이 확인된 경우**

④ 수확불능 보험금=(보험가입금액)×(보장비율)

(보장비율)={(100-자기부담비율)÷2}+15, (60%, 57%, 55%, 50%, 45%)

⑤ **지급사유**

보험기간 내에 보상하는 재해로 보험의 목적인 벼(조곡) 제현율이 65% 미만으로 떨어져 정상 벼로써 출하가 불가능하게 되고, 계약자가 수확불능보험금을 신청한 경우 산정된 보험가입금액의 일정 비율을

수확불능보험금으로 지급한다.

⑥ 지급거절 사유
　㉠ 경작불능 보험기간 내에 발생한 재해로 인해 식물체 피해율이 65% 이상인 경우, 수확불능보험금 지급이 불가능하다.
　㉡ 보험금 지급 대상 농지 벼가 산지폐기 등의 방법을 통해 시장으로 유통되지 않게 된 것이 확인되지 않으면 수확불능보험금을 지급하지 않는다.

예제 1　벼(찰벼)

(E농가) 수확불능조사(이앙(직파)완료일~수확기종료시점)				
조사일자	보험가입금액	실제경작면적	제현율	자기부담비율
10월 3일	500만원	5,000m²	60%	30%

풀이 1

제현율; 65% 미만, 지급 보험금=500만원x0.5=2,500,000원

예제 2　벼(메벼)

(E농가) 수확불능조사(이앙(직파)완료일~수확기종료시점)				
조사일자	보험가입금액	실제경작면적	제현율	자기부담비율
10월 3일	500만원	5,000m²	65%	30%

풀이 2

제현율; 65% 이상, 지급 보험금=0원

(5) 수확량 조사 (벼)

① 수량요소조사(수확 전 14일 전후)
　㉠ 표본포기 선정: 가입면적과 관계없이 **4포기** 선정
　㉡ 표본포기 조사: **이삭상태 점수 및 완전낟알상태 점수**를 조사한다.
　　(포기당 이삭수 16개 미만: 1점, 포기당 이삭수 16개 이상: 2점)

<완전낟알상태 점수표>

이삭당 완전낟알수	점수
51개 미만	1
51개 이상 61개 미만	2
61개 이상 71개 미만	3
71개 이상 81개 미만	4
81개 이상	5

ⓒ 조사수확비율 산정(이삭상태 점수+완전낟알상태 점수=총점)

<조사수확비율 환산표>

점수 합계	조사수확비율(%)	점수 합계	조사수확비율(%)
10점 미만	0% ~ 20%	16점 ~ 18점	61% ~ 70%
10점 ~ 11점	21% ~ 40%	19점 ~ 21점	71% ~ 80%
12점 ~ 13점	41% ~ 50%	22점 ~ 23점	81% ~ 90%
14점 ~ 15점	51% ~ 60%	24점 이상	91% ~ 100%

ⓔ 피해면적 보정계수 산정: 피해정도에 따른 보정계수를 산정한다.

<피해면적 보정계수>

피해 정도	피해면적 비율	보정계수
매우 경미	10% 미만	1.2
경미	10% 이상 30% 미만	1.1
보통	30% 이상	1

ⓜ 수확량=(표준수확량)×(조사수확비율)×(피해면적보정계수)

ⓗ 미보상감수량=(평년수확량-수확량)×(미보상비율)

ⓢ 피해율=(평년수확량-수확량-미보상감수량)÷(평년수확량)

ⓞ 수확감소 보험금=(보험가입금액)×(피해율-자기부담비율)

📖 예제   *계약내용

품목	보험가입금액	평년수확량	표준수확량	가입면적	자기부담비율
벼(찰벼)	500만원	3,600kg	3,200kg	4,000m²	10%

*조사내용(수량요소조사)

실제경작 면적	피해 면적	포기당 이삭수(4포기)				이삭당 완전낟알수			
		1번 포기	2번 포기	3번 포기	4번 포기	1번 이삭	2번 이삭	3번 이삭	4번 이삭
4,000m²	400m²	14개	15개	16개	17개	61개	51개	50개	75개

- 미보상비율: 20%
- 조사수확비율: 해당구간의 최댓값 적용
 (14점~15점: 51%~60%, 16점~18점: 61%~70%, 19점~21점: 71%~80%)

📖 풀이

포기당 이삭수(4포기)의 점수=1+1+2+2=6점(16개 이상은 2점)

이삭당 완전낟알수의 점수=3+2+1+4=10점,

점수의 총합=16점이므로 조사수확비율 구간의 최댓값=0.7

피해율=400/4,000=0.1, 10%이므로 피해면적보정계수=1.1

수확량=3,200x0.7x1.1=2,464kg, 미보상감수량=(3,600-2,464)x0.2=227.2=227kg

피해율=(3,600-2,464-227)/3,600=0.2525, 25.25%,

수확감소 보험금=500만원x(0.2525-0.1)=762,500원

② 표본조사 **(알곡이 여물어 수확이 가능한 시기)**

　㉠ 표본구간수 선정: 조사대상면적 기준으로 표본구간을 선정한다. (조사대상면적=실제경작면적-고사면적-미보상면적-타작물 및 기수확면적)

<종합위험방식 논작물 품목(벼, 밀, 보리, 귀리)>

조사대상 면적	표본구간	조사대상 면적	표본구간
2,000㎡ 미만	3	4,000㎡ 이상 5,000㎡ 미만	6
2,000㎡ 이상 3,000㎡ 미만	4	5,000㎡ 이상 6,000㎡ 미만	7
3,000㎡ 이상 4,000㎡ 미만	5	6,000㎡ 이상	8

㉡ **표본구간 면적=(표본구간수)×(4포기 길이)×(포기당 간격)**

㉢ 표본구간 작물의 수량 조사: 표본구간의 작물을 수확하여 해당 중량을 측정한다.

㉣ 함수율 조사: 수확한 작물에 대하여 함수율 측정을 3회 이상 실시하여 평균값을 산출 한다.

㉤ m²당 평년수확량=(평년수확량)/(가입면적)

㉥ **(표본구간 유효중량)**, (Loss율=7%)

　=(표본구간 작물중량의 합)×(1-0.07)x{(1-함수율)/(1-기준함수율)}

ⓐ 기준함수율 ⇨ (찰벼: 13%, 메벼: 15%, 밀.보리.귀리: 13%, 분질미.콩.팥: 14%)
◎ 표본구간 m²당 유효중량=(표본구간 유효중량)÷(표본구간면적)
ⓐ 수확량=(표본구간 m²당 유효중량)×(조사대상면적)
　　　　+(m²당 평년수확량)×(타작물 및 미보상면적+기수확면적)
ⓐ 미보상감수량=(평년수확량-수확량)×(미보상비율)
ⓒ 피해율=(평년수확량-수확량-미보상감수량)÷(평년수확량)
ⓔ 수확감소 보험금=(보험가입금액)×(피해율-자기부담비율)

📖 예제　　**계약내용*

품목	보험가입금액	평년수확량	표준수확량	가입면적	자기부담비율
찰벼	1,000만원	4,500kg	4,400kg	5,000m²	20%

*조사내용(표본조사)

실제경작면적	고사면적	기수확 면적	표본구간 작물중량	조사 함수율(3회)
5,000m²	400m²	600m²	1.5kg	21.7%

- 4포기 길이: 1m, 포기당 간격: 0.5m　　　-미보상비율: 10%

물음 1　표본구간 m²당 유효중량을 구하시오.

　　　　(단, 표본구간 m²당 유효중량은 kg 단위로 소수점 아래 셋째자리에서 반올림)

물음 2　수확량을 구하시오.(단, 수확량은 kg 단위로 소수점 아래 첫째자리에서 반올림)

물음 3　수확감소보험금(원)을 구하시오.

🔍 풀이

m²당 평년수확량=4,500/5,000=0.9kg
조사대상면적=5,000-400-600=4,000m²이므로 표본구간수=6구간, 표본구간면적=6x1x0.5=3m²,
표본구간 유효중량=1.5x0.93x(1-0.217)/(1-0.13)=1.2555kg
표본구간 m²당 유효중량=1.5x0.93x{(1-0.217)/(1-0.13)}/3=1.2555/3=0.4185=0.42kg
수확량=0.42x4,000+0.9x600=2,220kg,
미보상감수량=(4,500-2,220)x0.1=228kg
피해율=(4,500-2,220-228)/4,500=0.456, 45.6%,
수확감소 보험금=1,000만원x(0.456-0.2)=2,560,000원

③ 전수조사 (수확 시기)

　㉠ 전수조사 대상 농지 여부 확인

　　⇨ 전수조사는 기계수확(탈곡 포함)을 하는 농지에 한한다.

　㉡ 조곡의 중량 조사

　　⇨ 대상 농지에서 수확한 전체 조곡의 중량을 조사하며, 전체 중량 측정이 어려운 경우에는 콤바인, 톤백, 콤바인용 포대, 곡물 적재함 등을 이용하여 수확물 전체 중량을 산출한다.

　㉢ 조곡의 함수율 조사

　　⇨ 수확한 작물에 대하여 함수율 측정을 3회 이상 실시하여 평균값을 산출한다.

　㉣ 작물의 유효중량=(조사대상 면적 수확량)x{(1-함수율)÷(1-기준함수율)}

　㉤ **기준함수율 ⇨ (찰벼: 13%, 메벼: 15%, 밀.보리.귀리: 13%, 분질미.콩.팥: 14%)**

　㉥ 수확량=(조사대상 면적 수확량)x{(1-함수율)÷(1-기준함수율)}
　　　　+(m²당 평년수확량)×(타작물 및 미보상면적+기수확면적)

예제 *계약내용

품목	보험가입금액	평년수확량	표준수확량	가입면적	자기부담비율
벼(메벼)	800만원	3,600kg	3,500kg	4,000m²	20%

*조사내용(전수조사)

실제경작면적	고사면적	미보상면적	작물중량합계	함수율(3회 평균)
4,000m²	200m²	500m²	1,500kg	23.5%

- 미보상비율: 15%

물음 1 　수확량을 구하시오.(단, kg 단위로 소수점 아래 첫째자리에서 반올림)

물음 2 　수확감소 보험금(원)을 구하시오.

풀이

(전수조사) 작물의 유효중량=1,500x{(1-0.235)/(1-0.15)}=1,350kg,

수확량=1,350+0.9x500=1,800kg,

미보상감수량=(3,600-1,800)x0.15=270kg,

피해율=(3,600-1,800-270)/3,600=0.425,　42.5%,

수확감소 보험금=800만원x(0.425-0.2)=1,800,000원

(6) 수확량 조사 (밀. 보리. 귀리)

① 표본조사 **(수확이 가능한 시기)**

   ⊙ 표본구간수 선정: 조사대상면적 기준으로 표본구간을 선정한다. (조사대상면적=실제경작면적-고사면적-미보상면적-타작물 및 기수확면적)

<종합위험방식 논작물 품목(벼, 밀, 보리, 귀리)>

조사대상 면적	표본구간	조사대상 면적	표본구간
2,000㎡ 미만	3	4,000㎡ 이상 5,000㎡ 미만	6
2,000㎡ 이상 3,000㎡ 미만	4	5,000㎡ 이상 6,000㎡ 미만	7
3,000㎡ 이상 4,000㎡ 미만	5	6,000㎡ 이상	8

   ⓒ 표본구간 면적(산파: 0.5x0.5=0.25㎡, **(표본구간수)×(4포기길이)×(포기당간격))**

   ⓒ 표본구간 작물의 수량 조사: 표본구간의 작물을 수확하여 해당 중량을 측정한다.

   ⓔ 함수율 조사: 수확한 작물에 대하여 함수율 측정을 3회 이상 실시하여 평균값을 산출 한다.

   ⓜ m²당 평년수확량=(평년수확량)/(가입면적)

   ⓗ (표본구간 유효중량), (Loss율=7%) =(표본구간 작물중량의 합)×(1-0.07)x{(1-함수율)/(1-0.13)}

   ⓢ **기준함수율 ⇨ (찰벼: 13%, 메벼: 15%, 밀.보리.귀리: 13%, 분질미.콩.팥: 14%)**

   ⓞ 표본구간 m²당 유효중량=(표본구간 유효중량)÷(표본구간면적)

   ⓩ 수확량=(표본구간 m²당 유효중량)×(조사대상면적) +(m²당 평년수확량)×(타작물 및 미보상면적+기수확면적)

   ⓩ 미보상감수량=(평년수확량-수확량)×(미보상비율)

   ⓣ 피해율=(평년수확량-수확량-미보상감수량)÷(평년수확량)

   ⓔ **수확감소 보험금=(보험가입금액)×(피해율-자기부담비율)**

② **전수조사** (수확 시기)

   ⊙ **작물의 유효중량=(조사대상 면적 수확량)x{(1-함수율)÷(1-기준함수율)}**

   ⓒ **기준함수율 ⇨ (찰벼: 13%, 메벼: 15%, 밀.보리.귀리: 13%, 분질미.콩.팥: 14%)**

   ⓒ 수확량=(조사대상 면적 수확량)x{(1-함수율)÷(1-0.13)}
         +(m²당 평년수확량)×(타작물 및 미보상면적+기수확면적)

예제 1 다음은 종합위험방식 수확감소보장보험에 가입한 보리 품목에 관한 내용이다. 계약사항 및 조사내용을 참조하여 물음에 답하시오. (단, 피해율은 % 단위로 소수점 아래 셋째자리에서 반올림)

*계약내용

품목	보험가입금액	평년수확량	표준수확량	가입면적	자기부담비율
보리	500만원	2,500kg	2,200kg	2,500m²	20%

*조사내용(전수조사)

실제경작 면적	기수확 면적	미보상 면적	작물중량합계	조사 함수율 (3회 평균)
2,500m²	200m²	300m²	1,200kg	21.7%

- 미보상비율: 20%
- 주어진 조건 이외 다른 조건은 고려하지 않음.

물음 1 수확량(kg)을 구하시오.

물음 2 수확감소보험금(원)을 구하시오.

풀이 1

m²당 평년수확량=1kg, 조사대상면적=2,500-200-300=2,000m²

작물의 유효중량=1,200x(1-0.217/1-0.13)=1,080kg,

수확량=1,080+1x500=1,580kg

미보상감수량=(2,500-1,580)x0.2=184kg,

피해율=(2,500-1,580-184)/2,500=0.2944, 29.44%,

수확감소 보험금=500만x(0.2944-0.2)=472,000원

보리 품목의 자기부담비율=10, 15, 20,30,40%

예제 2 농작물재해보험의 병충해보장 특별약관에서 정하는 병해충의 증상을 설명한 것이다. 괄호 안에 들어갈 병해충 명을 쓰시오.

병해충명	보상하는 병해충의 증상
(①)	잎에서 초기병반은 암갈색 타원형 괴사부 주위에 황색의 중복부를 가지며 시간이 지남에 따라 원형의 **대형 윤문**이 생긴다. 줄기에는 흑갈색 미세무늬가 발생, 이후 확대하여 합쳐지면 줄기 전체가 담갈색으로 변한다.
(②)	종자, 접촉, 토양의 전염은 하지 않고 **매개충인 애멸구**에 의하여 전염되는 **바이러스병**이다. 넓은 황색줄무늬가 나타나고 분얼경도 작아지고 출수되지 않으며 기형이삭과 불완전 출수가 많다.
(③)	잎에는 방추형의 병반이 형성되어 심하면 포기 전체가 붉은빛을 띄우며 자라지 않게 되고 이삭목이나 이삭가지는 옅은 갈색으로 말라 죽으며 습기가 많으면 표면에 **잿빛곰팡이**가 핀다.
(④)	발병은 보통 출수기 전후에 나타나나 상습발생지에서는 초기에 발명하며 드물게는 묘판에서도 발병된다. 병징은 주로 **엽신 및 엽초**에 나타나며 때에 따라서는 벼 알에서도 나타난다.
(⑤)	전형적인 피해양상은 **논 군데군데 둥글게 집중고사**되는 현상이 나타나고 피해는 고사시기가 빠를수록 수확량도 크게 감소하며 불완전 잎의 비율이 높아진다. 유백미 또는 청미가 발생하게 된다.

풀이 2

①깨씨무늬병 ②줄무늬잎마름병 ③도열병 ④흰잎마름병 ⑤벼멸구

세균성벼알마름병, 먹노린재
진균-도열병, 모잘록병, 흰가루병, 녹병, 역병, 탄저병, 노균병, 균핵병
세균-풋마름병, 무름병, 궤양병, 화생병, 증생병, 흰잎마름병

문제 1 종합위험방식 수확감소보장보험 벼(찰벼) 품목에 보험기간 내에 보상하는 재해로 피해가 발생하였다. 다음 계약사항 및 조사내용을 참조하여 물음에 답하시오.

(A농가) 이앙(직파)불능조사

조사일자	보험가입금액	실제경작면적	조사결과	자기부담비율
7월30일	400만원	3,000m²	전체 이앙하지 못함	20%

(B농가) 재이앙(재직파)조사

조사일자	보험가입금액	실제경작면적	피해면적	재이앙면적	자기부담비율
8월2일	400만원	4,000m²	3,000m²	2,800m²	20%

(C농가) 경작불능조사(출수기: 9월20일)

조사일자	보험가입금액	실제경작면적	고사면적	자기부담비율
9월18일	400만원	5,000m²	3,500m²	30%

(D농가) 수확불능조사

조사일자	보험가입금액	실제경작면적	제현율	자기부담비율
11월10일	400만원	5,000m²	50%	30%

물음 1 이앙(직파)불능보험금 지급 거절사유를 서술하시오.

물음 2 재이앙(재직파)보험금 피해면적의 판정기준을 서술하시오.

물음 3 경작불능보험금 지급 거절사유를 서술하시오.

물음 4 수확불능보험금 지급 거절사유를 서술하시오.

물음 5 벼의 수확을 포기한 것으로 보는 경우에 대해 서술하시오.

문제 2 종합위험 수확감소보장방식 벼 품목에 보험기간 내에 보상하는 재해로 피해가 발생하였다. 다음 계약사항 및 조사내용을 참조하여 물음에 답하시오.

(A농가) 이앙(직파)불능조사(벼-동진찰벼)

조사일자	보험가입금액	실제경작면적	조사결과	자기부담비율
8월 3일	800만원	5,000m²	전체 이앙하지 못함	20%

(B농가) 경작불능조사(벼-분질미)

조사일자	보험가입금액	실제경작면적	고사면적	자기부담비율
9월 3일	900만원	6,000m²	3,600m²	15%

(C농가) 수확불능조사(벼-분질미)

조사일자	보험가입금액	실제경작면적	제현율	자기부담비율
11월 10일	800만원	5,000m²	68%	15%

물음 1 A농가의 이앙(직파)불능보험금의 계산과정과 값(원)을 쓰시오.

물음 2 B농가의 경작불능보험금의 계산과정과 값(원)을 쓰시오.

물음 3 C농가의 수확불능보험금의 계산과정과 값(원)을 쓰시오.

문제 3 다음은 종합위험 수확감소보장방식에 가입한 벼(찰벼) 품목에 관한 내용이다. 계약사항 및 조사내용을 참조하여 물음에 답하시오. (단, 피해율은 % 단위로 소수점 아래 셋째자리에서 반올림)

*계약내용

품목	보험가입금액	평년수확량	표준수확량	가입면적	자기부담비율
벼(찰벼)	800만원	3,600kg	3,200kg	4,000m²	10%

*조사내용(수량요소조사)

실제경작 면적	피해 면적	포기당 이삭수(4포기)				이삭당 완전낟알수			
		1번 포기	2번 포기	3번 포기	4번 포기	1번 이삭	2번 이삭	3번 이삭	4번 이삭
4,000m²	400m²	14개	15개	16개	17개	61개	51개	50개	75개

- 미보상비율: 20%
- 조사수확비율: 해당구간의 최댓값 적용
  (14점~15점: 51%~60%, 16점~18점: 61%~70%, 19점~21점: 71%~80%)

물음 1 수확감소보험금의 계산과정과 값(원)을 쓰시오.
(단, 수확량과 미보상감수량은 kg단위로 소수점 아래 첫째자리에서 반올림)

물음 2 벼 수확량 조사별 조사 시기를 서술하시오.

문제 4 다음은 종합위험 수확감소보장 방식에 가입한 벼(찰벼) 품목에 관한 내용이다. 계약사항 및 조사내용을 참조하여 물음에 답하시오. (단, 피해율은 % 단위로 소수점 아래 셋째자리에서 반올림)

*계약내용

품목	보험가입금액	평년수확량	표준수확량	가입면적	자기부담비율
벼(찰벼)	800만원	3,600kg	3,200kg	4,000m²	10%

*조사내용(표본조사)

실제경작면적	고사면적	미보상면적	표본구간 작물중량합계	조사 함수율 (3회 평균)
4,000m²	100m²	200m²	800g	21.7%

- 표본구간(공통) 4포기 길이: 0.6m, 포기당 간격: 0.3m,   - 미보상비율: 20%
- 주어진 조건 이외 다른 조건은 고려하지 않음.

물음 1 수확량의 계산과정과 값(kg)을 쓰시오.

(단, 수확량과 미보상감수량은 kg단위로 소수점 아래 첫째자리에서 반올림)

물음 2 수확감소보험금의 계산과정과 값(원)을 쓰시오.

물음 3 특약으로 보장하는 병충해 종류를 서술하시오.

문제 5 다음은 종합위험방식 수확감소보장보험에 가입한 벼(메벼) 품목에 관한 내용이다. 계약사항 및 조사내용을 참조하여 물음에 답하시오. (단, 피해율은 % 단위로 소수점 아래 셋째자리에서 반올림)

*계약내용

품목	보험가입금액	평년수확량	표준수확량	가입면적	자기부담비율
벼(메벼)	500만원	3,600kg	3,400kg	4,000m²	20%

*조사내용(표본조사)

실제경작면적	고사면적	미보상면적	표본구간 작물중량합계	조사 함수율 (3회 평균)
4,000m²	300m²	200m²	800g	23.5%

- 표본구간(공통), 4포기 길이: 1m, 포기당 간격: 0.3m,   - 미보상비율: 20%
- 주어진 조건 이외 다른 조건은 고려하지 않음.

*조사내용(전수조사)

실제경작면적	고사면적	미보상면적	작물중량합계	조사 함수율 (3회 평균)
4,000m²	300m²	200m²	1,500kg	23.5%

- 미보상비율: 20%
- 주어진 조건 이외 다른 조건은 고려하지 않음.

물음 1 표본조사에서 표본구간 m²당 유효중량을 산정하시오.

(단, 표본구간 m²당 유효중량은 kg 단위로 소수점 아래 셋째자리에서 반올림)

물음 2 각 조사별 수확량을 산정하시오.(단, 소수점 아래 첫째자리에서 반올림)

물음 3 최종 수확감소보험금의 계산과정과 값(원)을 쓰시오.

다음은 종합위험 수확감소보장방식에 가입한 벼(메벼) 품목에 관한 내용이다. 계약사항 및 조사내용을 참조하여 물음에 답하시오. (단, 피해율은 % 단위로 소수점 아래 셋째자리에서 반올림)

*계약내용(병충해보장 특별약관에 가입함)

품목	보험가입금액	평년수확량	표준수확량	가입면적	자기부담비율
벼(메벼)	500만원	1,600kg	1,500kg	2,000m²	15%

*재배면적 조사내용

실제경작면적	잎도열병 고사면적	잎짚무늬마름병 고사면적	멧돼지 고사면적	타작물 면적	기수확 면적
2,000m²	150m²	100m²	50m²	200m²	300m²

- 함수율 3회 평균: 23.5%, −표본구간 면적 전체 작물중량의 합: 400g
- 표본구간 면적조사(공통), 4포기길이: 80cm, 포기당 간격: 30cm
- 농지전체 잡초가 65%정도 분포되어 미보상비율을 최솟값으로 적용함.

물음 1 수확감소 보험금의 계산과정과 값(원)을 쓰시오.

물음 2 수확감소보험금의 지급거절사유를 서술하시오.

문제 7 다음은 종합위험 수확감소보장방식에 가입한 벼(메벼) 품목에 관한 내용이다. 계약사항 및 조사내용을 참조하여 물음에 답하시오. (단, 피해율은 % 단위로 소수점 아래 셋째자리에서 반올림)

*계약내용

품목	보험가입금액	가입수확량	평년수확량	자기부담비율
벼(메벼)	최대가입금액	4,500kg	4,500kg	최소비율적용

 – 재배방식: 친환경재배, –재배양식: 기계이앙, –보험가입일: 2025년 5월 8일

*시. 군별 농협 RPC 계약재배 수매가격(원/kg), 민간 RPC(양곡처리장) 지수: 1.2

구분	2019년	2020년	2021년	2022년	2023년	2024년
수매가격	1,700	1,800	1,900	2,000	2,100	2,200

*과거 순보험료 및 수령보험금 현황

가입년도	2022년	2023년	2024년
순보험료	75만원	90만원	85만원
수령보험금	100만원	50만원	100만원

*가입조건

순보험요율	친환경재배할증율	직파재배할증율	지자체지원비율
10%	5%	5%	30%

 – 손해율에 따른 할인율: 0%, –정부지원비율: (가)%

물음 1 보험가입금액의 계산과정과 값(원)을 쓰시오.

물음 2 자기부담비율(가능한 유리한 조건)을 산정하시오.

물음 3 계약자부담 보험료의 계산과정과 값(원)을 쓰시오.(원단위 미만은 절사)

문제 8 다음은 종합위험 수확감소보장방식에 가입한 벼(조생종) 품목에 관한 내용이다. 계약사항 및 조사내용을 참조하여 물음에 답하시오.

(단, 보정계수는 소수점 아래 둘째자리 미만 절사, 수확량은 소수점 이하 절사)

*계약내용 -보험가입일: 2025년 5월 8일

품목	보험가입금액	순보험요율	지자체지원율	자기부담비율
벼(조생종)	최대가입금액	10%	30%	10%

- 재배방식: 친환경재배(5%), -재배양식: 기계이앙, -손해율에 따른 할인.할증율: +13%

*시. 군별 농협 RPC 계약재배 수매가격(원/kg), 민간 RPC(양곡처리장) 지수: 1.2

구분	2019년	2020년	2021년	2022년	2023년	2024년
수매가격	2,200	2,300	2,400	2,500	2,600	2,700

*과거 수확량 자료(단위: kg)

연도	2020년	2021년	2022년	2023년	2024년
평년수확량	2,300	2,250	2,350	2,600	2,800
표준수확량	2,300	2,400	2,500	2,400	2,700
조사수확량	2,200	-	무사고	1,200	2,950
보험가입여부	가입	미가입	가입	가입	가입

- 2025년도 표준수확량: 2,800kg, -2025년도 기준수확량: 2,400kg

*보정계수자료(2025년 및 과거평균보정계수)

친환경재배	직파재배	품종(조생종)	이앙시기	과거평균보정계수
0.95	0.97	0.98	0.98	0.95

물음 1 2025년도 보험가입금액의 계산과정과 값(원)을 쓰시오.

물음 2 계약자부담 보험료를 산정하시오.(갑 보험료 산정 시 원단위 미만은 절사)

문제 9 다음은 종합위험방식 수확감소보장보험에 가입한 귀리 품목에 관한 내용이다. 계약사항 및 조사내용을 참조하여 물음에 답하시오. (단, 피해율은 % 단위로 소수점 셋째자리에서 반올림)

*계약내용(귀리 품목은 2024년도 신규상품이고 신규가입)

품목	보험가입금액	가입가격	표준수확량	가입면적	자기부담비율
귀리	최대가입금액	1,200원/kg	4,000kg	5,000m²	최저비율적용

*조사내용(표본조사)

실제경작면적	고사면적	미보상면적	표본구간(6구간) 작물중량합계	조사 함수율 (3회 평균)
5,000m²	400m²	800m²	500g	21.7%

- 산파농지이며 표본구간 면적조사   -미보상비율: 10%
- 주어진 조건 이외 다른 조건은 고려하지 않음.

물음 1 표본구간 m²당 유효중량(g)을 산정하시오.

(단, 표본구간 m²당 유효중량은 g 단위로 소수점 아래 첫째자리에서 반올림)

물음 2 수확감소 보험금의 계산과정과 값(원)을 쓰시오.

(단, 수확량과 미보상감수량은 kg 단위로 소수점 아래 첫째자리에서 반올림)

문제 10 다음은 종합위험방식 수확감소보장보험에 가입한 보리 품목에 관한 내용이다. 계약사항 및 조사내용을 참조하여 다음 물음에 답하시오. (단, 피해율은 % 단위로 소수점 아래 셋째자리에서 반올림)

*계약내용

품목	보험가입금액	평년수확량	표준수확량	가입면적	자기부담비율
보리	600만원	2,500kg	2,200kg	2,500m²	20%

*조사내용(전수조사)

실제경작 면적	고사면적	미보상면적	작물중량합계	조사 함수율
2,500m²	200m²	300m²	1,200kg	21.7%

- 미보상비율: 20%
- 주어진 조건 이외 다른 조건은 고려하지 않음.

물음 1 수확량의 계산과정과 값(kg)을 쓰시오.

물음 2 수확감소 보험금의 계산과정과 값(원)을 쓰시오.

01 | 풀이

이앙한계일: 7월 31일, 지급보험금=0원

(1) A농가의 이앙(직파)불능보험금 산정 및 보험금 지급 거절사유, 논갈이, 논둑정리, 제초제살포, 시비관리등 통상적인 영농활동을 하지 않은 경우

(2) B농가의 재이앙(재직파)보험금 산정 및 피해면적의 판정기준

면적피해율=2,800/4,000=0.7,

400만원x0.25x0.7=700,000원

피해면적 판정기준

① 묘가 본답의 바닥에 있는 흙과 분리되어 물위에 뜬 면적

② 묘가 토양에 의해 묻히거나 잎이 흙에 덮혀져 햇빛이 차단된 면적

③ 묘는 살아 있으나 수확이 불가능한 것으로 판단된 면적

(3) C농가의 경작불능보험금 산정 및 보험금 지급 거절사유

식물체 피해율=3,500/5,000=0.7, 70%로 65% 이상이므로 지급대상임.

경작불능보험금=400만원x0.35=1,400,000원

보험금 지급 거절사유: 경작불능보험금 지급대상 농지의 벼가 산지폐기 등의 방법을 통해 시장으로 유통되지 않은 것이 확인되지 않으면 지급이 거절된다.

(4) D농가의 수확불능보험금 산정 및 보험금 지급 거절사유

수확불능보험금=400만원x0.5=2,000,000원

보험금 지급 거절사유:

① 경작불능 보험금 기간 내에 발생한 재해로 식물체 피해율이 65% 이상인 경우

② 보험금 지급대상 농지의 벼가 산지폐기 등의 방법을 통해 시장으로 유통되지 않은 것이 확인되지 않으면 지급이 거절된다.

(5) 벼의 수확을 포기여부 판정기준

① 당해 연도 11월 30일까지 수확을 하지 않은 경우

② 목적물을 수확하지 않고 갈아엎은 경우

③ 대상 농지의 수확물 모두가 시장으로 유통되지 않은 것이 확인된 경우

수확불능 보험금의 지급효과: 손해배상의 원인이 생긴 때로부터 해당농지에 대한 보험계약은 소멸되며 이 경우 환급보험료는 발생하지 않는다.

02 | 풀이

이앙한계일: 7월 31일, 출수기: 9월 10일

(1) A농가의 이앙(직파)불능보험금,

800만원x**0.15**=1,200,000원

(2) C농가의 경작불능보험금, 분질미는 식물체피해율이 60% 이상 지급대상

식물체 피해율=3,000/5,000=0.6, 60%로 **60% 이상**이므로 지급대상임.

경작불능보험금=900만원x0.42=3,780,000원

(3) D농가의 수확불능보험금, 분질미는 제현율이 **70% 미만**인 경우 지급대상

수확불능보험금=800만원x0.57=4,560,000원

포기당 이삭수(4포기)의 점수=1+1+2+2=6점(16개 이상은 2점)

이삭당 완전낟알수의 점수=3+2+1+4=10점

점수의 총합=16점이므로 조사수확비율 구간의 최댓값=0.7

피해율=400/4,000=0.1, 10%이므로 피해면적보정계수=1.1

수확량=3,200x0.7x1.1=2,464kg

미보상감수량=(3,600-2,464)x0.2=227.2=227kg

피해율=(3,600-2,464-227)3,600=0.2525, 25.25%,

수확감소 지급보험금=800만원x(0.2525-0.1)=1,220,000원

(2) 수량요소조사: 수확전 14일 전후

    표본조사: 알곡이 여물어 수확이 가능한 시기

    전수조사: 수확시

조사대상면적=4,000-200-100=3,700m²이므로 표본구간수=5구간

표본구간면적=5x0.6x0.3=0.9m², m²당 평년수확량=3,600/4,000=0.9kg

표본구간 유효중량=800x0.93x(1-0.217)/(1-0.13)=669.6g

표본구간 m²당 유효중량=669.6/0.9=0.744kg

(1) 수확량=0.744x3,700+0.9x200=2,932.8=2,933kg

    미보상감수량=(3,600-2,933)x0.2=133.4=133kg,

    피해율=(3,600-2,933-133)/3,600=0.1483, 14.83%,

(2) 수확감소 지급보험금=800만원x(0.1483-0.1)=386,400원

(3) 세균성벼알마름병, 줄무늬잎마름병, 흰잎마름병, 도열병, 깨씨무늬병

    벼멸구, 먹노린재

(표본조사) m²당 평년수확량=0.9kg, 조사대상면적

        =3,500m²이므로 적정 표본구간수

        =5구간 표본구간면적

        =5x1x0.3=1.5m² 표본구간 m²당

        유효중량={0.8x0.93x(1-0.235)/

        (1-0.15)}/1.5=0.4464=0.45kg

        수확량=0.45x3,500+0.9x200=1,755kg

(전수조사) 작물의 유효중량=1,350kg,

        수확량=1,350+0.9x200=1,530kg, 미보상감수량

        =(3,600-1,530)x0.2=414kg, 피해율

        =(3,600-1,530-414)/3,600=0.46, 46%, 수확감소

        보험금=500만x(0.46-0.2)=1,300,000원

m²당 평년수확량=0.8kg, 조사대상면적=2,000-100-200-200-300=1,200m²

표본구간(3구간)면적의 총합=0.72m², 작물중량의 총합=400g

표본구간 m²당 유효중량={400x(1-0.07)x(1-0.235)/(1-0.15)}/0.72=465g

수확량=0.465x1,200+0.8x600=1,038kg

미보상감수량=(1,600-1,038)x0.2=112.4kg,

피해율=(1,600-1,038-112.4)/1,600=0.281, 28.1%,

수확감소 보험금=500만원x(0.281-0.15)=655,000원

(2) 수확감소보험금의 지급거절사유

    - 경작불능 보험기간 내에 발생한 재해로 인해 식물체피해율이 65% 이상인 경우

    - 경작불능보험금 및 수확불능보험금을 지급하여 계약이 소멸한 경우

07 | 풀이

시. 군별 농협 RPC 계약재배 수매가격의 5개년

평균가격=2,000원 표준가격=2,000x1.2=2,400원

(1) 보험가입금액=4,500x2,400=10,800,000원

(2) 자기부담비율(가능한 유리한 조건): 최근 3년 연속 가입자로서

3년간 손해율(=250만/250만=100%)이 120% 미만이므로

최저 자기부담비율은 10%

자기부담비율은 10%이면 정부지원비율은 41%가 된다.

3년 손해율이 80%이상 120% 미만이면 손해율에 따른

할인.할증률=0%

(3) 순보험료=1,080만원x0.1x(1+0)x1.05=1,134,000원

계약자부담 보험료=1,134,000원x(1-0.41-0.3)=328,860원

08 | 풀이

시. 군별 농협 RPC 계약재배 수매가격의 5개년 평균가격=2,500원

표준가격=2,500x1.2=3,000원

(1) 평년수확량 산정, A=(2,200+2,750+1,300+2,950)/4=2,300kg

B=2,400kg, C=0.95x0.98x0.96=0.91238=0.91, D=0.95

평년수확량={2,300+(2,400x0.95-2,300)x(1-4/5)}x(0.91

/0.95)=2,199.3=2,199kg

보험가입금액=2,199kgx3,000=6,597,000원=659만원

자기부담비율은 10%이면 정부지원비율은 41%가 된다.

(3) 순보험료=659만원x0.1x(1+0.13)x(1+0.05)=781,903.5원

계약자부담 보험료=781,903원x(1-0.41-0.3)=226,751원

09 | 풀이

보험가입금액=4,000x1,200=480만원

m²당 평년수확량=0.8kg, 조사대상면적=3,800m²이므로

표본구간수=5구간

산파농지의 표본1구간의 면적=0.5x0.5=0.25m², 표본구간의

면적=6x0.25=1.5m²

표본구간 m²당 유효중량=500x0.93x{(1-0.217)/(1-0.13)}/1.5=279g

수확량=0.279x3,800+0.8x800=1,700.2=1,700kg,

미보상감수량=(4,000-1,700)x0.1=230kg,

피해율=(4,000-1,700-230)/4,000=0.5175, 51.75%

수확감소 보험금=480만원x(0.5175-0.2)=1,524,000원

10 | 풀이

m²당 평년수확량=1kg, 조사대상면적=2,500-200-300=2,000m²

작물의 유효중량=1,200x(1-0.217/1-0.13)=1,080kg,

수확량=1,080+1x300=1,380kg

미보상감수량=(2,500-1,380)x0.2=224kg,

피해율=(2,500-1,380-224)/2,500=0.3584, 35.84%,

수확감소 보험금=600만원x(0.3584-0.2)=950,400원

09

콩.팥.차

09 콩.팥.차

◎ 콩.팥.차

■ 보험기간

(1) 콩, 팥(6~7월에 가입)

    ① 수확감소 보장(콩): 계약체결일 24시

        ~ 수확기 종료시점 판매개시연도 **11월 30일** 초과 불가

    ② 수확감소 보장(팥): 계약체결일 24시

        ~ 수확기 종료시점 판매개시연도 **11월 13일** 초과 불가

    ③ 경작불능 보장(콩, 팥): 계약체결일 24시 ~ **종실비대기전**

(2) 차 (10~11월 가입)

    ① 수확감소 보장: 계약체결일 24시

        ~ 햇차 수확 종료시점 이듬해 **5월 10일** 초과 불가

* 표본구간 선정(감자, 차, 콩, 팥)

  ⇨ 조사대상 면적 기준: (4) 2,500m² (5) 5,000m² (6) 7,500m² (7) 10,000m² (8)

* 보험가입금액(차, 콩, 팥)

  ⇨ (보험가입금액)=(가입수확량)×(단위당 가격), (천원단위 절사)

    ① 가입수확량=평년수확량의 50~100%

    ② 평년수확량 산출 방법에 의해 산정

      (신규가입은 평년수확량=표준수확량의 100%, **팥은 평년수확량=표준수확량의 70%**)

■ 밭작물 품목의 평년수확량 산출방법

---

* 평년수확량= {A+(B-A)×(1-Y/5)}×(C/B)

  ① A(과거평균수확량)= Σ과거 5년간 수확량 ÷ Y

  ② B(평균표준수확량)= Σ과거 5년간 표준수확량 ÷ Y

  ③ C(표준수확량)= 가입연도 표준수확량

  ④ Y= 과거수확량 산출연도 횟수(가입횟수)

* 다만, 평년수확량은 보험가입연도 표준수확량의 **130%**를 초과할 수 없음

* 옥수수, 사료용 옥수수 등 생산비보장방식 품목 제외

* 과거수확량 산출방법

  ① 사고 발생 시 ⇨ Max{조사수확량, 평년수확량의 50%}

  ② 무사고 시 ⇨ Max{표준수확량, 평년수확량}x110%

품목	평년수확량 조사방법
밭작물	(평년수확량)={A+(B-A)x(1-Y/5)}x(C/B) A(과거평균수확량)= Σ과거 5년간 수확량÷Y B(평균표준수확량)= Σ과거 5년간 표준수확량÷Y C(표준수확량)= 가입연도 표준수확량 Y= 과거수확량 산출연도 횟수(가입횟수)
조사수확량 산출방법	– 무사고: Max{표준수확량, 평년수확량}x110% – 사고(O): Max{조사수확량, 평년수확량x50%} 　차(茶): (환산조사수확량)=(조사수확량)/(수확면적률) – 무사고: Max{가입년도 표준수확량, 기준평년수확량}x110% – 사고(O): **Max{환산조사수확량, 기준평년수확량x50%}**
가입수확량	평년수확량의 50%~100% 신규가입: (표준수확량의 100%)=평년수확량의 50%~100% (팥, 신규가입): (표준수확량의 70%)=평년수확량의 50%~100% **(옥수수) 표준수확량의 80%~130%**

📋 **예제**　종합위험 수확감소보장 차(茶) 품목에 관한 조사내용이다. 다음을 참조하여 2025년도 평년수확량 (kg)을 구하시오.

(단, 평년수확량과 기준평년수확량은 kg 단위로 소수점 아래 첫째자리에서 반올림)

*과거 수확량

(단위: kg)

구분	2020년	2021년	2022년	2023년	2024년	2025년
표준수확량	3,100	3,200	3,300	3,350	3,400	3,500
기준평년수확량	3,000	2,800	3,000	–	3,500	
조사수확량	1,800	2,000	2,385	–	무사고	
수확면적률	90%	80%	90%	–	90%	85%
환산조사수확량	(가)	(나)	(다)	–		
가입여부	신규가입	O	O	X	O	가입예정

환산조사수확량, (가)=조사수확량/수확면적률=1,800/0.9=**2,000kg**

(나)=2,000/0.8=**2,500kg**, (다)=2,385/0.9=**2,650kg**

Max{(환산조사수확량), 기준평년수확량x50%},

무사고=Max{가입년도 표준수확량, 기준평년수확량}x110%

2,000, 2,250, 2,400, 3,500x110%=3,850

A=(2,000+2,500+2,650+3,850)/4=2,750kg, B=(3,100+3,200+3,300+3,400)/4=3,250kg

C=3,500, Y=4

25년도 기준평년수확량={2,750+(3,250-2,750)(1-4/5)}x(3,500/3,250)=3,069.2=3,069kg

25년도 평년수확량=3,069x0.85=2,608.65=2,609kg

■ 밭작물(수확감소·농업수입감소보장) 품목 인수 제한 목적물

(1) 공통

① 보험가입금액이 200만원 미만인 농지(사료용 옥수수는 제외)

　※ 단, 옥수수 · 콩 · 팥은 100만원 미만인 농지

② 통상적인 재배 및 영농활동을 하지 않는 농지

③ 다른 작물과 혼식되어 있는 농지

④ 시설재배 농지

⑤ 하천부지 및 상습 침수지역에 소재한 농지

⑥ 판매를 목적으로 경작하지 않는 농지

⑦ 도서지역의 경우 연륙교가 설치되어 있지 않고 정기선이 운항하지 않는 등 신속한 손해평가가 불가능한 지역에 소재한 농지

　※ 단, 감자(가을재배, 고랭지재배) · 콩 품목의 경우 연륙교가 설치되어 있거나, 농작물재해보험 위탁계약을 체결한 지역 농·축협 또는 품목농협(지소포함)이 소재 하고 있고 손해평가인 구성이 가능한 지역은 보험 가입 가능

　※ 감자(봄재배) 품목은 미해당

⑧ 군사시설보호구역 중 통제보호구역내의 농지

　(단, 통상적인 영농활동 및 손해평가가 가능하다고 판단되는 농지는 인수가능)

　※ 통제보호구역: 민간인통제선 이북지역 또는 군사기지 및 군사시설의 최외곽 경계선으로부터 300미터 범위 이내의 지역

　※ 감자(봄재배), 감자(가을재배) 품목은 해당되지 않음

⑨ 기타 인수가 부적절한 농지

(2) 콩

① 보험가입금액이 100만원 미만인 농지

② 장류 및 두부용, 나물용, 밥밑용 콩 이외의 콩이 식재된 농지

③ **출현율이 90% 미만**인 농지 (보험가입 당시 출현 후 고사된 싹은 출현이 안 된 것으로 판단)

④ 적정 출현 개체수 미만인 농지(**10개체/㎡**), 제주지역 재배방식이 산파인 경우 **15개체/㎡**

⑤ 담배, 옥수수, 브로콜리 등 후작으로 인수시점 기준으로 타 작물과 혼식된 경우

⑥ 논두렁에 재배하는 경우

⑦ 시험연구를 위해 재배하는 경우

⑧ 다른 작물과 간작 또는 혼작으로 다른 농작물이 재배 주체가 된 경우의 농지

⑨ 도시계획 등에 편입되어 수확 종료 전에 소유권 변동 또는 농지 형질변경 등이 예정되어 있는 농지

(3) 팥

① 보험가입금액이 **100만원 미만**인 농지

② **6월 1일** 이전에 정식(파종)한 농지

③ **출현율이 85% 미만**인 농지 (보험가입 당시 출현 후 고사된 싹은 출현이 안 된 것으로 판단)

㉠ 출현율 **80% 미만** ⇨ **밀, 보리, 귀리**

㉡ 출현율 **85% 미만** ⇨ **팥**

㉢ 출현율 **90% 미만** ⇨ **옥수수, 감자, 콩**

(4) 차

① 보험가입면적이 **1,000㎡ 미만**인 농지

② 가입하는 해의 나무 수령이 **7년 미만**인 차나무

　※ 수령은 나무의 나이를 말하며 묘목이 가입농지에 식재된 해를 1년으로 한다.

③ 깊은 전지로 인해 차나무의 높이가 지면으로부터 **30cm 이하**인 경우 가입면적에서 제외

④ 통상적인 영농활동을 하지 않는 농지

⑤ 말차 재배를 목적으로 하는 농지

⑥ 보험계약 시 피해가 확인된 농지

⑦ 시설(비닐하우스, 온실 등)에서 촉성재배 하는 농지

⑧ 판매를 목적으로 경작하지 않는 농지

⑨ 하천부지, 상습침수 지역에 소재한 농지

⑩ 도서 지역의 경우 연륙교가 설치되어 있지 않고 정기선이 운항하지 않는 등 신속한 손해평가가 불가능한 지역에 소재한 농지

⑪ 군사시설보호구역 중 통제보호구역내의 농지

　(단, 통상적인 영농활동 및 손해평가가 가능하다고 판단되는 농지는 인수 가능)

　※ 통제보호구역: 민간인통제선 이북지역 또는 군사기지 및 군사시설의 최외곽 경계선으로부터 **300미터** 범위 이내의 지역

⑫ 기타 인수가 부적절한 농지

⊙ 콩, 팥, 차

(1) 경작불능보험금 산정(콩, 팥)

① 지급사유: 보험기간 내에 보상하는 재해로 식물체피해율이 65% 이상이고 계약자가 경작불능보험금을 신청한 경우 경작불능보험금은 자기부담비율에 따라 보험가입금액의 일정비율로 계산한다.(단, 산지폐기가 확인된 경우 지급)

② 경작불능보험금=(보험가입금액)×(자기부담비율별 보장비율)

(보장비율)=(100-자기부담비율)÷2, 콩: (45%, 42%, 40%, 35%, 30%)

팥: 자기부담비율 최저 20%에서 10%로 변경

③ 경작불능보험금 지급대상인 경우 수확감소보험금 산정 대상에서 제외된다.**(콩, 팥)**

(3) 수확감소보험금 산정(콩, 팥)

① 면적 확인

㉠ 실제 경작면적 확인

㉡ 수확불능(고사)면적 확인

㉢ 타작물 및 미보상 면적 확인

㉣ 기수확 면적 확인

㉤ 조사대상 면적 확인 ⇨ **적정표본구간수 선정(조사대상면적 기준)**

(4) 2,500m² (5) 5,000m² (6) 7,500m² (7) 10,000m² (8)

② 표본조사(콩, 팥)

㉠ 표본구간 면적=(표본구간수)×(이랑길이)×(이랑폭), **(산파: 원형 1m²)**

㉡ 표본구간 작물 수확량 조사 표본구간별 종실중량에 1에서 함수율을 뺀 값을 곱한 후 다시 0.86을 나누어 산정한 중량의 합계 (기준함수율(콩, 팥): 14%)

   *콩(종실)의 함수율 조사: 3회 조사 후 평균값을 산출한다.

㉢ 표본구간 수확량=(표본구간별 종실중량)×{(1-함수율)÷0.86}

㉣ 표본구간 m² 당 수확량=(표본구간 수확량)÷(표본구간면적)

㉤ 수확량=(표본구간 m² 당 수확량)×(조사대상면적)

   +(m² 당 평년수확량)×(타작물 및 기수확면적+미보상면적)

③ 전수조사

수확량=(전수조사 수확량)×{(1-함수율)÷0.86}

+(m² 당 평년수확량)×(타작물 및 기수확면적+미보상면적)

   *콩(종실)의 함수율 조사: 10회 이상 종실의 함수율을 측정 후 평균값을 산출한다.

④ 미보상감수량=(평년수확량-수확량)×(미보상비율)

⑤ 피해율=(평년수확량-수확량-미보상감수량)÷(평년수확량)

⑥ **수확감소 보험금=(보험가입금액)×(피해율-자기부담비율)**

예제 1 (수확감소보장 콩 품목, 평년수확량=3,000kg)

*조사내용(표본조사: 산파농지로서 규격의 원형 1m²를 이용하여 표본조사)

실제경작면적	고사면적	타작물 및 기수확면적	표본구간(6구간)		미보상비율
			수확량합계	함수율(3회평균)	
6,000m²	300m²	700m²	1,200g	22.6%	10%

풀이 1

m²당 평년수확량=0.5kg, 조사대상면적=6,000-300-700=5,000m²이므로

표본구간수=6구간, 표본구간면적=6x1=6m²,

표본구간 수확량의 합=1.2x(1-0.226)/0.86=1.08kg

표본구간 m²당 수확량=1.08/6=0.18kg

수확량=0.18x5,000+0.5x700=1,250kg

미보상감수량=(3,000-1,250)x0.1=175kg

예제 2 *계약내용(수확감소보장 팥 품목)

품목	보험가입금액	평년수확량	표준수확량	가입면적	자기부담비율
팥	800만원	3,000kg	2,800kg	3,000m²	20%

*조사내용(전수조사)

실제경작 면적	기수확 면적	미보상 면적	작물중량합계	조사 함수율 (10회 평균)
3,000m²	200m²	300m²	1,200kg	18.3%

- 미보상비율: 20%
- 주어진 조건 이외 다른 조건은 고려하지 않음.

풀이 2

m²당 평년수확량=1kg, 조사대상면적=3,000-200-300=2,500m²

작물의 유효중량=1,200x(1-0.183/1-0.14)=1,140kg,

수확량=1,140+1x500=1,640kg

미보상감수량=(3,000-1,640)x0.2=272kg,

피해율=(3,000-1,640-272)/3,000=0.362666, 36.27%,

수확감소 보험금=800만원x(0.3627-0.2)=1,301,600원

(4) 수확감소보험금 산정(차(茶))

① 면적 확인

　ⓐ 실제 경작면적 확인

　ⓑ 수확불능(고사)면적 확인

　ⓒ 타작물 및 미보상 면적 확인

　ⓓ 기수확 면적 확인

　ⓔ 조사대상 면적 확인 ⇨ 적정표본구간수 선정(조사대상면적 기준)

　　(4) **2,500㎡** (5) **5,000㎡** (6) **7,500㎡** (7) **10,000㎡** (8)

② 표본구간 면적=(표본구간수)×(0.08)

③ **기수확 비율**=(기수확 새싹수)÷(기수확 새싹수+금차 수확한 새싹수)

④ 기수확지수

기수확비율	기수확지수	기수확비율	기수확지수
10% 미만	1.000	50% 이상 60% 미만	0.958
10% 이상 20% 미만	0.992	60% 이상 70% 미만	0.949
20% 이상 30% 미만	0.983	70% 이상 80% 미만	0.941
30% 이상 40% 미만	0.975	80% 이상 90% 미만	0.932
40% 이상 50% 미만	0.966	90% 이상	0.924

⑤ **수확면적율**(제시됨)=(두둑폭x이랑길이)÷(두둑폭+고랑폭)×(이랑길이)

⑥ 표본구간 수확량 조사

　ⓐ 표본구간 수확량

　　={(금차수확한 새싹무게)÷(금차수확한 새싹수)}x(기수확 새싹수)×(기수확지수)

　　+(금차수확한 새싹무게)

　ⓑ 표본구간 ㎡ 당 수확량={(표본구간 수확량)÷(표본구간면적)}x(수확면적율)

　　표본구간 면적=(표본구간수)×(0.08)

⑦ 수확량=(표본구간 ㎡ 당 수확량)×(조사대상면적)

　　　+(㎡ 당 평년수확량)×(타작물 및 기수확면적+미보상면적)

⑧ 미보상감수량=(평년수확량-수확량)×(미보상비율)

⑨ 피해율=(평년수확량-수확량-미보상감수량)÷(평년수확량)

⑩ **수확감소 보험금=(보험가입금액)×(피해율-자기부담비율)**

품목	표본구간별 수확량 조사 방법
콩, 팥	표본구간 내 콩을 수확하여 꼬투리를 제거한 후 콩 종실의 무게 및 함수율(**3회 평균**) 조사
차(茶)	표본구간 중 **두 곳**에 **20cm x 20cm**(0.08m²) 테를 두고 테 내의 수확이 완료된 새싹의 수를 세고, 남아있는 모든 새싹(1심2엽)을 따서 개수를 세고 무게를 조사

품목	수확량조사 적기
콩	**콩의 수확 적기** (콩잎이 누렇게 변하여 떨어지고 꼬투리의 **80~90%** 이상이 고유한 성숙(황색)색깔로 변하는 시기인 생리적 성숙기로부터 **7~14일**이 지난 시기)
팥	**팥의 수확 적기**(꼬투리가 **70~80%** 이상이 성숙한 시기)
차(茶)	조사 가능일 직전 (조사 가능일은 대상 농지에 식재된 차나무의 대다수 **신초가 1심2엽**의 형태를 형성하며 수확이 가능할 정도의 크기(신초장 **4.8cm** 이상, 엽장 **2.8cm** 이상, 엽폭 **0.9cm** 이상)로 자란 시기를 의미하며, 해당 시기가 수확연도 5월 10일을 초과하는 경우에는 수확년도 **5월 10일**을 기준으로 함)

<품목별 표본구간 면적조사 방법>

품목	표본구간 면적 조사 방법
고구마, 양배추, 마. 양. 옥. 감	**이랑 길이(5주 이상) 및 이랑 폭 조사**
차(茶)	**규격의 테(0.04㎡) 사용**
콩, 팥	점파 : 이랑 길이(4주 이상) 및 이랑 폭 조사 산파 : 규격의 원형(1㎡) 이용 또는 표본구간의 가로·세로 길이 조사

*****수확감소 보험금=(보험가입금액)×(피해율-자기부담비율)**

  피해율=(평년수확량-수확량-미보상감수량)÷(평년수확량)

*****농업수입감소 보험금(콩)=(보험가입금액)×(피해율-자기부담비율)**

  피해율=(기준수입-실제수입)÷(기준수입)

📖 **예제 1** *조사내용(수확감소보장 차(茶) 품목, 평년수확량=2,000kg) (단, 표본구간 m²당 수확량은 kg 단위로 소수점 아래 셋째자리에서 반올림)

면적확인				표본조사		
실제경작 면적	고사 면적	미보상 면적	기수확 면적	기수확 새싹수	수확한 새싹수	수확한 새싹무게
4,000m²	1,000m²	500m²	500m²	100개	100개	100g

- 미보상비율: 10%,　수확면적율: 80%,　기수확지수: 0.958

🔍 **풀이 1**

조사대상 면적=2,000m²이면 표본구간수=4, 표본구간면적=4x0.08=0.32m²

표본구간 m²당 수확량={(0.1/100)x100x0.958+0.1}x0.8/4x0.08=0.4895=0.49kg

수확량=0.49x2,000+0.5x1,000=1,480kg, 미보상감수량=(2,000-1,480)x0.1=52kg

피해율=(3,000-1,480-52)/3,000=0.234, 23.4%,

📖 **예제 2** *조사내용(수확감소보장 차(茶) 품목, 평년수확량=3,000kg) (단, 표본구간 m²당 수확량은 kg 단위로 소수점 아래 셋째자리에서 반올림)

면적확인				표본조사		
실제경작 면적	고사 면적	미보상 면적	기수확 면적	기수확 새싹수	수확한 새싹수	수확한 새싹무게
5,000m²	1,000m²	500m²	500m²	100개	100개	100g

- 미보상비율: 20%,　수확면적율: 90%
- 기수확비율, 40%이상 50%미만 ⇨ 기수확지수=0.966
- 기수확비율, 50%이상 60%미만 ⇨ 기수확지수=0.958
- 기수확비율, 60%이상 70%미만 ⇨ 기수확지수=0.949

🔍 **풀이 2**

m²당 평년수확량=0.6kg

조사대상 면적=5,000-1,000-500-500=3,000m²이면 표본구간수=5구간,

표본구간면적=5x0.08=0.4m², 기수확비율=100/200=50%, 기수확지수=0.958

표본구간 수확량=(0.1÷100)x100x0.958+0.1=0.1958

표본구간 m²당 수확량=0.1958x0.9÷0.4=0.44055=0.44kg

수확량=0.44x3,000+0.6x1,000=1,920kg, 미보상감수량=(3,000-1,920)x0.2=216kg

피해율=(3,000-1,920-216)/3,000=0.288, 28.8%

예제 3 수확감소보장방식 밭작물의 수확량조사 적기와 관련하여 물음에 답하시오.

품목	수확량조사 적기
양파	양파의 비대가 종료된 시점 (가)
마늘	마늘의 비대가 종료된 시점 (잎과 줄기가 (나) 황변하여 말랐을 때와 해당 지역의 통상 수확기가 도래하였을 때)
고구마	고구마의 비대가 종료된 시점 (삽식일로부터 (다)일 이후에 농지별로 적용)
감자 (고랭지재배)	감자의 비대가 종료된 시점 (파종일로부터 (라)일 이후)
감자 (봄재배)	감자의 비대가 종료된 시점 (파종일로부터 (마)일 이후)
감자 (가을재배)	감자의 비대가 종료된 시점 (파종일로부터 제주지역은 (바)일 이후, 이외지역은 (사)일 이후)
옥수수	옥수수의 수확 적기(수염이 나온 후 (아)일 이후)
차(茶)	조사 가능일 직전 (조사 가능일은 대상 농지에 식재된 차나무의 대다수 신초가 1심2엽의 형태를 형성하며 수확이 가능할 정도의 크기(자)로 자란 시기를 의미하며, 해당 시기가 수확연도 5월 10일을 초과하는 경우에는 수확년도 5월 10일을 기준으로 함)
콩	콩의 수확 적기 (콩잎이 누렇게 변하여 떨어지고 꼬투리의 (차)% 이상이 고유한 성숙색깔로 변하는 시기인 생리적 성숙기로부터 7~14일이 지난 시기)
팥	팥의 수확 적기(꼬투리가 (카)% 이상이 성숙한 시기)
양배추	양배추의 수확 적기(결구 형성이 완료된 때)

풀이 3

(가)식물체의 도복이 완료된 때   (나) 1/2~2/3   (다) 120
(라) 110   (마) 95   (바) 110   (사) 95   (아) 25
(자) 신초장:4.8cm, 엽장:2.8cm, 엽폭:0.9cm   (차) 80~90%   (카) 70~80%

🗒 문제 1 보상하는 재해로 인하여 종합위험 수확감소보장방식 콩 작물에 피해가 발생하였다. 다음 계약내용 및 조사내용을 참조하여 물음에 답하시오.

*계약내용

품목	보험가입금액	평년수확량	가입면적	자기부담비율
콩	800만원	1,800kg	3,000m²	20%

*조사내용(표본조사: 산파농지로서 규격의 원형 1m²를 이용하여 표본조사)

실제경작면적	고사면적	타작물 및 기수확면적	표본구간		미보상비율
			수확량합계	함수율(3회평균)	
3,000m²	500m²	500m²	1,500g	22.6%	10%

물음 1 수확량의 계산과정과 값(kg)을 쓰시오.

(단, 표본구간 m²당 수확량은 kg 단위로 소수점 아래 셋째자리에서 반올림)

물음 2 수확감소 보험금의 계산과정과 값(원)을 쓰시오.

문제 2 보상하는 재해로 인하여 종합위험 수확감소보장방식 팥 작물에 피해가 발생하였다. 다음 계약내용 및 조사내용을 참조하여 물음에 답하시오.

*계약내용

품목	보험가입금액	평년수확량	가입면적	가입가격	자기부담비율
팥	최대가입금액	1,500kg	2,000m²	8,000원/kg	20%

*조사내용(표본조사: 산파농지로서 규격의 원형 1m²를 이용하여 표본조사)

실제경작면적	고사면적	타작물면적	종실중량합계	함수율(3회평균)	미보상비율
2,000m²	300m²	200m²	1,600g	18.3%	20%

물음 1 수확량의 계산과정과 값(kg)을 쓰시오.

물음 2 수확감소 보험금의 계산과정과 값(원)을 쓰시오.

문제 3 보상하는 재해로 인하여 종합위험 수확감소보장방식 팥 작물에 피해가 발생하였다. 다음 계약내용 및 조사내용을 참조하여 물음에 답하시오. (단, 피해율은 % 단위로 소수점 아래 셋째자리에서 반올림)

*계약내용(신규가입)

품목	보험가입금액	표준수확량	가입면적	가입가격	자기부담비율
팥	최대가입금액	2,000kg	2,000m²	8,000원/kg	최저비율적용

*조사내용(전수조사)

실제경작면적	고사면적	타작물 및 기수확면적	수확량합계	함수율(10회평균)	미보상비율
2,000m²	300m²	200m²	800kg	22.6%	20%

물음 1 수확량의 계산과정과 값(kg)을 쓰시오.

물음 2 수확감소 보험금의 계산과정과 값(원)을 쓰시오.

📋문제 4 종합위험 수확감소보장방식 보험에 가입한 밭작물 차(茶) 품목에 관한 내용이다. 계약사항 및 조사내용을 참조하여 물음에 답하시오. (단, 피해율은 % 단위로 소수점 아래 셋째자리에서 반올림)

*계약내용

품목명	보험가입금액	평년수확량	가입면적	자기부담비율
차(茶)	1,000만원	2,400kg	4,000m²	15%

*조사내용(표본조사)

면적확인				표본조사		
실제경작 면적	고사 면적	미보상 면적	기수확 면적	기수확 새싹수	수확한 새싹수	수확한 새싹무게
4,000m²	600m²	200m²	200m²	80개	200개	100g

- 미보상비율: 20%,   수확면적율: 80%
- 기수확비율, 10%미만 ⇨ 기수확지수=1.0
- 기수확비율, 20%이상 30%미만 ⇨ 기수확지수=0.983
- 기수확비율, 40%이상 50%미만 ⇨ 기수확지수=0.966

물음 1 표본구간 m²당 수확량의 계산과정과 값(kg)을 쓰시오.

(단, 표본구간 m²당 수확량은 kg 단위로 소수점 아래 셋째자리에서 반올림)

물음 2 수확감소 보험금의 계산과정과 값(원)을 쓰시오.

문제 5 종합위험 수확감소보장방식 보험에 가입한 밭작물 차(茶) 품목에 관한 내용이다. 계약사항 및 조사내용을 참조하여 물음에 답하시오. (단, 피해율은 % 단위로 소수점 아래 셋째자리에서 반올림)

*계약내용

품목	보험가입금액	평년수확량	가입면적	자기부담비율
차(茶)	1,000만원	2,000kg	4,000m²	10%

*조사내용(표본조사)

면적확인				표본조사		
실제경작 면적	고사 면적	미보상 면적	기수확 면적	기수확 새싹수	수확한 새싹수	수확한 새싹무게
4,000m²	1,000m²	500m²	500m²	100개	100개	100g

- 미보상비율: 10%, 수확면적율: 80%
- 기수확비율, 40%이상 50%미만 ⇨ 기수확지수=0.966
- 기수확비율, 50%이상 60%미만 ⇨ 기수확지수=0.958
- 기수확비율, 60%이상 70%미만 ⇨ 기수확지수=0.949

물음 1 표본구간 m²당 수확량의 계산과정과 값(kg)을 쓰시오.

(단, 표본구간 m²당 수확량은 kg 단위로 소수점 아래 셋째자리에서 반올림)

물음 2 수확감소 보험금의 계산과정과 값(원)을 쓰시오.

물음 3 차(茶)의 표본구간별 수확량 조사방법을 서술하시오.

물음 4 차(茶)의 수확량 조사 가능 일을 서술하시오.

정답 및 해설

01 | 풀이

조사대상면적=3,000-500-500=2,000m²,

최소표본수간수=4구간

표본구간면적=4x1=4m², m²당 평년수확량=1,800/3,000=0.6kg

표본구간 m²당 수확량={1.5x(1-0.226)/0.86}/4x1=0.3375=0.34kg

수확량=0.34x2,000+0.6x500=980kg

미보상감수량=(1,800-980)x0.1=82kg

피해율=(1,800-980-82)÷1,800=0.41, 41%

수확감소 보험금=800만x(0.41-0.2)=1,680,000원

03 | 풀이

평년수확량=2,000x0.7=1,400kg

보험가입금액=1,400x100%x8,000원=1,120만원, 최저비율=(신규=20%)

조사대상면적=2,000-300-200=1,500m², m²당 평년수확량=0.7kg,

수확량={800kgx(1-0.183)/0.86}+0.7x200=900kg

미보상감수량=(1,400-900)x0.2=100kg

피해율=(1,400-900-100)÷1,400=0.28571, 28.57%

수확감소 보험금=1,120만원x(0.2857-0.2)=959,840원

02 | 풀이

보험가입금액=1,500x8,000원=1,200만원, m²당 평년수확량=0.75kg,

조사대상면적=2,000-300-200=1,500m², 표본구간수=4구간, 표본구간면적=4x1m²=4m²

표본구간 m²당 수확량={1.6x(1-0.226)/0.86}/4=0.36=0.36kg

수확량=0.36x1,500+0.75x200=690kg

미보상감수량=(1,500-690)x0.2=162kg

피해율=(1,500-690-162)÷1,500=0.432, 43.2%

수확감소 보험금=1,200만원x(0.432-0.2)=2,784,000원

04 | 풀이

m²당 평년수확량=2,400/4,000=0.6kg

조사대상 면적=3,000m²이면 표본구간수=5구간, 표본구간면적=5x0.08=0.4m²

기수확비율=80÷280=28.57%이므로 기수확지수=0.983

표본구간 수확량={(0.1÷200)x80x0.983+0.1}=0.13932kg

표본구간 m²당 수확량=0.13932x0.8/5x0.08=0.27864=0.28kg

수확량=0.28x3,000+0.6x(200+200)=1,080kg,

미보상감수량=(2,400-1,080)x0.2=264kg

피해율=(2,400-1,080-264)÷2,400=0.44, 44%,

지급보험금=1,000만x(0.44-0.15)=2,900,000원

05 | 풀이

기수확비율=50%, 기수확지수=0.958

조사대상 면적=2,000m²이면 표본구간수=4구간,

표본구간면적=4x0.08=0.32m²

표본구간 m²당 수확량={(0.1÷100)x100x0.958+0.1}

x0.8/4x0.08 =0.4895=0.49kg

수확량=0.49x2,000+0.5x1,000=1,480kg,

미보상감수량=(2,000-1,480)x0.1=52kg

피해율=(2,000-1,480-52)÷2,000=0.234, 23.4%,

지급보험금=1,000만원x(0.234-0.1)=1,340,000원

(3) 차(茶)의 표본구간별 수확량 조사방법: 표본구간 중 두 곳에 20cmx20cm 테를 두고, 테두리 내에서 수확완료 새싹수를 세고 남아있는 모든 새싹(1심2엽)을 따서 개수와 무게를 조사한다.

(4) 차(茶)의수확량 조사가능일: 대상농지에 식재된 차나무의 대다수 신초가 1심2엽의 형태를 형성하며 수확이 가능할 정도의 크기 [신초장 4.8cm이상, 엽장 2.8cm이상, 엽폭 0.9cm이상]로 자란 시기를 의미하며, 해당연도 5월10일을 초과하는 경우에는 수확년도 5월 10일을 기준으로 함.

10

마늘, 양파

10 마늘, 양파

⊙ 마늘, 양파

■ 보험기간

(1) 마늘(9~11월에 가입)

① **수확감소 보장:** 계약체결일 24시 다만, 조기파종 특약 가입 시 해당특약 보장종료 시점
~ 수확기 종료시점 **이듬해** 6월 30일 초과 불가

② **재파종 보장:** 계약체결일 24시 다만, 조기파종 특약 가입 시 해당특약 보장종료 시점
~ 판매개시연도 10월 31일

③ **조기파종(특약) 보장:** 계약체결일 24시 ~ 한지형마늘 보험 상품 최초판매개시일 24시

④ **경작불능 보장:** 계약체결일 24시 다만, 조기파종 특약 가입 시 해당특약 보장종료 시점 ~ 수확개시 시점

(2) 양파(10~11월에 가입)

① **수확감소 보장:** 계약체결일 24시 ~ 수확기 종료시점 **이듬해** 6월 30일 초과 불가

② **경작불능 보장:** 계약체결일 24시 ~ 수확개시 시점

* 표본구간 선정(마늘, 양파)

⇨ 조사대상 면적 기준: (4) 1,500m² (5) 3,000m² (6) 4,500m² (7)

* 보험가입금액(마늘, 양파)

⇨ (보험가입금액)=(가입수확량)×(단위당 가입가격), (천원단위 절사)

① 가입수확량=평년수확량의 50~100%

② 평년수확량 산출 방법에 의해 산정(신규가입은 평년수확량=표준수확량의 100%)

■ 밭작물 품목의 평년수확량 산출방법

* 평년수확량= {A+(B-A)×(1-Y/5)}×(C/B)
  ① A(과거평균수확량)= Σ과거 5년간 수확량 ÷ Y
  ② B(평균표준수확량)= Σ과거 5년간 표준수확량 ÷ Y
  ③ C(표준수확량)= 가입연도 표준수확량
  ④ Y= 과거수확량 산출연도 횟수(가입횟수)
* 다만, 평년수확량은 보험가입연도 표준수확량의 **130%**를 초과할 수 없음
* 옥수수, 사료용 옥수수 등 생산비보장방식 품목 제외

* 과거수확량 산출방법
 ① 사고 발생 시 ⇨ **Max{조사수확량, 평년수확량의 50%}**
 ② 무사고 시 ⇨ **Max{표준수확량, 평년수확량}x110%**

예제 1 *과거 수확량(단위: kg)(수확감소보장방식 마늘 품목)

구분	2020년	2021년	2022년	2023년	2024년	2025년
표준수확량(kg)	2,000	2,050	2,100	2,300	2,400	2,640
평년수확량(kg)	1,800	-	2,200	2,500	2,700	(가)
조사수확량(kg)	무사고	-	2,000	무사고	1,250	
보험가입여부	O	X	O	O	O	-

풀이 1

Max{조사수확량, (평년수확량)x50%}, 무사고=Max{표준수확량, 평년수확량}x110%

A=2,000x1.1=2,200, 2,000, 2,500x1.1=2,750, 1,350 값들의 평균값

A=(2,200+2,000+2,750+1,350)/4=2,075kg

B=(가입연도 표준수확량의 평균)=(2,000+2,100+2,300+2,400)/4=2,200kg

C=(당해년도 표준수확량)=2,640kg,

(평년수확량)={A+(B-A)(1-Y/5)}xC/B

(평년수확량)={2,075+(2,200-2,075)x(1-4/5)}x(2,640/2,200)=2,520kg

예제 2 *과거 수확량(단위: kg)(수확감소보장방식 양파 품목)

구분	2020년	2021년	2022년	2023년	2024년	2025년
표준수확량(kg)	3,000	3,200	3,350	3,400	3,600	3,960
평년수확량(kg)	(가)	2,970	-	3,500	3,800	(나)
조사수확량(kg)	1,400	무사고	-	무사고	2,530	
보험가입여부	신규가입	O	X	O	O	

풀이 1

Max{조사수확량, (평년수확량)x50%}, 무사고=Max{표준수확량, 평년수확량}x110%

A=1,500, 3,200x1.1=3,520, 3,500x1.1=3,850, 2,530 값들의 평균값

A=(1,500+3,520+3,850+2,530)/4=2,850kg

B=(가입연도 표준수확량의 평균)=(3,000+3,200+3,400+3,600)/4=3,300kg

C=(당해년도 표준수확량)=3,960kg,

(평년수확량)={A+(B-A)(1-Y/5)}xC/B

(평년수확량)={2,850+(3,300-2,850)x(1-4/5)}x(3,960/3,300)=3,528kg

▣ 밭작물(수확감소·농업수입감소보장) 품목 인수제한 목적물

(1) 공통

① 보험가입금액이 **200만원 미만**인 농지(사료용 옥수수는 제외)
※ 단, **옥수수 · 콩 · 팥**은 **100만원 미만**인 농지
② 통상적인 재배 및 영농활동을 하지 않는 농지
③ 다른 작물과 혼식되어 있는 농지
④ **시설재배** 농지
⑤ 하천부지 및 상습 침수지역에 소재한 농지
⑥ 판매를 목적으로 경작하지 않는 농지
⑦ 도서지역의 경우 연륙교가 설치되어 있지 않고 정기선이 운항하지 않는 등 신속한 손해평가가 불가능한
지역에 소재한 농지
※ 단, 감자(가을재배, 고랭지재배) · 콩 품목의 경우 연륙교가 설치되어 있거나, 농작물재해보험
위탁계약을 체결한 지역 농·축협 또는 품목농협(지소포함)이 소재 하고 있고 손해평가인 구성이
가능한 지역은 보험 가입 가능
※ 감자(봄재배) 품목은 미해당
⑧ 군사시설보호구역 중 통제보호구역내의 농지
(단, 통상적인 영농활동 및 손해평가가 가능하다고 판단되는 농지는 인수가능)
※ 통제보호구역: 민간인통제선 이북지역 또는 군사기지 및 군사시설의 최외곽 경계선으로부터 300미터
범위 이내의 지역
※ 감자(봄재배), 감자(가을재배) 품목은 미해당
⑨ 기타 인수가 부적절한 농지

(2) 마늘

① 난지형의 경우 **남도 및 대서** 품종, 한지형의 경우는 **의성** 품종, **홍산** 품종이 아닌 마늘

구분	품종
난지형	남도
	대서
한지형	의성
홍산	

② 난지형은 8월 31일, 한지형은 10월 10일 이전 파종한 농지 (8월 31일(X), 10월 10일(X)) 이전(포함),
이내(포함), (10 이내)=(10 이하)
③ 재식밀도가 **30,000주/10a 미만**인 농지(=30,000주/1,000㎡)
④ 마늘 파종 후 익년(이듬해) **4월 15일** 이전에 수확하는 농지
⑤ **무멀칭** 농지

⑥ 코끼리 마늘, 주아재배 마늘 (단, 주아재배의 경우 2년차 이상부터 가입가능)

(3) 양파

① 극조생종, 조생종, 중만생종을 혼식한 농지

② 재식밀도가 **23,000주/10a 미만, 40,000주/10a 초과**인 농지

③ **9월 30일 이전** 정식한 농지

④ 양파 식물체가 똑바로 정식되지 않은 농지(**70° 이하**로 정식된 농지)

⑤ 부적절한 품종을 재배하는 농지

⑥ **무멀칭** 농지

▣ 밭작물 품목의 보험료 산출방법

수확감소 보장 영업보험료=가×요×(1±손)×(1-방)

=(보험가입금액)×(보통약관영업요율)×(1±손해율에 따른 할인.할증율)×(1-방재시설)

<방재시설 할인율>

(단위 : %)

구분	밭작물								
방재시설	인삼	고추	브로콜리	양파	마늘	옥수수	감자	콩	양배추
방조망	-	-	5	-	-	-	-	-	5
전기시설물 (전기철책, 전기울타리등)	-	-	5	-	-	5	-	5	5
관수시설 (스프링쿨러 등)	5	5	5	5	5	-	5	5	5
경음기	-	-	5	-	-	-	-	-	5
배수시설 (암거배수시설, 배수개선사업)	-	-	-	-	-	-	-	5	-

<손해율 및 가입연수에 따른 할인·할증률>

손해율	평가기간(5년간)				
	1년	2년	3년	4년	5년
30%미만	- 8%	- 13%	- 18%	- 25%	- 30%
30%이상 60%미만	- 5%	- 8%	- 13%	- 18%	- 25%
60%이상 80%미만	- 4%	- 5%	- 8%	- 13%	- 18%
80%이상 120%미만	-	-	-	-	-
120%이상 150%미만	3%	5%	7%	8%	13%
150%이상 200%미만	5%	7%	8%	13%	17%
200%이상 300%미만	7%	8%	13%	17%	25%
300%이상 400%미만	8%	13%	17%	25%	33%
400%이상 500%미만	13%	17%	25%	33%	42%
500%이상	17%	25%	33%	42%	50%

※ 손해율 = (최근 5개년 보험금 합계) ÷ (최근 5개년 순보험료 합계)

◎ 마늘, 양파

(1) 재파종 보험금 산정(마늘) ⇨ 보통약관

① 지급 사유: 보험기간 내에 보장하는 재해로 10a당 출현주수가 30,000주보다 작고, 10a당 30,000주 이상으로 재파종한 경우 재파종 보험금은 1회에 보상한다.

② 지급보험금=(보험가입금액) × 35% ×(표준출현 피해율)

※ 표준출현 피해율(10a 기준)=(30,000 - 출현주수)÷30,000 (3만주 미만은 인수제한이므로 3만주 이상 재파종을 해야 한다.)

(2) 조기파종 보험금 산정(마늘) ⇨ 특별약관

① 지급 대상: 조기파종보장 특별약관 판매시기 중 가입한 남도종 마늘을 재배하는 제주도 지역 농지

② 지급 사유: 한지형 마늘 최초 판매개시일 24시 이전에 보장하는 재해로 10a당 출현주수가 30,000주보다 작고, 10월 31일 이전 10a당 30,000주 이상으로 재파종한 경우 재파종보험금을 지급한다.

③ 조기파종 재파종보험금=(보험가입금액) × 25% ×(표준출현 피해율)

※ 표준출현 피해율(10a 기준)=(30,000 - 출현주수)÷30,000

④ 조기파종 경작불능 보험금: 한지형 마늘 최초 판매개시일 24시 이전에 보장하는 재해로 식물체 피해율이 65% 이상 발생한 경우 경작불능 보험금의 신청시기와 관계없이 경작불능보험금을 지급한다. (단, 산지폐기가 확인된 경우 지급)

⑤ **경작불능보험금(조기파종 특별약관)=(보험가입금액)×(보장비율)**

(보장비율)=(100-자기부담비율)÷2.8 ⇨ (32%, 30%, 28%, 25%, 25%)

(3) 경작불능보험금 산정(마늘, 양파) ⇨ 보통약관

① 지급사유: 보험기간 내에 보상하는 재해로 식물체피해율이 65% 이상이고 계약자가 경작불능보험금을 신청한 경우 경작불능보험금은 자기부담비율에 따라 보험가입금액의 일정 비율로 계산한다. (단, 산지폐기가 확인된 경우 지급)

② **경작불능보험금=(보험가입금액)×(자기부담비율별 보장비율)**

(보장비율)=(100-자기부담비율)÷2 ⇨ (45%, 42%, 40%, 35%, 30%)

(4) 수확감소보험금 산정(마늘, 양파) ⇨ 표본조사

① 면적 확인

　㉠ 실제 경작면적 확인

　㉡ 수확불능(고사)면적 확인

　㉢ 타작물 및 미보상 면적 확인

　㉣ 기수확 면적 확인

　㉤ 조사대상 면적 확인 ⇨ 적정표본구간수 선정

　　표본구간수(조사대상면적 기준) (4) **1,500m²** (5) **3,000m²** (6) **4,500m²** (7)

② **표본구간 면적=(표본구간수)×(이랑길이)×(이랑폭)**

③ 표본구간 작물 수확량 조사(정상 중량, 80% 피해형 중량, 100% 피해형 중량)

(마늘통의 최대지름이 **2cm(한지형)**, **3.5cm(난지형) 미만**인 경우에는 80% 피해형)

④ **환산계수(마늘)**, 양파는 해당 없음

　㉠ 한지형 마늘: **70%(=0.7)**

　㉡ 난지형 마늘: **72%(=0.72)**

⑤ **비대추정지수 (일일비대추정지수, 마늘: 0.8%, 양파: 2.2%)**

(누적비대추정지수)=(지역별 수확적기까지 잔여일수)×(일자별 비대추정지수)

⑥ m² 당 평년수확량=(평년수확량)÷(가입면적)

⑦ 표본구간 수확량=(표본구간 수확량의 합)×(환산계수)×(1+누적비대추정지수)

⑧ 표본구간 m² 당 수확량=(표본구간 수확량)÷(표본구간면적)

⑨ 수확량=(표본구간 m² 당 수확량)×(조사대상면적)

　　+(m² 당 평년수확량)×(타작물 및 기수확면적+미보상면적)

품목	수확량조사 적기
양파	양파의 비대가 종료된 시점 **(식물체의 도복이 완료된 때)**
마늘	마늘의 비대가 종료된 시점 (잎과 줄기가 1/2~2/3 황변하여 말랐을 때와 해당 지역의 통상 수확기가 도래하였을 때)

품목	표본구간별 수확량 조사 방법 (분류 방법)
양파	표본구간 내 작물을 수확한 후, 종구 5cm 윗부분 줄기를 절단하여 해당 무게를 조사(단, 양파의 **최대지름이 6cm 미만인 경우**에는 80%(보상하는 재해로 인해 피해가 발생하여 일반시장 출하가 불가능하나, 가공용으로는 공급될 수 있는 작물을 말하며, 가공공장 공급 및 판매 여부와는 무관), 100%(보상하는 재해로 인해 피해가 발생하여 일반시장 출하가 불가능하고 가공용으로도 공급될 수 없는 작물) 피해로 인정하고 해당 무게의 20%, 0%를 수확량으로 인정)
마늘	표본구간 내 작물을 수확한 후, 종구 3cm 윗부분을 절단하여 무게를 조사(단, 마늘통의 **최대지름이 2cm(한지형), 3.5cm(난지형) 미만인 경우**에는 80%(보상하는 재해로 인해 피해가 발생하여 일반시장 출하가 불가능하나, 가공용으로는 공급될 수 있는 작물을 말하며, 가공공장 공급 및 판매 여부와는 무관), 100%(보상하는 재해로 인해 피해가 발생하여 일반시장 출하가 불가능하고 가공용으로도 공급될 수 없는 작물) 피해로 인정하고 해당 무게의 20%, 0%를 수확량으로 인정)

📖 예제 1 *계약내용 및 조사내용(난지형 마늘, 평년수확량: 4,000kg)*

(수확량과 미보상감수량은 kg 단위로 소수점 아래 첫째자리에서 반올림)

실제 경작 면적	고사 면적	타작물 및 미보 상면적	표본구간			표본구간 무게 합계		
			표본 구간수	이랑폭	이랑길이	80% 피해	100% 피해	정상
2,000m²	100m²	200m²	(가)	0.8m	2.5m	10kg	5kg	8kg

- 미보상비율: 10%,   -일일 비대추정지수: 0.8%, 잔여일수: 10일

🔍 풀이 1

조사대상면적=2,000-100-200=1,700m²이므로 표본구간수=5구간

표본구간면적=5x0.8x2.5=10m², m²당 평년수확량=4,000÷2,000=2kg

표본구간 m²당 수확량=(8+10x0.2)x0.72x(1+0.08)÷10=0.7776kg

수확량=0.7776x1,700+2x200=1,721.92=1,722kg,

미보상감수량=(4,000-1,722)x0.1=227.8=228kg

피해율=(4,000-1,722-228)÷4,000=0.5125, 51.25%

예제 2 *계약내용 및 조사내용(양파, 평년수확량: 7,500kg)

(수확량과 미보상감수량은 kg 단위로 소수점 아래 첫째자리에서 반올림)

실제경작 면적	고사 면적	타작물 및 미보상 면적	표본구간수	표본구간 무게 합계		
				양파 최대 지름 6cm미만		정상
				80%피해	100%피해	
3,000m²	300m²	200m²	5	10kg	5kg	8kg

- 미보상비율: 20%, -표본구간(공통), 이랑폭: 0.8m, 이랑길이: 2.5m
- 일일 비대추정지수: 2.2%, 잔여일수: 10일

풀이 2

조사대상면적=2,500m²이므로 표본구간수=5구간, 표본구간면적=5x0.8x2.5=10m²,

조사대상면적=3,000-300-200=2,500m², m²당 평년수확량=2.5kg

표본구간 m²당 수확량=(8+10x0.2)x(1+0.22)÷10=1.22kg

수확량=1.22x2,500+2.5x200=3,550kg

미보상감수량=(7,500-3,550)x0.2=790kg

피해율=(7,500-3,550-790)÷7,500=0.421333, 42.13%

종합위험 수확감소보장방식 보험에 가입한 마늘(남도종)품목에 관한 내용이다. 계약사항 및 조사내용을 참조하여 물음에 답하시오. (단, 피해율은 % 단위로 소수점 아래 셋째자리에서 반올림)

*계약내용(조기파종보장 특약: 9월 15일 가입함.)

품목	보험가입금액	평년수확량	가입면적	자기부담비율
마늘(남도종)	1,000만원	6,000kg	3,000m²	30%

- 한지형 마늘 보험 상품 최초 판매개시일: 10월 18일

*조사내용(표본조사)

재해	표본구간		재파종전(1차) 조사	재파종후(2차) 조사
	표본구간수	표본구간 넓이합계	출현주수	출현주수
한해	5	9m²	162주	288주

물음 1 표준출현 피해율(%)을 구하시오.

물음 2 10월 12일에 재파종한 경우 재파종 보험금의 계산과정과 값(원)을 쓰시오.

물음 2 10월 25일에 재파종한 경우 재파종 보험금의 계산과정과 값(원)을 쓰시오.

문제 2 종합위험 수확감소보장방식 보험에 가입한 마늘(한지형)품목에 관한 내용이다. 계약사항 및 조사내용을 참조하여 물음에 답하시오. (단, 피해율은 % 단위로 소수점 아래 셋째자리에서 반올림)

*계약내용

품목	보험가입금액	평년수확량	가입면적	표준수확량	자기부담비율
마늘(한지형)	800만원	4,000kg	2,000m²	3,600kg	20%

* 조사내용

실제 경작면적	고사면적	타작물 및 미보상 면적	표본구간수	표본구간 무게 합계		
				80%피해	100%피해	정상
2,000m²	100m²	400m²	(가)	10kg	2kg	8kg

- 미보상비율: 20%, -일일 비대추정지수: 0.8%, 잔여일수: 10일
- 표본구간(공통), 이랑폭: 0.8m, 이랑길이: 2.5m

물음 1 (가)에 들어갈 숫자와 수확량(kg)을 구하시오.

물음 2 수확감소 보험금의 계산과정과 값(원)을 쓰시오.

제주도 지역에서 남도종 마늘을 재배하면서 조기파종 특별약관에 가입을 하였다. 다음 조건을 참조하여 물음에 답하시오. (단, 각 물음4~7에 해당하는 사고는 중복사고가 아니고 독립된 사고임)

*계약내용(조기파종 특별약관에 가입함)

품목	보험가입금액	가입면적	자기부담비율	계약체결일
마늘(남도종)	1,000만원	2,000m²	15%	9월 10일

- 조기파종일: 9월8일
- 한지형마늘 보험상품 최초 판매개시일: 10월 17일

물음 1 보통약관 재파종 보험기간의 날짜를 쓰시오.

물음 2 조기파종 특약의 보험기간의 날짜를 쓰시오.

물음 3 조기파종 특약의 재파종 보험금의 지급사유를 쓰시오.

물음 4 10월 12일 우박피해로 10a당 15,000주가 출현하여 10월 15일에 10a당 33,000주 재파종하였을 때 재파종 보험금(원)을 구하시오.

물음 5 10월 23일 우박피해로 10a당 18,000주가 출현하여 10월 28일에 10a당 32,000주 재파종하였을 때 재파종 보험금(원)을 구하시오.

물음 6 10월 15일 냉해피해로 1,400m²의 고사피해가 발생하여 경작불능 보험금을 신청하였다. 경작불능보험금의 계산과정과 값(원)을 쓰시오.

물음 7 11월 25일 동해피해로 1,400m²의 고사피해가 발생하여 경작불능 보험금을 신청하였다. 경작불능보험금의 계산과정과 값(원)을 쓰시오.

문제 4 종합위험 수확감소보장방식 보험에 가입한 마늘(난지형) 품목에 관한 내용이다. 계약사항 및 조사내용을 참조하여 물음에 답하시오.

*계약내용(조기파종 특별약관에 가입함)

품목	보험가입금액	평년수확량	가입면적	자기부담비율
마늘(난지형)	2,000만원	9,000kg	3,000m²	20%

*조기파종 조사내용(표본조사)(표본구간수 산정은 최소 표본구간수)

재해	표본구간		재파종전(1차) 조사	재파종후(2차) 조사
	표본구간수	표본구간 넓이합계	출현주수	출현주수
한해	(가)	(나)m²	162주	288주

- 조사대상면적: 3,000m²이고 표본구간(공통), 이랑폭=1m, 이랑길이=1.5m

*수확량조사 조사내용(표본조사)(표본구간수 산정은 최소 표본구간수)

- 실제경작면적: 3,000m²
- 기수확 면적: 500m²
- 타작물 면적: 300m²
- 고사 면적: 200m²
- 미보상 비율: 10%
- 비대추정지수 1일: 0.8%
- 수확 적기까지 잔여일수: 10일

- 적정 표본구간 수: (다)구간
- 표본구간(공통), 이랑길이: 1.5m, 이랑폭: 1m
- 표본구간 수확량 조사내용

구분	정상	80%피해	100%피해
작물중량	14kg	5kg	3kg

물음 1 (가), (나), (다)에 알맞은 수를 구하시오.

물음 2 조기파종 특약의 재파종 보험금 지급사유를 쓰시오.

물음 3 조기파종 특약의 재파종 보험금(원)을 구하시오.(특별약관 보험기간에 사고 발생)

물음 4 조기파종 특약의 보험종기 이전에 보상하는 재해로 식물체피해율이 70%이고 산지폐기 확인이 되었을 때, 경작불능 보험금의 계산과정과 값(원)을 쓰시오.

물음 5 표본구간 m²당 수확량을 산정하시오.(단, kg 단위로 소수 셋째자리에서 반올림)

물음 6 수확감소 보험금의 계산과정과 값(원)을 쓰시오.

문제 5 종합위험보장방식의 수확감소보장 양파 품목이 보상하는 재해로 인하여 피해가 발생하였다. 다음의 계약내용과 조사내용을 참조하여 물음에 답하시오.

(단, 피해율은 % 단위로 소수점 아래 셋째자리에서 반올림)

*계약내용 및 조사내용

품목	가입면적	보험가입금액	평년수확량	자기부담비율
양파	2,500m²	1,500만원	10,000kg	20%

실제경작면적	타작물면적	미보상면적	표본구간 수확량 조사			일수별 비대추정지수
			정상	80%피해	100%피해	
2,500m²	300m²	200m²	11kg	5kg	5kg	2.2%

- 표본구간(공통), 이랑폭: 1.5m, 이랑길이: 2m   -미보상비율: 10%
- 수확적기까지 잔여일수: 20일

물음 1 표본구간 m²당 수확량(kg)을 구하시오.

물음 2 수확감소 보험금의 계산과정과 값(원)을 쓰시오.

문제 6 종합위험보장방식의 수확감소보장 마늘(한지형) 품목이 보상하는 재해로 인하여 피해가 발생하였다. 다음의 계약내용과 조사내용을 참조하여 물음에 답하시오.

(단, 피해율은 % 단위로 소수점 아래 셋째자리에서 반올림)

*계약내용

품목	가입면적	보험가입금액	평년수확량	자기부담비율
마늘(한지형)	4,000m²	1,000만원	8,000kg	20%

* 조사내용(경작불능조사)

재해	재배면적	피해면적	경작불능 보험금 신청여부
냉해	4,000m²	2,600m²	신청하지 않음

* 조사내용(수확량조사-표본조사)

실제경작면적	고사면적	미보상면적	표본구간 수확량 조사			일수별 비대추정지수
			정상	80%피해	100%피해	
4,000m²	(가)m²	(나)m²	17kg	5kg	2kg	2.5%

- 표본구간(공통), 이랑폭: 1.5m, 이랑길이: 2m   -미보상비율: 20%
- 수확적기까지 잔여일수: 10일

물음 1 표본구간 m²당 수확량(kg)을 구하시오. (단, 표본구간 m²당 수확량은 kg 단위로 소수점 아래 셋째자리에서 반올림)

물음 2 수확감소 보험금(원)을 구하시오.

01 | 풀이

(1) 1m²당 출현주수=162÷9=18주, 10a(1,000m²)당
　　출현주수=18,000주이고
　　1m²당 재파종주수=288÷9=32주,
　　10a(1,000m²)당=32,000주 재파종
　　표준출현 피해율=(3만-18,000)÷3만=40%

(2) 10월 15일에 재파종한 경우(조기파종 특약 기간) 재파종
　　보험금
　　=1,000만원x0.25x0.4=1,000,000원

(3) 10월 25일 재파종한 경우(보통약관 기간) 재파종 보험금
　　=1,000만원x0.35x0.4=1,400,000원

02 | 풀이

조사대상면적=1,500m²이므로 표본구간수=5구간,
표본구간면적=5x0.8x2.5=10m²,
조사대상면적=2,000-100-400=1,500m², m²당
평년수확량=2kg
표본구간 단위면적당
수확량=(8+10x0.2)x0.7x(1+0.08)÷10=0.756kg
수확량=0.756x1,500+2x400=1,934kg
미보상감수량=(4,000-1,934)x0.2=413.2kg
피해율=(4,000-1,934-413.2)÷4,000=0.4132, 41.32%
수확감소 보험금=800만원x(0.4132-0.2)=1,705,600원

03 | 풀이

(물음1) 10월 17일 24시부터 10월 31일

(물음2) 9월 10일 24시~10월 17일 24시 한지형마늘 보험상품
　　　　최초판매개시일 24시.

(물음3) 한지형마늘 보험상품 최초판매개시일 24시 이전에
　　　　보상하는 재해로 10a당 출현주수가 3만주보다 작고
　　　　10월 31일 이전에 3만주 이상 재파종한 경우

(물음4) 조기파종 보험기간이므로
　　　　조기파종. 표준출현피해율=50%
　　　　보험금=1,000만원x0.25x0.5=1,250,000원

(물음5) 조기파종 보험기간이 종료되었으므로
　　　　보통약관 재파종. 표준출현피해율=40%
　　　　보험금=1,000만원x0.35x0.4=1,400,000원

(물음6) 10월 15일 사고는 조기파종특약 보험기간 조기파종
　　　　경작불능=1,000만원x0.3=3,000,000원

(물음7) 10월25일 사고는 조기파종보험기간이
　　　　종료되었으므로 보통약관 경작불능 보통약관
　　　　경작불능=1,000만원x0.42=4,200,000원

04 | 풀이

(1) 조기파종 조사대상면적: 3,000m²이면 최소
　　표본구간수=6=(가)
　　표본구간 면적=6x1.5x1=9m²=(나)
　　수확량조사 조사대상면적: 3,000-500-300-
　　200=2,000m²이면 최소표본구간수=5=(다)

(2) 조기파종의 재파종 보험금 지급사유: 한지형마늘 보험상품
　　최초판매개시일 24시 이전에 보상하는 재해로 10a당
　　출현주수가 3만주 보다 작고 10월 31일 이전에 10a당 3만주

이상으로 재파종한 경우에 1회 지급한다.

(3) 조기파종조사

1m²당 출현주수=162/9=18주, 10a(1,000m²)당 출현주수=18,000주이고

재파종 후 1m²당 출현주수=288/9=32주, 10a(1,000m²)당 출현주수=32,000주 재파종

표준출현피해율=(3만-18,000)÷3만=0.4, 40%

조기파종 보험금=2,000만원x0.25x0.4=2,000,000원

(4) 조기파종에서 자기부담비율 20%에 따른 보장비율=28%

경작불능 보험금=2,000만원x0.28=560만원

(5) 표본구간 m²당 수확량

조사대상면적, 3,000-500-300-200=2,000m²이면 표본구간=5=(다)

표본구간 면적=5x1.5x1=7.5m², m²당 평년수확량=3kg

표본구간 m²당 수확량=(14+5x0.2)x0.72x(1+0.08)/7.5=1.5552=1.56kg

(6) 수확량=1.56x2,000+3x(500+300)=5,520kg

미보상 감수량=(9,000-5,520)x0.1=348kg

피해율=(9,000-5,520-348)÷9,000=0.348, 34.8%

수확감소 보험금=2,000만원x(0.348-0.2)=2,960,000원

조사대상면적=4,000-2,600=1,400m²이면 표본구간=4구간

표본구간면적=4x1.5x2=12m², m²당 평년수확량=8,000/4,000=2kg

표본구간 m²당 수확량={(17+5x0.2)x0.7x1.25}÷12=1.3125=1.31kg

수확량=1.31x1,400+2x0=1,834kg

미보상 감수량=(8,000-1,834)x0.2=1,233.2kg

피해율=(8,000-1,834-1,233.2)÷8,000=0.6166, 61.66%

수확감소 보험금=1,000만원x(0.6166-0.2)=4,166,000원

조사대상면적=2,500-300-200=2,000m²이면 표본구간=5구간

표본구간면적=5x1.5x2=15m², m²당 평년수확량=4kg

표본구간 m²당 수확량=(11+5x0.2)x1.44÷15=1.152kg

수확량=1.152x2,000+4x500=4,304kg

미보상 감수량=(10,000-4,304)x0.1=569.6kg

피해율=(10,000-4,304-569.6)÷10,000=0.51264, 51.26%

수확감소 보험금=1,500만원x(0.5126-0.2)=4,689,000원

11

고구마, 양배추

11 고구마, 양배추

◉ 고구마, 양배추

■ 보험기간

(1) 고구마(4~6월에 가입)

　① **수확감소 보장:** 계약체결일 24시 ~ 수확기 종료시점 판매개시연도 10월 31일 초과 불가

　② **경작불능 보장:** 계약체결일 24시 ~ 수확개시 시점

(2) 양배추(8~9월에 가입)

　① **수확감소 보장:** 정식완료일 24시(판개연 9월 30일 초과 불가) 또는 계약체결일 24시 ~ 수확기 종료시점 이듬해 2월28일(극.조), 3월15일(중), 3월31일(만) 초과 불가

　② **재정식 보장:** 계약체결일 24시 다만, 조기파종 특약 가입 시 해당특약 보장종료 시점 ~ 재정식 완료일 판매개시연도 10월 15일 초과 불가

　③ **경작불능 보장:** 정식완료일 24시(판개연 9월 30일 초과 불가) 또는 계약체결일 24시 ~ 수확개시 시점

* 표본구간 선정(고구마, 양배추)
　⇨ 조사대상 면적 기준: (4) 1,500m² (5) 3,000m² (6) 4,500m² (7)

* 보험가입금액(고구마, 양배추)
　⇨ **(보험가입금액)=(가입수확량)×(단위당 가격)**, (천원단위 절사)
　① 가입수확량=평년수확량의 50~100%
　② 평년수확량 산출 방법에 의해 산정(신규가입은 평년수확량=표준수확량의 100%)

■ 밭작물 품목의 평년수확량 산출방법

> *** 평년수확량= {A+(B-A)×(1-Y/5)}×(C/B)**
> 　① A(과거평균수확량)= Σ과거 5년간 수확량 ÷ Y
> 　② B(평균표준수확량)= Σ과거 5년간 표준수확량 ÷ Y
> 　③ C(표준수확량)= 가입연도 표준수확량
> 　④ Y= 과거수확량 산출연도 횟수(가입횟수)
> * 다만, 평년수확량은 보험가입연도 표준수확량의 **130%**를 초과할 수 없음
> *** 옥수수, 사료용 옥수수** 등 생산비보장방식 품목 제외

* 과거수확량 산출방법
　① 사고 발생 시 ⇨ Max{조사수확량, 평년수확량의 50%}
　② 무사고 시 ⇨ Max{표준수확량, 평년수확량}x110%

📋 예제 1 　*과거 수확량(단위: kg) (품목: 고구마)

구분	2020년	2021년	2022년	2023년	2024년	2025년
표준수확량(kg)	3,200	3,300	3,450	3,550	3,800	3,850
평년수확량(kg)	(가)	-	4,000	4,000	4,800	
조사수확량(kg)	1,000	-	2,400	무사고	2,300	
보험가입여부	신규가입	X	O	O	O	

🔍 풀이 1

A=Mid{조사수확량, 평년수확량, (평년수확량)x50%}의 값들의 평균
무사고=Max{표준수확량, 평년수확량}x110%
1,600, 2,400, 4,000x1.1=4,400, 2,400 값들의 평균값
A=(1,600+2,400+4,400+2,400)/4=2,700kg
B=(가입연도 표준수확량의 평균)=3,500kg
C=(가입년도 표준수확량)=3,850kg,
(평년수확량)={A+(B-A)(1-Y/5)}xC/B
(평년수확량)={2,700+(3,500-2,700)x(1-4/5)}x(3,850/3,500)=3,146kg

📋 예제 2 　*과거 수확량(단위: kg) (품목: 양배추)

구분	2020년	2021년	2022년	2023년	2024년	2025년
표준수확량(kg)	8,000	8,050	8,200	8,400	8,600	8,715
평년수확량(kg)	7,000	-	8,500	7,800	9,000	
조사수확량(kg)	무사고	-	무사고	4,850	무사고	
보험가입여부	O	X	O	O	O	

🔍 풀이 2

A=Mid{조사수확량, 평년수확량, (평년수확량)x50%}의 값들의 평균
무사고=Max{표준수확량, 평년수확량}x110%
8,000x1.1=8,800, 8,500x1.1=9,350, 4,850, 9,000x1.1=9,900 값들의 평균값
A=(8,800+9,350+4,850+9,900)/4=8,225kg
B=(가입연도 표준수확량의 평균)=8,715kg
C=(가입년도 표준수확량)=8,300kg,
(평년수확량)={A+(B-A)(1-Y/5)}xC/B
(평년수확량)={8,225+(8,300-8,225)x(1-4/5)}x(8,715/8,300)=8,652kg

■ 밭작물(수확감소·농업수입감소보장) 품목 인수 제한 목적물

(1) 공통

① 보험가입금액이 **200만원** 미만인 농지(사료용 옥수수는 제외)

   ※ 단, **옥수수 · 콩 · 팥**은 **100만원** 미만인 농지**(배무당단파시양옥콩팥)**

② 통상적인 재배 및 영농활동을 하지 않는 농지

③ 다른 작물과 혼식되어 있는 농지

④ **시설재배** 농지

⑤ 하천부지 및 상습 침수지역에 소재한 농지

⑥ 판매를 목적으로 경작하지 않는 농지

⑦ 도서지역의 경우 연륙교가 설치되어 있지 않고 정기선이 운항하지 않는 등 신속한 손해평가가 불가능한 지역에 소재한 농지

   ※ 단, 감자(가을재배, 고랭지재배) · 콩 품목의 경우 연륙교가 설치되어 있거나, 농작물재해보험 위탁계약을 체결한 지역 농·축협 또는 품목농협(지소포함)이 소재 하고 있고 손해평가인 구성이 가능한 지역은 보험 가입 가능

   ※ 감자(봄재배) 품목은 미해당

⑧ 군사시설보호구역 중 통제보호구역내의 농지

   (단, 통상적인 영농활동 및 손해평가가 가능하다고 판단되는 농지는 인수가능)

   ※ 통제보호구역: 민간인통제선 이북지역 또는 군사기지 및 군사시설의 최외곽 경계선으로부터 300미터 범위 이내의 지역

   ※ 감자(봄재배), 감자(가을재배) 품목은 해당되지 않음

⑨ 기타 인수가 부적절한 농지

(2) 고구마

① '수' 품종 재배 농지

② 채소, 나물용 목적으로 재배하는 농지

③ 재식밀도가 **4,000주/10a** 미만인 농지

④ **무멀칭** 농지

⑤ 도시계획 등에 편입되어 수확 종료 전에 소유권 변동 또는 농지 형질변경 등이 예정되어 있는 농지

(3) 양배추

① 관수시설 미설치 농지

② 9월 30일 이후에 정식한 농지(단, 재정식은 10월 15일 이내 정식)

③ 재식밀도가 평당 8구/평(3.3m²) 미만인 농지

④ 소구형 양배추(방울양배추 등)를 재배하는 농지

⑤ 목초지, **목야지** 등 지목이 목인 농지

⊙ 고구마, 양배추

(1) 재정식 보험금 산정(양배추)

① 면적조사: 작물이 고사되거나, 살아 있으나 수확이 불가능할 것으로 판단된 면적

② 재정식 이행 완료 여부 조사(재정식 후(後)조사)

③ 지급사유: 보험기간 내에 보장하는 재해로 면적 피해율이 자기부담비율을 초과하고, 재정식한 경우 재정식보험금은 아래에 따라 계산하며 1회 지급한다.

④ 지급보험금=(보험가입금액)× 20% ×(면적 피해율) *면적 피해율=(피해면적)÷(보험 가입면적)

(2) 경작불능보험금 산정(고구마, 양배추)

① 지급사유: 보험기간 내에 보상하는 재해로 식물체피해율이 65% 이상이고 계약자가 경작불능보험금을 신청한 경우 경작불능보험금은 자기부담비율에 따라 보험가입금액의 일정비율로 계산한다.(단, 산지폐기가 확인된 경우 지급)

② 경작불능보험금=(보험가입금액)×(자기부담비율별 보장비율)

(보장비율)=(100-자기부담비율)÷2, (**45%(양배추 추가)**, 42%, 40%, 35%, 30%)

예제 종합위험 수확감소보장방식 보험에 가입한 양배추 품목에 관한 내용이다. 계약사항 및 조사내용을 참조하여 재정식 보험금을 산정하시오.

*계약내용

품목명	보험가입금액	평년수확량	가입면적	자기부담비율
양배추	1,000만원	5,000kg	4,000m²	20%

*조사내용

재해	조사내용	피해면적	재정식 완료 면적
한해	재정식 조사	1,000m²	800m²

풀이

재정식 면적피해율=25%, 재정식 피해비율=20%

재정식 피해율이 자기부담비율 이하이므로 지급보험금=0원

재정식 보험금=1,000만x0.2x0.2=400,000원에 주의!!

(3) 수확감소보험금 산정(고구마, 양배추)

① 면적 확인

    ㉠ 실제 경작면적 확인

    ㉡ 수확불능(고사)면적 확인

    ㉢ 타작물 및 미보상 면적 확인

    ㉣ 기수확 면적 확인

    ㉤ 조사대상 면적 확인 ⇨ 적정표본구간수 선정

       표본구간수(조사대상면적 기준) (4) 1,500m² (5) 3,000m² (6) 4,500m² (7)

② **표본구간 면적(공통)=(표본구간수)×(이랑길이)×(이랑폭)**

③ 표본구간 작물 수확량 조사

    ㉠ 고구마: (정상 중량, 50% 피해형 중량, 80% 피해형 중량, 100% 피해형 중량)

    ㉡ 양배추: (정상 중량, 80% 피해형 중량, 100% 피해형 중량)

④ m²당 평년수확량=(평년수확량)÷(가입면적)

⑤ 표본구간 수확량

    ㉠ 고구마=(표본구간 정상중량)+(50%피해 중량x0.5)+(80%피해 중량x0.2)

    ㉡ 양배추=(표본구간 정상중량)+(80%피해 중량x0.2)

⑥ 표본구간 m²당 수확량=(표본구간 수확량)÷(표본구간면적)

⑦ 수확량=(표본구간 m²당 수확량)×(조사대상면적)

       +(m²당 평년수확량)×(타작물 및 기수확면적+미보상면적)

⑧ 미보상감수량=(평년수확량-수확량)×(미보상비율)

품목	표본구간별 수확량 조사 방법
고구마	표본구간 내 작물을 수확한 후 정상 고구마와 50%형 고구마 (일반시장에 출하할 때, 정상 고구마에 비해 50% 정도의 가격하락이 예상되는 품질. 단, 가공공장 공급 및 판매 여부와 무관), 80% 피해 고구마(일반시장에 출하가 불가능하나, 가공용으로 공급될 수 있는 품질. 단, 가공공장 공급 및 판매 여부와 무관), 100% 피해 고구마(일반시장 출하가 불가능하고 가공용으로 공급될 수 없는 품질)로 구분하여 무게를 조사
양배추	표본구간 내 작물의 뿌리를 절단하여 수확(외엽 2개 내외 부분을 제거)한 후, 정상, 80%피해 양배추, 100%피해 양배추로 구분. 80%피해형은 해당 양배추의 피해 무게를 80% 인정하고, 100%피해형은 해당 양배추 피해 무게를 100% 인정

품목	수확량조사 적기
고구마	고구마의 비대가 종료된 시점 (삽식일로부터 120일 이후에 농지별로 적용)
양배추	양배추의 수확 적기(결구 형성이 완료된 때)

[품목별 표본구간 면적조사 방법]

품목	표본구간 면적 조사 방법
고구마, 양배추, 마. 양. 옥. 감	이랑 길이(5주 이상) 및 이랑 폭 조사
차(茶)	규격의 테(0.04㎡) 사용
콩, 팥	점파 : 이랑 길이(4주 이상) 및 이랑 폭 조사 산파 : 규격의 원형(1㎡) 이용 또는 표본구간의 가로·세로 길이 조사

*수확감소 보험금=(보험가입금액)×(피해율-자기부담비율)
- 피해율=(평년수확량-수확량-미보상감수량)÷(평년수확량)

*농업수입감소 보험금=(보험가입금액)×(피해율-자기부담비율)
- 피해율=(기준수입-실제수입)÷(기준수입)

📋 예제 1 ***조사내용(수확감소보장 고구마 품목, 평년수확량=6,000kg)**

실제 경작 면적	타작물 면적	기수확 면적	표본구간 무게 합계				
			표본 구간수	50%피해	80%피해	100%피해	정상
3,000m²	500m²	500m²	5	6kg	5kg	4kg	5kg

- 미보상비율: 20%, -표본구간 조사(공통): 이랑폭: 0.8m, 이랑길이: 2.5m

🔍 풀이 1

m²당 평년수확량=2kg, 조사대상면적=3,000-500-500=2,000m²이므로 표본구간수=5구간

표본구간 면적=5x0.8x2.5=10m², 표본구간 수확량=5+6x0.5+5x0.2=9kg

표본구간 m²당 수확량=9÷10=0.9kg

수확량=0.9x2,000+2x1,000=3,800kg

미보상감수량=(6,000-3,800)x0.2=440kg(미보상비율=20%)

피해율=(6,000-3,800-440)÷6,000=0.29333, 29.33%,

예제 2 *조사내용(수확감소보장 양배추 품목, 평년수확량=12,000kg)

실제경작 면적	고사 면적	타작물 및 미보상면적	표본 구간수	표본구간 무게 합계(50kg)		
				80%피해	100%피해	정상
2,000m²	250m²	200m²	5	20kg	8kg	20kg

- 미보상비율: 20%, -표본구간 조사(공통), 이랑폭: 0.8m, 이랑길이: 1.5m
- 주어진 조건 이외 다른 조건은 고려하지 않음.

풀이 2

m²당 평년수확량=12,000÷2,000=6kg
조사대상면적=2,000-250-200=1,550m²이므로 표본구간수=5구간
표본구간의 면적=5x0.8x1.5=6m², 표본구간 수확량의 총합=20+20x0.2=24kg
표본구간 m²당 수확량=24÷6=4kg, 수확량=4x1,550+6x200=7,400kg
미보상감수량=(12,000-7,400)x0.2=920kg
피해율=(12,000-7,400-920)÷12,000=0.30666, 30.67%,
양배추 최저자기부담비율=15%

예제 3 수확감소보장방식 밭작물의 수확량조사 적기와 관련하여 물음에 답하시오.

품목	수확량조사 적기
양파	양파의 비대가 종료된 시점 (가)
마늘	마늘의 비대가 종료된 시점 (잎과 줄기가 (나) 황변하여 말랐을 때와 해당 지역의 통상 수확기가 도래하였을 때)
고구마	고구마의 비대가 종료된 시점 (삽식일로부터 (다)일 이후에 농지별로 적용)
차(茶)	조사 가능일 직전 (조사 가능일은 대상 농지에 식재된 차나무의 대다수 신초가 1심2엽의 형태를 형성하며 수확이 가능할 정도의 크기(라)로 자란 시기를 의미하며, 해당 시기가 수확연도 5월 10일을 초과하는 경우에는 수확년도 5월 10일을 기준으로 함)
콩	콩의 수확 적기 (콩잎이 누렇게 변하여 떨어지고 꼬투리의 (마)% 이상이 고유한 성숙색깔로 변하는 시기인 생리적 성숙기로부터 7~14일이 지난 시기)
팥	팥의 수확 적기(꼬투리가 (바)% 이상이 성숙한 시기)
양배추	양배추의 수확 적기(결구 형성이 완료된 때)

풀이 3

(가) 식물체의 도복이 완료된 때 (나) 1/2~2/3 (다) 120
(라) 신초장:4.8cm, 엽장:2.8cm, 엽폭:0.9cm (마) 80~90% (바) 70~80%

문제 1 다음은 종합위험보장방식의 수확감소보장 고구마 품목이 보상하는 재해로 인하여 피해가 발생하였다. 다음의 계약내용과 조사내용을 참조하여 물음에 답하시오.

*계약내용

품목	가입면적	보험가입금액	평년수확량	자기부담비율
고구마	5,000m²	800만원	8,000kg	20%

*조사내용(수확량 조사-표본조사)

실제경작면적	타작물면적	기수확면적	표본구간 수확량 조사			
			정상	50%피해	80%피해	100%피해
5,000m²	500m²	1,000m²	6.2kg	2kg	6kg	3kg

- 표본구간 면적(공통) 이랑폭: 0.8m, 이랑길이: 2.5m　　- 미보상비율: 10%
- 주어진 조건 이외 다른 조건은 고려하지 않음.

물음 1 수확량의 계산과정과 값(kg)을 쓰시오.

물음 2 피해율을 산정하시오.(단, 피해율은 %단위로 소수점 아래 셋째자리에서 반올림)

물음 3 수확감소보험금의 계산과정과 값(원)을 쓰시오.

다음은 종합위험 농업수입감소보장 고구마 품목이 보상하는 재해로 인하여 피해가 발생하였다. 다음의 계약내용과 조사내용을 참조하여 물음에 답하시오.

(단, 피해율은 % 단위로 소수점 아래 셋째자리에서 반올림)

*계약내용

품목	가입면적	보험가입금액	기준가격	평년수확량	자기부담비율
고구마	4,000m²	최대가입금액	1,500원/kg	6,000kg	최저비율적용

*조사내용(수확량 조사-표본조사)

실제경작 면적	타작물 면적	기수확 면적	표본구간 수확량 조사			
			정상	50%피해	80%피해	100%피해
4,000m²	500m²	500m²	5kg	4kg	1kg	2kg

- 표본구간(공통), 이랑폭: 1m, 이랑길이: 1.5m,
- 수확기가격: 1,200원/kg(농가수취비율 적용한 가격임)
- 보상하는 피해인지 확인이 안 됨.

물음 1 수확량의 계산과정과 값(kg)을 쓰시오.

물음 2 농업수입감소보장 보험금의 계산과정과 값(원)을 쓰시오.

문제 3 종합위험 수확감소보장방식 보험에 가입한 양배추 품목에 관한 내용이다. 계약사항 및 조사내용을
참조하여 물음에 답하시오.

(단, 피해율은 % 단위로 소수점 아래 셋째자리에서 반올림)

*계약사항

품목	보험가입금액	평년수확량	가입면적	자기부담비율
양배추	1,000만원	24,000kg	4,000m²	15%

*조사내용(재정식 조사)

사고발생	재해	피해면적	재정식 일자	재정식 면적
10월8일	냉해	500m²	10월12일	500m²

*조사내용(수확량 조사, 표본조사)

실제 경작면	고사면적	타작물 및 미보상 면적	적정 표본구간수	표본구간 무게 합계		
				80%피해	100%피해	정상
4,000m²	500m²	500m²	(가)	15kg	18kg	33kg

- 미보상비율: 10%,
- 표본구간 면적(공통), 이랑폭: 0.8m, 이랑길이: 2.5m

물음 1 재정식 보험금의 계산과정과 값(원)을 쓰시오.

물음 2 수확감소 보험금의 계산과정과 값(원)을 쓰시오.

문제 4 종합위험 농업수입감소 보장방식 보험에 가입한 양배추 품목에 관한 내용이다. 계약사항 및 조사내용을 참조하여 물음에 답하시오.

(단, 피해율은 % 단위로 소수점 아래 셋째자리에서 반올림)

*계약사항

품목	보험가입금액	평년수확량	가입면적	기준가격	자기부담비율
양배추	900만원	8,000kg	2,000m²	1,500원/kg	최저비율적용

*조사내용(수확량 조사, 표본조사)

실제경작 면적	고사 면적	타작물 및 미보상 면적	표본구간수	표본구간 무게 합계		
				80%피해	100%피해	정상
2,000m²	300m²	200m²	5	10kg	5kg	10kg

- 미보상비율: 20%, –수확기가격: 1,000원/kg
- 표본구간 면적(공통), 이랑폭: 1m, 이랑길이: 1.2m

물음 1 보상하는 재해로 확인되지 않은 경우 농업수입감소 보험금을 산정하시오.

물음 2 자연재해 피해로 인한 농업수입감소 보험금의 계산과정과 값(원)을 쓰시오.

문제 5 종합위험 농업수입감소보장 고구마 품목에 관한 내용이다. 다음 조건을 참조하여 농업수입감소보험금의 계산과정과 값(원)을 쓰시오.

(단, 피해율은 %단위로 소수점 아래 셋째자리에서 반올림)

*계약내용 및 조사내용

* 서울시 농수산식품공사 가락도매시장 연도별(고구마) 평균가격(원/kg)

품종	재배면적	2020년	2021년	2022년	2023년	2024년	2025년
밤고구마	1,800m²	2,800	2,500	2,600	2,400	2,700	3,000
호박고구마	1,200m²	3,500	3,100	3,000	3,300	3,200	3,500

- 2025년 9월에 수확하는 품종이고 2025년 4월에 보험 가입함
- 농가수취비율이 적용가능하면 80%를 적용한다.

품목	보험가입금액	가입면적	평년수확량	자기부담비율	보험가입일
고구마	최대가입금액	3,000m²	4,000kg	최저비율선택	2025년 4월28일

*조사내용
- 조사일: 2025년 9월 10일
- 수확량: 2,400kg, 미보상비율: 20%

문제 6 종합위험 수확감소보장방식 보험에 가입한 양배추 품목에 관한 내용이다. 계약사항 및 조사내용을 참조하여 물음에 답하시오.

(단, 피해율은 % 단위로 소수점 아래 셋째자리에서 반올림)

*계약사항

품목	보험가입금액	평년수확량	가입면적	자기부담비율
양배추	1,500만원	12,000kg	4,000m²	15%

*재정식 조사내용

재정식 전 조사내용			재정식 후 조사내용	
실제경작면적	피해면적	조사일자	재정식 면적	조사일자
4,000m²	1,200m²	10월 10일	1,000m²	10월 13일

*조사내용(수확량조사-표본조사)

실제경작 면적	고사면적	타작물 및 미보상 면적	적정표본 구간수	표본구간 무게 합계		
				80%피해	100%피해	정상
4,000m²	500m²	500m²	(가)	5kg	4kg	17kg

- 미보상비율: 15%,
- 표본구간 면적조사(공통), 이랑폭: 1m, 이랑길이: 1.5m

물음 1 재정식 보험금의 계산과정과 값(원)을 쓰시오.

물음 2 수확감소 보험금의 계산과정과 값(원)을 쓰시오.

01 | 풀이

m²당 평년수확량=1.6kg

조사대상면적, 3,500m²이면 표본구간=6구간,

표본구간 면적=6x0.8x2.5=12m², 표본구간

수확량=6.2+2x0.5+6x0.2=8.4kg

표본구간 m²당 수확량=(6.2+1+1.2)÷12=0.7kg

수확량=0.7x3,500+1.6x(1,000+500)=4,850kg

미보상감수량=(8,000-4,850)x0.1=315kg

피해율=(8,000-4,850-315)÷8,000=0.354375, 35.44%

수확감소 보험금=800만원x(0.3544-0.2)=1,235,200원

03 | 풀이

(1) 재정식 면적피해율=500/4,000=0.125, 12.5%

자기부담비율=15%, 면적피해율이 자기부담비율 미만이므로 재정식 보험금=0원

(2) m²당 평년수확량=24,000÷4,000=6kg

조사대상면적=4,000-500-500=3,000m²이므로 표본구간수=6구간

표본구간의 면적=6x0.8x2.5=12m², 표본구간 수확량=33+15x0.2=36kg

표본구간 m²당 수확량=(33+15x0.2)÷12=3kg

수확량=3x3,000+6x500=12,000kg

미보상감수량=(24,000-12,000)x0.1=1,200kg

피해율=(24,000-12,000-1,200)÷24,000=0.45, 45%, 양배추 최저자기부담비율=15%

수확감소보험금=1,000만원x(0.45-0.15)=3,000,000원

02 | 풀이

m²당 평년수확량=1.5kg,

보험가입금액(최대)=6,000x1,500원=900만원

조사대상면적=4,000-500-500=3,000m²이면 표본구간=6구간

표본구간면적=6x1x1.5=9m², 표본구간

수확량=(5+4x0.5+1x0.2)=7.2kg

표본구간 m²당 수확량=(5+4x0.5+1x0.2)÷9=0.8kg

수확량=0.8x3,000+1.5x(500+500)=3,900kg

미보상감수량=(6,000-3,900)x1=2,100kg(보상하는 피해인지 확인이 안 됨: 100%)

실제수입=(3,900+2,100)x1,200원=720만원,

기준수입=6,000x1,500원=900만원

피해율=(900만-720만)÷900만=0.2, 20%

농업수입감소 보장 최저 자기부담비율이 20%이므로 피해율이 자기부담비율을 초과하지 못하므로 지급대상이 아님.

농업수입감소 보험금=0원

04 | 풀이

(1) m²당 평년수확량=8,000÷2,000=4kg

조사대상면적=1,500m²이므로 표본구간수=5구간, 표본구간면적=5x1x1.2=6m²

표본구간 m²당 수확량=(10+10x0.2)÷6=2kg, 수확량=2x1,500+4x200=3,800kg

미보상감수량=(8,000-3,800)x1=4,200kg **(확인되지 않은 재해 미보상비율=100%)**

기준수입=8,000x1,500=1,200만원, 실제수입=(3,800+4,200)x1,000=800만원

피해율=(1,200만-800만)÷1,200만=0.33333, 33.33%

농업수입감소 보험금=900만원x(0.3333-0.2)=1,199,700원

(2) m²당 평년수확량=8,000÷2,000=4kg

조사대상면적=1,500m²이므로 표본구간수=5구간, 표본구간면적=5x1x1.2=6m²

표본구간 m²당 수확량=(10+10x0.2)÷6=2kg, 수확량=2x1,500+4x200=3,800kg

미보상감수량=(8,000-3,800)x0.2=840kg(자연재해 미보상비율=20%)

기준수입=8,000x1,500원=1,200만원, 실제수입=(3,800+840)x1,000원=464만원

피해율=(1,200만-464만)÷1,200만=0.61333, 61.33%

농업수입감소 보험금=900만원x(0.6133-0.2)=3,719,700원

05 | 풀이

재배면적비율, A(밤고구마)=60%, B(호박고구마)=40%

수확기가격(24년도), 밤고구마=3,000x0.8x60%=1,440원
호박고구마=3,500x0.8x40%=1,120원, (수확기가격)
=1,440+1,120=2,560원

기준가격, (고구마는 가입년도(24년) 미포함 직전 5년 올림픽평균)

연도별(19년~23년)중에서 최대, 최소를 제외한 나머지 3개의 평균값,

밤고구마=(2,500+2,600+2,700)/3=2,600원, 2,600x0.8x60%=1,248원

호박고구마=(3,100+3,300+3,200)/3=3,200원, 3,200x0.8x40%=1,024원,

(기준가격)=1,248+1,024=2,272원

보험가입금액(최대)=4,000x2,272원=9,088,000원=908만원

수확량=2,400kg, 미보상감수량=(4,000-2,400)x0.2 =320kg

기준수입=4,000x2,272=9,088,000원

실제수입=(2,400+320)x2,272=6,179,840원

피해율=(9,088,000원-6,179,840원)/9,088,000원=0.32, 32%

농업수입감소 보험금=908만원x(0.32-0.2)=1,089,600원

06 | 풀이

9월30일이전(정식)—10월15일—수확개시시점-(2월28일 극,조생종)(3월15일)(3월31일)

면적피해율=30%, 재정식 면적피해율=1,000/4,000 =0.25, 25%

재정식보험금=1,500만원x0.2x0.25=750,000원

(물음2) m²당 평년수확량=12,000/4,000=3kg,

조사대상면적=3,000m²이므로 표본구간수=6구간, 표본구간의 면적=6x1x1.5=9m²,

표본구간 m²당 수확량=(17+5x0.2)/9=2kg

수확량=2x3,000+3x500=7,500kg

미보상감수량=(12,000-7,500)x0.15=675kg

피해율=(12,000-7,500-675)/12,000=0.31875, 31.88%

수확감소 보험금=1,500만원x(0.3188-0.15)=2,532,000원

12

감자

12 감자

◉ 감자

■ 보험기간

(1) 감자(고랭지재배)(5월~6월 가입)

① **수확감소 보장:** 계약체결일 24시 ~ 수확기 종료시점 판매개시연도 **10월 31일** 초과 불가

② **경작불능 보장:** 계약체결일 24시 ~ 수확개시 시점

(2) 감자(봄재배, 가을재배)(봄재배: 4월~5월 가입, 가을재배: 8월~9월 가입)

① **수확감소 보장(봄재배):** 파종완료일 24시 또는 계약체결일 24시 ~ 수확기 종료시점 판매개시연도 **7월 31일** 초과 불가

② **수확감소 보장(가을재배):** 파종완료일 24시 또는 계약체결일 24시 ~ 수확기 종료시점 판매개시연도 **11월 30일** 초과 불가 (단, 제주도는 판매개시연도 **12월 15일** 초과 불가)

③ **경작불능 보장:** 파종완료일 24시 또는 계약체결일 24시 ~ 수확개시 시점

* 표본구간 선정(감자, 차, 콩, 팥)

⇨ 조사대상 면적 기준: (4) 2,500m² (5) 5,000m² (6) 7,500m² (7) 10,000m² (8)

* 보험가입금액(감자)

⇨ **(보험가입금액)=(가입수확량)×(단위당 가입가격)**,(천원단위 절사)

① 가입수확량=평년수확량의 50~100%

② 평년수확량 산출 방법에 의해 산정(신규가입은 평년수확량=표준수확량의 100%)

■ 밭작물 품목의 평년수확량 산출방법

*평년수확량= {A+(B-A)×(1-Y/5)}×(C/B)
 ① A(과거평균수확량)= Σ과거 5년간 수확량 ÷ Y
 ② B(평균표준수확량)= Σ과거 5년간 표준수확량 ÷ Y
 ③ C(표준수확량)= 가입연도 표준수확량
 ④ Y= 과거수확량 산출연도 횟수(가입횟수)
 * 다만, 평년수확량은 보험가입연도 표준수확량의 **130%**를 초과할 수 없음

* **옥수수, 사료용 옥수수** 등 생산비보장방식 품목 제외
* 과거수확량 산출방법
  ① 사고 발생 시 ⇨ Max{조사수확량, 평년수확량의 50%}
  ② 무사고 시 ⇨ Max{표준수확량, 평년수확량}x110%

■ 밭작물(수확감소·농업수입감소보장) 품목 인수 제한 목적물

(1) 감자(봄재배)

① 2년 이상 자가 채종 재배한 농지
② 씨감자 수확을 목적으로 재배하는 농지
③ 파종을 **3월 1일** 이전에 실시 농지
④ 출현율이 90% 미만인 농지
   (보험가입 당시 출현 후 고사된 싹은 출현이 안 된 것으로 판단)
⑤ 재식밀도가 4,000주/10a 미만인 농지
⑥ 전작으로 **유채**를 재배한 농지
⑦ 시설재배 농지

(2) 감자(가을재배)

① 가을재배에 부적합 품종(**수미, 남작, 조풍, 신남작, 세풍** 등)이 파종된 농지
② 2년 이상 갱신하지 않는 씨감자를 파종한 농지
③ 씨감자 수확을 목적으로 재배하는 농지
④ 재식밀도가 4,000주/10a 미만인 농지
⑤ 전작으로 **유채**를 재배한 농지
⑥ 출현율이 90% 미만인 농지
   (보험가입 당시 출현 후 고사된 싹은 출현이 안 된 것으로 판단함)
⑦ 시설재배 농지, 목장 용지

(3) 감자(고랭지재배)

① 재배 용도가 다른 것을 혼식 재배하는 농지
② 파종을 **4월 10일 이전**에 실시한 농지
③ 출현율이 90% 미만인 농지
   (보험가입 당시 출현 후 고사된 싹은 출현이 안 된 것으로 판단)
④ 재식밀도가 3,500주/10a 미만인 농지

※ 출현율에 의한 인수제한 품목

    ① **90% 미만** 인수제한: 옥수수, 콩, 감자(봄재배, 가을재배, 고랭지재배)

    ② **85% 미만** 인수제한: 팥

    ③ **80% 미만** 인수제한: 밀, 보리, 귀리

◉ 감자-봄재배, 가을재배, 고랭지재배

(1) 경작불능보험금 산정(감자)

    ① 지급사유: 보험기간 내에 보상하는 재해로 식물체피해율이 65% 이상이고 계약자가 경작불능보험금을 신청한 경우 경작불능보험금은 자기부담비율에 따라 보험가입금액의 일정비율로 계산한다.(단, 산지폐기가 확인된 경우 지급)

    ② **경작불능보험금=(보험가입금액)×(자기부담비율별 보장비율)** (보장비율)=(100-자기부담비율)÷2, (45%, 42%, 40%, 35%, 30%)

(3) 수확감소보험금 산정(감자-봄재배, 가을재배, 고랭지재배)

    ① 면적 확인

        ㉠ 실제 경작면적 확인

        ㉡ 수확불능(고사)면적 확인

        ㉢ 타작물 및 미보상 면적 확인

        ㉣ 기수확 면적 확인

        ㉤ 조사대상 면적 확인 ⇨ 적정표본구간수 선정, 표본구간수(조사대상면적 기준)

            (4) **2,500m²** (5) **5,000m²** (6) **7,500m²** (7) **10,000m²** (8)

    ② **표본구간 면적(공통)=(표본구간수)×(이랑길이)×(이랑폭)**

    ③ 표본구간 작물 수확량 조사(감자)

        ㉠ 정상 중량

        ㉡ **최대 지름이 5cm 미만**이거나 **피해 정도 50% 이상**인 감자의 중량

        ㉢ 병충해 중량

    ④ m² 당 평년수확량=(평년수확량)÷(가입면적)

    ⑤ **표본구간 수확량**

        ⇨ **감자=(표본구간 정상중량)+(병충해 피해 중량)**

            +(최대 지름이 5cm 미만 또는 피해 정도 50% 이상인 감자의 중량)x0.5

    ⑥ 표본구간 m² 당 수확량=(표본구간 수확량)÷(표본구간면적)

    ⑦ 병충해 등급 인정비율과 손해정도비율

⑧ 단위 면적당 병충해감수량 ={(병충해 중량)×(손해정도비율)×(등급인정비율)}의 총합÷(표본구간면적)

⑨ 병충해감수량=(단위 면적당 병충해감수량)×(조사대상면적)

⑩ 수확량=(표본구간 m² 당 수확량)×(조사대상면적)

　　　　+(m² 당 평년수확량)×(타작물 및 기수확면적+미보상면적)

⑪ 미보상감수량=(평년수확량-수확량)×(미보상비율)

⑫ **피해율=(평년수확량-수확량-미보상감수량+병충해감수량)÷(평년수확량)**

⑬ 수확감소 보험금=(보험가입금액)×(피해율-자기부담비율)

품목	표본구간별 수확량 조사 방법
감자	표본구간 내 작물을 수확한 후 정상 감자, 병충해별 20% 이하, 21~40% 이하, 41~60% 이하, 61~80% 이하, 81~100% 이하 발병 감자로 구분하여 해당 병충해명과 무게를 조사하고 **최대 지름이 5cm** 미만이거나 피해정도 **50% 이상**인 감자의 무게는 실제 무게의 **50%**를 조사 무게로 함.
표본구간 면적	(표본구간수)x(이랑폭)x(이랑길이)

품목	수확량조사 적기
감자 (고랭지재배)	감자의 비대가 종료된 시점 (파종일로부터 110일 이후)
감자 (봄재배)	감자의 비대가 종료된 시점 (파종일로부터 95일 이후)
감자 (가을재배)	감자의 비대가 종료된 시점 (파종일로부터 제주지역은 110일 이후, 이외 지역은 95일 이후)

구분 품목	급수	병·해충	인정비율
감자	1급	**모자이크병, 가루더뎅이병, 감자뿔나방, 역병, 무름병, 잎말림병, 둘레썩음병, 갈쭉병,**	90%
	2급	홍색부패병, 시들음병, 줄기검은병, 줄기기부썩음병, 아메리카잎굴파리, 마른썩음병, 더뎅이병, 방아벌레류, 균핵병, 검은무늬썩음병, 진딧물류, 풋마름병	70%
	3급	흰비단병, 오이총채벌레, 겹둥근무늬병, 반쪽시들음병, 파밤나방, 탄저병, 잿빛곰팡이병, 뿌리혹선충, 큰28점박이무당벌레, 기타	50%

243

품목	손해정도	손해정도비율
감자	1~20%	20%
	21~40%	40%
	41~60%	60%
	61~80%	80%
	81~100%	100%

📋 예제 1   *조사내용(표본조사, 병충해(탄저병), 평년수확량: 12,000kg)

실제 경작면적	고사 면적	타작물 및 미보상면적	표본구간 무게 합계				
			표본 구간수	정상	최대지름 5cm미만	50%이상 피해감자	병충해
3,000m²	400m²	600m²	4	12kg	5kg	3kg	6kg

- 병충해 감자(탄저병), 손해정도: 55%   - 미보상비율: 20%,
- 표본구간 면적조사(공통): 이랑폭: 0.8m, 이랑길이: 2.5m

🔍 풀이 1

m²당 평년수확량=12,000÷3,000=4kg, 조사대상면적=2,000m²이므로 표본구간수=4구간
표본구간면적=4x0.8x2.5=8m², 표본구간 m²당 수확량=(12+8x0.5+6)÷8=2.75kg
수확량=2.75x2,000+4x600=7,900kg
미보상감수량=(12,000-7,900)x0.2=820kg
병충해감수량=2,000x(6x0.6x0.5)÷8=450kg,(손해정도비율=0.6, 탄저병 3급=0.5)
피해율=(12,000-7,900-820+450)÷12,000=0.310833, 31.08%

📋 예제 2 *조사내용(표본조사, 병충해(모자이크병), 평년수확량: 15,000kg)

실제 경작면적	고사 면적	타작물 및 미보상면적	표본구간 무게 합계				
			표본 구간수	정상	최대지름 5cm미만	50%이상 피해감자	병충해
5,000m²	500m²	500m²	5	10kg	5kg	7kg	6kg

- 표본구간 면적조사(공통): 이랑폭: 0.8m, 이랑길이: 2.5m,

병충해 감자(6kg, 모자이크병) 손해정도					미보상비율
1~20%	21~40%	41~60%	61~80%	81~100%	
1kg	2kg	2kg	1kg	-	20%

🔍 풀이 2

m²당 평년수확량=15,000÷5,000=3kg, 조사대상면적=4,000m²이므로 표본구간수=5구간
표본구간면적=5x0.8x2.5=10m², 표본구간 m²당 수확량=(10+12x0.5+6)÷10=2.2kg
수확량=2.2x4,000+3x500=10,300kg
미보상감수량=(15,000-10,300)x0.2=940kg
병충해감수량=4,000x(6x0.5x0.9)÷10=1,080kg,(손해정도비율=0.5, 모자이크병 1급=0.9)
손해정도비율=(0.2+0.8+1.2+0.8)/6=0.5,
피해율=(15,000-10,300-940+1,080)÷15,000=0.32266, 32.27%

종합위험 수확감소보장방식 보험에 가입한 감자(가을재배) 품목에 관한 내용이다. 계약사항 및 조사내용을 참조하여 물음에 답하시오. (단, 피해율은 % 단위로 소수점 아래 셋째자리에서 반올림)

*계약사항(가입조건을 모두 만족하여 보험에 가입함)

품목	보험가입금액	평년수확량	가입면적	자기부담비율
감자(가을재배)	2,000만원	20,000kg	5,000m²	20%

*조사내용: 병충해(잿빛곰팡이병)로 인한 피해 확인됨

실제 경작 면적	고사 면적	타작물 및 미보상 면적	표본구간 무게 합계					
			표본 구간수	정상 정상	최대지름 5cm미만	50%이상 피해감자	병충해 감자 (잿빛곰팡이병)	
							괴경무게	손해정도
5,000m²	700m²	500m²	(가)	15kg	5kg	5kg	6kg	55%

- 미보상비율: 20%, -표본구간 면적(공통), 이랑폭: 0.8m, 이랑길이: 2.5m
- 주어진 조건 이외 다른 조건은 고려하지 않음.

물음 1 표본구간수와 수확량의 계산과정과 값(kg)을 쓰시오.

물음 2 수확감소 보험금의 계산과정과 값(원)을 쓰시오.

문제 2 종합위험 수확감소보장방식 보험에 가입한 감자(봄재배) 품목에 관한 내용이다. 계약사항 및 조사 내용을 참조하여 물음에 답하시오. (단, 피해율은 % 단위로 소수점 아래 셋째자리에서 반올림)

*계약사항

품목	보험가입금액	평년수확량	가입면적	자기부담비율
감자(봄재배)	1,000만원	16,000kg	4,000m²	20%

*조사내용: 병충해(둘레썩음병)로 인한 피해 확인됨

실제 경작면적	고사 면적	미보상 및 타작물면적	표본구간			미보상비율
			표본구간수	이랑폭	이랑길이	
4,000m²	600m²	500m²	(가)	1m	2m	20%

표본구간 감자의 무게					미보상비율
정상	최대지름 5cm미만	50%이상 피해	병충해 괴경의 무게		
19kg	5kg	5kg	6kg		20%

병충해 감자(6kg, 둘레썩음병) 손해정도					미보상비율
1~20%	21~40%	41~60%	61~80%	81~100%	
1kg	2kg	2kg	1kg	-	20%

물음 1 표본구간수와 병충해 감수량의 계산과정과 값(kg)을 쓰시오.

물음 2 수확감소 보험금의 계산과정과 값(원)을 쓰시오.

종합위험 수확감소보장방식 보험에 가입한 감자(봄재배) 품목에 관한 내용이다. 계약사항 및 조사 내용을 참조하여 물음에 답하시오. (단, 피해율은 % 단위로 소수점 아래 셋째자리에서 반올림)

*계약사항

품목	보험가입금액	평년수확량	가입면적	자기부담비율
감자(봄재배)	2,000만원	28,000kg	7,000m²	20%

*조사내용: 병충해로 인한 피해 확인됨

실제 경작면적	고사 면적	미보상 및 타작물면적	표본구간			미보상비율
			표본구간수	이랑폭	이랑길이	
7,000m²	1,000m²	1,000m²	(가)	0.8m	2.5m	10%

표본구간 감자의 무게				미보상비율
정상	최대지름 5cm미만	50%이상 피해	병충해 괴경의 무게	
16kg	6kg	4kg	9kg	10%

표본구간	병충해명	병충해 감자 괴경의 무게	손해정도
1,2구간	역병	2kg	25%
3,4구간	탄저병	3kg	35%
5,6구간	무름병	4kg	65%

물음 1 표본구간수와 병충해 감수량의 계산과정과 값(kg)을 쓰시오.

물음 2 수확감소보험금의 계산과정과 값(원)을 쓰시오.

문제 4 종합위험방식 수확감소보장보험에 가입한 감자(가을재배) 품목에 관한 내용이다. 계약사항 및 조사내용을 참조하여 물음에 답하시오. (단, 피해율은 % 단위로 소수점 아래 셋째자리에서 반올림)

*계약내용

품목	보험가입금액	평년수확량	표준수확량	가입면적	자기부담비율
감자	1,000만원	4,200kg	4,000kg	3,000m²	15%

*재배면적 조사내용

실제경작면적	잎말림병 고사면적	홍색부패병 고사면적	미보상면적	타작물면적	기수확면적
3,000m²	100m²	100m²	100m²	200m²	300m²

- 표본구간수는 적정 최소 표본구간수이고 이랑폭: 1m, 이랑길이: 2m
- 농지전체 잡초가 65%정도 분포되어 미보상비율을 최솟값으로 적용함.

*조사내용: 병충해(잎말림병과 홍색부패병)로 인한 피해 확인됨

표본구간 감자의 무게				미보상비율
정상	최대지름 5cm미만	50%이상 피해	병충해 괴경의 무게	
3kg	3kg	1kg	3kg	10%

표본구간	병충해명	병충해 감자 괴경의 무게	손해정도
1,2구간	잎말림병	2kg	25%
3,4구간	홍색부패병	1kg	45%

물음 1 표본구간수와 병충해 감수량의 계산과정과 값(kg)을 쓰시오.

물음 2 수확감소 보험금의 계산과정과 값(원)을 쓰시오.

정답 및 해설

01 | 풀이

m²당 평년수확량=20,000÷5,000=4kg,

조사대상면적=3,800m²이므로 표본구간수=5구간

표본구간면적=5x0.8x2.5=10m²,

표본구간 m²당 수확량=(15+10x0.5+6)÷10=2.6kg

수확량=2.6x3,800+4x500=11,880kg

미보상감수량=(20,000-11,880)x0.2=1,624kg

병충해감수량=3,800x(6x0.6x0.5)÷10=684kg,

(손해정도비율=0.6, 잿빛곰팡이병 3급=0.5)

피해율=(20,000-11,880-1,624+684)÷20,000=0.359, 35.9%

수확감소보험금=2,000만원x(0.359-0.2)=3,180,000원

02 | 풀이

m²당 평년수확량=16,000÷4,000=4kg,

조사대상면적=2,900m²이므로 표본구간수=5구간

표본구간면적=5x1x2=10m², 표본구간 m²당

수확량=(19+10x0.5+6)÷10=3kg

수확량=3x2,900+4x500=10,700kg

미보상감수량=(16,000-10,700)x0.2=1,060kg

병충해감수량=2,900x(6x0.9x0.5)÷10=783kg

손해정도비율=(0.2+0.8+1.2+0.8)÷6=0.5, 병충해 둘레썩음병

1급=0.9,

피해율=(16,000-10,700-1,060+783)÷16,000=0.31393,

31.39%

수확감소보험금=1,000만원x(0.3139-0.2)=1,139,000원

03 | 풀이

m²당 평년수확량=28,000÷7,000=4kg,

조사대상면적=5,000m²이므로 표본구간수=6구간

표본구간면적=6x0.8x2.5=12m²,

표본구간 m²당 수확량=(16+10x0.5+9)÷12=2.5kg

수확량=2.5x5,000+4x1,000=16,500kg

미보상감수량=(28,000-16,500)x0.1=1,150kg

병충해감수량=5,000x(2x0.9x0.4+3x0.5

x0.4+4x0.9x0.8)÷12=1,750kg

피해율=(28,000-16,500-1,150+1,750)÷28,000=0.43214,

43.21%

수확감소보험금=2,000만원x(0.4321-0.2)=4,642,000원

04 | 풀이

농지전체 잡초가 65%정도 분포 ⇨ 매우불량 ⇨ 미보상비율:
20%이상(최소=20%)

m²당 평년수확량=1.4kg, 조사대상면적

=2,200m²이므로 표본구간수=4구간

표본구간 면적=4x1x2=8m², 표본구간 m²당 수확량

=(3+4x0.5+3)÷8=1kg

수확량=1x2,200+1.4x600=3,040kg

미보상감수량=(4,200-3,040)x0.2=232kg

병충해감수량=2,200x(2x0.9x0.4+1x0.7x0.6)÷8=313.5kg

피해율=(4,200-3,040-232+313.5)÷4,200=0.29559,

29.56%

수확감소보험금=1,000만원x(0.2956-0.15)=1,456,000원

13

옥수수

13 옥수수

◎ 옥수수

■ 보험기간

(1) 옥수수(농업수입감소-수입안정보장보험 신설)(4월~6월 가입)

　　① **수확감소 보장:** 계약체결일 24시 ~ 수확기 종료시점 판매개시연도 9월 30일 초과 불가
　　② **경작불능 보장:** 계약체결일 24시 ~ 수확개시 시점

(2) 사료용 옥수수

　　⇨ **경작불능 보장:** 계약체결일 24시 ~ 수확개시 시점 다만, 판매개시연도 8월 31일 초과 불가

(3) 수박(노지재배)-신규상품

　　① **수확감소 보장:** 계약체결일 24시 단, 판매개시연도 5월 31일 초과 불가 ~ 수확기 종료시점 판매개시연도 8월 31일 초과 불가
　　② **경작불능 보장:** 계약체결일 24시 ~ 수확개시 시점

* **표본구간 선정(옥수수)**
　⇨ **조사대상 면적 기준:** (4) 1,500m² (5) 3,000m² (6) 4,500m² (7)

* **보험가입금액(옥수수)**
　⇨ **(보험가입금액)=(가입수확량)×(단위당 가격), (천원단위 절사)**
　① **가입수확량=표준수확량의 80~130%**
　② 해당농지 표준수확량 제시될 것으로 예상됨
　③ **해당농지 표준수확량=(m²당 지역별 표준수확량)×(재배면적)×(재식시거지수)**

📑 **예제** M농가의 종합위험방식 보장방식 옥수수(연농2호) 품목에 관한 내용이다. 계약사항을 참조하여 보험가입금액의 최솟값과 최댓값을 구하시오.

품목	가입면적	가입가격	가입수확량	표준수확량	자기부담비율
옥수수	3,000m²	2,000원/kg	최대가입	110kg/1a	20%

- 표준중량: 0.16kg, -재식시기지수: 0.95, -재식밀도지수: 1.0,
- 피해주수: 8,000주, -미보상비율: 20%

📖 **풀이**

해당 농지의 표준수확량=3,000x1.1=3,300kg
보험가입금액(최대)=3,300x130%x2,000원=8,580,000원
보험가입금액(최소)=3,300x80%x2,000원=5,280,000원
피해주수=8,000주, 피해수확량=(피해주수)x(표준중량)x(재식시기지수)x(재식밀도지수)
　　=8,000x0.16x0.95x1.0=1,216kg, 손해액=1,216x(1-0.2)x2,000원=1,945,600원

■ 밭작물(수확감소·농업수입감소보장) 품목 인수 제한 목적물

(1) 옥수수

　① 보험가입금액이 100만원 미만인 농지
　② 자가 채종을 이용해 재배하는 농지
　③ 미백2호, 미흑찰, 일미찰, 연자흑찰, 얼룩찰, 찰옥4호, 박사찰, 대학찰, 연농2호가 아닌 품종을 파종(정식)한 농지
　④ 1주 1개로 수확하지 않는 농지
　⑤ 통상적인 재식 간격의 범위를 벗어나 재배하는 농지
　　㉠ **1주 재배:** 1,000㎡당 정식주수가 **3,500주 미만 5,000주 초과**인 농지
　　　(단, 전남·북·광주·제주는 1,000㎡당 정식주수가 **3,000주 미만 5,000주 초과**)
　　㉡ **2주 재배 :** 1,000㎡당 정식주수가 **4,000주 미만 6,000주 초과**인 농지
　⑥ **3월 1일 이전**에 파종한 농지
　⑦ **출현율이 90% 미만**인 농지
　　(보험가입 당시 출현 후 고사된 싹은 출현이 안 된 것으로 판단함)
　⑧ 도시계획 등에 편입되어 수확 종료 전에 소유권 변동 또는 농지 형질변경 등이 예정되어 있는 농지

(2) 사료용 옥수수

　① 보험가입면적이 1,000㎡ 미만인 농지
　② 자가 채종을 이용해 재배하는 농지

③ 3월 1일 이전에 파종한 농지
④ 출현율이 90% 미만인 농지
⑤ 도시계획 등에 편입되어 수확 종료 전에 소유권 변동 또는 농지 형질변경 등이 예정되어 있는 농지

◉ 옥수수

(1) 경작불능보험금 산정(옥수수)

① 지급사유: 보험기간 내에 보상하는 재해로 식물체피해율이 65% 이상이고 계약자가 경작불능보험금을 신청한 경우 경작불능보험금은 자기부담비율에 따라 보험가입금액의 일정비율로 계산한다.(단, 산지폐기가 확인된 경우 지급)

② **경작불능보험금=(보험가입금액)×(자기부담비율별 보장비율)**

(보장비율)=(100-자기부담비율)÷2, **(45%, 42%, 40%, 35%, 30%)**

(2) 경작불능보험금 산정(사료용 옥수수)

① 지급사유: 보험기간 내에 보상하는 재해로 식물체피해율이 65% 이상이고 계약자가 경작불능보험금을 신청한 경우 경작불능보험금은 자기부담비율에 따라 보험가입금액의 일정비율로 계산한다.(단, 산지폐기가 확인된 경우 지급)

② **경작불능보험금=(보험가입금액)×(자기부담비율별 보장비율)×(경과비율)**

(보장비율)=(100-자기부담비율)÷2, (45%, 42%, 40%, 35%, 30%)

(경과비율)=5월(80%), 6월(80%), 7월(90%), 8월(100%)

③ 사료용옥수수는 수확감소보장이 없으므로 경작불능 대상은 반드시 신청해야 함.

(3) 수확감소보험금 산정(옥수수)

① 면적 확인

㉠ 실제 경작면적 확인

㉡ 수확불능(고사)면적 확인

㉢ 타작물 및 미보상 면적 확인

㉣ 기수확 면적 확인

㉤ 조사대상 면적 확인 ⇨ **적정표본구간수 선정, 표본구간수(조사대상면적 기준)**

(4) 1,500m² (5) 3,000m² (6) 4,500m² (7)

② **표본구간 면적=(표본구간수)×(이랑길이)×(이랑폭)**

③ 표본구간 작물의 피해수확량 조사(옥수수)

㉠ 하품 이하의 개수(착립장 길이 **15cm 미만)**

ⓛ 중품의 개수(착립장 길이 **15cm 이상 ~ 17cm 미만**)x0.5

ⓒ **표준 중량**: 대학찰(160g), 미백2호(180g), 미흑찰, 박사찰(190g),

ⓔ 재식시기지수

ⓜ 재식밀도지수

④ m² 당 표준수확량=(표준수확량)÷(가입면적)

⑤ 표본구간 피해수확량

⇨{(하품 이하 개수)+(중품 개수)x0.5}x(표준중량)×(재식시기지수)×(재식밀도지수)

⑥ 표본구간 m² 당 피해수확량=(표본구간 피해수확량)÷(표본구간면적)

⑦ 피해수확량=(표본구간 m² 당 피해수확량)×(조사대상면적)

+(m² 당 표준수확량)×(고사면적)

⑧ 손해액=(피해수확량)×(1-미보상비율)×(단위당 가입가격)

⑨ 자기부담금액=(보험가입금액)×(자기부담비율)

⑩ **수확감소 보험금=Min{(손해액), (보험가입금액)}-(자기부담금액)**

*농업수입감소보장(수입안정보장보험): 옥수수 추가

옥수수: 수확감소보장, 경작불능, 농업수입감소보장

① 피해수확량=(피해주수)×(표준중량)×(재식시기지수)×(재식밀도지수)

② **(손해액)=(기준가격-수확기가격)×(표준수확량-피해수확량)+(기준가격)×(피해수확량)**, (가격하락인 경우)

③ **(손해액)=(기준가격)×(피해수확량)**, (가격상승인 경우)

*실제수입=기준수입-손해액

*기준수입=표준수확량x기준가격

*기준가격: 5개년 올림픽평균

① 가입년도 포함 5개년: 감자(가을), 마늘, 양배추

② 가입년도 미포함 5개년(직전 5년): 콩, 양파, 고구마, 포도, 옥수수

*수확기 가격(농가수취비율 5개년 올림픽평균): 콩, 양파, 포도, 옥수수

품목	표본구간별 수확량 조사 방법		
옥수수	표본구간 내 수확한 옥수수 중 "하" 항목의 개수에 "중" 항목 개수의 0.5를 곱한 값을 더한 후 품종별 표준중량을 곱하여 피해수확량을 산정		
	<품종별 표준중량(g)>		
	미백2호	대학찰(연농2호)	미흑찰 등
	180g	160g	190g
표본구간 면적	(표본구간수)x(이랑폭)x(이랑길이)		
수확량 조사 방법	표본구간 내 작물을 수확한 후 착립장 길이에 따라 상(17cm 이상)· 중(15cm 이상 17cm 미만)·하(15cm 미만)로 구분한 후 해당 개수를 조사 **하품**: 착립장 길이 **15cm 미만** **중품**: 착립장 길이 **15cm 이상 ~ 17cm 미만** **상품**: 착립장 길이 **17cm 이상**		
수확량 조사적기	옥수수의 수확 적기(수염이 나온 후 **25일** 이후)		

📖 **예제 1**　*조사내용(연농2호), 표준수확량: 3,000kg, 표준가격(가입가격): 1,500원/kg

실제경작 면적	고사 면적	미보상 면적	표본구간 면적합계	표본구간내 수확한 작물 착립장의 개수			
				13cm	15cm	17cm	19cm
4,000m²	500m²	500m²	8m²	20개	8개	5개	7개

- 재식밀도지수: 0.95,　재식시기지수: 1　　-미보상비율: 20%
- 표준중량: 연농2호=0.16kg, 미백2호=0.18kg, 미흑찰=0.19kg

🔍 **풀이 1**

m²당 표준수확량=3,000/4,000=0.75kg, 표준중량, 연농2호=0.16
조사대상면적=3,000m², 표본구간수=6구간, 표본구간면적=8m²
표본구간 m²당 피해수확량=(20+8x0.5)x0.16x0.95x1/8=0.456kg
피해수확량=0.456x3,000+0.75x500=1,743kg
손해액=1,743x(1-0.2)x1,500원=2,091,600원

예제 2 M농가의 종합위험방식 보장방식 옥수수(연농2호) 품목에 관한 내용이다. 계약사항을 참조하여 수확감소 보험금(원)을 구하시오.

품목	가입면적	가입가격	가입수확량	표준수확량	자기부담비율
옥수수	2,500m²	2,000원/kg	최대가입	2,500kg	20%

표준중량=0.16kg, 보험가입일: 5월 10일

*조사내용

사고	피해주수	재식시기지수	재식밀도지수	미보상비율
조수해	2주재배 계약인수가능 최저 정식주수 전체피해	0.96	1	10%

- 사고원인: 착립장의 길이 하품의 개수 전체 100% 피해

풀이 2

표준수확량=2,500x1=2,500kg, 보험가입금액(최대)=2,500x130%x2,000원=6,500,000원

2주재배 인수가능 주수: 10a당 4,000주~6,000주이므로 최저가입=4,000주, m²당=4주

피해주수=2,500x4=10,000주

피해수확량=(피해주수)x(표준중량)x(재식시기지수)x(재식밀도지수) =10,000x0.16x0.96x1=1,536kg

손해액=1,536x(1-0.1)x2,000원=2,764,800원, 자기부담금액=6,500,000원x0.2=1,300,000원

수확감소 보험금=Min{2,764,800원, 650만원}-1,300,000원=1,464,800원

문제 1 다음은 종합위험방식 수확감소보장보험에 가입한 옥수수 품목에 관한 내용이다. 계약사항 및 조사내용을 참조하여 물음에 답하시오.

***계약내용**

품목	보험가입금액	표준수확량	표준가격	가입면적	자기부담비율
옥수수 (미백2호)	800만원	4,000kg	2,000원/kg	5,000m²	20%

***조사내용(표본조사)**

실제경작 면적	고사 면적	미보상 면적	표본구간 면적합계	표본구간내 수확한 작물 착립장의 개수			
				13cm	15cm	17cm	19cm
5,000m²	1,000m²	500m²	8m²	20개	8개	5개	7개

- 재식밀도지수: 0.9,   재식시기지수: 1   -미보상비율: 20%
- 표준중량: 연농2호=0.16kg, 미백2호=0.18kg, 미흑찰=0.19kg

물음 1 표본구간 m²당 피해수확량의 계산과정과 값(kg)을 쓰시오. (단, 표본구간 m²당 피해수확량은 kg 단위로 소수점 셋째자리에서 반올림)

물음 2 수확감소 보험금의 계산과정과 값(원)을 쓰시오.

문제 2 종합위험보장방식의 수확감소보장 옥수수 품목이 보상하는 재해로 인하여 피해가 발생하였다. 다음의 계약내용과 조사내용을 참조하여 물음에 답하시오.

*계약내용 및 조사내용

품목	가입가격	표준수확량	보험가입금액	자기부담비율
옥수수(연농2호)	1,000원/kg	3,000kg	최대가입금액	15%

순보험요율	전기울타리설치	지자체지원율	정부지원율	피해수확량	미보상비율
10%	5%	30%	50%	2,000kg	10%

- 손해율에 따른 할인율=13% (최근 2년 연속 가입하고 무사고임)
- 주어진 조건 이외 다른 조건은 고려하지 않음.

물음 1 계약자부담 보험료의 계산과정과 값(원)을 쓰시오.(단, 원단위 미만은 절사)

물음 2 가입후 7월에 임의해지하는 경우 환급보험료의 계산과정과 값(원)을 쓰시오.
(단, 7월 미경과비율: 60%)

물음 3 수확감소 보험금의 계산과정과 값(원)을 쓰시오.

다음은 종합위험방식 수확감소보장보험에 가입한 옥수수 품목에 관한 내용이다. 계약사항 및 조사내용을 참조하여 물음에 답하시오.

(단, 표본구간 m²당 피해수확량은 kg 단위로 소수점 아래 셋째자리에서 반올림)

*계약내용

품목	보험가입금액	표준수확량	표준가격	가입면적	자기부담비율
옥수수 (미흑찰)	800만원	6,000kg	2,500원/kg	5,000m²	20%

*조사내용(표본조사)

실제경작 면적	고사 면적	미보상 면적	표본구간 면적합계	표본구간내 수확한 작물 착립장의 길이			
				13cm	16cm	17cm	18cm
5,000m²	2,000m²	500m²	(가)m²	20개	20개	5개	5개

- 재식밀도지수: 0.98,   재식시기지수: 1   -미보상비율: 10%
- 표본구간(공통), 이랑폭=0.8m, 이랑길이=2.5m

물음 1 옥수수 표본구간 수확량조사 방법을 서술하시오.

물음 2 수확감소 보험금의 계산과정과 값(원)을 쓰시오.

문제 4 다음은 종합위험 수확감소보장 옥수수 품목이 보상하는 재해로 인하여 피해가 발생하였다. 다음의 계약내용과 조사내용을 참조하여 물음에 답하시오.

*계약내용조사내용

품목	보험가입금액	가입면적	표준수확량	표준가격	자기부담비율
옥수수	최대 가입금액	5,000m²	4,000kg	2,000원/kg	15%

(연농2호) 표준중량=160g

*조사내용(표본조사)

실제경작면적	고사면적	미보상면적	표본구간		표본구간 착립장의 길이		
			이랑폭	이랑길이	14cm	16cm	17cm
5,000m²	1,000m²	1,000m²	0.8m	2.5m	20	10	10

- 미보상비율: 15%, -재식시기지수: 0.95,   재식밀도지수: 0.9,

*보험가입 계약내용

보통약관보험요율	전기울타리설치	지자체지원율	정부지원율	부가보험료
12%	5%	30%	50%	적용보험료의20%

- 손해율에 따른 할인율=13% (최근 2년 연속 가입하고 무사고임)

물음 1 수확감소보험금의 계산과정과 값(원)을 쓰시오.

물음 2 보험가입금액을 최소로 가입하였을 때, 계약자부담 보험료를 산정하시오.

(단, 각 보험료 산정 시 원단위 미만은 절사)

📖 문제 5   M농가의 종합위험방식 보장방식 옥수수(연농2호) 품목에 관한 내용이다. 계약사항을 참조하여 다음 물음에 답하시오.

품목	가입면적	가입가격	가입수확량	표준수확량	자기부담비율
옥수수	2,500m²	2,000원/kg	최대가입	2,160kg	20%

표준중량=0.16kg, 보험가입일: 2024년 5월 10일

*조사내용

사고	피해주수	재식시기지수	재식밀도지수	미보상비율
조수해	2주재배 계약인수가능 최저 정식주수 전체피해	0.96	1	10%

- 사고원인: 착립장의 길이 하품의 개수 전체 100% 피해

물음 1   보험가입금액의 계산과정과 값(원)을 쓰시오.

물음 2   수확감소 보험금의 계산과정과 값(원)을 쓰시오.

정답 및 해설

01 | 풀이

m²당 표준수확량=0.8kg, 표준중량, 미백2호=0.18

표본구간 m²당 피해수확량={(20+8x0.5)x0.18x0.9x1}÷8=0.486
=0.49kg

피해수확량=0.49x3,500+0.8x1,000=2,515kg

손해액=2,515x(1-0.2)x2,000원=4,024,000원

자기부담금액=800만원x0.2=160만원

수확감소 보험금=Min{4,024,000, 800만원}-
160만원=2,424,000원

02 | 풀이

해당농지 표준수확량의 80%~130% 범위에서 가입가능
최대 보험가입금액=3,000x1.3x1,000원=390만원

(1) 순보험료=390만원x0.1x(1-0.13)x(1-0.05)=332,335원

계약자부담보험료=332,335원x(1-0.3-0.5)=64,467원

(2) 환급보험료=64,467원x0.6=38,680원

(3) 피해수확량=2,000kg, 미보상 피해수확량=2,000x0.1=200kg

손해액=2,000x(1-0.1)x1,000원=180만원

자기부담금액=390만x0.15=585,000원

수확감소 보험금=Min{180만, 390만}-
585,000원=1,215,000원

03 | 풀이

(물음1)

표본구간 면적 내에 있는 모든 작물을 수확하여 착립장의
길이에 따라 상품(17cm이상), 중품(15cm이상~17cm미만),
하품(15cm미만)으로 분류하여 피해수확량을 조사한다.

(물음2)

보험가입금액=800만원은 논란의 대상,
최저보험가입금액=6,000x0.8x2,500원=1,200만원

표준수확량=6,000kg, 조사대상면적
=5,000-2,000-500=2,500m², 표본구간수=5구간

m²당 표준수확량=1.2kg, 표준중량, 미흑찰=0.19,
표본구간면적=5x0.8x2.5=10m²

표본구간 m²당 피해수확량
={(20+20x0.5)x0.19x0.98x1}÷10=0.5586=0.56kg

피해수확량=0.56x2,500+1.2x2,000=3,800kg

손해액=3,800x(1-0.1)x2,500=855만

자기부담금액=800만원x0.2=160만원

수확감소보험금=Min{855원, 800만원}-160만원
=6,400,000원

(최근 2년 연속 가입하고 무사고임), 최저비율적용=15% 적용

(1) 1m²당 표준수확량=0.8kg, 해당농지 표준수확량=3,800kg

　최대보험가입금액=4,000x1.3x2,000원=1,040만원

　조사대상면적=5,000-1,000-1,000=3,000m²이면
　표본구간=6구간,

　표본구간 면적=6x0.8x2.5=12m², 해당농지 1m²당
　표준수확량=4,000÷5,000=0.8kg

　표본구간 m²당 피해수확량
　={(20+10x0.5)x0.16x0.95x0.9}÷12=0.285kg

　피해수확량=0.285x3,000+0.8x1,000=1,655kg

　손해액=1,655x(1-0.15)x2,000원=2,813,500원,
　자기부담금액=1,040만x0.15=156만원

　수확감소 보험금=Min{2,813,500원, 1,040만원}-
　156만원=1,253,500원

(2) 최저 보험가입금액=4,000x0.8x2,000원=640만원

　적용보험료=640만원x0.12x(1-0.13)x(1-0.05)=634,752원

　순보험료=적용보험료의 80%=634,752원x0.8=507,801.6원

　계약자부담보험료=507,801원x(1-0.3-0.5)=101,560.2원

해당 농지의 표준수확량=2,160kg

보험가입금액(최대)=2,160x130%x2,000원

=5,616,000원=561만원

2주재배 인수가능 주수: 10a당 4,000주~6,000주이므로
최저가입

=4,000주, m²당=4주

피해주수=2,500x4=10,000주

피해수확량=(피해주수)x(표준중량)x(재식시기지수)x(재식밀도지수)

　　　=10,000x0.16x0.96x1=1,536kg

손해액=1,536x(1-0.1)x2,000원=2,764,800원

자기부담금액=561만원x0.2=1,122,000원

수확감소 보험금=Min{2,764,800원, 561만원}-
1,122,000원=1,642,800원

14

인삼

14 인삼

◉ **인삼**

■ **보험기간**

(1) 인삼(1형) 및 해가림시설(4월~5월 가입)

⇨ 판매개시연도 5월 1일 또는 계약체결일 24시

~ 이듬해 4월 30일 24시 다만, 6년근은 판매개시연도 10월 31일 초과 불가

(2) 인삼(2형) 및 해가림시설(11월 가입)

⇨ 판매개시연도 11월 1일 또는 계약체결일 24시 ~ 이듬해 10월 31일 24시

* **표본구간 선정(인삼)**
  ⇨ 피해칸수 기준:
  (3) 300칸 (4) 500칸 (5) 700칸 (6) 900칸 (7) 1,200칸 (8) 1,500칸 (9) 1,800칸 (10)

* **작물특정 및 시설종합위험 해가림시설(인삼)**
  ① (보험가입금액)=(재배면적)×(연근별 보상가액), (천원 단위 절사)
  ② 인삼의 가액은 농협통계 및 농촌진흥청 자료를 기초로 산정
  (2년근: 10,200원, 3년근: 11,600원, 4년근: 13,400원, 5년근: 15,000원)
  (가입연도의 연근+1년 적용)

* **시설종합위험 해가림시설(시설)** ⇨ (재조달가액보장 특별약관 신설)
  ① (보험가입금액)=(재조달가액)×(1-감가상각율), (천원 단위 절사)
  (재조달가액)=(해가림시설의 면적)×(m² 당 시설비)
  ② **감가상각율=(경년감가율)×(경과년수)**
  ③ **경년감가율=80%÷(내용연수) (예외: 연동하우스, 15년, 5.33% ⇨ 5.3%)**
    ㉠ 철재(내용연수: 18년)=80%÷18=4.44%
    ㉡ 목재(내용연수: 6년)=80%÷6=13.33%
  ④ **경과년수:** 설치시기 ~ 가입시기(월 단위 삭제, 46개월=3년)
  ⑤ 설치시기(최초 설치시기, 정식 시기, 구입 시기, 가장 넓게 분포한 것의 설치시기)
  ⑥ 철재와 목재가 혼합(설치구획이 나뉘어 있는 것만 인수가능), 각각 가입금액 설정

⑦ 보험가입금액은 보험기간동안 동일하고 보험가액은 감가상각율을 적용한다.

⑧ **수정잔가율**: 내용연수가 경과한 경우라도 현재 정상 사용 중이라면 시설의 경제성을 고려하여 잔가율을 최대 30%로 수정할 수 있다.

   (예) 목재: 내용연수=6년

       경과년수: 78개월(6.5년)

        ① 수정잔가율의 최댓값을 이용이라는 조건이 있으면 ⇨ (재조달가액)x30%

        ② 아무 조건이 없으면 ⇨ (재조달가액)×(1-0.1333x6)=(재조달가액)x0.2002

■ 작물특정 및 시설종합위험 해가림시설 품목 인수 제한 목적물

(1) 인삼 작물

① 보험가입금액이 200만원 미만인 농지

② **2년근 미만 또는 6년근 이상** 인삼 ※ 단, 직전년도 인삼1형 상품에 5년근으로 가입한 농지에 한하여 6년근 가입 가능

③ 산양삼(장뇌삼), 묘삼, 수경재배 인삼

④ 식재년도 기준 과거 **10년 이내**(논은 **6년 이내**)에 인삼을 재배했던 농지

⑤ 두둑 높이가 15cm 미만인 농지

⑥ 보험가입 이전에 피해가 이미 발생한 농지 ※ 단, 자기부담비율 미만의 피해가 발생한 경우이거나 피해 발생 부분을 수확한 경우에는 농지의 남은 부분에 한해 인수 가능

⑦ 통상적인 재배 및 영농활동을 하지 않는다고 판단되는 농지

⑧ 하천부지, 상습침수 지역에 소재한 농지

⑨ 판매를 목적으로 경작하지 않는 농지

⑩ 군사시설보호구역 중 통제보호구역내의 농지 (단, 통상적인 영농활동 및 손해평가가 가능하다고 판단되는 농지는 인수 가능) ※ 통제보호구역: 민간인통제선 이북지역 또는 군사기지 및 군사시설의 최외곽 경계선으로부터 **300미터 범위 이내**의 지역

⑪ 연륙교가 설치되어 있지 않고 정기선이 운항하지 않는 등 신속한 손해평가가 불가능한 도서 지역 농지

⑫ 기타 인수가 부적절한 농지

(2) 해가림시설

① 농림축산식품부가 고시하는 **내재해형 인삼재배시설** 규격에 맞지 않는 시설

② 목적물의 소유권에 대한 확인이 불가능한 시설

③ 보험가입 당시 공사 중인 시설

④ 정부에서 보험료의 일부를 지원하는 다른 보험계약에 이미 가입되어 있는 시설

⑤ 통상적인 재배 및 영농활동을 하지 않는다고 판단되는 시설

⑥ 하천부지, 상습침수 지역에 소재한 시설

⑦ 판매를 목적으로 경작하지 않는 시설

⑧ 군사시설보호구역 중 통제보호구역내의 시설

　※ 통제보호구역: 민간인통제선 이북지역 또는 군사기지 및 군사시설의 최외곽　경계선으로부터 **300미터** 범위 이내의 지역

⑨ 연륙교가 설치되어 있지 않고 정기선이 운항하지 않는 등 신속한 손해평가가 불가능한 도서 지역 시설

⑩ 기타 인수가 부적절한 시설

◉ 인삼

(1) 대상재해

① **인삼: 태풍(강풍), 폭설, 집중호우, 침수, 화재, 우박, 냉해, 폭염 (특정위험 8종)**

② **해가림시설: 자연재해, 조수해(鳥獸害), 화재 (종합위험)**

(2) 전체 칸수 및 칸 넓이 조사

① 전체 칸수조사: 농지 내 경작 칸수를 센다.

　(단, 칸수 또는 (경작면적 ÷ 칸 넓이)도 가능하다.)

② 칸 넓이 조사

　지주목간격, 두둑 폭 및 고랑 폭을 조사하여 칸 넓이를 구한다.

　⇨ 1칸 넓이= (지주목 간격)×(두둑 폭+고랑 폭)

(3) 조사 방법에 따른 수확량 확인

① 전수조사

　㉠ 칸수 조사: 금번 수확칸수, 미수확 칸수 및 기수확 칸수를 확인한다.

　㉡ 실 수확량 확인: 수확한 인삼 무게를 확인한다.

② 표본조사

　㉠ 칸수 조사: 정상 칸수 및 피해 칸수를 확인한다.

　㉡ 표본칸 선정 피해칸수에 따라 적정 표본칸수를 선정하고, 해당 수의 칸이 피해칸에 골고루 배치될 수 있도록 표본칸을 선정한다.

③ 인삼 수확 및 무게 측정: 표본칸 내 인삼을 모두 수확한 후 무게를 측정한다.

(4) 보험금 산정(인삼) ① 면적 확인

　㉠ 재배면적=(실제경작칸수)×(칸넓이)

　㉡ **(칸넓이)=(지주목 간격)×(두둑 폭+고랑 폭)**

ⓒ (피해면적)=(피해칸수)×(칸넓이)

② **피해칸수 조사**: 피해 칸에 대하여 전체파손 및 부분파손 **(20%형, 40%형, 60%형, 80%형)**으로 나누어 각 칸수를 조사한다.

② **연근별 기준수확량: 가입 당시 년근 기준,** (단위 : kg/㎡)

구분	2년근	3년근	4년근	5년근
불량	0.45	0.57	0.64	0.66
표준	0.50	0.64	0.71	0.73
우수	0.55	0.70	0.78	0.81

③ 표본조사

　　㉠ **적정표본구간수 선정(피해칸수 기준)**

　　　(3) 300칸 (4) 500칸 (5) 700칸 (6) 900칸 (7) 1,200칸 (8) 1,500칸 (9) 1,800칸 이상 (10)

　　㉡ (표본구간의 면적)=(표본칸수)×(칸넓이)

　　㉢ (m²당 조사수확량)=(표본구간의 수확량의 합)÷(표본구간면적)

　　㉣ **(m²당 미보상감수량)=(기준수확량-조사수확량)×(미보상비율)**

　　㉤ **(수확량)=(m²당 조사수확량)+(m²당 미보상감수량)**

　　㉥ 피해율={1-(수확량÷연근별기준수확량)}x{피해면적÷재배면적}

　　㉦ **지급보험금=(보험가입금액)×(피해율-자기부담비율)**

　　(보험금 산정 후에 기지급보험금을 차감한다.)

📋 예제 1　　*조사내용, 연근별보상가액(2년근: 10,200원, 3년근: 11,600원, 4년근: 13,400원)

재배면적	피해칸수	표본조사		1칸 넓이 조사(공통)		
		표본칸수	표본구간수확량	지주목간격	두둑폭	고랑폭
5,000m²	400칸	(가)	5kg	2.5m	1.5m	0.5m

- 가입당시 3년근 인삼, -연근별 기준수확량(kg/m²), 3년근=0.7, -미보상비율: 10%,

🔍 풀이 1

가입당시 3년근이므로 보험가입금액=5,000x13,400원=6,700만원

연근별기준수확량=0.7kg, 총칸수=1,000칸, 피해칸수가 400칸, 표본칸수는 4칸

1칸 넓이=2.5x(1.5+0.5)=5m², 표본구간 m²당 조사수확량=5÷4x5=0.25kg

단위면적당 미보상감수량=(0.7-0.25)x0.1=0.045kg, **(수확량)**=0.25+0.045=0.295kg,

피해율=(1-0.295/0.7)x(400÷1,000)=0.23142, 23.14%

📋 **예제 2**   *조사내용

* A농가 계약내용 및 조사내용(표본조사)	
- 보험가입: 2024년 11월	- 사고발생: 2025년 8월
- 가입당시 연근: 2년근	- 표본구간(4구간) 수확량 무게합계: 6kg
- 보험가입금액: 4,640만원	- 피해칸수: 400칸
- 재배면적: 4,000m²	- 미보상비율: 10%
- 자기부담비율: 10%	- 기지급보험금: 100만원

- 1칸 넓이 조사(공통): 지주목간격(2m), 두둑폭(1.5m), 고랑폭(0.5m)
- 연근별 기준수확량(kg/m²), 2년근=0.55kg, 3년근=0.7kg, 4년근=0.78kg

🔍 **풀이 2**

(풀이) 가입당시 2년근이므로 보험가입금액=4,000x11,600원=4,640만원

연근별기준수확량=0.55kg, 총칸수=1,000칸, 피해칸수가 400칸, 표본칸수는 4칸

1칸 넓이=2x(1.5+0.5)=4m², 표본구간 m²당 조사수확량=6÷4x4=0.375kg

단위면적당 미보상감수량=(0.55-0.375)x0.1=0.0175kg, **(수확량)**=0.375+0.0175=0.3925kg,

피해율=(1-0.3925/0.55)x(400÷1,000)=0.11454, 11.45%

④ 전수조사

  ㉠ 금차수확면적=(금차수확칸수)×(칸넓이)

  ㉡ (재배 면적)=(실제경작칸수)×(칸넓이)

  ㉢ (m²당 조사수확량)=(총 조사수확량)÷(금차수확면적) (총 조사수확량)=(금차 수확한 총 무게)

  ㉣ **(m²당 미보상감수량)=(기준수확량-조사수확량)×(미보상비율)**

  ㉤ **(수확량)=(m²당 조사수확량)+(m²당 미보상감수량)**

  ㉥ 피해율={1-(수확량÷연근별기준수확량)}x{금차수확면적÷재배면적}

  ㉦ **지급보험금=(보험가입금액)×(피해율-자기부담비율)** (보험금 산정 후에 기지급보험금을 차감한다.)

예제 *조사내용연근별보상가액(2년근: 10,200원, 3년근: 11,600원, 4년근: 13,400원)

* B농가 계약내용 및 조사내용(전수조사)	
- 보험가입: 2024년 11월	- 사고발생: 2025년 8월
- 가입당시 연근: 3년근	- 조사수확량 수확무게합계: 240kg
- 보험가입금액: 2,680만원	- 금차 수확칸수: 400칸
- 재배면적: 2,000m²	- 미보상비율: 10%
- 자기부담비율: 20%	- 기지급보험금: 500만원

- 1칸 넓이 조사(공통): 두둑폭(1.5m), 고랑폭(0.5m), 지주목간격(2m)
- 연근별 기준수확량(kg/m²), 2년근=0.55kg, 3년근=0.7kg, 4년근-0.78kg

풀이

가입당시 3년근이므로 연근별 기준수확량=0.7kg,1칸 넓이=2x(1.5+0.5)=4m²,
단위면적당 조사수확량=240÷1,600=0.15kg, 금차수확면적=400x4=1,600m²
단위면적당 미보상감수량=(0.7-0.15)x0.1=0.055kg
(수확량)=0.15+0.055=0.205kg,
피해율={1-(0.205/0.7)}x(1,600÷2,000)=0.5657, 56.57%
지급보험금=2,680만원x(0.5657-0.2)=9,800,760원
기지급보험금이 500만원이므로 9,800,760원-5,000,000=4,800,760원
B농가 지급보험금=4,800,760원

특정위험방식 보험에 가입한 인삼농가 A, B에 보상하는 재해로 손해가 발생하여 다음과 같이 조사를 하였다. 계약사항 및 조사내용을 참조하여 A, B농가의 보험금을 각각 구하시오.

(단, 피해율은 % 단위로 소수점 아래 셋째자리에서 반올림)

---

* A농가 계약내용 및 조사내용(표본조사)

- 보험가입: 2024년 11월
- 가입당시 연근: 3년근
- 보험가입금액: 3,750만원
- 재배면적: 2,500m²
- 자기부담비율: 15%

- 사고발생: 2025년 10월
- 표본구간(4칸) 수확량 무게합계: 4.0kg
- 피해칸수: 300칸
- 미보상비율: 10%
- 기지급보험금: 300만원

- 1칸 넓이 조사(공통): 지주목간격(2m), 두둑폭(1.5m), 고랑폭(1m)
- 연근별 기준수확량(kg/m²), 2년근=0.55kg, 3년근=0.7kg, 4년근=0.78kg

---

* B농가 계약내용 및 조사내용(전수조사)

- 보험가입: 2024년 11월
- 가입당시 연근: 4년근
- 보험가입금액: 2,640만원
- 재배면적: 3,000m²
- 자기부담비율: 20%

- 사고발생: 2025년 10월
- 조사수확량 수확무게 합계: 360kg
- 금차 수확칸수: 400칸
- 미보상비율: 10%
- 기지급보험금: 200만원

- 1칸 넓이 조사(공통): 두둑폭(1.5m), 고랑폭(1m), 지주목간격(2m)
- 연근별 기준수확량(kg/m²), 2년근=0.55kg, 3년근=0.7kg, 4년근=0.78kg

문제 2 특정위험방식 인삼손해보험에 가입한 인삼농가에 태풍으로 인하여 손해가 발생 하였다. 계약사항 및 조사내용을 참조하여 물음에 답하시오. (단, 피해율은 % 단위로 소수점 아래 셋째자리에서 반올림)

*계약내용(가입당시 3년근 인삼)

품목	가입면적	보험가입금액	전체경작면적	기준수확량	자기부담비율
인삼	2,000m²	2,680만원	2,000m²	(가)	20%

*조사내용(표본조사) -기지급보험금: 200만원

조사방법	피해칸수	표본조사		칸넓이 조사(1칸 넓이)		
		표본칸수	표본구간수확량의 합	지주목간격	두둑폭	고랑폭
표본조사	300칸	(나)	4.0kg	2.5m	1.5m	0.5m

– 연근별 기준수확량(kg/m²), 3년근=0.7kg, 4년근=0.78kg
– 미보상비율: 10%

물음 1 (가), (나)에 알맞은 값을 구하시오.

물음 2 지급 보험금의 계산과정과 값(원)을 쓰시오.

문제 3 특정위험방식 인삼손해보험에 가입한 인삼농가에 태풍과 집중호우로 인하여 중복피해가 발생하였다. 계약사항 및 조사내용을 참조하여 물음에 답하시오.

(단, 피해율은 % 단위로 소수점 아래 셋째자리에서 반올림)

*계약내용

품목	가입면적	보험가입금액	전체경작면적	기준수확량	자기부담비율
인삼	4,000m²	5,360만원	4,000m²	0.64kg	20%

*조사내용

사고	사고일자	조사내용	금차수확칸수	총조사수확량	미보상비율
1차 태풍	8월 5일	전수조사	500칸	480kg	10%
2차 집중호우	9월 6일	전수조사	700칸(누적)	280kg	10%

- 1칸 넓이 조사(공통): 지주목간격(1.6m), 두둑폭(1.5m), 고랑폭(1m)
- 같은 해(동일 작기)에 발생한 사고로서 중복사고에 해당됨

물음 1 1차사고 지급 보험금의 계산과정과 값(원)을 쓰시오.

물음 2 2차사고 지급 보험금의 계산과정과 값(원)을 쓰시오.

문제 4 특정위험방식 보험에 가입한 인삼농가 A, B에 보상하는 재해로 손해가 발생하여 다음과 같이 조사를 하였다. 계약사항 및 조사내용을 참조하여 A, B농가의 보험금을 각각 구하시오.
(단, 피해율은 % 단위로 소수점 셋째자리에서 반올림)

---

* A농가 계약내용 및 조사내용(표본조사)

- 보험가입: 2024년 11월
- 가입당시 연근: 2년근
- 보험가입금액: 4,640만원
- 재배면적: 4,000m²
- 자기부담비율: 10%

- 사고발생: 2025년 8월
- 표본구간(4칸) 수확무게합계: 3.2kg
- 피해칸수: 490칸
- 미보상비율: 10%
- 기지급보험금: 300만원

- 1칸 넓이 조사(공통): 지주목간격(2m), 두둑폭(1.5m), 고랑폭(0.5m)
- 연근별 기준수확량(kg/m²), 2년근=0.55, 3년근=0.7, 4년근=0.78

---

* B농가 계약내용 및 조사내용(전수조사)

- 보험가입: 2024년 11월
- 가입당시 연근: 3년근
- 보험가입금액: 2,680만원
- 재배면적: 2,000m²
- 자기부담비율: 20%

- 사고발생: 2025년 8월
- 조사수확량 수확무게합계: 240kg
- 금차 수확칸수: 400칸
- 미보상비율: 10%
- 기지급보험금: 300만원

- 1칸 넓이 조사(공통): 지주목간격(2m), 두둑폭(1.5m), 고랑폭(0.5m)
- 연근별 기준수확량(kg/m²), 2년근=0.55, 3년근=0.7, 4년근=0.78

01 | 풀이

(1) 가입당시 3년근이므로 연근별 기준수확량=0.7kg

칸넓이=2x(1.5+1)=5m², 표본구간 m²당

조사수확량=4÷4x5=0.2kg

단위면적당 미보상감수량=(0.7-0.2)x0.1=0.05kg,

피해칸수는 300칸, 표본칸수=4칸

(수확량)=0.2+0.05=0.25kg, 피해율

=(1-0.25/0.7)x(300÷500)=0.3857, 38.57%

지급보험금=3,750만원x(0.3857-0.15)=8,838,750원

기지급보험금이 300만원이므로 8,838,750원-3,000,000원=

5,838,750원

A농가 지급보험금=5,838,750원

(2) 가입당시 4년근이므로 연근별 기준수확량=0.78kg

단위면적당 조사수확량=360÷2,000=0.18kg,

금차수확면적=400x5=2,000m²

단위면적당 미보상감수량=(0.78-0.18)x0.1=0.06kg

(수확량)=0.18+0.06=0.24kg, 피해율

=(1-0.24/0.78)x(2,000÷3,000)=0.4615, 46.15%

지급보험금=2,640만원x(0.4615-0.2)=6,903,600원

기지급보험금이 200만원이므로 6,903,600원-2,000,000원

=4,903,600원

B농가 지급보험금=4,903,600원

02 | 풀이

(1) 가입당시 3년근이므로 연근별 기준수확량=0.7kg (가)=0.7kg

피해칸수가 300칸이면 표본칸수는 4칸이다. (나)=4칸

(2) 칸넓이=2.5x(1.5+0.5)=5m², 표본구간 m²당

조사수확량=4÷4x5=0.2kg

단위면적당 미보상감수량=(0.7-0.2)x0.1=0.05kg

(수확량)=0.2+0.05=0.25kg, 피해율

=(1-0.25/0.7)x(300÷400)=0.48214, 48.21%

지급보험금=2,680만x(0.4821-0.2)=7,560,280원

기지급보험금이 200만원이므로

7,560,280원- 2,000,000=5,560,280원

A농가 지급보험금=5,560,280원

03 | 풀이

(1차사고 보험금) 칸넓이=1.6x(1.5+1)=4m², 금차수확 면적=500x4=2,000m²

기준수확량=0.64kg, 단위면적당 조사수확량=480÷2,000=0.24kg

단위면적당 미보상감수량=(0.64-0.24)x0.1=0.04kg, (수확량)=0.24+0.04=0.28kg,

피해율=(1-0.24/0.64)x(500÷1,000)=0.28125, 28.13%

1차 지급보험금=5,360만원x(0.2813-0.2)=4,357,680원

(2차사고 보험금)

단위면적당 조사수확량=280÷2,800=0.1kg

단위면적당 미보상감수량=(0.64-0.1)x0.1=0.054kg (수확량)=0.1+0.054=0.154kg,

피해율=(1-0.154/0.64)x(700÷1,000)=0.53156, 53.16%

지급보험금=5,360만원x(0.5316-0.2)-4,357,680원 =17,773,760원-4,357,680원=13,416,080원

지급보험금=5,360만원x(0.5316-0.2813)=13,416,080원

(2년근: 10,200원, 3년근: 11,600원, 4년근: 13,400원)

04 | 풀이

(1) 가입당시 2년근이면 연근별 기준수확량=0.55kg, 총 재배 칸수=1,000칸

피해칸수가 490칸이면 표본칸수=4칸, 1칸 넓이=2x(1.5+0.5)=4m²,

표본구간의 넓이=4x4=16m², 표본구간 m²당 조사수확량=3.2/4x4=0.2kg

단위면적당 미보상감수량=(0.55-0.2)x0.1=0.035kg (수확량)=0.2+0.035=0.235kg,

피해율={1-(0.235/0.55)}x(490/1,000)=0.2806, 28.06%

지급보험금=4,640만원x(0.2806-0.1)=8,379,840원

기지급보험금이 300만원이므로 8,379,840원-3,000,000원=5,379,840원

A농가 지급보험금=5,379,840원

(2) 가입당시 3년근이므로 연근별 기준수확량=0.7kg, 1칸 넓이=2x(1.5+0.5)=4m²,

단위면적당 조사수확량=240÷1,600=0.15kg, 금차수확면적=400x4=1,600m²

단위면적당 미보상감수량=(0.7-0.15)x0.1=0.055kg (수확량)=0.15+0.055=0.205kg,

피해율={1-(0.205/0.7)}x(1,600÷2,000)=0.5657, 56.57%

지급보험금=2,680만원x(0.5657-0.2)=9,800,760원

기지급보험금이 300만원이므로 9,800,760원-3,000,000원=6,800,760원

B농가 지급보험금=6,800,760원

15

고추, 브로콜리

15 고추, 브로콜리

◉ 고추, 브로콜리

■ 보험기간

(1) 생산비 보장(고추(4~5월 가입), 브로콜리(8~10월 가입))

　　① **고추:** 계약체결일 24시 ~ 정식일로부터 **150일**째 되는 날 24시**(재정식보장 신설)**

　　② **브로콜리: 정식완료일** 24시 또는 계약체결일 24시 다만, 정식완료일은 판매개시연도 **9월 30일**을 초과할
　　　수 없음 ~ 정식일로부터 **160일**째 되는 날 24시

　　***브로콜리의 재정식 보장**

　　　정식완료일 24시 (계약체결일 24시)(판매개시연도 **9월30일** 초과할 수 없음)

　　　　~ 재정식 완료일 24시(판매개시연도 **10월10일** 초과할 수 없음)

* 표본구간 선정(고추, 브로콜리) ⇨ 손해정도비율, 작물피해율 조사

　① 고추: 피해면적 기준

　② 브로콜리: 실제경작면적 기준 ⇨ (4) **3,000m²** (6) **7,000m²** (8) **15,000m²** (10)

* 보험가입금액(고추, 브로콜리)

　⇨ (보험가입금액)=(가입면적)×(단위면적당 보장생산비), (천원단위 절사)

　　* 고추(터널재배와 노지재배) 혼합인 경우에는 보장생산비가 낮은 금액으로 가입

　　　* 보장생산비=(준비기생산비)+(생장기생산비)

　　* 준비기생산비계수=(준비기생산비)/{(준비기생산비)+(생장기생산비)}

* 밭작물(생산비보장) 품목 인수 제한 목적물

(1) 공통

　　① 보험계약 시 피해가 확인된 농지

　　② 여러 품목이 혼식된 농지(다른 작물과 혼식되어 있는 농지)

　　③ 하천부지, 상습침수 지역에 소재한 농지

　　④ 통상적인 재배 및 영농활동을 하지 않는 농지

　　⑤ 시설재배 농지

⑥ 판매를 목적으로 경작하지 않는 농지

⑦ 도서 지역의 경우 연륙교가 설치되어 있지 않고 정기선이 운항하지 않는 등 신속한 손해평가가 불가능한 지역에 소재한 농지

⑧ 군사시설보호구역 중 통제보호구역내의 농지

(단, 통상적인 영농활동 및 손해평가가 가능하다고 판단되는 농지는 인수 가능)

※ 통제보호구역: 민간인통제선 이북지역 또는 군사기지 및 군사시설의 최외곽 경계선으로부터 300미터 범위 이내의 지역

※ 대파, 쪽파(실파) 품목은 미해당

⑨ 기타 인수가 부적절한 농지

(2) 고추

① 보험가입금액이 200만원 미만인 농지

② 재식밀도가 (1,000㎡당 4,000주 초과) 또는 (1,000㎡당 1,500주 미만) 농지

③ 노지재배, 터널재배 이외의 재배작형으로 재배하는 농지

④ 비닐멀칭이 되어 있지 않은 농지(무멀칭 농지)

⑤ 직파한 농지

⑥ 4월 1일 이전과 5월 31일 이후에 고추를 식재한 농지

⑦ 동일 농지 내 재배 방법이 동일하지 않은 농지

(단, **보장생산비가 낮은 재배 방법으로 가입하는 경우 인수 가능**)

⑧ 동일 농지 내 재식 일자가 동일하지 않은 농지

(단, 농지 전체의 정식이 완료된 날짜로 가입하는 경우 인수 가능)

⑨ 고추 정식 **6개월 이내에 인삼**을 재배한 농지

⑩ **풋고추** 형태로 판매하기 위해 재배하는 농지

(3) 브로콜리

① 보험가입금액이 200만원 미만인 농지

② 정식을 하지 않았거나, 정식을 9월 30일 이후에 실시한 농지

③ 목초지, 목야지 등 지목이 목인 농지

* 생산비 보장방식

① 준비기(재배 준비~정식일)

② 생장기(정식일~수확개시일 직전) ⇨ 표준생장일수

③ 수확기(수확개시일~수확완료일) ⇨ 표준수확일수

④ 준비기 생산비+생장기 생산비+수확기 생산비=총 보장생산비

⑤ 준비기 생산비 계수=(준비기 생산비)/(준비기 생산비+생장기 생산비)

⑥ **생장일수**(정식일~사고 발생일자)**(정식일자는 미포함, 한편 넣기 계산)**

⑦ **수확일수**(수확개시일~사고 발생일자)

* 생산비 보장방식의 사고발생 일자 확인

① 사고발생 일자: 재해가 발생한 일자

② 가뭄해, 폭염, 병충해 피해: 재해가 끝나는 날을 사고일자로 한다.

(가뭄: 첫 강우일 전날, 폭염과 병충해: 끝나는 날자)

③ 재해가 끝나기 전에 조사가 이루어진 경우: 조사한 날을 사고 일자로 한다.

④ 사고발생일자를 기준으로 생장일수와 수확일수를 산정하여 경과비율을 계산한다.

⊙ 고추, 브로콜리─재정식 보장 신설

⇨ 보험사고 발생 후에 보험가입금액이 감액되고 사고발생 마다 보험금이 지급된다.

(1) 생산비보장방식 재정식 보험금 산정(브로콜리)

① **지급 사유**: 보상하는 재해로 면적피해율이 자기부담비율을 초과하고 재정식한 경우 1회 지급한다.

② **재정식 보험금**(고추, 브로콜리)=(보험가입금액)×(20%)×(면적피해율)

(2) 생산비보장방식 보험금 산정

① **지급 사유**: 보상하는 재해로 약관에 따라 계산한 생산비보장 보험금이 자기부담금을 초과하는 경우

② 보상하는 재해: 자연재해, 조수해, 화재, 병충해(고추)

③ **잔존보험가입금액**=보험가입금액-기지급 보험금(동일 작기에만 해당)

④ **자기부담비율**: 3%형, 5%형

㉠ 3%형: 최근 2년 연속 가입하고 수령 보험금이 순보험료의 120% 미만인 계약자

㉡ 5%형: 제한 없음

⑤ **경과비율**

㉠ 수확기 이전에 보험사고가 발생한 경우 ⇨ $a+(1-a)×$(생장일수÷표준생장일수)

준비기생산비계수=a, **고추=52.7%(49.5%), 브로콜리=49.2%**

표준생장일수: 정식일~수확개시일, **고추=100일, 브로콜리=130일**

생장일수: 정식일~사고발생일자

㉡ 수확기 중에 보험사고가 발생한 경우 ⇨ 1-(수확일수÷표준수확일수)

표준수확일수: 수확개시일~수확종료일, **고추=50일, 브로콜리=30일**

수확일수: 수확개시일~사고발생일자

⑥ **평균 손해정도비율(고추, 당근, 단호박, 배추, 양상추)**

⇨ 피해면적 기준으로 표본이랑을 선정하고 표본이랑별 식재된 작물을 조사한다.
(미보상 피해작물과 타작물 그리고 추가 정식한 작물은 정상으로 간주한다.)
*고추: 표본구간 이랑을 조사하고 **메밀과 단호박**: 표본구간 면적으로 조사,
*브로콜리, 배추, 무, 당근, 파, 시금치: 연속된 10구의 작물을 조사

<고추 손해정도에 따른 손해정도비율>

손해정도	1~20%	21~40%	41~60%	61~80%	81~100%
손해정도비율	20%	40%	60%	80%	100%

*작물상태조사- 구간별 평균 손해정도비율 (표본조사-표본구간: 4구간)

손해정도	정상	1~20%	21~40%	41~60%	61~80%	81~100%	합계
표본구간1	1	1	2	2	7	2	15
표본구간2	0	1	2	3	3	1	10
표본구간3	1	1	1	3	3	5	14
표본구간4	4	2	0	2	2	1	11
합계	6	5	5	10	15	9	50

손해정도비율=(1+2+6+12+9)/50=0.6

예제 *손해정도비율 조사(표본조사-표본구간: 6구간)

표본구간(6구간) 내 작물상태조사

손해정도	정상	15%	35%	55%	75%	95%
주수	20	-	10	20	40	30

- 보험가입 후 추가 정식주수: 36주   -평가제외 고추주수: 20주

풀이

손해정도비율=(0.4x10+0.6x20+0.8x40+1x30)÷(120+36)=0.5,

⑦ 작물피해율(브로콜리)

⇨ 실제경작면적 기준으로 표본구간을 선정하고 표본구간 내에 연속하는 10구의 작물피해율을 조사한다.
(과실 피해구성율과 동일)

<브로콜리 피해정도에 따른 피해인정계수>

구분	정상	50%형피해	80%형피해	100%형피해
피해인정계수	0	0.5	0.8	1

📱 예제 *작물상태조사(표본조사-표본구간: 4구간)

50% 피해	80% 피해	100% 피해	정상	합계
12송이	5송이	10송이	13송이	40송이

📖 풀이

작물피해율=(12x0.5+5x0.8+1x10)÷40=0.5

⑧ 피해율

㉠ 피해비율=(피해면적)÷(재배면적)

㉡ **고추=(피해비율)×(손해정도비율)×(1-미보상비율)**

㉢ **브로콜리=(피해비율)×(작물피해율)×(1-미보상비율)**

⑨ **병충해 등급별 인정비율(고추)**

<고추 병충해 등급별 인정비율>

등급	종류	인정비율
1등급	역병, 풋마름병, 바이러스병, 세균성점무늬병, 탄저병	70%
2등급	잿빛곰팡이병, 시들음병, 담배가루이, 담배나방	50%
3등급	흰가루병, 균핵병, 무름병, 진딧물 및 기타	30%

⑩ **자기부담금액=(잔존보험가입금액)×(자기부담비율: 3% 또는 5%)**

⑪ **생산비보장 보험금**

㉠ 고추=(잔존보험가입금액)(경과비율)(피해율)(병충해등급인정비율)-(자기부담금액)

㉡ 브로콜리=(잔존보험가입금액)×(경과비율)×(피해율)-(자기부담금액)

예제 1 *계약내용 및 조사내용(생산비보장 고추 품목)

계약자	품목	보험가입금액	가입면적	재배면적	조사내용
A	고추	600만원	900m²	900m²	*피해면적: 450m² *손해정도비율: 80% *병충해손해: 시들음병 *생장일수: 40일

– 자기부담비율: 5%, 미보상비율: 10%

풀이 1

피해비율=450÷900=0.5, 피해율=0.5x0.8x(1-0.1)=0.36, 병충해등급인정비율(2등급)=0.5
수확기이전 경과비율=0.527+(1-0.527)x(40÷100)=0.7162, **(0.495+(1-0.495)x(40÷100)=0.697)**
최대자기부담비율은 5%, 자기부담금액=600만원x0.05=30만원
생산비보장 보험금=600만원x0.7162x0.36x0.5-300,000=473,496원

예제 2 *고추: 수확기 이전 사고발생(가뭄특보)

정식일자 (고추)	수확개시 일자	수확종료 일자	사고접수 일자	기상특보종료일 (가뭄특보)	조사일자
4월 20일	7월29일	9월16일	6월15일	6월22일	6월19일

풀이 2

표준생장일수(정식일자~수확개시일자=100일), 표준수확일수(수확개시일자~수확종료일자=50일)
생장일수(정식일자~사고일자=사고발생일자, 기상특보종료일, 조사일자),
수확일수(수확개시일자~사고일자=사고발생일자, 기상특보종료일, 조사일자),
호우특보인 경우에는 기상특보 종료일이 사고 일자인데 이전에 조사가 이루어졌으므로 조사일자가
사고일자가 되므로 생장일수는 60일이 된다.
경과비율=0.527+(1-0.527)x(60/100)=0.8108, 81.08% **(0.495+(1-0.495)x(60÷100)=0.798)**

예제 3 *브로콜리: 수확기 중 사고발생(동상해)

정식일자 (브로콜리)	수확개시 일자	수확종료 일자	사고발생 일자	사고접수 일자	조사일자
8월 21일	12월29일	1월27일	1월10일	1월10일	1월12일

풀이 3

표준생장일수(정식일자~수확개시일자=10+30+31+30+29=130일),
표준수확일수(수확개시일자~수확종료일자=30일)
생장일수(정식일자~사고일자=사고발생일자, 기상특보종료일, 조사일자),
수확일수(수확개시일자~사고일자=사고발생일자, 기상특보종료일, 조사일자),
수확일수(수확개시일자~사고일자=사고발생일자, 기상특보종료일, 조사일자), (한편 넣기)
동상해사고인 경우에는 사고발생일자가 사고일자이므로 수확일수는 12일이 된다.
경과비율=1-(12/30)=0.6, 60%

예제 4 종합위험 생산비보장방식 보험에 가입된 고추가 수확기 이전에 보상하는 재해로 피해가 발생하였다. 다음 조사결과를 참조하여 생산비보장 보험금을 산정하시오.

계약내용	조사내용					
품목: 고추 보험가입금액: 1,000만원 가입면적: 1,000m² 자기부담비율: 5%	- 재해종류: 탄저병 - 피해면적: 800m² - 생장일수: 80일 - 기지급 보험금: 200만원					
	표본구간(6구간) 내 작물상태조사					
	손해정도	정상	15%	35%	55%	75%	95%
	주수	20	–	10	20	40	30
	- 보험가입 후 추가 정식주수: 36주					
	미보상비율: 10%					

풀이 4

잔존보험가입금액=1,200만-200만=1,000만원
자기부담금액=1,000x0.05=500,000원
탄저병 병충해등급피해인정비율=0.7, 준비기생산비계수=0.527(0.495)
수확기이전 경과비율=0.527+(1-0.527)x(80÷100)=0.9054. **(0.495+(1-0.495)x(80÷100)=0.899)**
손해정도비율=(4+12+32+30)÷(120+36)=0.5, 피해비율=0.8
피해율=0.8x0.5x(1-0.1)=0.36
고추 생산비보장 보험금=1,000만원x0.9054x0.36x0.7-500,000원=1,781,608원

예제 5 보상하는 재해로 인하여 생산비보장방식 브로콜리 품목에 피해가 발생하였다. 다음 계약내용 및 조사내용을 참조하여 물음에 답하시오. (중복사고)

*계약내용 및 조사내용

품목	보험가입금액	m²당 보장생산비	가입면적	자기부담비율
브로콜리	1,500만원	7,500원	2,000m²	5%

*조사내용

시기	사고시기	재배면적	피해면적 (누적)	생장일수 수확일수	작물피해율
1차(집중호우)	수확기이전	2,000m²	800m²	78일	50%
2차(태풍)	수확기중	2,000m²	1,200m²	15일	60%

- 브로콜리 표준생장일수: 130일, 표준수확일수: 30일, -미보상비율: 10%

물음 1 1차 사고의 생산비보장보험금을 구하시오.(보험금은 원단위 미만 절사)

물음 2 2차 사고의 생산비보장보험금을 구하시오.(보험금은 원단위 미만 절사)

풀이 5

준비기 생산비계수=0.492
(1) 브로콜리 수확기이전 경과비율=0.492+(1-0.492)x(78÷130)=0.7968
　　1차 피해율=0.4x0.5x(1-0.1)=0.18, 18%
　　자기부담금액=1,500만x0.05=750,000원
　　1차 생산비보장보험금=1,500만x0.7968x0.18-750,000=1,401,360원

(2) 2차 수확기중 경과비율=1-(15÷30)=0.5
　　2차 피해율=0.6x0.6x(1-0.1)=0.324, 32.4%
　　잔존보험가입금액=15,000,000-1,401,360원=13,598,640원
　　자기부담금액=13,598,640원x0.05=679,932원
　　2차 생산비보장보험금=13,598,640원x0.5x0.324-679,932원=1,523,047.68원

문제 1 종합위험 생산비보장방식 고추의 터널재배 및 노지재배에 피해가 발생하였다. 다음 계약내용 및 조사내용을 참조하여 생산비보장 보험금(원)을 구하시오.

(단, 피해구성율은 % 단위로 소수점 아래 셋째자리에서 반올림)

*계약내용

품목	보험가입금액	가입면적	m²당 보장생산비	자기부담비율
고추	(가)	2,000m²(터널재배)	4,800원/m²	3%
		1,000m²(노지재배)	4,000원/m²	

*조사내용

시기	재배면적	피해면적	손해정도비율	생장일수 수확일수	표준생장일수 표준수확일수
수확기이전(역병)	3,000m²	1,500m²	60%	60일	100일
수확기 중(호우)	3,000m²	2,100m²	70%	20일	50일

- 미보상비율: 10%,

물음 1 1차 사고발생 생산비보장 보험금을 구하시오.(단, 원단위 미만 절사)

물음 2 2차 사고발생일 경우 생산비보장 보험금을 구하시오.(단, 원단위 미만 절사)

문제 2 보상하는 재해로 인하여 종합위험 생산비보장방식 고추 품목에 피해가 발생하였다. 다음 계약내용 및 조사내용을 참조하여 물음에 답하시오.

*계약내용 및 조사내용

품목	보험가입금액	m²당 보장생산비	가입면적	자기부담비율
고추	1,000만원	5,000원	2,000m²	최저비율적용

*조사내용

시기	사고시기	재배면적	피해면적 (누적)	생장일수 수확일수	손해정도	미보상 비율
1차(집중호우)	수확기이전	2,000m²	1,000m²	80일	58%	10%
2차(태풍)	수확기중	2,000m²	1,400m²	25일	75%	20%

- 병충해 피해는 없으며 고추 표준생장일수: 100일, 표준수확일수: 50일

물음 1 1차 사고의 생산비보장보험금을 구하시오.(원단위 미만 절사)

물음 2 2차 사고의 생산비보장보험금을 구하시오.(원단위 미만 절사)

문제 3 보상하는 재해로 인하여 생산비보장방식 브로콜리 품목에 피해가 발생하였다. 다음 계약내용 및 조사내용을 참조하여 생산비보장보험금(원)을 구하시오.

*계약내용 및 조사내용

품목	보험가입금액	가입면적	자기부담비율	표준생장일수
브로콜리	1,000만원	4,000m²	3%	130일

*조사내용

사고시기	재배면적	피해면적	작물피해율	생장일수	미보상비율
수확기이전	4,000m²	2,000m²	(가)	52일	10%

*작물상태조사(표본조사-표본구간: 4구간)

50% 피해	80% 피해	100% 피해	정상
12송이	5송이	10송이	13송이

문제 4 보상하는 재해로 인하여 생산비보장방식 브로콜리 품목에 피해가 발생하였다. 다음 계약내용 및 조사내용을 참조하여 물음에 답하시오.

*계약내용 및 조사내용

품목	보험가입금액	m² 당 보장생산비	가입면적	자기부담비율
브로콜리	1,500만원	7,500원	2,000m²	5%

*조사내용

시기	사고시기	재배면적	피해면적 (누적)	생장일수 수확일수	작물피해율	미보상비율
1차	수확기이전	2,000m²	800m²	78일	70%	20%(잡초)
2차	수확기중		1,200m²	15일	80%	15%(잡초)

- 브로콜리 표준생장일수: 130일, 표준수확일수: 30일

물음 1 1차 사고의 생산비보장보험금(원)을 구하시오.(원단위 미만 절사)

물음 2 2차 사고의 생산비보장보험금(원)을 구하시오.(원단위 미만 절사)

01 | 풀이

준비기 생산비계수=0.527(0.495)

(1) 보험가입금액=3,000x4,000=1,200만원,

수확기이전 경과비율=0.527+(1-0.527)x(60÷100)

=0.8108, **(0.495+(1-0.495)x(60÷100)=0.798)**

피해율=0.5x0.6x(1-0.1)=0.27

고추 자기부담비율 최저비율은 3%이므로

자기부담금액=1,200만x0.03=36만원,

역병(1등급) 병충해등급인정비율=0.7

수확기 이전 생산비보장

보험금=1,200만원x0.8108x0.27x0.7-

36만원=1,478,894원

(2) 잔존보험가입금액=10,521,106원, 자기부담액=315,633원

수확기 중 경과비율=1-(20/50)=0.6,

피해율=0.7x0.7x(1-0.1)=0.441

2차 생산비보장 보험금=10,521,106원x0.6x0.441-

315,633원=2,468,251원

02 | 풀이

준비기 생산비계수=0.527(0.495)

(1) 수확기이전 경과비율=0.527+(1-0.527)x(80÷100)

=0.9054, **(0.495+(1-0.495)x(80÷100)=0.899)**

1차 피해율=0.5x0.6x(1-0.1)=0.27, 27%

자기부담금액=1,000만x0.03=300,000원

1차 생산비보장보험금=1,000만x0.9054x0.27-

300,000=2,144,580원

(2) 2차 수확기중 경과비율=1-(25÷50)=0.5

2차 피해율=0.7x0.8x(1-0.2)=0.448, 44.8%

잔존보험가입금액=10,000,000-2,144,580원

=7,855,420원

자기부담금액=7,855,420원x0.03=235,662원

2차 생산비보장보험금=7,855,420원x0.5x0.448-

235,662=1,523,952원

03 | 풀이

브로콜리 준비기생산비계수=0.492

수확기이전 경과비율=0.492+(1-0.492)x(52÷130)=0.6952

작물피해율=(6+4+10)÷40=0.5

피해율=(2,000/4,000)x0.5x(1-0.1)=0.225, 22.5%

자기부담액=30만원

생산비보장보험금=1,000만x0.6952x0.225-30만원

=1,264,200원

04 | 풀이

준비기 생산비계수=0.492

(1) 브로콜리 수확기이전 경과비율=0.492+(1-0.492)

x(78÷130)=0.7968

1차 피해율=0.4x0.7x(1-0.2)=0.224, 22.4%

자기부담금액=1,500만x0.05=750,000원

1차 생산비보장보험금=1,500만x0.7968x0.224-

750,000=1,927,248원

(2) 2차 수확기중 경과비율=1-(15÷30)=0.5

2차 피해율=0.6x0.8x(1-0.2)=0.384, 38.4%

잔존보험가입금액=15,000,000-1,927,248원

=13,072,752원

자기부담금액=13,356,000원x0.05=653,637.6원

2차 생산비보장보험금=13,072,752원x0.5x0.384-

653,637원=1,856,331.384원

16

배무당단
파메시양

16 배무당단파메시양

◉ 생산비보장 밭작물

■ 보험기간

(1) 정식 품목과 파종 품목

① 정식 품목(양상추: 8월 31일-70일)-(봄배추: 4월 20일)

품목	고랭지 배추	가을배추	월동배추	대파	단호박
정식 완료일자	7월 31일	9월 10일	9월 25일	6월 15일	5월 29일
종료기간	70일째	110일째	3월 31일	200일째	90일째

② 파종 품목

품목	고랭지 무	월동무	쪽파(1.2형)	당근	시금치
파종 완료일자	7월 31일	10월 15일	10월 15일	8월 31일	10월 31일
종료기간	80일째	3월 31일	12/31, 5/31	2월 말	1월 15일

(2) 생산비 보장 밭작물(배추, 무, 당근, 단호박, 파, 메밀, 시금치, 양상추)

① 배추

  ㉠ 고랭지배추: 정식완료일 24시(판개연 7월 31일 초.불) 또는 계약체결일 24시

   ~ 정식일부터 **70일째** 되는 날 24시

  ㉡ 가을배추: 정식완료일 24시(판개연 9월 10일 초.불) 또는 계약체결일 24시

   ~ 정식일부터 **110일째** 되는 날 24시(판개연 12월 15일 초.불)

  ㉢ 월동배추: 정식완료일 24시(판개연 9월 25일 초.불) 또는 계약체결일 24시

   ~ 최초 수확 직전 다만, 이듬해 3월 31일을 초과할 수 없음

  ㉣ 봄배추

② 무

  ㉠ 고랭지무: 파종완료일 24시(판개연 7월 31일을 초.불) 또는 계약체결일 24시

   ~ 파종일부터 80일째 되는 날 24시

  ㉡ 월동무: 파종완료일 24시(판개연 10월 15일을 초.불) 또는 계약체결일 24시

~ 최초 수확 직전 다만, 이듬해 3월 31일을 초과할 수 없음

③ 당근: 파종완료일 24시(판매개시연도 8월 31일을 초과 불가) 또는 계약체결일 24시
~ 최초 수확 직전 다만, 이듬해 2월 말일을 초과할 수 없음

④ 단호박: 정식완료일 24시(판개연 5월 29일 초.불) 또는 계약체결일 24시
~ 정식일부터 90일째 되는 날 24시

⑤ 파
㉠ 대파: 정식완료일 24시(판개연 5월 20일(6월15일)을 초.불), 계약체결일 24시
~ 정식일부터 200일째 되는 날 24시
㉡ 쪽파(1형): 파종완료일 24시(판개연 10월 15일을 초.불) 또는 계약체결일 24시
~ 최초 수확 직전 다만, 판매개시연도 12월 31일을 초과할 수 없음
㉢ 쪽파(2형): 파종완료일 24시(판개연 10월 15일을 초.불) 또는 계약체결일 24시
~ 최초 수확 직전 다만, 이듬해 5월 31일을 초과할 수 없음

⑥ 메밀: 파종완료일 24시 또는 계약체결일 24시
~ **최초 수확 직전** 다만, 판매개시연도 11월 20일을 초과할 수 없음

⑦ 시금치: 파종완료일 24시(판개연 10월 31일을 초과 불가) 또는 계약체결일 24시
~ **최초 수확 직전** 다만, 이듬해 1월 15일을 초과할 수 없음

⑧ **양상추**: 정식완료일 24시(판개연 8월 31일을 초과 불가) 또는 계약체결일 24시
~ 정식일부터 **70일**째 되는 날 24시 다만, 이듬해 11월 10일을 초과할 수 없음

* 표본구간 선정(생산비보장 밭작물)
① **배추, 무, 당근, 단호박, 파, 시금치, 양상추**: 피해면적 기준
② **메밀: 도복이외 피해면적 기준** ⇨ (4) **3,000m²** (6) **7,000m²** (8) **15,000m²** (10)

* 보험가입금액(생산비보장 밭작물)
⇨ (보험가입금액)=(가입면적)×(단위면적당 보장생산비), (단, 천원단위 절사)

* 밭작물(생산비보장) 품목 인수 제한 목적물

(1) 공통
① 보험계약 시 피해가 확인된 농지
② 여러 품목이 혼식된 농지(다른 작물과 혼식되어 있는 농지)
③ 하천부지, 상습침수 지역에 소재한 농지
④ 통상적인 재배 및 영농활동을 하지 않는 농지
⑤ **시설재배 농지**

⑥ 판매를 목적으로 경작하지 않는 농지

⑦ 도서 지역의 경우 연륙교가 설치되어 있지 않고 정기선이 운항하지 않는 등 신속한 손해평가가 불가능한 지역에 소재한 농지

⑧ 군사시설보호구역 중 통제보호구역내의 농지

(단, 통상적인 영농활동 및 손해평가가 가능하다고 판단되는 농지는 인수 가능)

※ 통제보호구역: 민간인통제선 이북지역 또는 군사기지 및 군사시설의 최외곽 경계선으로부터 **300미터** 범위 이내의 지역

※ 대파, 쪽파(실파) 품목은 미해당

⑨ 기타 인수가 부적절한 농지

(1) 고랭지 배추, 가을배추, 월동 배추

① 보험가입금액이 **100만원 미만**인 농지

② 정식을 **9월25일** 이후에 실시한 농지(월동배추에만 해당)

③ 월동배추 이외에 다른 품종 및 품목을 정식한 농지(월동배추에만 해당)

④ 정식을 **9월10일** 이후에 실시한 농지(가을배추에만 해당)

⑤ 가을배추 이외에 다른 품종 및 품목을 정식한 농지(가을배추에만 해당)

⑥ 다른 광역시·도에 소재하는 농지(단, 인접한 광역시·도에 소재하는 농지로서 보험 사고 시 지역 농·축협의 통상적인 손해조사가 가능한 농지는 본부의 승인을 받아 인수 가능)

⑦ 최근 3년 연속 침수피해를 입은 농지, 다만, 호우주의보 및 호우경보 등 기상특보에 해당되는 재해로 피해를 입은 경우는 제외함

⑧ 오염 및 훼손 등의 피해를 입어 복구가 완전히 이루어지지 않은 농지

⑨ 최근 5년 이내에 간척된 농지

⑩ 농업용지가 다른 용도로 전용되어 수용 예정 농지로 결정된 농지

⑪ 전환지(개간, 복토 등을 통해 논으로 변경한 농지), 휴경지 등 농지로 변경하여 경작한 지 3년 이내인 농지

(2) 고랭지 무

① 보험가입금액이 **100만원 미만**인 농지

② 판매개시연도 **7월 31일**을 초과하여 파종한 농지

(3) 월동 무

① 보험가입금액이 **100만원 미만**인 농지

② **10월15일** 이후에 무를 파종한 농지

③ 가을무에 해당하는 품종 또는 가을무로 수확할 목적으로 재배하는 농지

④ 오염 및 훼손 등의 피해를 입어 복구가 완전히 이루어지지 않은 농지

⑤ 목초지, 목야지 등 지목이 목인 농지

(4) 당근

① 보험가입금액이 100만원 미만인 농지
② 미니당근 재배 농지(대상 품종 : 베이비당근, 미뇽, 파맥스, 미니당근 등)
③ 8월 31일을 지나 파종을 실시하였거나 또는 할 예정인 농지
④ 목초지, 목야지 등 지목이 목인 농지

(5) 단호박

① 보험가입금액이 100만원 미만인 농지
② 5월 29일을 초과하여 정식한 농지
③ 미니 단호박을 재배하는 농지

(6) 대파

① 보험가입금액이 100만원 미만인 농지
② 5월 20일(6월15일)을 초과하여 정식한 농지
③ 재식밀도가 15,000주/10a 미만인 농지

(7) 쪽파, 실파

① 보험가입금액이 100만원 미만인 농지
② 종구용(씨쪽파)으로 재배하는 농지
③ 상품 유형별 파종기간을 초과하여 파종한 농지

(8) 메밀

① 보험가입금액이 50만원 미만인 농지
② 춘파재배 방식에 의한 봄 파종을 실시한 농지
③ 9월 15일 이후에 파종을 실시 또는 할 예정인 농지
④ 오염 및 훼손 등의 피해를 입어 복구가 완전히 이루어지지 않은 농지
⑤ 최근 5년 이내에 간척된 농지
⑥ 전환지(개간, 복토 등을 통해 논으로 변경한 농지), 휴경지 등 농지로 변경하여 경작한 지 3년 이내인 농지
⑦ 최근 3년 연속 침수피해를 입은 농지(다만, 호우주의보 및 호우경보 등 기상특보에 해당되는 재해로 피해를 입은 경우는 제외함)
⑧ 목초지, 목야지 등 지목이 목인 농지

(9) 시금치(노지)

① 보험가입금액이 100만원 미만인 농지

② **10월 31일**을 지나 파종을 실시하였거나 또는 할 예정인 농지

③ 다른 광역시·도에 소재하는 농지(단, 인접한 광역시·도에 소재하는 농지로서 보험 사고 시 지역 농·축협의 통상적인 손해조사가 가능한 농지는 본부의 승인을 받아 인수 가능)

④ 최근 3년 연속 침수피해를 입은 농지

⑤ 오염 및 훼손 등의 피해를 입어 복구가 완전히 이루어지지 않은 농지

⑥ 최근 5년 이내에 간척된 농지

⑦ 농업용지가 다른 용도로 전용되어 수용예정농지로 결정된 농지

⑧ 전환지(개간, 복토 등을 통해 논으로 변경한 농지), 휴경지 등 농지로 변경하여 경작한 지 3년 이내인 농지

(10) 양상추

① 보험가입금액이 **100만원 미만**인 농지

② 판매개시연도 **8월 31일**을 이후에 정식한 농지(재정식은 **9월 10일** 이내)

③ 시설에서 재배하는 농지

■ 생산비보장방식

⇨ 보험사고가 수확개시 이전에 여러 번 사고발생을 해도 피해사실확인 조사와 경작불능 조사만 실시하고 수확개시 직전에 생산비 피해조사를 실시하여 보험금을 산정한다.

(1) 경작불능 보험금 산정(배추, 무, 당근, 단호박, 파, 메밀, 시금치, 양상추)

① 보험기간: 생산비보장 방식의 보험 시기(각 품목별 적용) ~ 최초 수확 직전(생산비보장 방식에서 정하는 보장종료일을 초과 불가)

② 식물체 피해율 조사

③ 식물체피해율이 65% 미만이거나 경작불능보험금을 신청하지 않은 경우에는 향후 생산비보장 손해조사가 필요한 농지로 결정한다.

④ 산지폐기 여부 확인(경작불능 후 조사)

⑤ 지급사유: 보험기간 내에 보상하는 재해로 식물체피해율이 65% 이상이고 계약자가 경작불능보험금을 신청한 경우

⑥ 지급거절 사유: 보험금 지급대상 농지의 품목이 산지폐기 등의 방법을 통해 시장으로 유통되지 않게 된 것이 확인이 안되는 경우

⑦ 경작불능보험금을 지급한 경우에는 보험계약이 소멸되고 환급보험료는 없다.

⑧ 경작불능 보험금=(보험가입금액)×(자기부담비율에 따른 보장비율) **보장비율=(100-자기부담비율)/2,** ⇨ **(45, 42, 40, 35, 30%)**

(2) 생산비보장방식 재정식보장(봄배추: 4월 20일~재정식완료일 24시)

품목	보장개시	보장종료
고추	계약체결일 24시	재정식 완료일 24시 (판매개시연도 6월10일 초.불)
브로콜리	정식완료일 24시 (계약체결일 24시) (판매개시연도 **9월30일** 초.불)	재정식 완료일 24시 (판매개시연도 10월10일 초.불)
고랭지 배추	정식완료일 24시 (계약체결일 24시) (판매개시연도 7월31일 초.불)	재정식 완료일 24시 (판매개시연도 8월10일 초.불)
월동배추	정식완료일 24시 (계약체결일 24시) (판매개시연도 9월25일 초.불)	재정식 완료일 24시 (판매개시연도 10월5일 초.불)
가을배추	정식완료일 24시 (계약체결일 24시) (판매개시연도 9월10일 초.불)	재정식 완료일 24시 (판매개시연도 9월20일 초.불)
양상추	정식완료일 24시 (계약체결일 24시) (판매개시연도 8월31일 초.불)	재정식 완료일 24시 (판매개시연도 9월10일 초.불)
대파	정식완료일 24시 (계약체결일 24시) (판매개시연도 6월15일 초.불)	재정식 완료일 24시 (판매개시연도 6월25일 초.불)
단호박	정식완료일 24시 (계약체결일 24시) (판매개시연도 5월29일 초.불)	재정식 완료일 24시 (판매개시연도 6월10일 초.불)
보험금	보험기간 내에 보상하는 재해로 면적 피해율이 자기부담비율을 초과하고 재정식한 경우 1회 지급	보험가입금액x20%x(면적피해율)

*24년도 생산비보장방식 재정식 보험금

품목	보장개시	보장종료
브로콜리	정식완료일 24시 (계약체결일 24시) (판매개시연도 **9월30일** 초.불)	재정식 완료일 24시 (판매개시연도 10월10일 초.불)
월동배추	정식완료일 24시 (계약체결일 24시) (판매개시연도 9월25일 초.불)	재정식 완료일 24시 (판매개시연도 10월5일 초.불)
가을배추	정식완료일 24시 (계약체결일 24시) (판매개시연도 9월10일 초.불)	재정식 완료일 24시 (판매개시연도 9월20일 초.불)
양상추	정식완료일 24시 (계약체결일 24시) (판매개시연도 8월31일 초.불)	재정식 완료일 24시 (판매개시연도 9월10일 초.불)
대파	정식완료일 24시 (계약체결일 24시) (판매개시연도 6월15일 초.불)	재정식 완료일 24시 (판매개시연도 6월21일 초.불)
보험금	보험기간 내에 보상하는 재해로 면적 피해율이 자기부담비율을 초과하고 재정식한 경우 1회 지급	보험가입금액x20%x(면적피해율)

(3) 생산비보장방식 재파종보장

품목	보장개시	보장종료
메밀	파종완료일 24시 (계약체결일 24시) (판매개시연도 9월15일 초.불)	재파종 완료일 24시 (판매개시연도 9월25일 초.불)
월동무	파종완료일 24시 (계약체결일 24시) (판매개시연도 10월15일 초.불)	재파종 완료일 24시 (판매개시연도 10월25일 초.불)
고랭지무	파종완료일 24시 (계약체결일 24시) (판매개시연도 7월31일 초.불)	재파종 완료일 24시 (판매개시연도 8월10일 초.불)
쪽파1형 쪽파2형	파종완료일 24시 (계약체결일 24시) (판매개시연도 10월15일 초.불)	재파종 완료일 24시 (판매개시연도 10월25일 초.불)
시금치	파종완료일 24시 (계약체결일 24시) (판매개시연도 10월31일 초.불)	재파종 완료일 24시 (판매개시연도 11월10일 초.불)
당근	파종완료일 24시 (계약체결일 24시) (판매개시연도 8월31일 초.불)	재파종 완료일 24시 (판매개시연도 9월10일 초.불)
보험금	보험기간 내에 보상하는 재해로 면적 피해율이 자기부담비율을 초과하고 재파종한 경우 1회 지급	보험가입금액x20%x(면적피해율)

* 24년도 생산비보장방식 재파종 보험금

품목	보장개시	보장종료
메밀	파종완료일 24시 (계약체결일 24시) (판매개시연도 9월15일 초.불)	재파종 완료일 24시 (판매개시연도 9월25일 초.불)
월동무	파종완료일 24시 (계약체결일 24시) (판매개시연도 10월15일 초.불)	재파종 완료일 24시 (판매개시연도 10월25일 초.불)
쪽파1형 쪽파2형	파종완료일 24시 (계약체결일 24시) (판매개시연도 10월15일 초.불)	재파종 완료일 24시 (판매개시연도 10월25일 초.불)
시금치	파종완료일 24시 (계약체결일 24시) (판매개시연도 10월31일 초.불)	재파종 완료일 24시 (판매개시연도 11월10일 초.불)
보험금	보험기간 내에 보상하는 재해로 면적 피해율이 자기부담비율을 초과하고 재파종한 경우 1회 지급	보험가입금액x20%x(면적피해율)

(4) 생산비보장방식 보험금 산정

① **지급 사유**: 보상하는 재해로 약관에 따라 계산한 피해율이 자기부담비율을 초과하는 경우

② **자기부담비율**

㉠ **배추, 무, 당근, 파, 메밀, 양상추** ⇨ 20, 30, 40%

㉡ **대파, 단호박, 배추(고랭지), 무(고랭지), 시금치(노지)** ⇨ 10, 15, 20, 30, 40%

③ **(배추, 무, 당근, 단호박, 파, 시금치) 손해정도비율**

⇨ 피해면적 기준으로 표본구간을 선정하고 표본구간별 식재된 작물을 조사한다.

㉠ **메밀, 단호박**: 표본구간 면적(원형 1m², 가로, 세로 1m)으로 조사,

㉡ **배추, 무, 당근, 파, 시금치**: 연속된 10구의 작물을 조사

<손해정도에 따른 손해정도비율>

손해정도	1~20%	21~40%	41~60%	61~80%	81~100%
손해정도비율	20%	40%	60%	80%	100%

*작물상태조사- 구간별 평균 손해정도비율 (표본조사-표본구간: 4구간)

(고추, 당근, 단호박, 배추, 양상추, 생산비보장 밭작물)

	표본구간 작물상태 조사						
손해정도	정상	1~20%	21~40%	41~60%	61~80%	81~100%	합계
표본구간1	1	1	2	2	7	2	15
표본구간2	0	1	2	3	3	1	10
표본구간3	1	1	1	3	3	5	14
표본구간4	4	2	0	2	2	1	11
합계	6	5	5	10	15	9	50

손해정도비율=(1+2+6+12+9)/50=0.6

④ **피해율(배추, 무, 당근, 단호박, 파, 메밀, 시금치, 양상추)**

㉠ 피해비율=(피해면적)/(재배면적)

㉡ (피해율)=(피해비율)×(손해정도비율)×(1-미보상비율)

㉢ 메밀, (피해율)=(피해면적)/(재배면적)×(1-미보상비율)

(피해면적)=(도복 피해면적)x70%+(도복이외 피해면적)×(손해정도비율)

⑤ 생산비보장 보험금=(보험가입금액)(피해율-자기부담비율)

📋 **예제 1** *조사내용(월동무) (보험가입금액: 1,000만원, 자기부담비율: 20%)

조사내용	실제경작면적	재파종 전 조사		재파종 후 조사
		고사면적	수확불능면적	재파종 완료 면적
재파종 조사 (10월 20일)	3,000m²	1,000m²	200m²	1,200m²

📝 **풀이 1**

재파종 면적피해율=1,200/3,000=0.4

재파종보험금=1,000만원x20%x0.4=800,000원

📋 **예제 2** *조사내용(월동배추) (보험가입금액: 1,000만원, 자기부담비율: 20%)

조사내용	실제경작면적	재정식 전 조사		재정식 후 조사
		고사면적	수확불능면적	재정식 완료 면적
재정식 조사 (10월 2일)	4,000m²	1,500m²	400m²	1,000m²

📝 **풀이 2**

재정식 면적피해율=1,000/4,000=0.25

재정식보험금=1,000만원x20%x0.25=500,000원

예제 3 보상하는 재해로 인하여 종합위험 생산비보장방식 밭작물에 피해가 발생하였다. 다음 조사내용을 참조하여 물음에 답하시오.

*조사내용

재배면적	피해면적	미보상비율	작물피해율	손해정도비율
1,000m²	500m²	10%	30%	40%

물음 1 메밀의 피해율의 계산과정과 값(%)을 쓰시오.

물음 2 고추, 배추, 무, 단호박, 당근, 파의 피해율의 계산과정과 값(%)을 쓰시오.

물음 3 브로콜리의 피해율의 계산과정과 값(%)을 쓰시오.

풀이 3

(1) 메밀의 피해율=피해면적/재배면적

메밀의 피해율=(500/1,000)x(1-0.1)=0.45, 45%

(2) (배무당단파시)피해율=(피해비율)x(손해정도비율)x(1-미보상비율)

고추, 배추, 무, 단호박, 당근, 파의 피해율=(500/1,000)x0.4x(1-0.1)=0.18, 18%

(3) 브로콜리피해율=(피해비율)x(작물피해율)x(1-미보상비율)

브로콜리의 피해율=(500/1,000)x0.3x(1-0.1)=0.135, 13.5%

문제 1 종합위험보장 생산비보장방식 품목에 대한 조사내용이다. 다음 계약내용 및 조사내용을 참조하여 각 농가의 생산비보장 보험금을 구하시오.(원단위 미만 절사) (단, 피해율은 % 단위로 소수점 아래 셋째자리에서 반올림)

계약자	품목	보험가입금액	가입면적	재배면적	조사내용
A	메밀	600만원	1,000m²	1,000m²	*피해면적 -도복 피해면적: 300m² -도복이외피해면적: 300m² *손해정도비율: 60% *자기부담비율: 최저적용
B	배추 (고랭지)	600만원	1,000m²	1,000m²	*피해면적: 500m² *손해정도비율: 70% *자기부담비율: 최저적용 *미보상비율: 10%
C	단호박	600만원	1,000m²	1,000m²	*피해면적: 600m² *손해정도: 70% *자기부담비율: 최저적용 *미보상비율: 10%

문제 2 종합위험보장방식 시금치의 노지재배 및 시설재배에 피해가 발생하였다. 다음 계약내용 및 조사내용을 참조하여 생산비보장 보험금(원)을 구하시오. (단, 피해구성율은 % 단위로 소수점 아래 셋째자리에서 반올림)

*계약내용

품목	보험가입금액	가입면적	m²당 보장생산비	자기부담비율
시금치(노지)	600만원	3,000m²	2,000원/m²	최저비율적용
시금치(시설)	700만원	3,000m²	3,000원/m²	-

*조사내용

품목	재배면적	피해면적	손해정도비율	생장일수	표준생장일수
시금치(노지)	3,000m²	1,500m²	80%	-	-
시금치(시설)	2,600m²	1,560m²	50%	16일	40일

- 미보상비율: 10%, 시금치(시설재배)는 수확기이전 사고임.

물음 1 시금치(노지재배) 생산비보장 보험금의 계산과정과 값(원)을 쓰시오.

물음 2 시금치(시설재배) 생산비보장 보험금의 계산과정과 값(원)을 쓰시오.

📖 문제 3 보상하는 재해로 인하여 생산비보장방식 밭작물 무 품목에 피해가 발생하였다. 다음 계약내용 및 조사내용을 참조하여 생산비보장 보험금(원)을 구하시오. (단, 피해구성율은 % 단위로 소수점 아래 셋째자리에서 반올림)

*계약내용

품목	보험가입금액	가입면적	자기부담비율	재배면적
무	1,000만원	4,000m²	20%	4,000m²

*조사내용

피해면적	피해정도	정상	1~20%	21~40%	41~60%	61~80%	81~100%
2,800m²	표본1구간	2	1	1	1	2	3
	표본2구간	1	1	2	1	3	2
	표본3구간	3	2	1	2	1	1
	표본4구간	1	1	1	1	4	2
	계	7	5	5	5	10	8

– 미보상비율: 20%,

📋 문제 4 보상하는 재해로 인하여 생산비보장방식 단호박 품목에 피해가 발생하였다. 다음 계약내용 및 조사내용을 참조하여 생산비보장보험금의 계산과정과 값(원)을 쓰시오.

*계약내용 및 조사내용

품목	보험가입금액	재배면적	피해면적	미보상비율	자기부담비율
단호박	1,000만원	4,000m²	2,600m²	10%	최저비율적용

*작물상태조사(표본조사-표본구간: 4구간)

손해정도	정상	1~20%	21~40%	41~60%	61~80%	81~100%	합계
표본구간1	1	1	2	2	7	2	15
표본구간2	0	1	2	3	3	1	10
표본구간3	1	1	1	3	3	5	14
표본구간4	4	2	0	2	2	1	11
합계	6	5	5	10	15	9	50

표본구간 작물상태 조사

📑 문제 5 종합위험 생산비보장방식 보험에 가입한 가을배추 품목에 관한 내용이다. 계약사항 및 조사내용을 참조하여 물음에 답하시오. (단, 피해율은 % 단위로 소수점 아래 셋째자리에서 반올림)

*계약사항

품목	보험가입금액	가입면적	재배면적	자기부담비율
가을배추	1,000만원	4,000m²	4,000m²	최저비율적용

*조사내용(재정식 조사)

사고발생	재해	피해면적	재정식 일자	재정식 면적
9월12일	냉해	1,200m²	9월18일	1,200m²

*조사내용

품목	재배면적	피해면적	손해정도	미보상비율
가을배추	4,000m²	2,400m²	70%	10%

- 주어진 조건 이외의 사항은 고려하지 않음

물음 1 가을배추의 재정식 보험금의 계산과정과 값(원)을 쓰시오.

물음 2 가을배추의 생산비보장 보험금의 계산과정과 값(원)을 쓰시오.

문제 6 보상하는 재해로 인하여 종합위험 생산비보장방식 메밀 품목에 피해가 발생하였다. 다음 계약내용 및 조사내용을 참조하여 물음에 답하시오. (단, 피해율은 % 단위로 소수점 셋째자리에서 반올림)

*계약내용

품목	보험가입금액	가입면적	재배면적	자기부담비율
메밀	800만원	9,200m²	9,200m²	20%

*조사내용

실제경작 면적	도복으로 인한 피해면적	도복이외 피해면적	무피해 면적	도복이외 표본구간 면적	미보상 비율
9,200m²	4,000m²	3,000m²	2,200m²	6m²	10%

*도복이외 면적 표본구간 피해정도 면적합계

구분	정상	20%형	40%형	60%형	80%형	100%형	타작물
면적(m²)	0.5	0	1	1	2	1	0.5

물음 1 손해정도비율(%)과 피해면적의 계산과정과 값(m²)을 쓰시오.

물음 2 생산비보장 보험금의 계산과정과 값(원)을 쓰시오.

문제 7 종합위험 생산비보장방식 보험에 가입한 양상추 품목에 관한 내용이다. 계약사항 및 조사내용을 참조하여 물음에 답하시오. (단, 피해율은 % 단위로 소수점 아래 셋째자리에서 반올림)

*계약사항(보험 가입일자: 8월 23일)

품목	보험가입금액	가입면적	재배면적	자기부담비율
양상추	1,000만원	4,000m²	4,000m²	최저비율적용

- 정식완료일자: 8월 20일

*조사내용(재정식 조사)

사고발생	재해	피해면적	재정식 일자	재정식 면적
9월5일	냉해	1,500m²	9월8일	1,000m²

*조사내용

품목	재배면적	피해면적	손해정도	미보상비율
양상추	3,500m²	2,100m²	70%	10%

- 주어진 조건 이외의 사항은 고려하지 않음

물음 1 양상추의 재정식 보험금의 계산과정과 값(원)을 쓰시오.

물음 2 양상추의 생산비보장 보험금의 계산과정과 값(원)을 쓰시오.

문제 8 종합위험 생산비보장방식 보험에 가입한 월동무 품목에 관한 내용이다. 계약사항 및 조사내용을 참조하여 물음에 답하시오. (단, 피해율은 % 단위로 소수점 아래 셋째자리에서 반올림)

*계약사항(보험 가입일자: 10월 13일)

품목	보험가입금액	가입면적	재배면적	자기부담비율
월동무	1,000만원	4,000m²	4,000m²	최저비율적용

- 정식완료일자: 10월 10일

*조사내용(재파종 조사)

사고발생	재해	피해면적	재파종 일자	재정식 면적
10월15일	냉해	800m²	10월20일	800m²

*조사내용

품목	재배면적	피해면적	손해정도	미보상비율
월동무	4,000m²	2,400m²	55%	10%

- 주어진 조건 이외의 사항은 고려하지 않음

물음 1 월동무의 재파종 보험금의 계산과정과 값(원)을 쓰시오.

물음 2 월동무의 생산비보장 보험금의 계산과정과 값(원)을 쓰시오.

🖥 문제 9 다음 계약사항 및 조사내용을 참조하여 각 품목에 해당하는 경작불능보험금을 산정하시오.

보장방식	품목	계약내용 및 조사내용
종합위험 수확감소보장	보리	- 보험가입금액: 1,000만원, -자기부담비율: 최저비율적용 - 식물체피해율: 70%, -기타 보험금 지급조건을 만족함
	팥	- 보험가입금액: 1,000만원, -자기부담비율: 최저비율적용 - 식물체피해율: 65%, -기타 보험금 지급조건을 만족함
	양배추	- 보험가입금액: 1,000만원, -자기부담비율: 최저비율적용 - 식물체피해율: 65%, -기타 보험금 지급조건을 만족함
종합위험 생산비보장	고랭지배추	- 보험가입금액: 1,000만원, -자기부담비율: 최저비율적용 - 식물체피해율: 70%, -기타 보험금 지급조건을 만족함
	월동배추	- 보험가입금액: 1,000만원, -자기부담비율: 최저비율적용 - 식물체피해율: 65%, -기타 보험금 지급조건을 만족함
	쪽파	- 보험가입금액: 1,000만원, -자기부담비율: 최저비율적용 - 식물체피해율: 65%, -기타 보험금 지급조건을 만족함
	단호박	- 보험가입금액: 1,000만원, -자기부담비율: 최저비율적용 - 식물체피해율: 70%, -기타 보험금 지급조건을 만족함

정답 및 해설

01 | 풀이

A, 피해면적=300x0.7+300x0.6=390m²,
피해율=(390/1,000)x(1-0)=0.39

최저자기부담비율은 20%, A생산비보장
보험금=600만x(0.39-0.2)=1,140,000원

B, 피해비율=500/1,000=0.5, 피해율=0.5x0.7x(1-0.1)=0.315

고랭지 배추 최저자기부담비율은 10%로 변경,

B생산비보장 보험금=600만x(0.315-0.1)=1,290,000원

C, (단호박) 최저자기부담비율은 10%로 변경

피해비율=600/1,000=0.6, 피해율=0.6x0.8x(1-0.1)=0.432,

최저자기부담비율은 10%,

C생산비보장 보험금=600만원x(0.432-0.1)=1,992,000원

02 | 풀이

시금치(노지재배)는 가입면적과 재배면적이 일치,
최저자기부담비율=10%

시금치(시설재배)는 재배면적이 가입면적보다 작아서
일부보험으로 비례보상을 한다.

시금치(노지재배), 피해율=0.5x0.8x(1-0.1)=0.36

시금치(노지재배) 생산비보장 보험금=600만원x(0.36-0.1)=1,560,000원

시설재배, 보험가입금액=700만원,
재x보=2,600x3,000원=780만원

시금치(시설재배), 경과비율=0.1+(1-0.1)x(16/40)=0.46,
피해율=0.6x0.5x(1-0.1)=0.27

시금치(시설재배) 생산비보장
보험금=780만원x0.46x0.27x(700만/780만)=869,400원

03 | 풀이

보험가입금액=1,000만원

피해면적이 2,800m²이면 표본구간수는 4구간이고 표본구간
4구간의 손해정도비율은

손해정도비율=(0.2x5+0.4x5+0.6x5+0.8x10+1x7)/40=0.55

피해율=(2,800/4,000)x0.55x(1-0.2)=0.308, 30.8%

생산비보장 보험금=1,000만원x(0.308-0.2)=1,080,000원

04 | 풀이

**대파, 단호박, 배추(고랭지), 무(고랭지), 시금치(노지)
자기부담비율 변경됨 10%, 15%, 20%, 30%, 40%,
최저비율적용=10%**

손해정도비율=(1+2+6+12+9)/50=0.6

피해율=(2,600/4,000)x0.6x(1-0.1)=0.351, 35.1%

단호박, 자기부담비율=10%, 15%, 20%, 30%, 40%,
최저비율적용=10%

생산비보장보험금=1,000만원x(0.351-0.1)=2,510,000원

05 | 풀이

(물음 1)

가을배추 재정식 보험금 보장기간: 9월 10일~9월 25일

면적피해율=1,200/4,000=0.3, 30%

재정식 보험금=1,000만원x0.2x0.3=600,000원

(물음 2)

피해비율=2,400/4,000=0.6, 손해정도비율=80%

피해율=0.6x0.8x(1-0.1)=0.432, 43.2%

생산비보장 보험금=1,000만원x(0.432-0.2)=2,320,000원

(1) 표본구간 손해정도비율=(1x0.4+1x0.6+2x0.8+1x1)/6=3.6/6=0.6, 60%

피해면적=4,000x0.7+3,000x0.6=4,600m²

피해율=(4,600/9,200)x(1-0.1)=0.45, 45%

(2) 생산비보장 보험금은 800만원x(0.45-0.2)=2,000,000원

(물음1)

양상추 재정식 보험금 보장기간: 정식완료일 24시 또는 계약체결일 24시

~재정식 완료일(판매개시연도 9월 10일 초과불가) 재정식 지급조건을 만족함

면적피해율=1,000/4,000=0.25, 25%

재정식 보험금=1,000만원x0.2x0.25=500,000원

(물음2)

피해비율=2,100/3,500=0.6, 손해정도비율=80%

피해율=0.6x0.8x(1-0.1)=0.432, 43.2%

생산비보장 보험금=1,000만원x(0.432-0.2)=2,320,000원

(물음 1)

월동무 재파종 보험기간: 정식완료일 24시(판매개시연도 10월 15일 초과불가)

또는 계약체결일 24시 ~재정식 완료일(판매개시연도 10월 25일 초과불가)

면적피해율=800/4,000=0.2, 20%, 최저자기부담비율=20%

재파종 보험금=0원

(물음 2)

피해비율=2,400/4,000=0.6, 손해정도비율=60%

피해율=0.6x0.6x(1-0.1)=0.324, 32.4%

생산비보장 보험금=1,000만원x(0.324-0.2)=1,240,000원

(보리) 자기부담비율(최저)=10%, 보장비율=45%

경작불능보험금=1,000만원x0.45=450만원

(팥) 자기부담비율(최저)=10%, 보장비율=45%

경작불능보험금=1,000만원x0.45=450만원

(양배추) 자기부담비율(최저)=15%, 보장비율=42%

경작불능보험금=1,000만원x0.42=420만원

(고랭지배추) 자기부담비율(최저)=10%, 보장비율=45%

경작불능보험금=1,000만원x0.45=450만원

(월동배추) 자기부담비율(최저)=20%, 보장비율=40%

경작불능보험금=1,000만원x0.4=400만원

(쪽파) 자기부담비율(최저)=20%, 보장비율=40%

경작불능보험금=1,000만원x0.4=400만원

(단호박) 자기부담비율(최저)=10%, 보장비율=45%

경작불능보험금=1,000만원x0.45=450만원

17

시설작물

17 시설작물

◉ 생산비보장 시설작물. 버섯작물

■ 보험기간

(1) 생산비보장 원예시설 및 시설작물

　① 시설작물(버섯작물)
　⇨ 청약을 승낙하고 제1회 보험료를 납입한 때
　　　　　 ~ 보험증권에 기재된 보험종료일 24시
　*농업용 시설물 내에 정식(파종)일과 제1회 보험료 납입일 중에서 늦은 날을 개시일
　② 원예시설(버섯재배사) 및 부대시설
　⇨ 청약을 승낙하고 제1회 보험료를 납입한 때
　　　　　 ~ 보험증권에 기재된 보험종료일 24시

* 원예시설 및 시설작물, 버섯재배사 및 버섯작물

　① (원예시설물 및 버섯재배사 보험가입금액)=(재조달가액)의 90~130%
　　 (재조달가액)=(시설의 면적)×(m² 당 시설비), (재조달가액보장 특약 가입 여부)
　② 유리온실(경량철골조): m² 당 5만원~50만원 선택 가능(가입면적 상관없음)
　③ 부대시설: 계약자 고지사항을 기초로 보험가액을 추정하여 보험가입금액 결정
　④ (시설작물 보험가입금액)=(가입면적)×(보장생산비가 가장 높은 가격)의 50~100%

■ 시설작물, 버섯작물 보상하는 재해(자연재해, 조수해)-화재 특약

(1) 시설작물 및 버섯작물

　① 농업용시설물(구조체+피복재)에 직접적인 피해발생(O) ⇨ 보상
　② 농업용시설물에 피해발생(X) 자연재해로 인하여 작물피해율이 70% 이상 발생하여 시설물 내의 전체
　　 작물의 재배를 포기하는 경우 ⇨ 보상
　③ 기상특보발령지역의 기상특보와 관련된 재해로 피해가 발생한 경우 ⇨ 보상
　　 (인근지역 기상특보발령: X)

(2) 표고버섯 확장위험 담보 특별약관(표고버섯)

① 농업용시설물에 피해발생(O) ⇨ 표고버섯확장담보특약의 가입에 관계없이 보상

② 농업용시설물에 피해발생(X) ⇨ 표고버섯확장담보특약의 가입(X) ⇨ 미보상

③ 농업용시설물에 피해발생(X) ⇨ 표고버섯확장담보특약의 가입(O)

    ⇨버섯피해율: 70%(시설물내 전체작물재배포기) ⇨ 보상

    ⇨기상특보발령지역의 기상특보와 관련된 재해로 피해가 발생한 경우 ⇨ 보상

* 특별약관(5)

재조달가액 보장 특별약관, 화재위험보장 특별약관, 화재대물배상책임 특별약관, 수재위험부보장 특별약관, 표고버섯 확장위험 담보 특별약관

■ 원예시설 · 버섯 품목 인수 제한 목적물

(1) 농업용 시설물 · 버섯재배사 및 부대시설

① 판매를 목적으로 작물을 경작하지 않는 시설

② 작업동, 창고동 등 작물 경작용으로 사용되지 않는 시설

    ※농업용시설물 한 동 면적의 80% 이상을 작물재배용으로 사용하는 경우 가입가능

③ 피복재가 없거나 작물을 재배하고 있지 않은 시설

    ※ 다만, 지역적 기후 특성에 따른 한시적 휴경은 제외

④ 목재, 죽재로 시공된 시설

⑤ 비가림시설

⑥ 구조체, 피복재 등 목적물이 변형되거나 훼손된 시설

⑦ 목적물의 소유권에 대한 확인이 불가능한 시설

⑧ 건축 또는 공사 중인 시설

⑨ 1년 이내에 철거 예정인 고정식 시설

⑩ 하천부지 및 상습침수지역에 소재한 시설

    ※ 다만, 수재위험 부보장특약에 가입하여 풍재만은 보장 가능

⑪ 연륙교가 설치되어 있지 않고 정기선이 운항하지 않는 등 신속한 손해평가가 불가능한 도서 지역 시설

⑫ 정부에서 보험료의 일부를 지원하는 다른 계약에 이미 가입되어 있는 시설

⑬ 기타 인수가 부적절한 하우스 및 부대시설

(2) 시설작물

① 작물의 재배면적이 시설 면적의 50% 미만인 경우

    ※ 다만, 백합·카네이션의 경우 하우스 면적의 50% 미만이라도 동당 작기별 200㎡이상 재배 시 가입 가능

② 분화류의 국화, 장미, 백합, 카네이션을 재배하는 경우

③ 판매를 목적으로 재배하지 않는 시설작물
④ 한 시설에서 화훼류와 비화훼류를 혼식 재배중이거나, 또는 재배 예정인 경우
⑤ 통상적인 재배시기, 재배품목, 재배방식이 아닌 경우
  ※ 예: 여름재배 토마토가 불가능한 지역에서 여름재배 토마토를 가입하는 경우, 파프리카 토경재배가
      불가능한 지역에서 토경재배 파프리카를 가입하는 경우 등
⑥ **시설작물별 10a당 인수제한 재식밀도 미만인 경우**

<품목별 인수제한 재식밀도>

품목	인수제한 재식밀도
수박, 멜론	400주 미만/10a
참외, 호박	600주 미만/10a
풋고추	1,000주 미만/10a
토마토, 가지, 오이, 장미, 파프리카	**1,500주 미만**/10a
배추, 무	3,000주 미만/10a
딸기	5,000주 미만/10a
카네이션, 백합, 대파	15,000주 미만/10a
쪽파	18,000주 미만/10a
국화	30,000주 미만/10a
상추	40,000주 미만/10a
부추	62,500주 미만/10a
시금치	100,000주/10a 미만

⑦ 품목별 표준생장일수와 현저히 차이가 나는 생장일수를 가지는 품종

<품목별 인수제한 품종 >

품목	인수제한 품종
배추(시설재배)	얼갈이 배추, 쌈배추, 양배추
딸기(시설재배)	산딸기
수박(시설재배)	애플수박, 미니수박, 복수박
고추(시설재배)	홍고추
오이(시설재배)	노각
상추(시설재배)	양상추, 프릴라이스, 버터헤드(볼라레), 오버레드, 이자벨, 멀티레드, 카이피라, 아지르카, 이자트릭스, 크리스피아노

(3) 버섯작물

(가) 표고버섯(원목재배 · 톱밥배지재배)

① 통상적인 재배 및 영농활동을 하지 않는다고 판단되는 하우스

② 원목 5년차 이상의 표고버섯

③ 원목재배, 톱밥배지재배 이외의 방법으로 재배하는 표고버섯

④ 판매를 목적으로 재배하지 않는 표고버섯

⑤ 기타 인수가 부적절한 표고버섯

(나) 느타리버섯(균상재배 · 병재배)

① 통상적인 재배 및 영농활동을 하지 않는다고 판단되는 하우스

② 균상재배, 병재배 이외의 방법으로 재배하는 느타리버섯

③ 판매를 목적으로 재배하지 않는 느타리버섯

④ 기타 인수가 부적절한 느타리버섯

(다) 새송이버섯(병재배)

① 통상적인 재배 및 영농활동을 하지 않는다고 판단되는 하우스

② 병재배 외의 방법으로 재배하는 새송이버섯

③ 판매를 목적으로 재배하지 않는 새송이버섯

④ 기타 인수가 부적절한 새송이버섯

(라) 양송이버섯(균상재배)

① 통상적인 재배 및 영농활동을 하지 않는다고 판단되는 하우스

② 균상재배 외의 방법으로 재배하는 양송이버섯

③ 판매를 목적으로 재배하지 않는 양송이버섯

④ 기타 인수가 부적절한 양송이버섯

◉ 생산비보장방식

⇨ ① 1사고 마다 생산비보장 보험금을 보험가입금액 한도 내에서 보상한다.

② 평가단위는 목적물 단위로 한다.

③ 동일 작기에서 2회 이상 사고가 난 경우 동일 작기 작물의 이전 사고의 피해를 감안하여 산정한다.

④ 평가 시점은 피해의 확정이 가능한 시점에서 평가한다.

* 생산비 보장방식(사고일자 확인)

① 준비기(재배 준비~정식일)

② 생장기(정식일~수확개시일 직전) ⇨ 표준생장일수

③ 수확기(수확개시일~수확완료일) ⇨ 표준수확일수

④ 준비기 생산비+생장기 생산비+수확기 생산비=총 보장생산비

⑤ 준비기 생산비 계수=(준비기 생산비)/(준비기 생산비+생장기 생산비)

⑥ 생장일수(정식일~사고 발생일자)

⑦ 수확일수(수확개시일~사고 발생일자)

* 생산비 보장방식의 사고발생 일자 확인

① 사고발생 일자: 재해가 발생한 일자

② 연속적인 자연재해(폭염, 냉해 등)

㉠ **수확기 이전 사고: 기상특보 발령 일자를 사고일자로 한다.**

㉡ **수확기 중 사고: 최종 출하 일자를 사고일자로 한다.**

③ 사고발생일자를 기준으로 생장일수와 수확일수를 산정하여 경과비율을 계산한다.

(1) 생산비보장방식 보험금 산정(시설작물)

① **지급 사유:** 보상하는 재해로 1사고마다 1동 단위로 생산비보장 보험금이 **10만원을 초과**하는 경우

② **준비기생산비계수(준비기생산비계수=α)**

㉠ **α=10% ⇨ 무, 시금치, 쪽파, 쑥갓**

㉡ **α=20% ⇨ 국화(재절화), 카네이션(재절화)**

㉢ **α=40% ⇨ 배추, 상추, 토마토, 가지, 오이, 호박, 수박, 파프리카, 딸기, 대파, 백합, 국화, 카네이션, 미나리, 참외, 풋고추, 멜론, 감자**

㉣ **준비기생산비계수 미적용 품목 ⇨ 장미, 부추**

③ **경과비율**

㉠ 수확기 이전에 보험사고가 발생한 경우 ⇨ $α+(1-α)×$(생장일수/표준생장일수) **준비기생산비계수=α, 10%(4개 품목), 20%(재절화), 40%(18개 품목)** 표준생장일수: 정식일~수확개시일, 품목별 표준생장 일수 참조 생장일수: 정식일~사고발생일자

㉡ 수확기 중에 보험사고가 발생한 경우 ⇨ **1-(수확일수/표준수확일수)** 표준수확일수: 수확개시일~수확종료일, 품목별 표준수확 일수 참조 수확일수: 수확개시일~사고발생일자

㉢ 국화, 수박, 멜론 ⇨ 수확기 중 경과비율=100%(확정)

㉣ 수확기 중 경과비율이 10% 미만인 경우에는 최소 10%로 한다. (단, 풋고추, 오이, 호박, 상추, 토마토는 10% 미만도 나오는 대로 적용한다.)

품목		표준생장일수	표준수확일수
딸기		90일	182일
오이		**45일(75일)**	-
토마토		**80일(120일)**	-
참외		90일	224일
풋고추		55일	-
호박		40일	-
수박		100일	-
멜론		100일	-
파프리카		100일	223일
상추		30일	-
시금치		40일	30일
국화	스탠다드형	120일	-
	스프레이형	90일	-
가지		50일	262일
배추		70일	50일
파	대파	120일	64일
	쪽파	60일	19일
무	일반	**80일**	28일
	기타	**50일**	28일
백합		100일	23일
카네이션		150일	224일
미나리		130일	88일
쑥갓		50일	51일

※ 단, 괄호안의 표준생장일수는 9월~11월에 정식하여 겨울을 나는 재배일정으로 3월 이후에 수확을 종료하는 경우에 적용함

※ 무 품목의 기타 품종은 알타리무, 열무 등 큰 무가 아닌 품종의 무임

④ **손해정도비율**

⇨ 시설작물의 생산비 피해조사가 표본조사인지? 전수조사인지? 언급X (손해정도비율조사를 어떻게 하는지 조사방법이 없음, 주어진 대로 계산)

<손해정도에 따른 손해정도비율>

손해정도	1~20%	21~40%	41~60%	61~80%	81~100%
손해정도비율	20%	40%	60%	80%	100%

⑤ 피해율

　㉠ 피해비율=(피해면적)/(재배면적)

　㉡ **(피해율)=(피해비율)×(손해정도비율)×(1-미보상비율)**

⑥ 생산비보장 보험금(장미, 부추 제외)

　(생산비보장 보험금)=(재배면적)×(단위면적당 보장생산비)×(경과비율)×(피해율)

⑦ **(보험가입금액)=(가입면적)×(단위면적당 보장생산비)의 50~100%**

　(보험가액)=(재배면적)×(단위면적당 보장생산비)

　㉠ **(보험가입금액) ≧ (보험가액), (전부 또는 초과보험)**

　⇨ **(생산비보장 보험금)=(재배면적)×(단위면적당 보장생산비)×(경과비율)×(피해율)**

　㉡ **(보험가입금액) < (보험가액), (일부보험: 비례보상)**

　⇨ **(생산비보장 보험금)=(보험가액)×(경과비율)×(피해율)x{(보험가입금액)/(보험가액)}**

⑧ 생산비보장 보험금(장미 품목) ⇨ 경과비율(x)

　(보험가입금액)=(가입면적)×(고사나무 보장생산비)의 50~100%

　(보험가액)=(재배면적)×(나무 생존시 보장생산비) - Ⓐ 또는

　(보험가액)=(재배면적)×(고사나무 보장생산비) - Ⓑ

　㉠ **(보험가입금액) ≧ (보험가액), (전부 또는 초과보험)**

　　⇨ **(생산비보장 보험금)=(재배면적)×(단위면적당 보장생산비)×(피해율)**

　㉡ **(보험가입금액) < (보험가액), (일부보험: 비례보상)**

　　⇨ **(생산비보장 보험금)=(Ⓐ 또는 Ⓑ)×(피해율)x{(보험가입금액)/Ⓑ}**

⑨ 생산비보장 보험금(부추 품목) ⇨ 경과비율(x)

　(보험가입금액)=(가입면적)×(단위면적당 보장생산비)의 50~100%

　(보험가액)=(재배면적)×(단위면적당 보장생산비)

　㉠ **(보험가입금액) ≧ (보험가액=재x보), (전부 또는 초과보험)**

　⇨ **(생산비보장 보험금)=(재배면적)×(단위면적당 보장생산비)×(피해율)x70%**

　㉡ **(보험가액) < (보험가액=재x보), (일부보험: 비례보상)**

　⇨ **(생산비보장 보험금)=(보험가액)×(피해율)x70%x{(보험가입금액)/(보험가액)}**

📖 **예제 1**　(시설A) 수박(시설재배)-미보상비율: 10%, (단, 원단위 미만은 절사)

보험 가입금액	가입면적	보장 생산비	재배면적	사고 발생시기	피해면적	손해정도
1,100만원	2,000m²	5,500원/m²	2,000m²	수확기 이전	1,200m²	35%

- 표준생장일수: 100일, 생장일수: 정식일(3월 11일), 사고발생일자: 4월 29일

📖 풀이 1

(전부보험)

(A풀이) 수박 수확기이전 경과비율=0.4+(1-0.4)x(49/100)=0.694, (생장일수=20+29=49일)

피해율=0.6x0.4x(1-0.1)=0.216, 생산비보장방식 보험금=1,100만원x0.694x0.216=1,648,944원

📋 예제 2   (시설B) 부추(시설재배) (단, 원단위 미만은 절사)

보험 가입금액	가입면적	보장 생산비	재배면적	사고 발생시기	피해면적	손해정도
354만원	1,000m²	5,900원/m²	800m²	수확기 이전	600m²	55%

- 표준생장일수: 200일, 생장일수: 60일, -미보상비율: 10%

📖 풀이 2

부추 ⇨ 경과비율(x), (일부보험)

(A풀이) 보험가액(가입당시)=1,000x5,900원=590만원, 보험가입금액=354만원 (비례보상)

보험가액(사고당시)=800x5,900원=472만원, 피해율=(600/800)x0.6x(1-0.1)=0.405,

생산비보장방식 보험금=472만원x0.7x0.405x(354만/472만)=1,003,590원

📋 예제 3   (시설C) 수박(시설재배) (단, 원단위 미만은 절사)

보험 가입금액	가입면적	보장 생산비	재배면적	사고 발생시기	피해면적	손해정도
1,155만원	3,000m²	5,500원/m²	2,600m²	수확기 중	1,560m²	40%

- 표준생장일수: 30일, 생장일수: 15일, -미보상비율: 10%

📖 풀이 3

(일부보험)

(A풀이) 수박: 수확기 중 경과비율=1, 피해율=(1,560/2,600)x0.4x(1-0.1)=0.216,

보험가액(가입당시)=3,000x5,500원=1,650만원, 보험가입금액=1,155만원 (비례보상)

보험가액(사고당시)=2,600x5,500원=1,430만원,

생산비보장방식 보험금=1,430만원x1x0.216x(1,155만/1,430만)=2,494,800원

(시설D) 배추(시설재배) (단, 원단위 미만은 절사)

보험 가입금액	가입면적	보장 생산비	재배면적	사고 발생시기	피해면적	손해정도
1,550만원	10,000m²	3,100원/m²	8,000m²	수확기 중	6,400m²	55%

- 표준수확일수: 50일, 수확일수: 46일, -미보상비율: 10%

🔍 풀이 4

(일부보험)
배추: 수확기 중 경과비율=1-46/50=0.08, 8%, 최저=10%,
피해율=(6,400/8,000)x0.6x(1-0.1)=0.432,
보험가액(가입당시)=10,000x3,100원=3,100만원, 보험가입금액=1,550만원 (비례보상)
보험가액(사고당시)=8,000x3,100원=2,480만원,
생산비보장방식 보험금=2,480만원x0.1x0.432x(1,550만/2,480만)=669,600원

📋 예제 5 (시설F) *계약내용 및 m²당 보장생산비 (장미 품목)

시설명	계약사항			m²당 보장생산비	
	수령	가입면적	보험가입금액	나무 생존시	나무 고사시
시설 A	4년생	1,000m²	970만원	6,500원	19,400원

*조사내용

시설명	조사내용(태풍피해)				
	고사나무 여부	재배면적	피해면적	손해정도	미보상비율
시설 A	생존	800m²	400m²	50%	10%

🔍 풀이 5

보험가입금액=1,000x19,400원x50%=970만원, 피해율=(400/800)x0.6x(1-0.1)=0.27,
보험가액(생)=800x6,500=520만원, 보험가액(고사)=800x19,400=1,552만원
생산비보장방식 보험금=520만원x0.27x(970만/1,552만)=877,500원,

(2) 생산비보장방식 보험금 산정(버섯작물)

① **지급 사유**: 보상하는 재해로 1사고마다 1동 단위로 생산비보장 보험금이 10만원을 초과하는 경우

② **준비기생산비계수(준비기생산비계수=α)**

㉠ **표고버섯(톱밥배지재배)** ⇨ α=0.663 (66.3%)

㉡ **느타리버섯(균상재배)** ⇨ α=0.676 (67.6%)

㉢ **양송이버섯(균상재배)** ⇨ α=0.753, (75.3%)

㉣ 준비기생산비계수 미적용 품목 ⇨ 표고버섯(원목재배), 느타리(병), 새송이(병)

③ **경과비율**

㉠ 수확기 이전에 보험사고가 발생한 경우 ⇨ α+(1-α)×(생장일수/표준생장일수)

표준생장일수: 종균접종일~수확개시일,

(표고버섯(배지): 90일, 느타리버섯(균상): 28일, 양송이버섯(균상): 30일)

생장일수: 종균접종일~사고발생일자

㉡ 수확기 중에 보험사고가 발생한 경우 ⇨ 1-(수확일수/표준수확일수)

표준수확일수: 수확개시일~수확종료일,

품목별 표준수확 일수 참조 수확일수: 수확개시일~사고발생일자

㉢ **느타리버섯(병재배)=0.887, (88.7%), 새송이버섯(병재배)=0.917 (91.7%)**

⇨ 수확기 이전과 수확기 중에 관계없이 경과비율의 값으로 사용한다.

④ **피해율**

㉠ 피해비율=(피해면적)/(재배면적)

㉡ **(피해율)=(피해비율)×(손해정도비율)×(1-미보상비율)**

⑥ 생산비보장 보험금(표고버섯 원목재배) ⇨ 경과비율(x)

(생산비보장 보험금)=(재배면적)×(단위면적당 보장생산비)×(피해율)

⑦ **(보험가입금액)=(가입면적)×(단위면적당 보장생산비)의 50~100%**

(보험가액)=(재배면적)×(단위면적당 보장생산비)

㉠ **(보험가입금액) ≧ (보험가액=재x보), (전부 또는 초과보험)**

⇨ **(생산비보장 보험금)=(재배면적)×(단위면적당 보장생산비)×(경과비율)×(피해율)**

㉡ **(보험가입금액) < (보험가액=재x보), (일부보험: 비례보상)**

⇨ (생산비보장 보험금)=(보험가액)×(경과비율)×(피해율)x{(보험가입금액)/(보험가액)}

<버섯작물별 표준생장일수>

품목	품종	표준생장일수
표고버섯(톱밥배지재배)	전체	90일
느타리버섯(균상재배)	전체	28일
양송이버섯(균상재배)	전체	30일

<버섯작물별 보장생산비 및 준비기 생산비 계수>

품목		보장생산비	준비기 생산비 계수	비고
표고버섯 (원목재배)	1년차	8,300원/본	88.3%	본 기준
	2년차	6,400원/본		
	3년차	3,200원/본		
	4년차	700원/본		
표고버섯(톱밥배지재배)		2,400원/봉	**66.3%**	봉 기준
느타리버섯(균상재배)		16,900/㎡	**67.6%**	㎡ 기준
느타리버섯(병재배)		480/병	77.5% **(88.7%)**	병 기준
새송이버섯(병재배)		460/병	82.7% **(91.7%)**	병 기준
양송이버섯(균상재배)		20,500/㎡	**75.3%**	㎡ 기준

예제 1 (시설A) 느타리버섯(병재배)-미보상비율: 10%, (단, 원단위 미만은 절사)

보험 가입금액	가입면적	보장 생산비	재배병수	사고 발생시기	피해병수	손해정도
240만원	5,000병	480원/병	5,000병	수확기 중	3,000병	30%

풀이 1

느타리버섯 병재배 경과비율=0.887,(병재배는 수확기에 상관없이 경과비율=0.887)

피해율=0.6x0.4x(1-0.1)=0.216,

생산비보장방식 보험금(전부보험)=240만원x0.887x0.216=459,820.8원

예제 2 (시설B) 느타리버섯(균상재배)-미보상비율: 10%, (단, 원단위 미만은 절사)

보험 가입금액	가입면적 재배면적	보장 생산비	피해면적	사고 발생시기	생장일수	손해정도
3,380만원	2,000m²	16,900원/m²	1,000m²	수확기이전	14일	50%

풀이 2

느타리버섯 균상재배 준비기생산비계수=0.676,

경과비율=0.676+(1-0.676)x(14/28)=0.838, 피해율=0.5x0.6x(1-0.1)=0.27,

생산비보장방식 보험금=3,380만x0.838x0.27=7,647,588원

예제 3 (시설C) 양송이버섯(균상재배)-미보상비율: 10%, (단, 원단위 미만은 절사)

보험 가입금액	가입면적 재배면적	보장 생산비	피해면적	사고 발생시기	생장일수	손해정도
2,050만원	1,000m²	20,500원/m²	500m²	수확기이전	15일	35%

풀이 3

양송이버섯 균상재배 준비기생산비계수=0.753,

경과비율=0.753+(1-0.753)x(15/30)=0.8765, 피해율=0.5x0.4x(1-0.1)=0.18,
생산비보장방식 보험금=2,050만x0.8765x0.18=3,234,285원

예제 4 (시설D) 양송이버섯(균상재배)-미보상비율: 10%, (단, 표준수확일수: 30일)

보험 가입금액	가입면적 재배면적	보장 생산비	피해면적	사고 발생시기	생장일수	손해정도
1,640만원	1,000m²	20,500원/m²	500m²	수확기 중	12일	35%

풀이 4

보험가액=1,000x20,500원=2,050만원, 보험가입금액=1,640만원(일부보험)
피해율=0.5x0.4x(1-0.1)=0.18, **양송이버섯 균상재배 수확기 중 경과비율=1-12/30=0.6**
생산비보장방식 보험금(일부보험)=2,050만x0.6x0.18x(1,640만/2,050만)=1,771,200원

예제 5 (시설E) 새송이버섯(병재배)-미보상비율: 10%, (단, 원단위 미만은 절사)

보험 가입금액	가입병수	보장 생산비	재배병수	사고 발생시기	피해병수	손해정도
368만원	10,000병	460원/병	8,000병	수확기 중	4,000병	50%

풀이 5

새송이버섯 병재배 수확기 중 경과비율=0.917,
보험가입금액=368만원, 사고당시보험가액=8,000x460원=368만원(전부보험),
피해율=0.5x0.6x(1-0.1)=0.27,
생산비보장방식 보험금=368만x0.917x0.27=911,131.2원

📋 예제 6 (시설F) 표고버섯(톱밥배지재배)-미보상비율: 10%, (단, 원단위 미만은 절사)

보험 가입금액	재배 배지수	배지당 보장생산비	피해 원목수	사고 발생시기	생장일수	손해정도
480만원	2,000개	2,400원/개	500개	수확기 이전	45일	70%

🔍 풀이 6

표고버섯 톱밥배지재배 준비기생산비계수=0.663,
경과비율=0.663+(1-0.663)x45/90=0.8315, 피해율=0.25x0.8x(1-0.1)=0.18,
생산비보장방식 보험금=480만x0.8315x0.18=718,416원

📋 예제 7 *계약내용

품목	보험가입금액	원목(본)당 보장생산비	가입원목(본)수
표고(원목재배)	1,600만원	6,400원	5,000본

*조사내용(표본조사)

재배원목(본수)	피해원목(본수)	표본원목 피해면적	표본원목 전체면적
4,000본	3,000본	13m²	26m²

- 미보상비율: 20%

🔍 풀이 7

5,000x6,400원=3,200만원의 50%인 보험가입금액=1,600만원
보험가액=(재배원목수)x(원목당 보장생산비)=4,000x6,400원=2,560만원, 일부보험(비례보상)
피해율=(피해비율)x(손해정도비율)x(1-미보상비율)=(3,000/4,000)x(13/26)x(1-0.2)=0.3, 30%
생산비보장보험금=2,560만원x0.3x(1,600만/2,560만)=4,800,000원

문제 1 보상하는 재해로 인하여 생산비보장방식 원예시설작물 시설에 피해가 발생하였다. 다음 계약내용 및 조사내용을 참조하여 생산비보장 보험금을 구하시오.

*계약내용

시설명	품목	보험가입금액	m² 당 보장생산비	가입면적	표준생장일수 표준수확일수
시설A	국화(재절화)	1,030만원	10,300원	1,000m²	120일(생장)
시설B	딸기	1,384만원	17,300원	1,000m²	90일(생장)
시설C	토마토	1,430만원	14,300원	1,000m²	50일(수확)
시설D	쑥갓	260만원	2,600원	1,000m²	50일(생장)
시설E	멜론	600만원	9,000원	1,000m²	30일(수확)

*조사내용-미보상비율: 10%, (단, 원단위 미만은 절사)

시설명	품목	사고시기	재배면적	피해면적	생장일수 수확일수	손해정도 비율
시설A	국화(재절화)	수확기이전	1,000m²	400m²	36일(생장)	50%
시설B	딸기	수확기이전	900m²	630m²	27일(생장)	40%
시설C	토마토	수확기중	1,000m²	500m²	10일(수확)	40%
시설D	쑥갓	수확기이전	800m²	400m²	15일(생장)	60%
시설E	멜론	수확기중	1,000m²	600m²	15일(수확)	50%

📖 문제 2 생산비보장방식 원예시설작물인 풋고추와 무 품목을 A동 하우스에서 혼합 재배를 하고 있는 농가가 보상하는 재해로 피해가 발생하였다. 다음 계약내용 및 조사내용을 참조하여 생산비보장 보험금(원)을 구하시오. (단, 피해율은 % 단위로 소수점 아래 셋째자리에서 반올림)

*계약내용

품목	보험가입금액	가입면적	m²당 보장생산비	표준생장일수
풋고추	최저가입금액	1,200m²	9,200원/m²	55일
무		800m²	3,200원/m²	80일

*조사내용

사고시기	품목	재배면적	피해면적	손해정도	생장일수
수확기이전	풋고추	1,000m²	450m²	55%	22일
수확기이전	무	800m²	-	-	-

- 미보상비율: 10%

물음 1 보험가입금액(원)을 구하시오.

물음 2 생산비보장 보험금(원)을 구하시오.

문제 3 보상하는 재해로 인하여 생산비보장방식 원예시설작물인 장미 품목에 피해가 발생하였다. 다음 계약내용 및 조사내용을 참조하여 생산비보장보험금을 구하시오.

(단, 피해율은 % 단위로 소수점 아래 셋째자리에서 반올림)

*계약내용 및 m²당 보장생산비

시설명	계약사항			m²당 보장생산비	
	수령	가입면적	보험가입금액	나무 생존시	나무 고사시
시설 A	4년생	1,000m²	최저가입금액	6,500원	19,400원

*조사내용-미보상비율: 10%, (단, 원단위 미만은 절사)

시설명	조사내용(태풍피해)			
	고사나무 여부	재배면적	피해면적	손해정도비율
시설 A	(가)	800m²	400m²	60%(100%)

물음 1 장미가 고사했을 때, 생산비보장 보험금(원)을 구하시오.

물음 2 장미가 고사되지 않은 경우 생산비보장 보험금(원)을 구하시오.

문제 4 보상하는 재해로 인하여 생산비보장방식 표고버섯(원목재배) 품목에 피해가 발생 하였다. 다음 계약내용 및 조사내용을 참조하여 생산비보장보험금을 구하시오.
(단, 피해율은 % 단위로 소수점 아래 셋째자리에서 반올림)

*계약내용

품목	보험가입금액	원목(본)당 보장생산비	가입원목(본)수
표고(원목재배)	1,600만원	6,400원	5,000본

*조사내용(표본조사)

재배원목(본수)	피해원목(본수)	표본원목 피해면적	표본원목 전체면적
4,000본	3,000본	13m²	26m²

- 미보상비율: 20%

문제 5 보상하는 재해로 인하여 생산비보장방식 버섯작물에 피해가 발생하였다. 다음 계약내용 및 조사내용을 참조하여 물음에 답하시오.

*계약내용 및 조사내용

품목	보험가입금액	m² 당 보장생산비	가입면적	표준생장일수
느타리(균상)	2,028만원	16,900원	2,000m²	28일

*조사내용

시기	사고시기	재배면적	피해면적	생장일수	손해정도	미보상비율
1차	수확기이전	1,800m²	540m²	7일	48%	10%
2차	수확기이전	1,800m²	1,080m²	14일	67%	20%

물음 1 1차 사고의 생산비보장보험금을 구하시오.(단, 원단위 미만은 절사)

물음 2 2차 사고의 생산비보장보험금을 구하시오.(단, 원단위 미만은 절사)

문제 6 보상하는 재해로 인하여 생산비보장방식 버섯작물에 피해가 발생하였다. 다음 계약내용 및 조사내용을 참조하여 물음에 답하시오.

(단, 경과비율, 피해율은 %단위로 소수점 아래 셋째자리에서 반올림)

*계약내용

품목	보험가입금액	배지당 보장생산비	가입배지수	준비기생산비계수
표고(배지재배)	1,200만원	2,400원/봉	5,000봉	(가)%

*수확기이전 사고 조사내용-미보상비율: 10%

균상접종일	표준생장일수	생장일수	재배배지수	피해배지수	손해정도비율
5월 18일	90일	18일	4,000봉	2,000봉	40%

*수확기이후 사고 조사내용-미보상비율: 20%

균상접종일	표준수확일수	수확일수	재배배지수	피해배지수	손해정도비율
5월 18일	20일	10일	4,000봉	2,800봉	70%

물음 1 수확기이전 사고의 생산비보장보험금을 구하시오.(단, 원단위 미만은 절사)

물음 2 수확기이후 사고의 생산비보장보험금을 구하시오.(단, 원단위 미만은 절사)

01 | 풀이

시설A, 국화(재절화) 경과비율=0.2+(1-0.2)x36/120=0.44,
피해율=0.4x0.5x(1-0.1)=0.18 생산비보장
보험금=1,030만원x0.44x0.18=815,760원(전부보험)

시설B, 딸기, 보험가액=900x17,300=1,557만원,
보험가입금액=1,384만원(일부보험) 경과비율
=0.4+(1-0.4)x27/90=0.58, 피해율=0.7x0.4x(1-0.1)
=0.252 생산비보장 보험금=1,557만원x0.58x0.252
x(1,384만/1,557만)=2,022,854.4원

시설C, 토마토, 경과비율=1-(10/50)=0.8,
피해율=0.5x0.4x(1-0.1)=0.18 생산비보장
보험금=1,430만원x0.8x0.18
=2,059,200원(전부보험)

시설D, 쑥갓, 보험가액=800x2,600=208만원,
보험가입금액=260만원 경과비율=0.1+(1-
0.1)x(15/50)=0.37, 피해율=0.5x0.6x(1-0.1)=0.27
생산비보장 보험금=208만원x0.37x0.27
=207,792원(초과보험)

시설E, 멜론, 수확기 중 경과비율=1,
피해율=0.6x0.5x(1-0.1)=0.27 생산비보장
보험금=900만원x1x0.27x(600만/900만)
=1,620,000원(일부보험)

02 | 풀이

같은 동단위 품목에서 보장생산비가 가장 높은 품목으로 가입이
가능

보험가액=2,000x9,200원=1,840만원,

보험가입금액=보험가액의 50%=1,840만원x0.5=920만원

재x보=1,800x9,200=1,656만원(일부보험),

수확기이전 경과비율=0.4+(1-0.4)x(22/55)=0.64,

피해율=(450/1,000)x0.6x(1-0.1)=0.243,

피해율=(450/1,800)x0.6x(1-0.1)=0.135,

수확기 이전 생산비보장

보험금=1,656만원x0.64x0.243x(920만/1,656만원)
=920만원x0.64x0.243=1,430,784원

수확기 이전 생산비보장 보험금=1,656만원x0.64x0.135
x(920만/1,656만원)=920만원x0.64x0.135=794,880원

03 | 풀이

보험가액=1,000x19,400=1,940만원(보장생산비가 높은
가격 기준)

보험가입금액(최저)=1,940만원x50%=970만원,

(물음 1) (장미고사) 보험가액(고사)=800x19,400=1,552만원,
비례보상=970만/1,552만 피해율=0.5x1x(1-0.1)=0.45,
생산비보장방식
보험금=(1,552만)x0.45x(970만/1,552만)
=4,365,000원,

(물음 2) (장미, 생) 보험가액(생)=800x6,500=520만원,
비례보상=970만/1,552만
피해율=0.5x0.6x(1-0.1)=0.27, 생산비보장방식
보험금=520만원x0.27x(970만/1,552만)
=877,500원,

04 | 풀이

보험가액(가입당시)=(가입원목본수)x(원목(본)당 보장생산비)

보험가액(사고당시)=(재배원목본수)x(원목(본)당 보장생산비)

보험가입금액=보험가액(가입당시)의 50%~100%

보험가입금액=5,000x6,400원x50%=1,600만원

사고당시 보험가액=(재배원목수)x(원목당 보장생산비)=4,000x6,400원=2,560만원

피해율=(피해비율)x(손해정도비율)x(1-미보상비율)

$\quad$=(3,000/4,000)x(13/26)x(1-0.2)=0.75x0.5x0.8=0.3, 30%

생산비보장보험금=2,560만x0.3x(1,600만/2,560만)=4,800,000원

05 | 풀이

수확기이전 중복사고는 피해율을 차감

보험가액=2,000x16,900=3,380만원이고 보험가입금액=3,380만원x60%=2,028만원

사고당시보험가액=1,800x16,900원=3,042만원

(1) 느타리(균상재배) 준비기생산비계수=0.676

$\quad$수확기이전 경과비율=0.676+(1-0.676)x7/28=0.757

$\quad$1차 피해율=(540/1,800)x0.6x(1-0.1)=0.162

$\quad$1차 생산비보장보험금=3,042만원x0.757x0.162 x(2,028만/3,042만)=2,487,017원

(2) 2차 수확기이전 경과비율=0.676+(1-0.676)x14/28=0.838

$\quad$2차 피해율=(1,080/1,800)x0.8x(1-0.2)=0.384

$\quad$2차 생산비보장보험금=3,042만x0.838x(0.384-0.162) x(2,028만/3,042만)=3,772,810원

06 | 풀이

수확기이전과 이후 중복사고는 손해정도비율을 차감

사고당시 보험가액=4,000x2,400=960만원, 보험가입금액이 1,200만원(초과보험)

(1) 표고버섯 배지재배 준비기생산비계수=0.663

$\quad$수확기이전 경과비율=0.663+(1-0.663)x18/90=0.7304

$\quad$(표준생장일수: 5월18일~8월16일 ⇨ 90일, 생장일수: 5월18일~6월5일 ⇨ 18일)

$\quad$수확기이전 피해율=(2,000/4,000)x0.4x(1-0.1)=0.18

$\quad$수확기이전 생산비보장보험금=960만원 x0.7304x0.18 =1,262,131원

(2) 수확기이후 경과비율=1-10/20=0.5

$\quad$(표준수확일수: 8월15일~9월3일 ⇨ 20일, 수확일수: 8월15일~8월25일 ⇨ 10일)

$\quad$수확기이후 피해율=2,800/4,000x(0.7-0.4)x(1-0.2)=0.168

$\quad$수확기이후 생산비보장보험금=960만x0.5x0.168=806,400원

MEMO

18

농업수입감소

18 농업수입감소

⊙ 농업수입감소 보장

■ 보험기간

(1) (농업수입감소보장 보통약관)-농업수입안정보장(옥수수, 밀, 보리 추가 예정)

① **마늘**: 계약체결일 24시 ~ 수확기 종료시점 이듬해 6월 30일 초과 불가

② **양파**: 계약체결일 24시 ~ 수확기 종료시점 이듬해 6월 30일 초과 불가

③ **고구마**: 계약체결일 24시 ~ 수확기 종료시점 판매개시연도 10월 31일 초과 불가

④ **콩**: 계약체결일 24시 ~ 수확기 종료시점 판매개시연도 11월 30일 초과 불가

⑤ **감자(가을재배)**: 파종완료일 24시 또는 계약체결일 24시

　　　　　 ~ 수확기 종료시점 판매개시연도 11월 30일 초과 불가

⑥ **양배추**: 정식완료일 24시(판개연 9월 30일 초과 불가) 또는 계약체결일 24시

　　　　 ~ 수확기 종료시점 이듬해 2월28일(극.조), 3월15일(중), 3월31일(만) 초과 불가

⑦ **포도**: 계약체결일 24시 ~ 수확기 종료시점 이듬해 10월10일 초과 불가(**특약: 3가지**)

⑧ **옥수수**: 계약체결일 24시 ~ 수확기 종료시점 판매개시연도 9월 30일 초과 불가

⑨ **가격하락**: 계약체결일 24시 ~ 수확기가격 공시시점

---

* 보험가입금액(농업수입감소보장)

⇨ **(보험가입금액)=(가입수확량)×(기준가격), (천원단위 절사)**

*가입수확량=평년수확량의 50~100%(신규가입은 평년수확량=표준수확량의 100%)

---

* 기초통계기간

품목	품종	기초통계기간
콩	서리태, 흑태, 나물용	수확년도 11월 1일 ~ 이듬해 1월 31일까지
양파	조생종	4월 1일 ~ 5월 10일까지
	중.만생종	6월 1일 ~ 7월 10일까지
감자	대지마	12월 1일 ~ 1월 31일까지
고구마	밤고구마	8월 1일 ~ 9월 30일까지
	호박고구마	8월 1일 ~ 9월 30일까지

품목	품종	기초통계기간
양배추	-	2월 1일 ~ 3월 31일까지
마늘	대서종(창년농협)	7월 1일 ~ 8월 31일까지
	남도종(전남,제주)	(전남): 6월1일~7월31일, (제주): 5월1일~ 6월30일
	한지형(의성농협)	7월 1일 ~ 8월 31일까지
포도	캠벨얼리(시설)	6월 1일 ~ 7월 31일까지
	거봉(시설)	6월 1일 ~ 7월 31일까지

* **기준가격 산출: 5개년 올림픽평균값을 이용하여 기준가격 산정**
  ① **보험가입년도 포함 5개년 평균**: 마늘, 양배추, 감자(가을재배)
  ② **보험가입년도 미포함 (직전 5개년) 평균**: 콩, 고구마, 양파, 포도, 옥수수
  ③ 품종이 여러 개인 경우에는 면적별 가중 평균

* **농가수취비율**: 도매시장 가격에서 유통비용 등을 차감한 농가수취가격이 차지하는 비율로 사전에 결정된 값
  ① **농가수취비율 미적용 품목(지역농협 직접수매)**: 마늘, 나물용 콩
  ② 농가수취비율 적용 품목: 마늘과 나물용 콩을 제외한 농업수입감소보장 품목
  ③ 농가수취비율: 최근 5년간 올림픽평균: **콩(장류,두부, 밥밑용), 양파, 포도, 옥수수**

(2) 기준가격 산출(콩)

  ① 장류 및 두부용, 밥밑용
    ○ 서울 양곡도매시장의 연도별 중품과 상품 평균가격의 **보험가입 직전 5년** 올림픽 평균값에 농가수취비율을 곱하여 산출한다. 평균가격 산정 시 중품 및 상품 중 어느 하나의 자료가 없는 경우, 있는 자료만을 이용하여 평균가격을 산정한다. 양곡 도매시장의 가격이 존재하지 않는 경우, 전국 지역농협의 평균 수매가격을 활용하여 산출한다.
    ○ 연도별 평균가격은 연도별 기초통계 기간의 일별 가격을 평균하여 산출한다.
  ② **나물용**
    ○ 제주도 지역농협의 보험가입 직전 5년 연도별 평균 수매가를 올림픽 평균하여 산출한다.
    ○ 연도별 평균 수매가는 지역농협별 수매량과 수매금액을 각각 합산하고, 수매금액의 합계를 수매량 합계로 나누어 산출한다. (수매금액의 합)/(수매량의 합)

*제주도지역 농협 연도별 수매현황(단위: 수매량(kg), 수매가격(만원))

(보험가입일: 25년 6월 10일)

구분	A농협		B농협		C농협	
	수매량	수매가격	수매량	수매가격	수매량	수매가격
2020년	18,000	7,800	20,000	8,000	22,000	8,200
2021년	19,000	7,900	20,000	8,000	21,000	8,100
2022년	20,000	8,000	21,000	8,200	19,000	7,800
2023년	20,000	8,000	21,000	8,000	19,000	7,400
2024년	19,000	8,200	20,000	8,800	21,000	8,800
2025년	22,500	8,100	21,000	8,000	19,500	7,840

📖 풀이

(가준가격)

2020년=24,000/60,000=4,000원, 2021년=24,000/60,000=4,000원

2022년=24,000/60,000=4,000원, 2023년=23,400/60,000=3,900원

2024년=25,800/60,000=4,300원,

4,000, 4,000, 4,000, 3,900, 4,300의 올림픽 평균값, 기준가격=올림픽평균값=4,000원

(3) 기준가격 산출(양파)

① 서울시농수산식품공사 가락도매시장 연도별 중품과 상품 평균가격의 보험가입 직전 5년(**가입년도 미포함**) 올림픽 평균값에 농가수취비율을 곱하여 산출한다.

② 연도별 평균가격은 연도별 기초통계 기간의 일별 가격을 평균하여 산출한다.

(4) 기준가격 산출(고구마)

① 수확연도의 서울농수산식품공사 가락도매시장의 중품과 상품의 평균가격에 농가수취비율을 곱하여 산출한다.

② 하나의 농지에 2개 이상 용도(또는 품종)의 고구마가 식재된 경우 기준가격과 수확기 가격을 해당 용도(또는 품종)의 면적의 비율에 따라 가중평균하여 산출한다.

📋 예제   고구마의 기준가격

* 서울시 농수산식품공사 가락도매시장 연도별(고구마) 평균수매 가격(원/kg)

품종	재배면적	2020년	2021년	2022년	2023년	2024년	2025년
A	1,500m²	3,300	3,600	3,500	3,400	3,800	3,000
B	1,000m²	3,700	4,200	3,800	4,000	4,500	3,500

- 2025년 수확하는 품종이고 2025년 5월에 보험 가입함, 농가수취비율: 80%

🔍 풀이

재배면적비율, A=60%, B=40%, 기준가격, (가입년도(24년) 미포함 직전 5년 올림픽평균)
연도별(20년~24년)중에서 최대, 최소를 제외한 나머지 3개의 평균값, A품종=(3,600+3,500+3,400)/3=3,500원,
3,500x60%=2,100원 B품종=(4,200+4,000+3,800)/3=4,000원, 4,000x40%=1,600원,
(기준가격)=(2,100+1,600)x0.8=2,960원

(5) 기준가격 산출(감자-가을재배)

① 서울시농수산식품공사 가락도매시장의 연도별 중품과 상품 평균가격의 보험가입 직전 5년(**가입년도 포함**) 올림픽 평균값에 농가수취비율을 곱하여 산출한다.
② 연도별 평균가격은 연도별 기초통계 기간의 일별 가격을 평균하여 산출 한다.

📋 예제   감자의 기준가격

* 서울시 농수산식품공사 가락도매시장 연도별(감자) 평균가격(원/kg)

품종	재배면적	2019년	2020년	2021년	2022년	2023년	2024년
A	1,200m²	3,400	3,500	3,600	3,400	3,700	3,400
B	1,800m²	3,700	4,400	3,800	4,000	4,200	3,700

- 2024년 수확하는 품종이고 2024년 8월에 보험 가입함, 농가수취비율: 80%

🔍 풀이

재배면적비율: A(40%), B(60%)
가입년도 포함 5개년(20년~24년), A품종: 3,500, 3,600, 3,400, ~~3,700~~, ~~3,400~~, A=3,500
B품종: ~~4,400~~, 3,800, 4,000, 4,200, ~~3,700~~ B=4,000
기준가격=(3,500x40%+4,000x60%)x0.8=(1,400+2,400)x0.8=3,040원

(6) 기준가격 산출(마늘)

① 기초통계의 연도별 농협 평균값의 보험가입 직전 5년(**가입년도 포함**) 올림픽 평균값으로 산출한다.

② 연도별 평균값은 연도별 기초통계 기간의 일별 가격을 평균하여 산출한다.

📋 예제 *경북 의성군 지역농협 수매가격(원/kg) (보험가입일: 24년 11월 1일)

연도	의성	새의성	금성	금성중부
2019년	4,500	4,400	4,400	4,300
2020년	4,500	4,450	4,500	4,550
2021년	4,500	4,550	4,450	4,500
2022년	4,500	4,600	4,600	4,700
2023년	4,550	4,500	4,450	4,500
2024년	4,500	4,400	4,400	4,300
2025년	4,350	4,200	4,250	4,400

📝 풀이

4개 농협 수매가격의 평균(20년~24년),

4,500, 4,500, 4,500, 4,600, 4,400의 올림픽평균값=4,500원

기준가격=4,500원

(7) 기준가격 산출(양배추)

① 서울시농수산식품공사 가락도매시장 연도별 중품과 상품 평균가격의 보험가입 직전 5년(**가입년도 포함**) 올림픽평균값에 농가수취비율을 곱하여 산출한다.

② 연도별 평균가격은 연도별 기초통계 기간의 일별 가격을 평균하여 산출한다.

📋 예제 양배추의 기준가격

* 서울가락도매시장 양배추 연도별 평균가격(원/kg)

연도	2018년	2020년	2021년	2022년	2023년	2024년	2025년
하품	3,000	2,800	3,500	3,600	3,500	3,600	3,200
중품	4,000	3,800	3,900	4,000	-	4,000	3,800
상품	4,800	4,200	4,500	4,600	4,500	4,800	4,000

- 2025년 수확하는 양배추이고 2024년 9월에 보험 가입함, 농가수취비율: 80%

하품은 소용없고 중품과 상품만 적용, 23년도는 상품가격만 반영한다.
연도별(20년~24년) 중품, 상품의 평균가격=4,000, 4,200, 4,300, 4,500, 4,400 중에서 최대, 최소를 제외한 나머지 3개의 평균값, 4,300원, 기준가격=4,300x0.8=3,440원

(8) 기준가격 산출(포도)

① 서울시농수산식품공사 가락도매시장 연도별 중품과 상품 평균가격의 보험가입 직전 5년(**가입년도 미포함**) 올림픽평균값에 농가수취비율을 곱하여 산출한다.
② 연도별 평균가격은 연도별 기초통계 기간의 일별 가격을 평균하여 산출한다.

📋 예제   포도 품목의 기준가격

* 서울시 농수산식품공사 가락도매시장 연도별(포도) 평균가격(원/kg)							
연도	2019년	2020년	2021년	2022년	2023년	2024년	2025년
중품	6,800	6,600	6,200	6,400	6,600	6,000	6,000
상품	7,200	7,200	6,800	7,000	7,000	6,500	6,500

- 2025년 수확하는 품종이고 2024년 11월에 보험가입함
- 농가수취비율이 적용가능하면 80%를 적용한다.

재배면적비율, A=10%, B=20%, C=30%, D=40%n
기준가격, (19년~23년 가입년도 직전 5개년 올림픽평균)
연도별(19년~23년)상품, 중품 평균가격에서 최대, 최소를 제외한 나머지 3개의 평균값,
7,000, 6,900, 6,500, 6,700, 6,800 (기준가격)=6,800x0.8=5,440원

◎ 농업수입감소보장 보험금

① 지급사유: 보험기간 내에 보장하는 재해로 피해율이 자기부담비율을 초과하는 경우
② **기준수입=(평년수확량)×(기준가격)**
③ **실제수입=(수확량+미보상감수량)x Min(수확기가격, 기준가격)**
   실제수입(감자)=(수확량+미보상감수량-병충해감수량)x Min(수확기가격, 기준가격)
   (수확량조사를 하지 못한 경우에는 수확량=평년수확량)

실제수입(옥수수)=(기준수입)-(손해액), **기준수입=(표준수확량)×(기준가격)**

④ 피해율=(기준수입-실제수입)/(기준수입)

⑤ **자기부담비율**: 20%, 30%, 40% 중에서 계약자가 선택한 비율

⑥ 보상하는 재해로 인한 감소가 확인되지 않은 경우에는 감소한 수량을 모두 미보상감수량으로 한다.(미보상비율 100%)

⑦ **지급보험금=(보험가입금액)×(피해율-자기부담비율)**

*농업수입감소보장(수입안정보장보험): 옥수수

① 피해수확량=(피해주수)×(표준중량)×(재식시기지수)×(재식밀도지수)

② **(손해액)=(기준가격-수확기가격)×(표준수확량-피해수확량)+(기준가격)×(피해수확량)**, (가격하락인 경우)

③ **(손해액)=(기준가격)×(피해수확량)**, (가격상승인 경우)

📖 예제 1 보상하는 재해로 인하여 종합위험보장방식 콩(나물용) 작물에 피해가 발생하였다. 다음 계약내용 및 조사내용을 참조하여 농업수입감소 보험금(원)을 구하시오.

(단, 피해율은 % 단위로 소수점 아래 셋째자리에서 반올림)

*계약내용

품목	보험가입금액	평년수확량	가입면적	기준가격	자기부담비율
콩(나물용)	1,000만원	1,800kg	3,000m²	8,000원/kg	최저비율적용

*조사내용(표본조사: 산파농지로서 규격의 원형 1m²를 이용하여 표본조사)

실제경작면적	고사면적	타작물 및 기수확면적	표본구간(4구간)		미보상비율
			수확량합계	함수율(3회평균)	
3,000m²	500m²	500m²	1,200g	31.2%	10%

- 수확기가격; 6,000원/kg

🔍 풀이 1

조사대상면적=3000-500-500=2,000m²이면 표본구간수는 4구간

m²당 평년수확량=1,800/3,000=0.6kg, 표본구간면적=4x1=4m²

표본구간 m²당 수확량=1.2x{(1-0.312)/(1-0.14)}/4=0.24kg

수확량=0.24x2,000+0.6x500=780kg, 미보상감수량=(1,800-780)x0.1=102kg

기준수입=1,800x8,000원=1,440만원, 실제수입=(780+102)x6,000=5,292,000원

피해율=(1,440만-5,292,000)/1,440만=0.6325, 63,25%

농업수입감소보장 보험금=1,000만원x(0.6325-0.2)=4,325,000원

예제 2 종합위험 농업수입감소보장방식 보험에 가입한 양배추 품목에 관한 내용이다. 계약사항 및 조사내용을 참조하여 농업수입감소 보험금의 계산과정과 값(원)을 쓰시오.

(단, 피해율은 % 단위로 소수점 아래 셋째자리에서 반올림)

*계약사항

품목	보험가입금액	평년수확량	가입면적	기준가격	자기부담비율
양배추	최소가입금액	18,000kg	2,000m²	1,000원/kg	최저비율적용

*조사내용

실제경작 면적	고사 면적	타작물 및 미보상 면적	적정표본 구간수	표본구간 무게 합계		
				80%피해	100%피해	정상
2,000m²	250m²	200m²	(가)	20kg	25kg	20kg

- 미보상비율: 10%, -수확기가격: 600원
- 표본구간면적(공통), 이랑폭: 1m, 이랑길이: 1.5m
- 주어진 조건 이외 다른 조건은 고려하지 않음.

풀이 2

m²당 평년수확량=18,000/2,000=9kg

조사대상면적=1,550m²이므로 표본구간수=5, 표본구간면적=5x1x1.5=7.5m²

표본구간 m²당 수확량=(20+20x0.2)/7.5=3.2kg, 수확량=3.2x1,550+9x200=6,760kg

미보상감수량=(18,000-6,760)x0.1=1,124kg (자연재해 미보상비율:10%)

기준수입=18,000x1,000원=1,800만원, 실제수입=(6,760+1,124)x600=4,730,400원

피해율=(1,800만-4,730,400원)/1,800만=0.7372, 73.72%

농업수입감소 보험금=900만원x(0.7372-0.2)=4,834,800원

종합위험 농업수입감소 보장방식 콩 품목에 보상하는 재해로 피해가 발생하였다. 계약내용 및 조사내용을 참조하여 다음 물음에 답하시오.

(단, 피해율은 % 단위로 소수점 아래 셋째 자리에서 반올림)

* 제주도 지역 농협의 연도별 서리태과 백태 평균수매 가격(원/kg)

품종	재배면적	2020년	2021년	2022년	2023년	2024년	2025년
A(백태)	1,500m²	3,300	3,600	3,500	3,400	3,800	3,000
B(서리태)	1,000m²	3,700	4,200	3,800	4,000	4,500	3,500

- 2025년 수확하는 품종이고 2025년 6월에 보험 가입함.
- 농가수취비율이 적용가능하면 80%를 적용한다.

*계약내용 및 수확량 조사내용

보험가입금액	평년수확량	수확량	미보상비율	자기부담비율
최대가입금액	3,000kg	1,600kg	20%	최저비율적용

물음 1 기준가격과 수확기 가격을 산정하시오.(원단위 미만은 절사)

물음 2 농업수입감소 보험금의 계산과정과 값(원)을 쓰시오.

풀이 3

(물음 1) 재배면적비율, A=60%, B=40%,
수확기가격(25년), A품종=3,000원, 3,000x0.8x60%=1,440원
    B품종=3,500원, 3,500x0.8x40%=1,120원,
(수확기가격)=1,440+1,120=2,560원
기준가격, (콩은 가입년도(25년) 미포함 직전 5년 올림픽평균)
연도별(20년~24년)중에서 최대, 최소를 제외한 나머지 3개의 평균값,
    A품종=(3,600+3,500+3,400)/3=3,500원, 3,500x0.8x60%=1,680원
    B품종=(4,200+4,000+3,800)/3=4,000원, 4,000x0.8x40%=1,280원,
(기준가격)=1,680+1,280=2,960원

(물음 2) 기준수입=3,000x2,960=888만원, 보험가입금액(최대)=888만원
미보상감수량=(3,000-1,600)x0.2=280kg
실제수입=(1,600+280)x2,560=4,812,800원
피해율=(888만-4,812,800원)/888만=0.45801, 45.8%
농업수입감소 보험금=888만원x(0.458-0.2)=2,291,040원

예제 4 농업수입 감소보장방식 보험에 가입한 감자(가을재배) 품목에 관한 내용이다. 계약사항 및 조사내용을 참조하여 물음에 답하시오. (단, 피해율은 % 단위로 소수점 아래 셋째자리에서 반올림)

*계약사항

품목	보험가입금액	평년수확량	가입면적	기준가격	자기부담비율
감자(가을)	1,400만원	28,000kg	7,000m²	1,000원/kg	20%

*조사내용: 병충해로 인한 피해 확인됨

실제 경작면적	고사 면적	미보상 및 타작물면적	표본구간			미보상비율
			표본구간수	이랑폭	이랑길이	
7,000m²	1,000m²	1,000m²	(가)	0.8m	2.5m	10%

표본구간 감자의 무게				수확기가격
정상	최대지름 5cm미만	50%이상 피해	병충해 괴경의 무게	
10kg	6kg	4kg	9kg	800원/kg

표본구간	병충해명	병충해 감자 괴경의 무게	손해정도
1,2구간	역병	2kg	25%
3,4구간	탄저병	3kg	35%
5,6구간	무름병	4kg	65%

물음 1 표본구간수와 병충해 감수량을 구하시오.

물음 2 농업수입감소보장 보험금의 계산과정과 값(원)을 쓰시오.

풀이 4

m²당 평년수확량=28,000/7,000=4kg, 조사대상면적=5,000m²이므로 표본구간수=6구간

표본구간 m²당 수확량=(10+10x0.5+9)/12=2kg, 기준수입=28,000x1,000=2,800만원

수확량=2x5,000+4x1,000=14,000kg

미보상감수량=(28,000-14,000)x0.1=1,400kg

병충해감수량=5,000x(2x0.9x0.4+3x0.5x0.4+4x0.9x0.8)/12=1,750kg

실제수입=(14,000+1,400-1,750)x800=1,092만원

피해율=(2,800만원-1,092만원)/2,800만원=0.61, 61%

농업수입감소보험금=1,400만원x(0.61-0.2)=5,740,000원

농업수입감소 보장방식 포도 품목에 보상하는 재해로 피해가 발생하였다. 다음 계약내용 및 조사내용을 참조하여 물음에 답하시오. (단, 피해율은 % 단위로 소수점 아래 셋째 자리에서 반올림)

*계약내용

품목	보험가입금액	평년수확량	가입주수	기준가격	자기부담비율
포도	1,200만원	3,000kg	120주	5,000원/kg	20%

*착과수 및 과중 조사내용(착과수조사 이전 사고의 피해사실이 인정된 경우)

실제결과 주수	미보상 주수	고사 주수	표본조사		과중조사	
			적정표본주수	착과수 합계	표본과실수	표본과실중량
120주	10주	10주	(가)	210개	30개	15kg

*착과피해 조사내용: 착과수 변동이 없어서 이전 조사값으로 대체함
 착과피해구성율: 30%, 미보상비율: 10%

*낙과피해 조사내용(착과피해조사와 날짜가 다름)

실제결과 주수	미보상 주수 (누적)	고사 주수 (누적)	기수확 주수	표본주 조사(6주)		
				낙과수총합	낙과피해구성율	1주당착과수
120주	15주	20주	20주	48개	50%	10개

 - 수확기가격; 3,000원/kg, -미보상비율: 20%

물음 1 수확량(kg)을 구하시오.

물음 2 농업수입감소보장 보험금의 계산과정과 값(원)을 쓰시오.

🔍 **풀이 5**

1주당 평년수확량=25kg, 조사대상주수=120-10-10=100주이므로 적정 표본주수는 7주
기준수입=3,000x5,000원=1,500만원
표본주수 1주당 착과수=30개, 과중=0.5kg, 착과량=100x30x0.5+10x25=1,750kg
감수량 계산, 이전 착과수=3,000개
착과피해감수량=100x30x0.5x(0.3-0)=450kg
낙과피해감수량, 조사대상주수=120-15-20-20=65주이므로 적정 표본주수는 6주
표본주수 1주당 낙과수=8개(50%), 금차고사주수=10주, maxA=0.3

낙과감수량=65x8x0.5x(0.5-0.3)+10x(10+8)x0.5=142kg
감수량의 총합=450+142=592kg
수확량=1,750-592=1,158kg, 미보상감수량=(3,000-1,158)x0.2=368.4kg
실제수입=(1,158+368.4)x3,000=4,579,200원
피해율=(1,500만-4,579,200원)/1,500만=0.69472, 69.47%
농업수입감소 보험금=1,200만원x(0.6947-0.2)=5,936,400원

문제 1 종합위험 농업수입감소 보장방식 보험에 가입한 양배추 품목에 관한 내용이다. 계약사항 및 조사내용을 참조하여 물음에 답하시오. (단, 피해율은 % 단위로 소수점 아래 셋째자리에서 반올림)

*계약사항

품목	보험가입금액	평년수확량	가입면적	기준가격	자기부담비율
양배추	1,600만원	8,000kg	4,000m²	2,000원/kg	30%

*조사내용(수확량 조사, 표본조사)

실제경작 면적	고사 면적	타작물 및 미보 상면적	표본구간수	표본구간 무게 합계		
				80%피해	100%피해	정상
4,000m²	1,000m²	500m²	5	10kg	5kg	10kg

- 미보상비율: 20%, -수확기가격: 1,500원/kg
- 표본구간 면적(공통), 이랑폭: 1.2m, 이랑길이: 2m

물음 1 보상하는 재해로 확인되지 않은 경우 농업수입감소 보험금(원)을을 구하시오.

물음 2 자연재해 피해로 인한 농업수입감소 보험금의 계산과정과 값(원)을 쓰시오.

📖 문제 2   종합위험 농업수입감소보장 방식 포도 품목에 피해가 발생하였다. 다음 계약내용 및 조사내용을 참조하여 물음에 답하시오. (단, 피해율은 % 단위로 소수점 아래 셋째자리에서 반올림)

*계약내용

품목	보험가입금액	평년수확량	가입주수	기준가격	자기부담비율
포도	1,200만원	3,000kg	250주	5,000원/kg	20%

*착과수 및 과중 조사내용(착과수조사 이전 사고의 피해사실이 인정된 경우)

실제결과 주수	미보상 주수	고사 주수	표본조사		과중조사	
			적정표본주수	착과수 합계	표본과실수	표본과실중량
250주	20주	10주	(가)	270개	30개	12kg

*착과피해 및 낙과피해 조사내용

실제결과 주수	미보상 주수 (누적)	고사 주수 (누적)	표본조사		피해구성율		미보상 비율
			착과수합계	낙과수합계	착과	낙과	
250주	20주	15주	225개	27개	30%	50%	20%

- 수확기가격: 3,000원/kg

물음 1   수확량(kg)을 구하시오.

물음 2   농업수입감소보장 보험금의 계산과정과 값(원)을 쓰시오.

문제 3 종합위험 농업수입감소 보장인 포도 품목에 보상하는 재해로 인하여 피해가 발생하였다. 다음 조건을 참조하여 물음에 답하시오. (원단위 미만은 절사)

(단, 피해율은 % 단위로 소수점 아래 셋째자리에서 반올림)

* 서울가락도매시장 포도 거봉(노지) 연도별 평균가격(원/kg)

연도	2019년	2020년	2021년	2022년	2023년	2024년	2025년
중품	3,000	–	3,100	3,200	3,200	3,200	2,800
상품	3,800	4,000	3,900	4,000	4,200	4,400	3,400

- 2025년 수확하는 거봉 포도이고 2024년 11월에 보험 가입함
- 농가수취비율이 적용가능하면 80%를 적용한다.

*계약내용 및 조사내용

보험가입금액	평년수확량	수확량	미보상비율	자기부담비율
최대가입금액	4,000kg	2,850kg	20%	30%

- 수확량감소추가보장 특별 약관에 가입함.

물음 1 기준가격과 수확기가격의 계산과정과 값(원)을 쓰시오.

물음 2 지급 보험금의 총합의 계산과정과 값(원)을 쓰시오.

📋 문제 4   다음 조건을 참조하여 농업재해보험에 가입하려고 한다. 보험가입금액은 최대가입 금액(천원단위 절사)이고 계약자부담보험료(원 단위 미만은 절사)를 구하시오.

* 서울시 농수산식품공사 가락도매시장 연도별(고구마) 평균가격(원/kg)

품종	재배면적	2020년	2021년	2022년	2023년	2024년	2025년
A	1,200m²	3,800	3,500	3,600	3,400	3,700	3,000
B	1,800m²	4,500	4,400	3,800	4,000	4,200	3,500

- 2025년 수확하는 품종이고 2025년 5월에 보험 가입함.   -농가수취비율: 80%

*과거 수확량(단위: kg)

구분	2020년	2021년	2022년	2023년	2024년	2025년
표준수확량(kg)	2,000	2,050	2,200	2,200	2,400	2,420
평년수확량(kg)	2,000	2,250	2,400	2,300	2,150	-
조사수확량(kg)	무사고	-	1,800	무사고	1,470	
보험가입여부	O	X	O	O	O	-

*보험 가입 내용

영업보험요율	할인. 할증율	전기울타리설치	관수시설	지자체지원율	정부지원율
10%	- 13%	5%	5%	35%	50%

- 방재시설은 고구마 품목에 해당되는 것만 적용할 것.   -부가보험료=117,700원

정답 및 해설

01 | 풀이

(1) m²당 평년수확량=8,000÷4,000=2kg

조사대상면적=2,500m²이므로 표본구간수=5구간,
표본구간면적=5x2x1.2=12m²

표본구간 m²당 수확량=(10+10x0.2)÷12=1kg,
수확량=1x2,500+2x500=3,500kg

미보상감수량=(8,000-3,500)x1=4,500kg **(확인되지 않은 재해 미보상비율=100%)**

기준수입=8,000x2,000=1,600만원,
실제수입=(3,500+4,500)x1,500=1,200만원

피해율=(1,600만-1,200만)÷1,600만=0.25, 25%

농업수입감소 보험금=0원

(2) m²당 평년수확량=8,000÷4,000=2kg

조사대상면적=2,500m²이므로 표본구간수=5구간,
표본구간면적=5x2x1.2=12m²

표본구간 m²당 수확량=(10+10x0.2)÷12=1kg,
수확량=1x2,500+2x500=3,500kg

미보상감수량=(8,000-3,500)x0.2=900kg
(미보상비율=20%)

기준수입=8,000x2,000=1,600만원,
실제수입=(3,500+900)x1,500=660만원

피해율=(1,600만-660만)÷1,600만=0.5875, 58.75%

농업수입감소 보험금=1,600만원(0.5875-0.3)
=4,600,000원

02 | 풀이

1주당 평년수확량=12kg, 조사대상주수=250-20-10
=220주이므로 적정 표본주수는 9주

기준수입=3,000x5,000=1,500만원

표본주수 1주당 착과수=30개, 과중=0.4kg,
착과량=220x30x0.4+20x12=2,880kg

감수량 계산, 조사대상주수=250-20-15=215주이므로 적정
표본주수는 9주

표본주수 1주당 착과수=25개(30%), 낙과수=3개(50%),
금차고사주수=5주

감수량=215x25x0.4x(0.3-0)+215x3x0.4x(0.5-0)+5x(25+3)
x0.4=830kg

수확량=2,880-830=2,050kg, 미보상감수량
=(3,000-2,050)x0.2=190kg

실제수입=(2,050+190)x3,000=672만원

피해율=(1,500만-672만)/1,500만=0.552, 55.2%

농업수입감소 보험금=1,200만x(0.552-0.2)=4,224,000원

(물음 1)

수확기가격(25년)=(2,800+3,400)/2=3,100원,
3,100x0.8=2,480원

기준가격: 포도는 가입년도(19년~23년) 올림픽평균

연도별(19년~23년) 중품상품의 평균가격=~~3,400, 4,000,~~
3,500, 3,600, 3,700 중에서 최대, 최소를 제외한 나머지 3개의
평균값, (3,500+3,600+3,700)/3=3,600원

기준가격=3,600x0.8=2,880원

(물음 2)

보험가입금액=4,000x2,880=1,152만원

미보상감수량=(4,000-2,850)x0.2=230kg

실제수입=(2,850+230)x2,480=7,638,400원

피해율=(1,152만-7,638,400)/1,152만원=0.336944, 33.69%

수확감소 피해율=(4,000-2,850-230)/4,000=0.23,
23%(자기부담비율 이하)

수확량감소추가보장 보험금=0원

농업수입감소 보험금=1,152만원x(0.3369-0.3)=436,896원

총 지급 보험금=436,896원

재배면적비율, A=40%, B=60%

A품종=(3,500+3,600+3,700)/3=3,600원,
3,600x0.8x40%=1,152원

B품종=(4,400+4,000+4,200)/3=4,200원,
4,200x0.8x60%=2,016원,

(기준가격)=1,152+2,016=3,168원

A=Max{조사수확량, (평년수확량)x50%}, 무사고
=Max{표준수확량, 평년수확량}x110%

2,000x1.1=2,200, 1,800, 2,300x1.1=2,530, 1,470 값들의 평균값

A=(2,200+1,800+2,530+1,470)/4=2,000kg, B=(가입연도
표준수확량의 평균)=2,200kg

C=(당해년도 표준수확량)=2,420kg, (평년수확량)
={A+(B-A)(1-Y/5)}xC/B

(평년수확량)={2,000+(2,200-2,000)x(1-
4/5)}x2,420/2,200=2,244kg

가입수확량(최대)=(평년수확량)x100%=2,244kg

보험가입금액=2,244x3,168원=7,10~~8,992~~=710만원

적용보험료=710만원x0.1x(1-0.13)=617,700원, 고구마는
방재시설 할인 없음

부가보험료=117,700원, 순보험료=617,700원-117,700원=50만원

계약자부담보험료=50만원x(1-0.5-0.35)=75,000원

19

비가림시설

19 비가림시설

구분	비가림시설
보상하는 재해	- **자연재해, 조수해** - **화재 특약**(화재특약 가입 여부 확인)
보험가입금액	산정된 재조달가액의 80%~130% 범위에서 가입(감가상각 없음) (재조달가액)=(비가림시설의 가입면적)x(m² 당 시설비) (천원 단위 절사)
손해에 의한 보험금	- 손해액 산정: 재조달가액(피해액)=(**피해 면적**)x(**m² 당 시설비**), - 감가피해액(수리복구 완료 여부에 따라 감가상각율 적용) - 자기부담금: 손해액의10%, (최소30만~최대100만원)한도 - 피복재 단독사고: 손해액의10%, (최소10만~최대30만원)한도
잔존물 제거비용	- **잔존물제거비용=Min{손해액x0.1, 실제잔존물제거비용}** - 자기부담금(O), 100만원 차감 완료 시(X) - 비례보상(X)
손해방지비용	- 자기부담금(O), 100만원 차감 완료 시(X) - 한도(X), 비례보상(X)
대위권보전비용 잔존물보전비용	- 자기부담금(O), 100만원 차감 완료 시(X) - 한도(X), 비례보상(X)
기타협력비용	- 100% 지급
지급 보험금	보험금=Min{손해액-자기부담금액, 보험가입금액}
예제문제	보험가입금액: 1,000만원, 피해액=손해액: 900만원 잔존물제거비용: 80만원, 손해방지비용: 50만원 대위권보전비용: 30만원, 잔존물보전비용: 20만원 기타협력비용: 10만원 (풀이) 잔존물제거비용=Min{900만원x0.1, 80만원}=80만원 손해액+잔존물제거비용=900만+80만=980만원 자기부담금액=98만원(2만원 추가 차감 가능) 보험금=Min{980만-98만, 1,000만원}=882만원 비용의 자기부담금액: 2만원 차감 끝 (50만+30만+20만)-2만원=98만원 기타협력비용=10만원은 전액지급 지급보험금=882만+98만+10만=9,900,000원 화재에 의한 사고(화재특약 가입) 보험금 자기부담금=0원 지급보험금=980만원+100만원+10만원=10,900,000원

(1) 보험기간(비가림시설, 화재특약)

   ① 포도: 계약체결일 24시 ~ 이듬해 10월 10일

   ② 참다래: 계약체결일 24시 ~ 이듬해 6월 30일

   ③ 대추: 계약체결일 24시 ~ 판매개시연도 10월 31일

(2) 보험가입금액

   ① (보험가입금액)=(재조달가액)의 80~130%,(천원 단위 절사)

      (재조달가액)=(비가림시설의 가입면적)×(m² 당 시설비)

   ② 참다래 비가림시설은 계약자 고지사항을 기초로 보험가입금액을 결정한다.

   ③ 비가림시설 보험료=(보험가입금액)×(보통약관 영업요율)

   ④ 비가림시설(화재) 보험료=(보험가입금액)×(화재특약 영업요율)

(3) 보험가액

   ① 설치당시 보험가액(재조달가액)=**(비가림시설의 면적)×(m² 당 시설비)**

   ② **사고 당시 보험가액(수리복구 완료 여부)**=(재조달가액)×(1-감가상각율)

(4) 손해액 산정

   ① **피해액=(피해면적)×(m² 당 시설비)**

   ② **감가피해액(수리복구 완료되지 않은 경우)=(피해액)×(1-감가상각율)**

   ③ 손해액 산정

(5) 비례보상: 적용하지 않음

(6) 자기부담금

   ① 비가림시설(구조체, 피복재 복합사고): 손해액의10%(최소 30만원~최대 100만원)

   ② 피복재 단독사고: 손해액의10%(최소 10만원~최대 30만원)

   ③ 화재손해(화재특약가입): 자기부담금=0원

(7) 잔존물제거비용=Min{손해액x0.1, 실제잔존물제거비용}

   ⇨ 자기부담금(O), 100만원 차감 완료 시(x),

(8) 손해방지비용 ⇨ 자기부담금(O), 100만원 차감 완료 시(x),

(9) 대위권보전비용, 잔존물보전비용 ⇨ 자기부담금(O), 100만원 차감 완료 시(x),

(10) 기타협력비용 ⇨ 100% 지급

(11) 지급 보험금= Min{(손해액-자기부담금액), 보험가입금액}

(12) 중복보험 (자기부담금=0원)

① **가입금액비례분담방식**=(손해액)(A보험가입금액)/(A보험가입금액+B보험가입금액) (A, B회사 보험금 지급방식이 같은 경우)

② **독립책임액비례분담방식**=(손해액)×{(A보험금액)/(A보험금액+B보험금액)} (A, B회사 보험금 지급방식이 다른 경우)

📋 예제 1 농작물재해보험 참다래 과수원에 화재로 인하여 비가림시설에 피해가 발생하였다. 다음 계약내용 및 조사내용을 참조하여 비가림시설물의 보험금(원)을 구하시오.

*비가림시설 계약내용 및 조사내용

보험가입금액	피해액	잔존물제거비용
1,500만원	1,000만원	120만원

손해방지비용	대위권보전비용	기타협력비용
50만원	30만원	10만원

- 180일 이내 수리복구 의사표시 하였고 화재위험보장 특약에 가입함.
- 주어진 조건 이외 다른 조건은 고려하지 않음.

🔍 풀이 1

수리복구완료 되었으므로 손해액=재조달가액=1,000만원
잔존물제거비용=Min{1,000만×0.1, 120만원}=100만원
손해액+잔존물제거비용=1,100만원
화재로 인한 피해이므로 자기부담금액=0원
(목적물+잔존물제거비용) 보험금=Min{1,100만원-0원, 1,500만원}=1,100만원
손해방지비용, 대위권보전비용 보험금={50만+30만}-0원=800,000원
기타협력비용=10만원 전액지급
비가림시설물 보험금=1,100만원+80만원+10만원=11,900,000만원

예제 2 농작물재해보험 포도 과수원에 태풍으로 인하여 비가림시설에 피해가 발생하였다. 다음 계약내용 및 조사내용을 참조하여 비가림시설물의 보험금(원)을 구하시오.

*비가림시설 조사내용(구조체 및 피복재 피해로 손해평가 실시)

보험가입금액	피해액	잔존물제거비용
1,800만원	900만원	60만원

손해방지비용	대위권보전비용	기타협력비용
30만원	20만원	10만원

- 태풍으로 인해 일부 피해 발생하였고 수리복구 완료함.
- 주어진 조건 이외 다른 조건은 고려하지 않음.

풀이 2

비가림시설(태풍), 손해액=피해액=900만원
잔존물제거비용=Min{900만x0.1, 60만원}=60만원,
손해액+잔존물제거비용=960만원
자기부담금액=96만원(자기부담금 4만원 추가로 차감 가능)
목적물+잔존물제거비용 보험금= Min{960만원-96만원, 1,800만원}=8,640,000원
비용에 의한 보험금=(30만원+20만원)-4만원=46만원, 기타협력비용=10만원
비가림시설물 총 지급보험금=864만원+46만원+10만원=9,200,000원

예제 3 대추과수원에 보상하는 재해(태풍)로 인하여 비가림시설에 피해가 발생하였다. 다음 계약내용 및 조사내용을 참조하여 비가림시설물의 보험금(원)을 구하시오.

*비가림시설 계약내용 및 조사내용

보험가입금액	재조달 가액(피해액)		감가상각률	
	구조체	피복재	피복재	구조체
1,500만원	1,000만원	300만원	40%(고정감가)	20%

잔존물제거비용	손해방지비용	대위권보전비용	기타협력비용	수리여부
90만원	30만원	20만원	10만원	수리복구되지 않음

- 주어진 조건 이외 다른 조건은 고려하지 않음.

풀이 3

수리복구가 되지 않았으므로 감가상각률 적용한다.
구조체 손해액=1,000만원x(1-0.2)=800만원
피복재 손해액=300만원x(1-0.4)=180만원
손해액의 총합=980만원, 잔존물제거비용=Min{980만원x0.1, 90만원}=90만원
손해액+잔존물제거비용=980만원+90만원=1,070만원
자기부담금액=100만원(자기부담금 차감완료)
(목적물+잔존물제거비용) 보험금=Min{1,070만원-100만원, 1,500만원}=970만원
비용 보험금=30만원+20만원+10만원=60만원(자기부담금 없음)
지급보험금=970만원+60만원=10,300,000원

예제 4 대추과수원에 보상하는 재해(태풍)로 인하여 비가림시설에 피해가 발생하였다. 다음 계약내용 및 조사내용을 참조하여 비가림시설물의 보험금(원)을 구하시오.

*비가림시설 조사내용

보험가입금액	m² 당 재조달 가격		경년감가율	
	구조체	피복재	피복재	구조체
1,500만원	20,000원/m²	5,000원/m²	40%(고정감가)	8%

피해면적		경과년수		수리여부
구조체	피복재	구조체	피복재	
500m²	600m²	3년	3년	수리복구되지 않음

- 잔존물제거비용: 80만원, 손해방지비용: 30만원, 기타협력비용: 10만원
- 주어진 조건 이외 다른 조건은 고려하지 않음.

풀이 4

수리복구 완료가 되지 않았거나 180일 이내 수리복구의사표시가 없으면 감가상각을 해야합니다.

구조체 피해액=1,000만원, 피복재 피해액=300만원

구조체 손해액=1,000만원x(1-0.08x3)=760만원,

피복재 손해액=300만원x(1-0.4)=180만원

손해액의 총합=940만원, 잔존물제거비용=80만원,

손해액+잔존물제거비용=940만원+80만원=1,020만원

자기부담금액=100만원(자기부담금 차감완료)

(목적물+잔존물제거비용) 보험금=Min{1,020만원-100만원, 1,500만원}=920만원

비용 보험금=30만원+10만원=40만원(자기부담금 없음)

지급보험금=920만원+40만원=9,600,000원

예제 5 포도 비가림시설을 A, B 보험회사에 중복으로 가입한 M농가가 태풍으로 인하여 비가림시설에 피해가 발생하였다. 다음 계약내용 및 조사내용을 참조하여 물음에 답하시오.

*비가림시설 계약내용 및 조사내용

| A보험회사 | - 보험가입금액: 1,500만원
- 보험가액: 2,000만원 | - 피해액(재조달가액): 500만원 |
| B보험회사 | - 보험가입금액: 1,000만원
- 보험가액: 2,000만원 | - 피해액(재조달가액): 500만원 |

- 180일 이내 수리복구의사표시가 있었고 주어진 조건 이외 다른 조건은 고려하지 않음.
- A, B 보험회사의 보험금 계산방법이 같음.

물음 1 중복보험으로 A, B회사에 모두 가입한 경우 A보험회사의 지급보험금(원)을 구하시오.

물음 2 A회사에만 가입한 경우 A보험회사의 지급보험금의 계산과정과 값(원)을 쓰시오.

풀이 5

(중복보험)
(보험가입금액 비례분담방식과 독립책임액 분담방식)
해가림시설, 비가림시설, 농업용시설, 축사는 자기부담금 없이 가중평균으로 계산하고
가축은 자기부담금을 적용한다. (기타비용도 자기부담금=0원)

A, B 보험회사의 보험금 계산방법이 같음**(보험가입금액 비례분담방식)**
(1) A보험회사 보험금액=(500만원-0원)x(1,500만/2,500만)=300만원(가입금액 가중평균)
(2) A회사에만 가입한 경우는 중복보험이 아니므로 자기부담금이 적용된다.
    보험금= Min{(500만원-50만원), 1,500만}=450만원

예제 6 포도 비가림 시설물에 태풍으로 인하여 비가림시설에 피해가 발생하였다. 다음 계약내용 및 조사내용을 참조하여 A, B동 보험금(원)을 각각 구하시오. (단, A, B동 보험가입금액을 하나의 금액으로 일괄 가입함)

*비가림시설 계약내용 및 조사내용

보험목적	보험가입금액	동별 보험가액		피해액
포도 비가림시설 A, B동	2,500만원	A동	1,800만원	1,600만원
		B동	1,200만원	400만원

- 180일 이내 수리복구의사표시가 있었고 주어진 조건 이외 다른 조건은 고려하지 않음.

풀이 6

(집합보험)

(보험가입금액을 가중평균으로 각각 구해야 한다.)

A동 보험가입금액=2,500만원x(1,800만/3,000만)=1,500만원

B동 보험가입금액=2,500만원x(1,200만/3,000만)=1,000만원

손해액의 합=2,000만원(수리복구 됨, 피해액=손해액), 자기부담금액=100만원

(1) A동 손해액=1,600만원(80%), A동 자기부담금액=100만원x0.8=80만원

A동 보험금액=Min{1,600만원-80만원, 1,500만원}=1,500만원

(2) B동 손해액=400만원(20%), B동 자기부담금액=100만원x0.2=20만원

B동 보험금액=Min{400만원-20만원, 1,000만원}=380만원

20

해가림시설

20 해가림시설

구분	해가림시설
보상하는 재해	- **자연재해, 조수해, 화재** (재조달가액보장 특약 신설)
보험가입금액	(재조달가액)x(1-감가상각율), **(설치시기~가입시기까지 감가상각율)** (재조달가액)=(해가림시설의 면적)x(㎡ 당 시설비), (천원 단위 절사) 재조달가액보장 특약에 가입하면 감가상각하지 않음
내용연수	- 목재: 6년(13.33%), 철재: 18년(4.44%), 경년감가율=80%/내용연수
보험가액산정	- **재조달가액x(1-경년감가율x경과연수)**, 사고당시 보험가액
피해액산정	**(피해칸수)x(칸넓이)x(㎡ 당 시설비)**
손해액산정	Med{피해액, 감가피해액, 보험가액의 20%} - **자기부담금: 손해액의10%, (10만~100만원)한도**, 비례보상(O)
잔존물 제거비용	- 잔존물제거비용=Min{손해액x0.1, 실제잔존물제거비용} - 자기부담금(O), 100만원 차감 완료 시(X), 비례보상(O)
손해방지비용	- 자기부담금(O), 100만원 차감 완료 시(X), - 한도(20만원), 비례보상(O), (선한도, 후비례),
대위권보전비용 잔존물보전비용	- 자기부담금(O), 100만원 차감 완료 시(X) - 한도(X), 비례보상(O)
기타협력비용	- 100% 지급
지급보험금	Min{(손해액-자기부담금액)x비례보상, 보험가입금액}
예제문제	보험가입금액: 1,200만원, 보험가액: 2,000만원 피해액: 1,000만원, 감가피해액: 800만원 잔존물제거비용: 100만원, 손해방지비용: 50만원 기타협력비용: 10만원, 수리복구되지 않음 (풀이) 비례보상=1,200/2,000=0.6, 보험가액의 20%=400만원, 피해액=1,000만원, 감가피해액 =800만원이므로 손해액=800만원, 잔존물제거비용=80만원, (손해액+잔존물제거비용)=800만+80만=880만원 자기부담금액=88만원 (목적물+잔존물제거비용) 보험금=Min{(880만-88만)x0.6, 1,200만원} =4,752,000 손해방지비용=20만원 한도, (20만원-2만원)x0.6=108,000원 기타협력비용: 10만원은 100% 지급 총 지급보험금=4,752,000+108,000+10만원=4,960,000원

(1) 보험기간

① 인삼(1형) 및 해가림시설

⇨ 판매개시연도 5월 31일 또는 계약체결일 24시 ~ 이듬해 4월 30일 24시 다만, 6년근은 판매개시연도 10월 31일 초과 불가

② 인삼(2형) 및 해가림시설

⇨ 판매개시연도 11월 1일 또는 계약체결일 24시 ~ 이듬해 10월 31일 24시

(2) 보험가입금액(재조달가액보장 특약에 미가입)

① (보험가입금액)=(재조달가액)×(1-감가상각율), (천원 단위 절사) **(재조달가액)=(해가림시설의 면적)×(㎡ 당 시설비)**

② **감가상각율=(경년감가율)×(경과년수)**

③ **경년감가율=80%÷내용연수**

㉠ 철재(내용연수: 18년)=80%/18=4.44% ㉡ 목재(내용연수: 6년)=80%/6=13.33%

④ **경과년수**: 설치시기 ~ 가입시기(월 단위 삭제, 46개월=3년)

⑤ 설치시기(최초 설치시기, 정식 시기, 구입 시기, 가장 넓게 분포한 것의 설치시기)

⑥ 철재와 목재가 혼합(설치구획이 나뉘어 있는 것만 인수가능), 각각 가입금액 설정

⑦ 보험가입금액은 보험기간 동안 동일하고 보험가액은 감가상각율을 적용한다.

⑧ 수정잔가율: 내용연수가 경과한 경우라도 현재 정상 사용 중이라면 시설의 경제성을 고려하여 잔가율을 최대 30%로 수정할 수 있다.

⑨ **㎡ 당 시설비(해가림시설)**

유형	시설비(원)/㎡		시설비(원)/㎡
07-철인-A형	7,200	07-철인-A-1형	6,600
07-철인-A-2형	6,000	07-철인-A-3형	5,100
13-철인-W	9,500		
목재A형	5,900	목재A-1형	5,500
목재A-2형	5,000	목재A-3형	4,600
목재A-4형	4,100		
목재B형	6,000	목재B-1형	5,600
목재B-2형	5,200	목재B-3형	4,100
목재B-4형	4,100		
목재C형	5,500	목재C-1형	5,100
목재C-2형	4,700	목재C-3형	4,300
목재C-4형	3,800		

(3) 보험가액

    ① 설치당시 보험가액(재조달가액)=(해가림시설의 면적)×(m² 당 시설비)

    ② 사고 당시 보험가액=(재조달가액)×(1-감가상각율)

(4) 피해액 산정

    ① **피해액=(피해칸수)×(칸넓이)×(m² 당 시설비)**

       ⊙ 재배면적=(실제경작칸수)×(칸넓이)

       ⓛ (칸넓이)=(지주목 간격)×(두둑폭+고랑폭)

       ⓒ (피해면적)=(피해칸수)×(칸넓이)

       ⓔ 피해칸수 조사: 피해 칸에 대하여 **전체파손 및 부분파손**

          (20%형, 40%형, 60%형, 80%형) 으로 나누어 각 칸수를 조사한다.

    ② **감가피해액=(피해액)×(1-감가상각율)**

    ③ **보험가액(사고당시)의 20%**

(5) 손해액 산정 ⇨ Med{피해액, 감가피해액, 보험가액의 20%}

(6) 비례보상(일부보험)

    ① **(보험가입금액) < (보험가액) ⇨ 비례보상=(보험가입금액)÷(보험가액)**

    ② **(보험가입금액) ≧ (보험가액) ⇨ 전부보험 또는 초과보험(비례보상: x)**

(7) 자기부담금: 손해액의10%, (10만~100만원)한도

(8) **잔존물제거비용=Min{손해액x0.1, 실제잔존물제거비용}**

   ⇨ 자기부담금(O), 100만원 차감완료 시(x), 비례보상(O)

(9) **손해방지비용=20만원 한도(선한도, 후비례),**

   ⇨ 자기부담금(O), 100만원 차감완료 시(x), 비례보상(O)

(10) **대위권보전비용, 잔존물보전비용**

   ⇨ 자기부담금(O), 100만원 차감완료 시(x), 비례보상(O)

(11) **기타협력비용**

   ⇨ 자기부담금(x), 비례보상(x) ⇨ 100% 지급

(12) 지급 보험금= Min{(손해액-자기부담금액)x비례보상, 보험가입금액}

(13) 중복보험 (자기부담금=0원)

① 보험가입금액비례분담방식=(손해액)(A보험가입금액)/(A보험가입금액+B보험가입금액)

(A, B회사 보험금 지급방식이 같은 경우)

② 독립책임액비례분담방식=(손해액)(A보험금액)/(A보험금액+B보험금액)

(A, B회사 보험금 지급방식이 다른 경우)

■ 시가보상: 감가상각률 적용 보상

*잔가율=(1-감가상각률)=20%(내용연수 경과 시 잔존가격/재조달가격의 비율)

*경년감가율=(100%-20%)/내용연수(1년마다 감가되는 비율)

*내용연수(시설물의 사용가능한 기간)

*감가상각률=경년감가율x경과년수

*수정잔가율: 내용연수가 경과한 경우라도 현재 정상 사용 중이라면 시설의 경제성을 고려하여 잔가율을 최대
30%로 수정할 수 있다.

*잔가율=(1-감가상각률)

(1) 잔가율: 20% 이상이면 나온 값 그대로 적용

(2) 잔가율: 20% 미만이고 수정잔가율에 대한 언급이 없으면 20%를 적용

(3) 잔가율: 20% 미만이고 수정잔가율의 최댓값을 적용하라는 조건이 있으면 30%를 적용

*내용연수

(비가림시설): 언급없음

(해가림시설): 철재(18년), 목재(6년)

(농업용시설물)

-유리온실(철골조): 60년(1.33%)

-유리온실(경량철골조): 40년(2.0%)

-단동하우스: 10년(8%)

-연동하우스: 15년(5.3%)

-부대시설: 8년(10%)

-피복재(장기성po): 5년(16%)

-피복재(비닐필름): 1년(고정감가 40%)

-이동식 하우스(2~4년): (고정감가 30%)

-이동식 하우스(5~8년): (고정감가 50%)

(축사): 수정잔가율의 최댓값

- 보온덮개. 쇠파이프 조인 축사구조물: 50%

- 보온덮개. 쇠파이프 이외의 축사구조물: 70%
- 보온덮개, 쇠파이프 구조 (6개월 이내 복구되지 않음): 30%

예제 1 인삼재해보험을 가입한 5개 농가가 태풍으로 인하여 해가림시설에 일부피해가 발생 하였다. 다음 계약내용 및 조사내용을 참조하여 물음에 답하시오.

구분	A농가	B농가	C농가	D농가	E농가
보험가액	3,000만원	3,000만원	3,000만원	3,000만원	3,000만원
보험가입금액	3,000만원	2,000만원	4,000만원	2,500만원	3,000만원
피해액	700만원	1,200만원	700만원	500만원	2,000만원
감가피해액	300만원	900만원	400만원	300만원	1,200만원

- 5개 농가 모두 수리 복구되지 않음.
- 재조달가액보장 특약에 미가입하고 주어진 조건 어외 다른 조건은 고려하지 않음.

물음 1 각 농가의 손해액의 계산과정과 값(원)을 쓰시오.

물음 2 각 농가의 해가림시설 보험금의 계산과정과 값(원)을 쓰시오.

풀이 1

손해액=Med{피해액, 감가피해액, 보험가액의 20%}
(1) A농가 손해액=600만원, B농가 손해액=900만원, C농가 손해액=600만원,
    D농가 손해액=500만원, E농가 손해액=1,200만원
(2) 지급 보험금=Min{(손해액-자기부담금액)x비례보상, 보험가입금액}
    A농가 보험금=Min{(600만-60만)x1, 3,000만}=5,400,000원 (전부보험)
    B농가 보험금=Min{(900만-90만)x(2,000만/3,000만), 2,000만}=5,400,000원(일부보험)
    C농가 보험금=Min{(600만-60만)x1, 3,000만}=5,400,000원 (초과보험)
    D농가 보험금=Min{(500만-50만)x(2,500만/3,000만), 2,500만}=3,750,000원 (일부보험)
    E농가 보험금=Min{(1200만-100만), 3,000만}=11,000,000원 (전부보험)
    *일부보험(비례보상), 전부보험은 보험가입금액 한도로 지급
    초과보험은 보험가액 한도로 지급한다.

예제 2 　보상하는 재해로 인하여 인삼재배시설(해가림시설)에 피해가 발생하였다. 다음 조건을 참조하여 보험가입금액(원)과 보험가액(원)을 산정하시오.

(해가림시설A)-재조달가액보장 특약에 미가입

*m²당 시설비: 6,000원 *재배면적: 5,000m² *구조체: 목재(내용연수: 6년)	*설치년도: 2023년 3월 *가입시기: 2024년 3월 *사고발생: 2025년 3월

풀이 2-1

재조달가액(신품가격)=5,000x6,000원=30,000,000원

가입당시:23년 3월~24년 3월(12개월) ⇨ 1년경과, 경년감가율=0.8/6=0.1333, 13,33%

경과년수=1년, 감가상각율=0.1333x1=13.33%

보험가입금액=3,000만원x(1-0.1333x1)=26,00~~1,000~~원=26,000,000원

사고당시 보험가액=3,000만원x(1-0.1333x2)=22,002,000원(설치시기~사고당시: 2년)

(해가림시설B)-재조달가액보장 특약에 미가입

*m²당 시설비: 9,000원 *재배면적: 4,000m² *구조체: 철재(내용연수: 18년) *설치년도: 2022년 2월 *가입시기: 2025년 2월	*보험가입금액: 3,120만원 *사고발생: 2025년 3월 *피해면적: 1,000m² *잔존물제거비용: 70만원 *손해방지비용: 30만원

풀이 2-2

설치당시 재조달가액(보험가액)=4,000x9,000원=3,600만원

가입당시:22년 2월~25년 2월(36개월) ⇨ 3년 경과,

보험가입금액=3,600만원x(1-0.0444x3)=31,204~~,800~~원=3,120만원

보험가액=3,600만원x(1-0.0444x3)=31,204,800원(일부보험), 비례보상=(3,120만/31204,800원)

피해액=1,000x9,000원=900만원,

감가피해액=900만원x(1-0.0444x3)=7,801,200원,(3년 경과)

보험가액의 20%=31,204,800원x0.2=6,240,960원,

손해액=7,801,200원, 잔존물제거비용=70만원

(손해액+잔존물제거비용)=8,501,200원, 자기부담금액=850,120원

(목적물+잔존물제거비용)=Min{(8,501,200원-850,120원)x(3,120만/31,204,800원), 3,120만원} =7,649,903원

손해방지비용=20만원 한도=(20만원-2만원)x(3,120만/31,204,800원)=179,972원

총 지급 보험금=7,649,903원+179,972원=7,829,875원

인삼재해보험을 가입한 농가가 태풍으로 인하여 해가림시설에 일부피해가 발생하였다. 다음 계약내용 및 조사내용을 참조하여 물음에 답하시오.

해가림시설 계약내용	해가림시설 조사내용
- 가입면적: 2,000m²(400칸) - m²당 시설비: 10,000원 - 보험가액: 천원단위 절사 - 구조체 철재(내용연수 18년) - 경과년수: 5년 - 보험가입금액: **1,556만원** - 칸넓이: 5m² - 태풍피해	- 피해칸수: 200칸(일부피해칸수 포함) *피해칸수 조사

전체	부분파손			
파손	20%	40%	60%	80%
50	50	-	100	-

- 잔존물제거비용: 60만원
- 손해방지비용: 30만원
- 기타협력비용: 10만원

- 재조달가액보장 특약에 미가입

물음 1 해당농가의 손해액의 계산과정과 값(원)을 쓰시오.

물음 2 해가림시설 보험금의 계산과정과 값(원)을 쓰시오.

🔍 풀이 3

(설치시기~가입시기)=(설치시기~사고발생 시기) ⇨ **보험가입금액=보험가액(전부보험)**

재조달가액(신품가격)=2,000x10,000원=2,000만원,

보험가입금액=2,000만원x(1-0.0444x5)=1,556만원

보험가액(사고당시)=2,000만원x(1-0.0444x5)=1,556만원(전부보험)

전부보험, 비례보상=X, 피해칸수=50+50x0.2+100x0.6=120칸

피해액=120칸x5x10,000원=600만원

감가피해액=600만원x(1-0.0444x5)=4,668,000원

보험가액의 20%=1,556만x0.2=3,112,000원

손해액=4,668,000원, 잔존물제거비용=Min{4,668,000원x0.1, 60만원}=466,800원

(손해액+잔존물제거비용)=5,134,800원, 자기부담금액=513,480원

(목적물+잔존물제거비용)보험금

=Min{(5,134,800원-513,480원)x1, 1,556만원}=4,621,320원

손해방지비용이 30만원이지만 해가림시설에서 한도금액은 20만원이고

손해방지비용=200,000원x(1-0.1)x1=18만원

기타협력비용은 100% 지급한다.

해가림시설 보험금=4,621,320원+18만원+10만원=4,901,320원

예제 4 인삼재해보험을 가입한 농가가 화재로 인하여 해가림시설에 일부피해가 발생하였다. 다음 계약내용 및 조사내용을 참조하여 물음에 답하시오.

해가림시설 계약내용					
가입면적	칸넓이	m²당 시설비	시설재료	경과년수	보험가입금액
3,000m²	5m²	10,000원	철재	5년	**2,334만원**

해가림시설 조사내용				
*피해칸수 조사(200칸, 1,000m²)				
전체파손	20%파손	40%파손	60%파손	80%파손
50	–	100	50	–

- 잔존물제거비용: 432,000원, 손해방지비용: 30만원
- 재조달가액보장 특약에 미가입

물음 1 해당농가의 손해액의 계산과정과 값(원)을 쓰시오.

물음 2 해가림시설 보험금의 계산과정과 값(원)을 쓰시오.

풀이 4

재조달가액(신품가격)=3,000x10,000원=3,000만원
보험가액(사고당시)=3,000만원x(1-0.0444x5)=2,334만원(전부보험), 비례보상=X
피해액=120칸x5x10,000원=600만원
감가피해액=600만원x(1-0.0444x5)=4,668,000원
보험가액의 20%=2,334만원x0.2=4,668,000원
손해액=4,668,000원, 잔존물제거비용=Min{4,668,000원x0.1, 432,000원}=432,000원
(손해액+잔존물제거비용)=510만원, 자기부담금액=51만원
(목적물+잔존물제거비용)보험금=Min{(510만원-51만원)x1, 2,334만원}=459만원
손해방지비용=20만원 한도 비례보상, 자기부담금 적용=20만원x(1-0.1)=18만원
해가림시설 보험금=459만원+18만원=4,770,000원

다음은 해가림시설의 계약사항과 보상하는 재해로 인하여 피해를 조사한 내용이다. 다음 계약내용 및 조사내용을 참조하여 지급보험금의 계산과정과 값(원)을 쓰시오.

해가림시설 계약내용 및 조사내용

보험가입금액	보험가액	피해액	시설재료	내용연수	경과년수
800만원	800만원	90만원	철재	18년	2년

기타 비용

잔존물제거비용	손해방지비용	대위권보전비용	기타협력비용
20만원	35만원	10만원	5만원

- 재조달가액보장 특약에 미가입하였고 주어진 조건 이외 다른 조건은 고려하지 않음.

풀이 5

(전부보험)

제시된 보험가액 800만원은 사고당시 보험가액으로 본다.(전부보험)

보험가액의 20%=800만원x0.2=160만원, 재조달가격(피해액)=90만원

감가피해액=90만원x(1-0.0444x2)=820,080원, 손해액=90만원, 잔존물제거비용=9만원

손해액+잔존물제거비용=99만원, 자기부담금=99,000원 (현재 최저 10만원 미만)

손해액+잔존물제거비용+손해방지비용+대위권보전비용=99만원+20만원+10만원=129만원

손해방지비용에서 2만원, 대위권보전비용에서 만원의 자기부담금 발생

총 자기부담금액=129,000원으로 계산함

(손해액+잔존물제거비용) 보험금=Min{(99만원-99,000원), 800만원}=891,000원

기타협력비용=5만원 (100%지급)

해가림시설 보험금=(129만원-129,000원)+5만원=1,211,000원

21

농업용시설물

21 농업용시설물

구분	농업용 시설물(원예시설, 버섯재배사)
보상하는 재해	**- 자연재해, 조수해 -화재 특별약관**(화재사고시 자기부담금=0원) **- 화재대물배상책임 특별약관 -수재 부보장 특별약관**
보험가입금액	하우스 1동 단위 산정된 재조달가액의 90%~130% 범위에서 가입 **(재조달가액)=(농업용시설의 면적)x(m² 당 시설비)** - 재조달가액보장 특약에 가입하지 않은 경우에는 감가상각율 적용 - 부대시설=계약자 고지사항 참조
피해액산정	**(피해면적)x(m² 당 시설비), 구조체, 피복재, 부대시설 각각 산정**
손해액산정	재조달가액(피해액)x(1-경년감가율x경과월수)(수리복구 여부에 따라) 경과월수: 30개월=2.5년, 39개월=3.25년, 45개월=3.75년
자기부담금액	**(구조체+피복재=농업용 시설물)+(부대시설)=30만원~100만원 한도,** **가중평균하여 농업용 시설물과 부대시설 자기부담금을 각각 산정**
잔존물 제거비용	- 잔존물제거비용=Min{손해액x0.1, 실제잔존물제거비용} - **자기부담금(O)**, 100만원 차감완료 시(X) - 비례보상(X)
손해방지비용	- 자기부담금(X), - 한도(X), 비례보상(X)
대위권보전비용 잔존물보전비용	- 자기부담금(X), - 한도(X), 비례보상(X)
기타협력비용	- 100% 지급
지급보험금	Min{손해액-자기부담금액, 보험가입금액}
내용연수	**-유리온실(철골조): 60년(1.33%)** **-유리온실(경량철골조): 40년(2.0%)** **-단동하우스: 10년(8%)** **-연동하우스: 15년(5.3%)** **-부대시설: 8년(10%)** **-피복재(장기성po): 5년(16%)** **-피복재(비닐필름): 1년(고정감가 40%)** **-이동식 하우스(2~4년): (고정감가 30%)** **-이동식 하우스(5~8년): (고정감가 50%)**

(1) 보험기간

① 농업용시설물(버섯재배사) 및 부대시설

⇨ 청약을 승낙하고 제1회 보험료를 납입한 때 ~ 보험증권에 기재된 보험종료일 24시

② 시설작물 및 버섯작물

⇨ 청약을 승낙하고 제1회 보험료를 납입한 때 ~ 보험증권에 기재된 보험종료일 24시

(2) 보험가입금액

① **(보험가입금액)**=(재조달가액)의 90~130%(재조달가액보장 특약에 가입한 경우)

(재조달가액)×(1-감가상각률)의 90~130%(재조달가액보장 특약에 미가입한 경우)

(재조달가액)=(농업용시설의 가입면적)×(m² 당 시설비), (구조체+피복재)

*보험가액 산정

㉠ 재조달가액보장 특약에 가입하고 수리복구 완료된 경우: 재조달가액 보장

㉡ 재조달가액보장 특약에 가입하고 수리복구 안된 경우: 감가상각율 적용

㉢ 재조달가액보장 특약에 미가입: 수리복구 여부에 관계없이 감가상각율 적용

② 부대시설: 계약자 고지사항을 기초로 보험가액을 추정하여 보험가입금액을 결정

③ 시설작물=(가입면적)(단위면적당 보장생산비가 가장 높은 작물의 가격)의 50~100%

④ 경과년수: 설치시기 ~ 사고발생시기(월 단위 산정, 39개월=3.25년, 42개월=3.5년)

⑤ **내용연수(경년감가율)**

㉠ 유리온실(철골조): 60년(1.33%)

㉡ 유리온실(경량철골조): 40년(2.0%)

㉢ 단동하우스: 10년(8%)

㉣ 연동하우스: 15년(5.3%)

㉤ 부대시설: 8년(10%)

㉥ 피복재(장기성po): 5년(16%)

㉦ 피복재(비닐필름): 1년(고정감가 40%)

㉧ 이동식 하우스(2~4년): (고정감가 30%)

㉨ 이동식 하우스(5~8년): (고정감가 50%)

⑥ 감가피해액=(재조달가액)×(1-경년감가율×경과년수)

⑦ 수정잔가율: 내용연수가 경과한 경우라도 현재 정상 사용 중이라면 시설의 경제성을 고려하여 잔가율을 최대 30%로 수정할 수 있다.

(3) 보험가액

① 설치당시 보험가액(재조달가액)=(농업용시설의 가입면적)×(m² 당 시설비)

② 사고 당시 보험가액=(재조달가액)×(1-감가상각율)

(4) 피해액 산정

① 구조체 피해액=(피해면적)×(구조체 m² 당 시설비)

    ㉠ 재사용(x): 교체수량 확인 후 교체비용 산정

    ㉡ 재사용(o): 수리 및 보수비용 산정

② 피복재 피해액=(피해면적)×(피복재 m² 당 시설비)

    ㉠ 전체 교체가 필요하여 전체 교체한 경우: 전체 피해로 인정

    ㉡ 전체 교체가 필요하지만 부분 교체한 경우: 교체한 부분만 피해로 인정

    ㉢ 전체교체가 필요하지 않은 경우: 피해가 발생한 부분만 피해로 인정

③ 부대시설 피해액

④ 감가피해액=(피해액)×(1-감가상각율)

(5) 손해액 산정

① (구조체 손해액)+(피복재 손해액)

② (부대시설 손해액)=(피해액)×(1-0.1x경과년수)

(7) 자기부담금: 총 손해액(시설물+부대시설)의10%, (30만~100만원)한도

⇨ 100만원 한도에서 시설물과 부대시설물의 자기부담금을 가중평균하여 각각 산출하고 단지 단위, 1사고 단위로 적용한다.

① (시설물 자기부담금액)=100만원x{(시설물 손해액)/(총 손해액)}

② (부대시설 자기부담금액)=100만원x{(부대시설 손해액)/(총 손해액)}

* 피복재 단독사고: 손해액의10%, (10만~30만원)한도

(8) 잔존물제거비용=Min{손해액x0.1, 실제잔존물제거비용}

⇨ **자기부담금(O)**, 100만원 차감완료 시(x), 비례보상(x)

(9) 손해방지비용 ⇨ 자기부담금(x), 비례보상(x)

(10) 대위권보전비용, 잔존물보전비용 ⇨ 자기부담금(x), 비례보상(x)

(11) 기타협력비용 ⇨ 100% 지급

(12) 지급 보험금= Min{(손해액-자기부담금액), 보험가입금액}

(12) 중복보험 (자기부담금=0원)

① 보험가입금액비례분담방식=(손해액)(A보험가입금액)/(A보험가입금액+B보험가입금액)

    (A, B회사 보험금 지급방식이 같은 경우)

② 독립책임액비례분담방식=(손해액)(A보험금액)/(A보험금액+B보험금액)

   (A, B회사 보험금 지급방식이 다른 경우)

예제 1 농작물재해보험에 가입된 농업용 시설물 및 부대시설이 보상하는 재해로 손해가 발생하였다. 다음 조사결과를 참조하여 물음에 답하시오.(태풍 피해)

보험목적		농업용시설물	부대시설
보험가입금액		15,000,000원	8,000,000원
피해액 (태풍)	구조체	6,000,000원	3,600,000원
	피복재	2,400,000원	3,600,000원

- 재조달가액 보장 특별약관에 가입하였고 수리복구 완료함. 잔존물제거비용: 80만원
- 주어진 조건 이외 다른 조건은 고려하지 않음.

물음 1 농업용시설물 보험금의 계산과정과 값(원)을 쓰시오.

물음 2 부대시설물 보험금의 계산과정과 값(원)을 쓰시오.

풀이 1

재조달가액보장 특별약관에 가입하였고 수리복구 완료하였으므로 재조달가액 보상

피해액=손해액, 농업시설물 손해액=840만원, 부대시설 손해액=360만원

손해액의 총합=1,200만원, 자기부담금액=100만원

농업시설물 손해액=840만원(70%), 부대시설 손해액=360만원(30%) 가중평균

농업시설물 자기부담금액=100만원x(840/1,200=70%)=700,000원

부대시설 자기부담금액=100만원x(360/1200=30%)=300,000원

잔존물제거비용=80만원

농업시설물 잔존물제거비용=80만원x(840/1,200=70%)=560,000원

부대시설 잔존물제거비용=80만원x(360/1200=30%)=240,000원

농업시설물 보험금=840만원-70만원+56만원=8,260,000원

부대시설 보험금=360만원-30만원+24만원=3,540,000원

📱 예제 2 종합위험 보장방식 보험에 가입된 농업용 시설물 및 부대시설이 보상하는 재해로 손해가 발생하였다. 다음 조사결과를 참조하여 물음에 답하시오.

구분 (태풍 피해)	농업시설물		부대시설
	단동하우스	피복재	
보험가입금액	24,000,000원		8,000,000원
내용연수	10년	고정감가율 40%	8년
경과월수	60개월	-	24개월
m²당 재조달 가격	80,000원	10,000원	-
피해면적	150m²	300m²	피해액: 500만원

- 재조달가액 보장 특별약관: 미가입
- 주어진 조건 이외 다른 조건은 고려하지 않음.

물음 1 농업용시설물 보험금의 계산과정과 값(원)을 쓰시오.(원단위 미만은 절사)

물음 2 부대시설물 보험금의 계산과정과 값(원)을 쓰시오.(원단위 미만은 절사)

🔍 풀이 2

재조달가액 보장 특관 미가입이므로 감가상각율 적용
단동하우스 재조달 가격(피해액)=150x8만원=1,200만원
피복재 재조달 가격(피해액)=300x1만원=300만원
부대시설 재조달 가격(피해액)=500만원
단동하우스 손해액=1,200만원x(1-0.08x5)=720만원
피복재 손해액=300만원x(1-0.4)=180만원
부대시설 손해액=500만원x(1-0.1x2)=400만원
농업시설물 손해액=900만원(9/13), 부대시설 손해액=400만원(4/13)
손해액의 총합=1,300만원, 자기부담금액=100만원
농업시설물 자기부담금액=100만원x(9/13)=692,307원
부대시설 자기부담금액=100만원x(4/13)=307,692원
농업시설물 보험금=900만원-692,307원=8,307,693원
부대시설 보험금=400만원-307,692원=3,692,308원

예제 3 종합위험 보장방식 보험에 가입된 버섯재배사 및 부대시설에 태풍피해로 손해가 발생하였다. 다음 조사결과를 참조하여 물음에 답하시오.

구분 (태풍 피해)	버섯재배사		부대시설
	유리온실	피복재	
보험가입금액	30,000,000원		7,000,000원
내용연수	40년	고정감가율 40%	8년
경과월수	90개월	12개월	48개월
m²당 재조달 가격	100,000원	10,000원	-
피해면적	100m²	300m²	피해액: 400만원

- 재조달가액보장 특약에 가입하였고 수리복구 완료되지 않음.
- 주어진 조건 이외 다른 조건은 고려하지 않음.

물음 1 버섯재배사 보험금의 계산과정과 값(원)을 쓰시오.(단, 원단위 미만은 절사)

물음 2 부대시설물 보험금(의 계산과정과 값(원)을 쓰시오.(단, 원단위 미만은 절사)

풀이 3

유리온실 재조달 가격(피해액)=100x10만원=1,000만원

피복재 재조달 가격(피해액)=300x1만원=300만원

부대시설 재조달 가격(피해액)=400만원

유리온실 손해액=1,000만원x(1-0.02x7.5)=850만원(90개월=7.5년)

피복재 손해액=300만원x(1-0.4)=180만원

부대시설 손해액=400만원x(1-0.1x4)=240만원

버섯재배사 손해액=1,030만원(1,030/1,270), 부대시설 손해액=240만원(240/1,270)

손해액의 총합=1,270만원, 자기부담금액=100만원

버섯재배사 자기부담금액=100만원x(1,030/1,270)=811,023원

부대시설 자기부담금액=100만원x(240/1,270)=188,9266원

버섯재배사 보험금=1,030만원-811,023원=9,488,977원

부대시설 보험금=240만원-188,926원=2,211,0744원

예제 4 농업용시설물을 A, B 보험회사에 중복으로 가입한 M농가가 태풍으로 인하여 농업용시설물에 피해가 발생하였다. 다음 계약내용 및 조사내용을 참조하여 물음에 답하시오.

*농업용시설물 계약내용 및 조사내용

A보험회사	– 보험가입금액: 1,800만원 – 보험가액: 2,000만원	– 손해액(재조달가액): 1,000만원
B보험회사	– 보험가입금액: 1,200만원 – 보험가액: 2,000만원	

– 주어진 조건 이외 다른 조건은 고려하지 않음.
– 재조달보장특약에 가입하였고 수리복구 완료됨
– A, B 보험회사의 보험금 계산방법이 같음.

물음 1 중복보험으로 A, B회사에 모두 가입한 경우 A보험회사의 지급보험금의 계산과정과 값(원)을 쓰시오.

물음 2 B회사에만 보험 가입한 경우 B보험회사의 지급보험금의 계산과정과 값(원)을 쓰시오.

풀이 4

A, B 보험회사의 보험금 계산방법이 같음**(가입금액 비례분담방식)**
(1) 중복보험은 자기부담금액=0원
   A보험회사 보험금액=(1,000만원-0원)x(1,800만/3,000만)=600만원
(2) 자기부담금액=100만원
   B보험회사 보험금액=(1,000만원-100만원)=900만원

📑 예제 5　농작물재해보험 종합위험보장방식 농업용시설물 및 부대시설에 관한 조사내용이다. 다음을 참조하여 단동하우스와 부대시설의 보험금의 계산과정과 값(원)을 쓰시오. (단, 보험금 산정 시 소수점 아래 첫째자리에서 반올림)

구분	조사내용(태풍피해)
단동하우스	- 보험가입금액: 2,000만원 - 설치시기: 2021년 4월 10일 - 사고발생: 2024년 7월 10일 - 내용연수: 10년 - 피해액: 1,000만원 - 재조달가액보장 특별약관에 가입하였고 수리복구되지 않음
부대시설	부대시설 재조달가액 산정: 계약자 고지사항 - 농업용시설물 내부지면에 고정되어 이동이 불가능한 시설물: 400만원 - 농업용시설물 구조체 외부에 연결 부착되어 있는 시설물: 100만원 - 농작물 재배를 위하여 지붕 및 기둥 또는 외벽을 갖춘 외부 구조체에 고정 부착된 시설물: 200만원 - 보험가입금액: 재조달가액의 100% - 경과년수: 2년 6개월 - 내용연수: 8년 - 부대시설 전체 파손되었고 수리복구되지 않음

🔍 풀이 5

재조달가액보장 특별약관에 가입하였고 수리복구되지 않았으므로 감가상각율 적용

단동하우스 경과년수=3년 3개월=3.25년

단동하우스 손해액=1,000만원x(1-0.08x3.25)=740만원

부대시설 재조달가액=400만원+200만원=600만원

부대시설 손해액=600만원x(1-0.1x2.5)=450만원

손해액의 합=1,190만원, 자기부담금액=100만원

단동하우스 자기부담금액=100만원x(740만/1,190만)=621,849원

부대시설 자기부담금액=100만원x(450만/1,190만)=378,151원

단동하우스 보험금=740만원-621,849원=6,778,151원

부대시설 보험금=450만원-378,151원=4,121,849원

종합위험 농업용시설물에 대한 계약사항 및 보상하는 재해(태풍)로 인한 조사내용을 참조하여 각동별 지급보험금(원)을 구하시오.

＊농업용시설물 계약내용 및 조사내용

보험목적	보험가입금액	동별 보험가액	피해액	경년감가율	경과월수
A동	900만원	900만원	800만원	8%	96개월
B동	1,500만원	1,500만원	1,000만원	5.3%	120개월
C동	1,600만원	1,600만원	1,600만원	수정잔가율 최댓값적용	150개월

- 태풍피해이고 180일 이내 수리복구되지 않음

물음 1 A동 보험금의 계산과정과 값(원)을 쓰시오.(단, 원단위 미만은 절사)

물음 2 B동 보험금의 계산과정과 값(원)을 쓰시오.(단, 원단위 미만은 절사)

물음 3 C동 보험금의 계산과정과 값(원)을 쓰시오.(단, 원단위 미만은 절사)

풀이 6

(독립된 시설물)(1사고 1동 단위 계산)

A동 손해액=800만원x(1-0.08x8)=288만원 ⇨ A동 자기부담금액=30만원(최저한도)

B동 손해액=1,000만원x(1-0.053x10)=470만원 ⇨ B동 자기부담금액=47만원

C동 손해액=1,600만원x0.3=480만원 ⇨ C동 자기부담금액=48만원

A동 보험금액=Min{288만원-30만원, 900만원}=2,580,000원

B동 보험금액=Min{470만원-47만원, 1,500만원}=4,230,000원

C동 보험금액=Min{480만원-48만원, 1,600만원}=4,320,000원

(단지 단위 시설물)

A동 손해액=800만원x(1-0.08x8)=288만원

B동 손해액=1,000만원x(1-0.053x10)=470만원

C동 손해액=1,600만원x0.3=480만원

손해액의 총합=1,238만원, 자기부담금액=100만원

A동 자기부담금액=100만원x(288/1,238)=232,633원

B동 자기부담금액=100만원x(470/1,238)=379,644원

C동 자기부담금액=100만원x(480/1,238)=387,722원

A동 보험금액=Min{288만원-232,633원, 900만원}=2,647,367원

B동 보험금액=Min{470만원-379,644원, 1,500만원}=4,320,356원

C동 보험금액=Min{480만원-387,722원, 1,600만원}=4,412,278원

22

축산시설물
(축사)

 축산시설물(축사)

구분	축산시설물
보상하는 재해	- **자연재해(풍해.수해.설해.지진), 화재**에 의한 손해 - 화재에 따른 소방손해 - 방재 및 긴급피난: 5일(120시간)이내 발생한 손해
보험가액 산정	(재조달가액)x(잔가율)
수정잔가율 (최댓값)	- **보온덮개. 쇠파이프 조인 축사구조물: 50%** - **보온덮개. 쇠파이프 이외의 축사구조물: 70%** - **보온덮개, 쇠파이프 구조 (6개월 이내 복구되지 않음): 30%**
비례보상	- **부보비율조건부 실손 보상**(보험가액의 80%까지는 전부보험) - 손해액 산정: 재조달가격(피해액), 감가피해액 - 비례보상(O), 보험가액x80%(부보비율조건부 실손보상) - 보험가입금액<보험가액의 80% ⇨ 비례보상(O) - 보험가입금액≥보험가액의 80% ⇨ 전부. 초과보험, 비례보상(X)
자기부담금	- 풍재.수재.설해.지진=Max{손해액x비례보상x자기부담비율, 50만원} - 화재: 손해액x비례보상x자기부담비율
잔존물 제거비용	- 잔존물제거비용=Min{손해액x0.1, 실제잔존물제거비용} - 자기부담금(O) - 비례보상(O)
손해방지비용	- 자기부담금(X) - 한도(X), 비례보상(O) - 축사에서 대위권보전비용과 잔존물보전비용에 관해서는 언급이 없음.
지급보험금	- 풍재·수재·설해·지진 =Min{(손해액+잔존물)x비례보상-자기부담금액, 잔존보험가입금액} - 화재=Min{(손해액+잔존물)x비례보상x(1-자기부담비율), 보험가입금액}
잔존 보험가입금액	- 보상하는 손해에 따라 손해를 보상하는 경우에는 보험가입금액에서 보상액을 뺀 잔액을 손해가 생긴 후의 나머지 보험기간에 대한 잔존보험가입금액으로 한다.
중복보험	- **가입금액 비례분담방식**(보험가입금액 가중평균) - **독립책임액 분담방식**(보험금액 가중평균) - 자기부담금=0원

(1) 보험기간

⇨ **이론서에 별도로 정해진 것이 없음** (연중 상시 가입이 가능하고 1년 단위로 가입하는 것이 원칙임)

(2) 보험목적물: 축사, 부속물, 부착물, 부속설비 (단, 태양광 및 태양열 발전 시설 제외)

⇨ 사육하는 가축과 축산시설물을 전부 보험에 가입하는 것이 원칙

건물의 부속물	피보험자 소유인 칸막이, 대문, 담, 곳간 및 이와 비슷한 것
건물의 부착물	피보험자 소유인 게시판, 네온싸인, 간판, 안테나, 선전탑 및 이와 비슷한 것
건물의 부속설비	피보험자 소유인 전기가스설비, 급배수설비, 냉난방설비, 급이기, 통풍설비 등 건물의 주 용도에 적합한 부대시설 및 이와 비슷한 것
건물의 기계장치	착유기, 원유냉각기, 가금사의 기계류(케이지, 부화기, 분류기 등) 및 이와 비슷한 것

(3) 재해의 범위

① 주계약: 풍해, 수해, 설해, 지진, 화재, 화재에 의한 소방손해, 긴급피난
- 화재(벼락 포함)에 의한 손해
- 화재(벼락 포함)에 따른 소방손해
- 풍재, 수재, 설해, 지진에 의한 손해
- 화재(벼락 포함) 및 풍재, 수재, 설해, 지진에 의한 피난 손해(보험기간 5일 이내)
- **잔존물 제거비용**
  * 지진 피해의 경우 아래의 **최저기준**을 초과하는 손해를 담보한다.
  ㉠ 기둥 또는 보 1개 이하를 해체하여 수선 또는 보강하는 것
  ㉡ 지붕틀의 1개 이하를 해체하여 수선 또는 보강하는 것
  ㉢ 기둥, 보, 지붕틀, 벽 등에 2m 이하의 균열이 발생한 것
  ㉣ 지붕재의 2㎡ 이하를 수선하는 것
② 특약: 설해 부보장 특약(돈사, 가금사에 한함)

(4) 보상하지 않은 재해

① 화재 또는 풍재·수재·설해·지진 발생 시 도난 또는 분실로 생긴 손해
② 보험의 목적이 발효, 자연발열 또는 자연발화로 생긴 손해. 그러나 자연발열 또는 자연발화로 연소된 다른 보험의 목적에 생긴 손해는 보상
③ 풍재·수재·설해·지진과 관계없이 댐 또는 제방이 터지거나 무너져 생긴 손해
④ 바람, 비, 눈, 우박 또는 모래먼지가 들어옴으로써 생긴 손해. 그러나 보험의 목적이 들어있는 건물이 풍재·수재·설해·지진으로 직접 파손되어 보험의목적에 생긴 손해는 보상
⑤ 추위, 서리, 얼음으로 생긴 손해
⑥ 발전기, 여자기(정류기 포함), 변류기, 변압기, 전압조정기, 축전기, 개폐기, 차단기, 피뢰기, 배전반 및 그

밖의 전기기기 또는 장치의 전기적 사고로 생긴 손해. 그러나 그 결과로 생긴 화재 손해는 보상

⑦ 풍재의 직접, 간접에 관계 없이 보험의 목적인 네온사인 장치에 전기적 사고로 생긴 손해 및 건식 전구의 필라멘트 만에 생긴 손해

⑧ 국가 및 지방자치단체의 명령에 의한 재산의 소각 및 이와 유사한 손해

(5) 보험가입금액과 보험가액

① (보험가입금액)=(이론서에 언급이 없음)

② 보험가액=(재조달가액)×(잔가율)

③ 수정잔가율의 최댓값

　㉠ 보온덮개. 쇠파이프 조인 축사구조물: 최대 50%

　㉡ 보온덮개. 쇠파이프 이외의 축사구조물: 최대 70%

　㉢ 수리복구 완료가 되지 않은 경우: 최대 30%

(6) 부보비율 조건부 실손보장

① (보험가입금액) < (보험가액)x80% ⇨ **일부보험(비례보상, 보험가입금액 한도)**

② (보험가입금액) ≧ (보험가액)x80% ⇨ 전부보험, 초과보험(보험가액 한도)

(7) **자기부담금(자기부담비율: 0%, 5%, 10%)**

① 풍.수.설.지 ⇨ Max{(손해액+잔존물제거비용)×(비례보상)×(자기부담비율), 50만원}

② (화재) ⇨ (손해액+잔존물제거비용)×(비례보상)×(자기부담비율)

(8) 잔존물제거비용=Min{손해액x0.1, 실제잔존물제거비용} ⇨ 자기부담금(O), 비례보상(O)

(9) 손해방지비용 ⇨ 자기부담금(x), 비례보상(O)

(10) **축사 지급 보험금(중복사고: 잔존보험가입금액 적용)**

① 풍재·수재·설해·지진=Min{(손해액+잔존물)x비례보상-자기부담금액, 잔존보험가입금액}

② 화재=Min{(손해액+잔존물)x비례보상x(1-자기부담비율), 잔존보험가입금액}

📖 **예제 1** 각 농가에 보상하는 재해로 인하여 축사에 피해가 발생하였다. 다음 조사내용을 참조하여 각 농가의 보험금(원)을 구하시오.(단, 원단위 미만은 절사)

구분	A농가	B농가	C농가	D농가	E농가
보험가액	5,000만원	3,000만원	5,000만원	4,000만원	3,000만원
보험가입금액	3,000만원	3,000만원	4,000만원	3,000만원	4,000만원
손해액	700만원	1,900만원	1,000만원	800만원	2,800만원
재해종류	화재	풍재	수재	지진	화재
잔존물제거비용	100만원	180만원	70만원	90만원	250만원

 - 자기부담비율: 10%
 - 화재특약에 가입하였고 주어진 조건 이외 다른 조건은 고려하지 않음.

📖 **풀이 1**

A농가, (보험가액의 80%)=4,000만원 (일부보험), 잔존물제거비용=70만원
　　자기부담비율=10%, 화재, 비례보상=0.75
　　보험금= Min{(700만원+70만원)x0.75x(1-0.1), 3,000만원}=5,197,500원
B농가, (보험가액의 80%)=2,400만원 (초과보험), 잔존물제거비용=180만원
　　자기부담금액=Max{2,080만원x1x0.1, 50만원}=208만원
　　보험금= Min{(1,900만원+180만원)x1-(208만원), 3,000만원}=18,720,000원
C농가, (보험가액의 80%)=4,000만원 (전부보험), 잔존물제거비용=70만원
　　자기부담금액=Max{1,070만원x1x0.1, 50만원}=107만원
　　보험금= Min{(1,000만원+70만원)x1-107만원, 4,000만원}=9,630,000원
D농가, (보험가액의 80%)=3,200만원 (일부보험), 비례보상=30/32=0.9375,
　　잔존물제거비용=80만원, 자기부담금액==Max{880만원x0.9375x0.1, 50만원}=825,000원
　　보험금= Min{880만원x0.9375-825,000원, 3,000만원}=7,425,000원
E농가, (보험가액의 80%)=2,400만원 (초과보험), 잔존물제거비용=250만원
　　자기부담비율=10% 화재,
　　보험금= Min{(2,800만원+250만원)x1x(1-0.1), 3,000만원}=27,450,000원

📱 예제 2 가축 축사에 보상하는 재해(태풍)로 인하여 피해가 발생하였다. 다음 계약내용 및 조사내용을 참조하여 물음에 답하시오.

*계약내용 및 조사내용

재해종류	보험가입금액	구조체	재조달가격
태풍	1,400만원	보온덮개. 쇠파이프 이외의 축사구조물	5,000만원

손해액	잔존물제거비용	손해방지비용	자기부담비율	잔가율
900만원	80만원	60만원	10%	최댓값적용

- 보험목적물이 지속적인 개. 보수가 이루어져 보험목적물의 가치증대가 인정됨.
- 내용연수가 지나서 잔가율의 최댓값을 적용함.

물음 1 보험가액의 계산과정과 값(원)을 쓰시오.

물음 2 지급보험금의 계산과정과 값(원)을 쓰시오.

🔍 풀이 2

(1) (보험가액)=5,000만원x0.7=35,000,000원
   보험가액의 80%, 35,000,000원x0.8=28,000,000원, 보험가입금액=1,400만원(일부보험)
(2) 비례보상=1,400/(3,500x0.8)=0.5
   손해액=900만원, 잔존물제거비용=Min{900만x0.1, 80만원}=80만원
   (손해액+잔존물제거비용)=980만원
   자기부담금액=Max{980만원x0.5x0.1, 50만원}=50만원
   (목적물+잔존물제거비용)의 보험금=Min{980만원x0.5-50만, 1,400만원}=440만원
   손해방지비용=600,000원x0.5=300,000원
   지급 보험금=4,400,000원+300,000원=4,700,000원

예제 3 각 농가에 보상하는 재해로 인하여 축사에 피해가 발생하였다. 보험목적물이 지속적인 개.보수가 이루어져 보험목적물의 가치증대가 인정된 경우 다음 조사내용을 참조하여 각 농가의 보험금을 구하시오.

농가	보험 가입금액	재해	보험가액			손해액
			구조	재조달가격	잔가율	
A	4,000만원	지진	보온덮개, 쇠파이프 조인 구조	1억원	최댓값	3,000만원
B	3,360만원	풍재	보온덮개, 쇠파이프이외 구조	1억원	최댓값	2,000만원
C	4,000만원	화재	보온덮개, 쇠파이프 구조 (6개월이내 복구되지 않음)	1억원	최댓값	3,200만원

- B농가: 잔존물제거비용: 50만원, 손해방지비용: 30만원
- C농가: 잔존물제거비용: 100만원, 손해방지비용: 50만원
- 각 축사의 내용연수가 모두 경과하여 수정잔가율의 최댓값을 이용함.
- 자기부담비율(공통): 10%

물음 1 각 농가의 보험가액의 계산과정과 값(원)을 쓰시오.

물음 2 지급보험금(비용포함)의 계산과정과 값(원)을 쓰시오.

풀이 3

(1) A농가의 보험가액=1억x0.5=5,000만원, B농가의 보험가액=1억x0.7=7,000만원
C농가의 보험가액=1억x0.3=3,000만원

(2) A농가 지급보험금(전부보험) 일부보험은 보험가입금액을 한도로 보험금을 지급한다.
비례보상=4,000/(5,000x0.8)=1, 자기부담금액=Max{3,000만원x0.1, 50만원}=300만원
A농가 지급보험금=Min{3,000만원x1-300만, 4,000만원}=2,700만원
B농가 지급보험금(일부보험), 비례보상=3,360/(7,000x0.8)=0.6
손해액+잔존물제거비용=2,050만원, 자기부담금액=Max{2,050만원x0.6x0.1, 50만원}=123만원
(목적물+잔존물제거비용) 보험금=Min{2,050만원x0.6-123만원, 3,360만원}=11,070,000원
손해방지비용: 30만x0.6=18만원
B농가 지급보험금=11,070,000원+180,000원=11,250,000원
C농가 지급보험금(초과보험), 자기부담비율=10% 화재,
손해액+잔존물제거비용=3,300만원,
(목적물+잔존물제거비용) 보험금=Min{3,300만원x1x(1-0.1), 4,000만원}=29,700,000원
손해방지비용: 50만원, C농가 지급보험금=29,700,000원+500,000원=30,200,000원

예제 4 보상하는 재해(지진)로 인하여 축사에 피해가 발생하였다. 다음 조사내용을 참조하여 각 농가의 보험금을 구하시오.

보험 가입금액	재해	사고조사 내용		
		구조	재조달가액	잔가율
2,400만원	지진	보온덮개, 쇠파이프 조인 구조	8,000만원	최댓값
손해액 산정		- 지진피해로 인해 지붕틀 1개 수리비용: 100만원		
		- 지진피해로 인해 지붕재 30m² 수리비용: 350만원		
		- 지진피해로 인해 기둥과 벽에 생긴 균열 20m 수리비용: 200만원		
		- 지진피해로 인해 긴급피난 5일째 발생한 손해비용: 150만원		
잔존물 제거비용		- 잔존물 청소비용: 10만원		
		- 잔존물 해체비용: 25만원		
		- 잔존물을 폐기물로 처리하는 비용: 30만원		
		- 잔존물을 차에 싣는 비용: 15만원		

- 자기부담비율: 10%, 손해방지비용; 40만원
    - 보험목적물이 지속적인 개.보수가 이루어져 보험목적물의 가치증대가 인정된 경우

물음 1 보험가액의 계산과정과 값(원)을 쓰시오.

물음 2 지급보험금(비용포함)의 계산과정과 값(원)을 쓰시오.

풀이 4

보험가액=8,000만원x0.5=4,000만원, 보험가액의 80%=3,200만원
보험가입금액=2,400만원, 비례보상=75%
손해액=350만원+200만원+150만원=700만원
잔존물제거비용=10만원+25만원+15만원=50만원
손해액+잔존물제거비용=750만원
자기부담금액=Max{750만원x0.75x0.1, 50만원}=562,500원
(목적물+잔존물제거비용) 보험금=Min{750만원x0.75-562,500원, 2,400만원}=5,062,500원
손해방지비용=40만원x0.75=30만원
지급 보험금=5,362,500원

23

시설물
문제풀이

시설물 문제풀이

문제 1 대추과수원에 보상하는 재해(태풍)로 인하여 비가림 시설에 피해가 발생하였다.
다음 계약내용 및 조사내용을 참조하여 비가림 시설물의 보험금의 계산과정과 값(원)을 쓰시오.

*비가림 시설의 계약내용 및 조사내용

보험가입금액	재조달 가액(피해액)		감가상각률	
	구조체	피복재	피복재	구조체
1,200만원	1,000만원	400만원	40%	20%

잔존물제거비용	손해방지비용	대위권보전비용	기타협력비용	수리여부
100만원	30만원	50만원	10만원	수리복구 완료

- 주어진 조건 이외 다른 조건은 고려하지 않음.

문제 2 대추과수원에 보상하는 재해(태풍)로 인하여 비가림 시설에 피해가 발생하였다. 다음 계약내용 및 조사내용을 참조하여 비가림 시설물의 보험금의 계산과정과 값(원)을 쓰시오.

*비가림 시설의 계약내용 및 조사내용

보험가입금액	재조달 가액(피해액)		감가상각률	
	구조체	피복재	피복재	구조체
1,500만원	1,000만원	400만원	40%	20%

잔존물제거비용	손해방지비용	대위권보전비용	기타협력비용	수리여부
100만원	30만원	50만원	10만원	수리복구되지 않음

- 주어진 조건 이외 다른 조건은 고려하지 않음.

문제 3 포도 비가림 시설을 A, B 보험회사에 중복으로 가입한 농가에 태풍으로 인하여 피해가 발생하였다. 다음 계약내용 및 조사내용을 참조하여 물음에 답하시오.

*비가림시설의 계약내용 및 조사내용

A보험회사	- 보험가입금액: 1,200만원 - 보험가액: 1,500만원	- 피해액: 800만원
B보험회사	- 보험가입금액: 800만원 - 보험가액: 1,500만원	- 피해액: 800만원

- 수리복구 완료 되었고 주어진 조건 이외 다른 조건은 고려하지 않음.
- A, B 보험회사의 보험금 계산방법이 같음.

물음 1 중복보험으로 A, B회사에 모두 가입한 경우 A보험회사의 지급보험금을 구하시오.

물음 2 중복보험으로 A, B회사에 모두 가입한 경우 B보험회사의 지급보험금을 구하시오.

물음 3 A회사에만 가입한 경우 A보험회사의 지급보험금의 계산과정과 값(원)을 쓰시오.

문제 4 포도 비가림시설물에 태풍으로 인하여 비가림시설에 피해가 발생하였다. 다음 계약내용 및 조사내용을 참조하여 A, B동 보험금의 계산과정과 값(원)을 각각 쓰시오.(A, B동 보험가입금액을 하나의 금액으로 일괄 가입한 집합보험)

*비가림시설의 계약내용 및 조사내용

보험목적	보험가입금액	동별 보험가액		손해액
포도 비가림시설 A, B동	3,000만원	A동	2,800만원	1,500만원
		B동	1,200만원	1,000만원

문제 5 포도 비가림시설을 갑이 을에게 임차하여 포도 과수원을 운영하고 있다. 갑은 을을 위한 보험을 A회사에 가입하였고 을은 자신을 위해 B보험회사에 다음과 같은 내용으로 보험을 가입하였다. 갑의 과실로 인해 화재가 발생하여 손해가 발생 하였다. 계약내용 및 조사내용을 참조하여 다음 물음에 답하시오.

*비가림시설의 계약내용 및 조사내용

갑	- 보험가입금액: 1,500만원 - 보험가액: 2,000만원 - 피보험자:을, 보험회사: A	- 보험가액: 2,000만원 - 손해액: 2,000만원 (갑의 과실로 인한 화재로 전체파손)
을	- 보험가입금액: 2,000만원 - 보험가액: 2,000만원 - 피보험자:을, 보험회사: B	

- 갑은 을 소유의 비가림시설을 임차하여 포도를 재배하면서 B를 위한 보험으로 갑 회사에 가입.(타인을 위한 보험 가입)
- 갑, 을 모두 화재위험보장 특별약관에 가입하였고 A, B 회사 보험금 지급계산 방식이 같음.

물음 1 타인을 위한 보험으로 A회사에서 을에게 지급할 보험금을 구하시오.

물음 2 자신을 위한 보험으로 B회사에서 을에게 지급할 보험금을 구하시오.

문제 6 다음은 해가림시설의 계약사항과 보상하는 재해로 인하여 피해를 조사한 내용이다. 다음 계약내용 및 조사내용을 참조하여 지급보험금의 계산과정과 값(원)을 쓰시오.

해가림시설의 계약내용 및 조사내용					
보험가입금액	보험가액	피해액	시설재료	내용연수	경과년수
900만원	1,000만원	600만원	철재	18년	1년

기타 비용			
잔존물제거비용	손해방지비용	대위권보전비용	기타협력비용
566,400원	366,400원	30만원	10만원

- 재조달가액보장 특약에 미가입하였고 주어진 조건 이외 다른 조건은 고려하지 않음.

문제 7 인삼재해보험을 가입한 농가가 태풍으로 인하여 해가림시설에 일부피해가 발생하였다. 다음 계약내용 및 조사내용을 참조하여 물음에 답하시오.

해가림시설의 계약내용					
가입면적	칸넓이	m²당 시설비	시설재료	경과년수	보험가입금액
5,000m²	5m²	6,000원	목재	3년	(가)

해가림시설의 조사내용				
*피해칸수 조사(200칸, 1,000m²)				
전체파손	20%파손	40%파손	60%파손	80%파손
80	-	50	100	50

- 잔존물제거비용: 339,400원, 손해방지비용: 259,400원
- 재조달가액보장 특약에 미가입 하였고 보험가액은 천원단위 절사

물음 1 해당농가의 손해액의 계산과정과 값(원)을 쓰시오.

물음 2 해가림시설 보험금의 계산과정과 값(원)을 쓰시오.

문제 8 농작물재해보험에 가입된 버섯재배사 및 부대시설에 태풍피해로 손해를 입었다. 다음 조사결과를 참조하여 버섯재배사와 부대시설의 보험금을 각각 구하시오.

*계약내용 및 조사내용

- 버섯재배사(피복재포함) 보험가입금액: 1,500만원,
- 부대시설 보험가입금액: 500만원,
- 재조달가액보장 특약에 가입하고 수리복구 완료함.
- 버섯재배사 피해액: 800만원, 부대시설 피해액: 200만원,
- 잔존물해체비용: 50만원, 차에 싣는 비용: 20만원, 청소비용: 10만원, 폐기물처리비용: 20만원

문제 9 농작물재해보험에 가입된 버섯재배사 및 부대시설에 화재로 인하여 피해가 발생 하였다. 다음 계약 내용 및 조사내용을 참조하여 물음에 답하시오.

*계약내용 및 조사내용

구분	버섯재배사		부대시설
	연동하우스	피복재	
보험가입금액	30,000,000원		8,000,000원
가입면적	400m²	400m²	-
내용연수	15년(5.3%)	고정감가율 40%	8년
경과월수	60개월	-	24개월
m²당 재조달 가격	80,000원	10,000원	-
피해면적	200m², 전체파손	300m², 전체파손	피해액: 400만원

- 화재위험보장 특약에 가입하였고 재조달가액 보장 특별약관: 미가입   - 잔존물제거비용: 100만원
- 주어진 조건 이외 다른 조건은 고려하지 않음.

물음 1 버섯재배사 보험금의 계산과정과 값(원)을 쓰시오.(단, 원단위 미만은 절사)

물음 2 부대시설물 보험금의 계산과정과 값(원)을 쓰시오.(단, 원단위 미만은 절사)

문제 10 농가에 보상하는 재해(화재)로 인하여 축사에 피해가 발생하였다. 조사내용을 참조하여 계약 농가의 보험금의 계산과정과 값(원)을 쓰시오.

*계약내용 및 조사내용

보험가입금액	재조달가액	재해	손해액	잔존물제거비용	손해방지비용
1,536만원	8,000만원	화재	2,000만원	180만원	30만원

- 보험목적물이 지속적인 개.보수가 이루어져 보험목적물의 가치증대가 인정됨.
- 수리복구가 안되었고 잔가율의 최댓값을 적용함.   -자기부담비율: 10%

문제 11 가축재해보험 축사에 보상하는 재해(태풍)로 인하여 피해가 발생하였다. 다음 계약내용 및 조사내용을 참조하여 물음에 답하시오.

*계약내용 및 조사내용

재해	보험가입금액	구조체	잔가율	재조달가격
태풍	3,000만원	보온덮개. 쇠파이프 조인 축사구조물	최댓값적용	1억원

손해액	잔존물제거비용	손해방지비용	자기부담비율
4,000만원	200만원	50만원	10%

- 보험목적물이 지속적인 개.보수가 이루어져 보험목적물의 가치증대가 인정됨.
- 수리복구가 완료되었고 내용연수가 지나서 잔가율의 최댓값을 적용함.

물음 1 보험가액의 계산과정과 값(원)을 쓰시오.

물음 2 지급보험금의 계산과정과 값(원)을 쓰시오.

문제 12 보상하는 재해로 인하여 축사에 지진 피해가 발생하였다. 다음 계약내용과 조사내용을 참조하여 물음에 답하시오.

*계약내용 및 조사내용

보험 가입금액	재해	사고조사 내용		
		구조	재조달가액	잔가율
1,200만원	지진	보온덮개, 쇠파이프 조인 구조	5,000만원	최댓값 적용
손해액 산정		지진 피해로 인해 지붕틀 1개 수리비용: 150만원		
		지진 피해로 인해 지붕재 10m² 수리비용: 400만원		
		지진 피해로 인해 기둥과 벽에 생긴 균열 8m 수리비용: 250만원		
		지진 피해로 인한 긴급피난 5일째 발생한 손해비용 : 350만원		
잔존물제거비용		잔존물 청소비용: 15만원		
		잔존물 해체비용: 25만원		
		잔존물을 폐기물로 처리하는 비용: 30만원		
		잔존물을 차에 싣는 비용: 20만원		

- 자기부담비율: 10%, 손해방지비용: 25만원
- 보험목적물이 지속적인 개.보수가 이루어져 보험목적물의 가치증대가 인정된 경우

물음 1 보험가액의 계산과정과 값(원)을 쓰시오.

물음 2 지급보험금(비용포함)의 계산과정과 값(원)을 쓰시오.

문제 13 농가에 보상하는 재해로 인하여 축사에 중복사고 피해가 발생하였다. 조사내용을 참조하여 농가의 1차, 2차 보험금의 계산과정과 값(원)을 쓰시오. (단, 보험금 산정 시 원단위 미만은 절사)

*계약내용 및 조사내용

보험가입금액	보험가액	1차사고	손해액	잔존물제거비용	자기부담비율
3,000만원	5,000만원	화재	3,000만원	200만원	10%

잔존보험가입금액	보험가액	2차사고	손해액	잔존물제거비용
(가)	5,000만원	수재	800만원	100만원

문제 14 종합위험 농업용시설물에 대한 계약사항 및 보상하는 재해로 인한 조사내용을 참조하여 각동별 지급보험금의 계산과정과 값(원)을 쓰시오. (3개동은 각각의 단동하우스와 연동하우스로 구성된 원예시설단지임)

*농업용시설물의 계약내용 및 조사내용

보험목적	보험가입금액	동별 보험가액		피해액	경년감가율	경과월수
A, B, C동	3,000만원	A동	900만원	800만원	8%	36개월
		B동	1,500만원	1,000만원	5.3%	48개월
		C동	1,600만원	1,600만원	2%	60개월

- 태풍피해이고 180일 이내 수리복구되지 않음

물음 1 A동 보험금(원)의 계산과정과 값(원)을 쓰시오.(단, 원단위 미만은 절사)

물음 2 B동 보험금(원)의 계산과정과 값(원)을 쓰시오.(단, 원단위 미만은 절사)

물음 3 C동 보험금(원)의 계산과정과 값(원)을 쓰시오.(단, 원단위 미만은 절사)

문제 15 농가에 보상하는 재해로 인하여 축사에 중복사고 피해가 발생하였다. 조사내용을 참조하여 농가의 1차, 2차 보험금(원)을 각각 산정하시오.(단, 원단위 미만은 절사)

*계약내용 및 조사내용

보험가입금액	보험가액	1차사고	손해액	잔존물제거비용	자기부담비율
2,560만원	4,000만원	화재	3,500만원	300만원	10%

잔존보험가입금액	보험가액	2차사고	손해액	잔존물제거비용
(가)	4,000만원	수재	1,000만원	80만원

정답 및 해설

01 | 풀이

수리복구가 완료되었으므로 재조달가액 보상한다. 피해액=손해액
구조체 손해액=1,000만원, 피복재 손해액=400만원
총 손해액=1,400만원, 잔존물제거비용=Min{1,400만x0.1, 100만원}=100만원
(손해액+잔존물제거비용)=1,500만원, 자기부담금액=100만원
(목적물+잔존물제거비용) 보험금=Min{1,500만-100만, 1,200만원}=1,200만원
(손해방지비용+대위권보전비용) 보험금={30만+50만}x(1-0)=80만원
기타협력비용=10만원
비가림시설 총 지급보험금=1,200만원+80만원+10만원=12,900,000원

02 | 풀이

수리복구가 안되었으므로 감가상각률 적용한다.
손해액=피해액x(1-감가상각률)
구조체 손해액=1,000만원x(1-0.2)=800만원, 피복재 손해액=400만x(1-0.4)=240만원
총 손해액=1,040만원, 잔존물제거비용=Min{1,040만x0.1, 100만원}=100만원
(손해액+잔존물제거비용)=1,140만원,
자기부담금액=100만원(차감 완료)
(목적물+잔존물제거비용) 보험금=Min{1,140만-100만, 1,500만원}=1,040만원
(손해방지비용+대위권보전비용) 보험금=(30만+50만)-0원=80만원
기타협력비용=10만원
비가림시설 총 지급보험금=1,040만원+80만원+10만원=11,300,000원

03 | 풀이

수리복구가 완료되었으므로 재조달가액 보상이다.
손해액=피해액
(중복보험이므로 자기부담금액은 0원)
A회사=1,200만/2,000만=60%,
B회사=800만/2,000만=40%
(1) A보험회사 보험금액=(800만원-0원)x60%=480만원,
(2) B보험회사 보험금액=(800만원-0원)x40%=320만원
(3) A회사 지급보험금= Min{(800만원-80만원), 1,200만원} =720만원

04 | 풀이

A동 보험가입금액=3,000만원x(2,800/4,000)=2,100만원,
B동 보험가입금액=3,000만원x(1,200/4,000)=900만원
손해액의 총합=2,500만원, 자기부담금액=100만원,
A동 자기부담금액=100만x(1,500/2,500)=60만원,
B동=100만x(1,000/2,500)=40만원
A동 보험금액=Min{1,500만-60만, 2,100만원}=1,440만원,
B동 보험금액=Min{1,000만-40만, 900만원}=900만원

05 | 풀이

갑의 과실로 피보험자 을에게 보험금을 지급,
손해액=2,000만원, 자기부담금(화재)=0원
A회사는 Min{2,000만원-0원, 1,500만원}=1,500만원을 을에게 지급
B회사는 을에게 초과보험이므로 Min{2,000만원-0원, 2,000만원}=2,000만원을 지급해야 하는데 A회사에서 1,500만원을 지급하였으므로 500만원만 지급하면 된다.
그리고 B회사는 500만원에 대하여 갑에게 대위권을 행사하면 된다.

06 | 풀이

(일부보험)

보험가액=1,000만원, 보험가입금액=900만원,(일부보험),
비례보상=90%

보험가액의 20%=1,000만원x0.2=200만원

피해액=600만원, 감가피해액=600만원x(1-0.0444x1)
=5,733,600원

손해액=5,733,600원, 잔존물제거비용=566,400원

(손해액+잔존물제거비용)=5,733,600+566,400=630만원
이므로 자기부담금액=63만원

(목적물+잔존물) 보험금=Min{(630만원-63만원)x90%,
900만원}=5,103,000원

손해방지비용=20만원x(1-0.1)x90%=162,000원(20만원
한도, 자기부담금 차감)

대위권보전비용=30만원x(1-0.1)x90%
=243,000원(자기부담금 차감)

기타협력비용=100,000원 (100%지급)

해가림시설 총 지급 보험금=5,103,000원+162,000+243,0
00+100,000=5,608,000원

07 | 풀이

재조달가액=5,000x6,000원=3,000만원,
보험가입금액=3,000만원x(1-0.1333x3)=18,003,000원

보험가액(사고당시)=3,000만원x(1-0.1333x3)
=18,003,000원=1,800만원, 전부보험, 비례보상(x)

피해칸수=80x1+50x0.4+100x0.6+50x0.8=200칸,
피해액=200칸x5x6,000원=600만원

감가피해액=600만원x(1-0.1333x3)=3,600,600원

보험가액의 20%=1,800만원x0.2=3,600,000원

손해액=3,600,600원,

잔존물제거비용=Min{3,600,600원x0.1, 339,400원}
=339,400원

(손해액+잔존물제거비용)=394만원, 자기부담금액=394,000원

(목적물+잔존물제거비용)보험금=Min{(394만원-
394,000원)x1, 1,800만원}=3,546,000원

손해방지비용=20만원 한도 비례보상, 자기부담금 적용
=(20만원-2만원)x1=18만원

해가림시설 보험금=3,546,000원+18만원=3,726,000원

08 | 풀이

피해액의 총합=1,000만원, 감가상각이 없으므로
손해액=1,000만원

자기부담금액=100만원,

버섯재배사 자기부담금액=80만원, 부대시설 자기부담금액
=20만원,

잔존물제거비용=Min{1,000만x0.1, 80만}=80만원

버섯재배사 잔존물제거비용=80만원x80%=64만원,

부대시설 잔존물제거비용=80만원x20%=16만원

버섯재배사 보험금=Min{(800만-80만)+64만, 1,500만}
=784만원

부대시설 보험금=Min{(200만-20만)+16만, 500만}=196만원

09 | 풀이

연동하우스 피해액=200x80,000원=1,600만원,
피복재 피해액=300x10,000원=300만원

부대시설 피해액=800만x0.5=400만원,

연동하우스 손해액=1,600만원x(1-0.053x5)=1,176만원

피복재 손해액=300x10,000x(1-0.4)=180만원

부대시설 손해액=400만x(1-0.1x2)=320만원

농업시설물 손해액=1,356만원, 부대시설 손해액=320만원

손해액의 총합=1,676만원, 자기부담금액(화재)=0원,

잔존물제거비용=Min{1,676만x0.1, 100만}=100만원

농업시설물 잔존물제거비용=100만원x(1,356/1,676)=809,069원

부대시설 잔존물제거비용=100만원x(320/1,676)=190,930원

농업시설물 보험금=Min{(1,356만+809,069)-0원,
3,000만원}=14,369,069원

부대시설 보험금=Min{(320만+190,930)-0원,
800만원}=3,390,930원

10 | 풀이

(일부보험) 수리복구가 안되었으므로 수정잔가율의 최댓값은 30%

보험가액=8,000만원x0.3=2,400만원,

보험가액의 80%=1,920만원, 보험가입금액=1,536만원,

비례보상=1,536/(2,400x0.8)=0.8(80%),

손해액=2,000만원, 잔존물제거비용=Min{2,000만x0.1, 180만원}=180만원

손해액+잔존물제거비용=2,180만원,

자기부담금액=Max{2,180만x0.8x0.1, 50만}=1,744,000원

(목적물+잔존물제거비용)

보험금=Min{2,180만원x0.8x(1-0.1), 1,536만}=1,536만원

(목적물) 보험금=Min{2,000만원x0.8x(1-0.1), 1,536만}=1,440만원

(잔존물제거비용) 보험금=180만원x0.8x(1-0.1)=1,296,000원

1,440만원+1,296,000원=15,696,000원은 보험가입금액 1,536만원 한도에 걸림

손해방지비용=300,000x0.8=240,000원

총 지급보험금=1,536만원0+240,000=15,600,000원

11 | 풀이

보온덮개. 쇠파이프 축사구조물의 잔가율의 최댓값: 50%

보온덮개. 쇠파이프 이외의 축사구조물의 잔가율의 최댓값: 70%

(1) (보험가액)=(재조달가격)X(잔가율)=1억원x0.5=5,000만원

　　보험가액의 80%=4,000만원, 보험가입금액=3,000만원, 비례보상=75%

(2) 손해액=4,000만원, 잔존물제거비용=Min{4,000만x0.1, 200만원}=200만원

　　(손해액+잔존물제거비용)=4,200만원,

　　자기부담금액=Max{4,200만x0.75x0.1, 50만원}=3,150,000원

　　(목적물+잔존물제거비용) 보험금=**Min{4,200만원x0.75-3,150,000원, 3,000만원}=2,835만원**

　　손해방지비용=500,000x75%=375,000원

　　지급보험금=2,835만원+375,000=28,725,000원

12 | 풀이

(1) 보온덮개, 쇠파이프 조인 구조물의 수정잔가율 최댓값=50%

　　보험가액=5,000만원x0.5=2,500만원,

　　보험가입금액=1,200만원(일부보험)

(2) 비례보상=1,200/(2,500x0.8)=0.6, 60%

　　손해액=400만+250만+350만원=1,000만원

　　실제잔존물제거비용=15만+25만+20만=60만원

　　잔존물제거비용=Min{1,000만원x0.1, 60만원}=60만원

　　손해액+잔존물제거비용=1,060만원,

　　자기부담액=Max{1,060만원x0.6x0.1, 50만원}=636,000원

　　손해방지비용=25만원x0.6=15만원

　　지급보험금=Min{1,060만원x0.6-636,000원, 1,200만원}+15만원=5,874,000원

13 | 풀이

(일부보험)

(1차사고) 보험가액의 80%=4,000만원,

비례보상=3,000/(5,000x0.8)=0.75

손해액=3,000만원, 잔존물제거비용=200만원

1차사고 지급보험금=Min{3,200만x0.75x(1-0.1), 3,000만}=2,160만원

(2차사고) 잔존보험가입금액=3,000만-2,160만=840만원

보험가액의 80%=4,000만원,

비례보상=840만/4,000만=0.21

손해액=800만원, 잔존물제거비용=80만원

자기부담금액=Max{880만원x0.21x0.1, 50만원}=50만원

2차사고 지급보험금=Min{880만원x0.21-50만원, 840만원}=1,348,000원

14 | 풀이

(1사고 1동 단위 계산)

A동 보험가입금액=3,000만원x(900만/4,000만)=675만원

B동 보험가입금액=3,000만원x(1,500만/4,000만=1,125만원

C동 보험가입금액=3,000만원x(1,600만/4,000만)=1,200만원

A동 손해액=800만원x(1-0.08x3)=608만원,

B동 손해액=1,000만원x(1-0.053x4)=788만원,

C동 손해액=1,600만원x(1-0.02x5)=1,440만원,

손해액의 총합=2,836만원, 자기부담금액=100만원,

A동 자기부담금액=100만원x(608만/2,836만)=214,386원

B동 자기부담금액=100만원x(788만/2,836만)=277,856원

C동 자기부담금액=100만원x(1,440만/2,836만)=507,757원

A동 보험금액=Min{608만원-214,386원, 675만원}

=5,865,614원

B동 보험금액=Min{788만원-277,856원, 1,125만원}

=7,602,144원

C동 보험금액=Min{1,440만원-507,757원, 1,200만원}

=12,000,000원**(한도)**

15 | 풀이

(일부보험)

(1차사고) 보험가액의 80%=3,200만원,

비례보상=2,560만/(4,000만x0.8)=0.8

손해액=3,500만원, 잔존물제거비용=300만원

1차사고 지급보험금=Min{3,800만원x0.8x(1-0.1), 2,560만원}

=2,560만원

(목적물) 보험금=Min{3,500만원x0.8x(1-0.1), 2,560만}

=2,520만원

(잔존물제거비용) 보험금=300만원x0.8x(1-0.1)=2,160,000원

(목적물+잔존물제거비용) 보험금=2,520만원+216만원

=2,736만원(한도초과), 2,560만원 지급

(2차사고) 잔존보험가입금액=0원

2차사고 지급보험금=0원

24

가축재해보험
(이론과 실무)

가축재해보험(이론과 실무)

\<가축재해보험 운영기관\>

구 분	대상
사업총괄	농림축산식품부(재해보험정책과)
사업관리	농업정책보험금융원
사업운영	농업정책보험금융원과 사업 운영 약정을 체결한 자 (NH손보, KB손보, DB손보, 한화손보, 현대해상, 삼성화재)
보험업 감독기관	금융위원회
분쟁해결	금융감독원
심의기구	농업재해보험심의회

■ 가축재해보험의 사업대상자와 대상목적물

(1) 사업대상자: 농림축산식품부장관이 고시하는 가축을 사육하는 개인 또는 법인
(2) 보험 목적물
    ① **가축(16종)**: 소, 돼지, 말, 오리, 닭, 거위, 칠면조, 타조, 관상조, 꿩, 메추리, 사슴, 양(염소, 면양), 오소리, 토끼, 꿀벌
    ② **가축 사육시설**: 가축을 수용하는 건물 및 가축 사육과 관련된 건물

■ 정부지원

(1) 가축재해보험 가입방식은 농작물재해보험과 같은 방식으로 가입 대상자가 가입여부를 판단하여 가입하는 **"임의보험"** 방식이다.
(2) 가축재해보험에 가입하여 정부의 지원을 받는 요건은 **농업경영체에 등록**하고, **축산업 허가(등록)**를 받은 자로 한다.
(3) 가축재해보험과 관련하여 정부의 지원은 개인 또는 법인당 **5,000만원** 한도 내에서 납입 보험료의 **50%**까지 받을 수 있으며, 상세 내용은 아래와 같다.
    ① 정부지원 대상: 가축재해보험 목적물을 사육하는 개인 또는 법인
    ② 정부지원 요건
        ㉠ **농업인·법인** 축산업 허가(등록)를 받은 자로, 농어업경영체법따라 **농업경영정보를 등록**한 자
            ⓐ 축산업등록 제외 대상은 해당 축종으로 농업경영정보를 등록한 자

      ⓑ 축사는 가축사육과 관련된 적법한 건물(시설물 포함)로 건축물관리대장 또는 가설건축물관리
        대장이 있는 경우에 한함
        (i) 사육 가축이 없어도 축사가입가능
        (ii) 건축물관리대장 또는 가설건축물관리대장 미제출 시 정부 지원 제외
        (iii) 건축물관리대장상 주택용도는 정부지원 제외
        (iv) 건축물관리대장상 위반건축물이 있는 경우 정부지원 제외
    ⓒ **농·축협:** 농.축협으로 축산업 허가(등록)를 받은 자
      ⓐ 축산업등록 제외 대상도 지원
      ⓑ 축사는 가축사육과 관련된 적법한 건물(시설물 포함)로 건축물관리대장 또는 가설건축물관리
        대장이 있는 경우에 한함
        (i) 사육 가축이 없어도 축사가입가능
        (ii) 건축물관리대장 또는 가설건축물관리대장 미제출 시 정부 지원 제외
        (iii) 건축물관리대장상 주택용도는 정부지원 제외
        (iv) 건축물관리대장상 위반건축물이 있는 경우 정부지원 제외

<가축사육법 허가 및 등록기준>

등록제외 대상(12종)	등록 대상(11종)	허가 대상(4종)
10m² 미만	10m² 이상 50m² 이하	50m² 초과
오리, 닭, 거위, 칠면조, 타조, 꿩, 메추리, 말, 관상조, 오소리, 토끼, 꿀벌	소, 돼지, 오리, 닭 사슴, 양, 거위, 칠면조, 타조, 꿩, 메추리	소, 돼지, 오리, 닭

■ **정부지원 범위:** 재해보험가입자의 납입보험료의 50% 지원(개인. 법인: 5천만원 한도)

(1) **말: 6,000만원 경주마, 보험요율: 10%**
    정부지원보험료: 4,000만원×(10%)×(1-0.5)=200만원
                  2,000만원×70%x(10%)×(1-0.5)=70만원
    계약자부담보험료: 4,000만원×(10%)×(1-0.5)=200만원
                 2,000만원×70%×(10%)×(1-0.5)=70만원
                 2,000만원×30%×(10%)×(1-0)=60만원

(2) 오리, 닭, 돼지 축종은 가축재해보험 가입두수가 축산업허가(등록)증의 가축사육면적 기준을 초과하는
    경우에는 정부지원 제외된다.(이론서 참조)

■ ***보험목적물**

(1) 가축: 16종
(2) 축산 시설물: 축사, 부속물, 부착물, 부속설비(**단, 태양광 및 태양열 발전시설은 제외**)

■ 보험가입 단위

(1) 가축재해보험은 사육하는 가축 및 축사를 전부 보험에 가입하는 것이 원칙(포괄가입)
    ① 종모우와 말은 개별 가입 가능
    ② 소는 1년 이내 출하 예정인 경우 아래 조건에서 일부가입 가능
        ㉠ 축종별 및 성별을 구분하지 않고 보험가입 시에는 소 이력제 현황의 70% 이상
        ㉡ 축종별 및 성별을 구분하여 보험가입 시에는 소 이력제 현황의 80% 이상 (성별 구분 없이 가입할 때는 일괄가입이 아니어도 70% 이상은 가입 허용)

■ 보험판매기간

(1) 보험 판매 기간은 연중으로 상시 가입 가능
(2) 폭염과 태풍으로 인한 신규가입 제한(농업정책보험금융원에 제한기간을 통보)
    ① 폭염 : 6~8월
    ② 태풍 : 태풍이 한반도에 영향을 주는 것이 확인된 날부터 태풍특보 해제 시

■ 보험가입 절차

재해보험가입자에게 보험 홍보 및 가입안내(대리점 등) → 가입신청(재해보험가입자)
→ 사전 현지확인(대리점 등) → 청약서 작성(재해보험가입자) 및 보험료 수납(대리점 등)
→ 재해보험가입자에게 보험증권 발급(대리점 등)의 순서를 거친다.

■ 보험요율 적용기준 및 할인. 할증

① 축종별, 주계약별(보통약관), 특약별(특별약관)로 각각 보험요율 적용(보험개발원)
② 보험료 할인·할증은 축종별로 다르며, 재해보험요율서에 따라 적용

■ 손해평가

① 재해보험사업자는 농업재해보험 손해평가요령에 따라 손해평가를 실시하고 손해평가 시 고의로 진실을 숨기거나 허위로 하여서는 안 됨
    ㉠ 재해보험사업자는 손해평가의 공정성 확보를 위해 보험목적물에 대한 수의사 진단 및 검안 시 시·군 공수의사, 수의사로 하여금 진단 및 검안 등 실시
    ㉡ 소 사고사진은 귀표가 정확하게 나오도록 하고 매장 시 매장장소가 확인되도록 전체 배경화면이 나오는 사진 추가, 검안 시 해부사진 첨부
    ㉢ 진단서, 폐사진단서 등은 상단에 연도별 일련번호 표기 및 법정서식 사용
② 재해보험사업자는 손해평가에 참여하고자 하는 손해평가인을 대상으로 연 1회 이상 실무교육(정기교육)을 실시하여야 함

③ 농업정책보험금융원은「재보험사업 및 농업재해보험사업의 운영 등에 관한 규정」에 따라 손해평가사를 대상으로 **1회 이상 실무교육** 및 **3년마다 1회 이상 보수 교육**을 실시하여야 한다.

④ 손해평가 교육내용

　㉠ 실무교육: 농업재해보험 관련 법령 및 제도에 관한 사항, 농업재해보험 손해평가 이론 및 실무에 관한 사항, 그 밖에 농업재해보험 관련 교육, CS교육, 청렴교육, 개인정보보호 교육 등

　㉡ 보수교육 : 보험상품 및 손해평가 이론과 실무 개정사항, CS교육, 청렴교육 등

<보상하는 재해의 범위 및 축종별 보장수준> (2023년 기준)

축종		보상하는 재해	보장수준(%)					
			60	70	80	90	95	100
소	주계약	① **질병 또는 사고로 인한 폐사** 　*가축전염병예방법 제2조 제2항에서 　　정한 가축전염병 제외 ② **긴급도축**(부산난고유) 　*부상(경추골절·사지골절·탈구), 난산, 　　산욕마비, 급성고창증, 젖소의 유량감소 　　등으로 즉시 도살해야 하는 경우 ③ **도난· 행방불명**(종모우 제외) ④ **경제적 도살**(종모우 한정)	O	O	O	-	-	-
	특약	**도체결함**	-	-	O	-	-	-
돼지	주계약	**자연재해(풍재·수재·설해·지진), 화재로 인한 폐사**	-	-	O	O	O	-
	특약	질병위험[1], 전기적장치위험, 폭염재해보장 축산휴지위험(자기부담금 미적용)	보험금의 10%, 20%, 30%, 40% 또는 200만원 중 큰 금액					
가금	주계약	**자연재해(풍재·수재·설해·지진), 화재로 인한 폐사**	O	O	O	O	-	-
	특약	전기적장치위험, 폭염재해보장	보험금의 10%, 20%, 30%, 40% 또는 200만원 중 큰 금액					
말	주계약	① **질병 또는 사고로 인한 폐사** 　*가축전염병예방법 제2조 제2항에서 　　정한 가축전염병 제외 ② **긴급도축**(부산난산실) 　*부상(경추골절·사지골절·탈구), 난산, 　　산욕마비, 산통, 경주마 중 실명으로 　　즉시 도살해야 하는 경우 ③ **불임**(암컷)	-	-	O	O	O	-

---

1　TGE(전염성위장염), PED(돼지유행성설사병), 로타바이러스감염증

축종		보상하는 재해	보장수준(%)					
			60	70	80	90	95	100
말	특약	씨수말 번식첫해 불임, 말 운송위험, 경주마 부적격, 경주마 보험기간 설정	-	-	O	O	O	-
기타 가축	주계약	**자연재해(풍재·수재·설해·지진), 화재로 인한 폐사**	O	O	O	O	O	-
	특약	(사슴, 양) 폐사·긴급도축 확장보장	O	O	O	O	O	-
	특약	(꿀벌) 부저병·낭충봉아부패병으로 인한 폐사	O	O	O	O	O	-
축사	주계약	**자연재해(풍재·수재·설해·지진), 화재로 인한 손해**	-	-	-	O	O	O
	특약	설해손해 부보장(돈사·가금사에 한함)	-	-	-	-	-	-
공통특약		구내폭발위험, 화재대물배상책임	-	-	-	-	-	-

▣ 보험금지급

재해발생 통지 시 **지체 없이** 지급할 보험금을 결정하고, 지급할 보험금이 결정되면 **7일 이내**에 보험금 지급
(사고접수) ➪ (사고조사) ➪ (지급보험금 결정) ➪ (보험금지급)

▣ 보조금 회수

① 보조금을 목적 외로 사용한 때
② 허위 또는 가공 보험계약을 체결하여 보조금을 집행할 때
③ 관련 법령을 위반한 때
④ 기타 약정사항 미 이행 등

▣ 보험의 목적

부문	보험의 목적
소	한우, 육우, 젖소, 종모우
돼지	종모돈, 종빈돈, 비육돈, 육성돈(후보돈 포함), 자돈, 기타 돼지
가금(8)	닭, 오리, 꿩, 메추리, 타조, 거위, 칠면조, 관상조
말	경주마, 육성마, 일반마, 종빈마, 종모마, 제주마
기타 가축(5)	사슴, 양(염소포함), 꿀벌, 토끼, 오소리
축사	가축사육건물 (건물의 부속물, 부착물, 부속설비, 기계장치 포함)

<닭의 분류>

종계(種鷄)	능력이 우수하여 병아리 생산을 위한 종란을 생산하는 닭
육계(肉鷄)	주로 고기를 얻으려고 기르는 빨리 자라는 식육용의 닭. 즉, 육용의 영계와 채란계(採卵鷄)의 폐계(廢鷄)인 어미닭의 총칭
산란계(産卵鷄)	계란 생산을 목적으로 사육되는 닭
토종닭	우리나라에 살고 있는 재래 닭

▣ 축사부분의 보험목적

건물의 부속물	피보험자 소유인 칸막이, 대문, 담, 곳간 및 이와 비슷한 것
건물의 부착물	피보험자 소유인 게시판, 네온싸인, 간판, 안테나, 선전탑 및 이와 비슷한 것
건물의 부속설비	피보험자 소유인 전기가스설비, 급배수설비, 냉난방설비, 급이기, 통풍설비 등 건물의 주 용도에 적합한 부대시설
건물의 기계장치	착유기, 원유냉각기, 가금사의 기계류(케이지, 부화기, 분류기 등) 및 이와 비슷한 것

■ 보상하는 손해(소, 牛)

구 분		보상하는 손해	자기부담금

주계약
보통
약관
	한우
	
	육우
	
	젖소
		• 법정전염병을 제외한 **질병 또는 각종 사고**
		  (풍해·수해·설해 등 자연재해, 화재)로 인한 **폐사**
		• 부상(경추골절, 사지골절, 탈구·탈골), 난산, 산욕마비, 급성고창증
		  및 젖소의 유량 감소로 긴급도축
		※ 젖소유량감소(유방염, 불임 및 각종 대사성 질병)
		※ 신규가입: 1개월 이내 질병사고 보상(X) (긴급도축 제외)
		• **소 도난 및 행방불명에 의한 손해**
		※ 도난손해는 보험증권에 기재된 보관장소 내에 보관되어 있
		  는 동안에 불법침입자, 절도 또는 강도의 도난행위로 입은
		  직접손해(가축의 상해, 폐사 포함)에 한함
		• **가축사체 잔존물 처리비용**
			보험금의
			20%, 30%, 40%

	종모우	• 폐사, 긴급도축(부상, 급성고창증), 경제적 도살
		• 연속 6주 동안 정상적으로 정액을 생산하지 못하고,
		  종모우로서의 경제적 가치가 없다고 판정 시
		※ 정액생산은 6주 동안 일주일에 2번에 걸쳐 정액을 채취한
		  후 이를 근거로 경제적 도살여부 판단
		• 그 외 보상하는 사고는 한우·육우·젖소와 동일
			보험금의 20%

주계약 보통 약관	축사	• 화재(벼락 포함)에 의한 손해 • 화재(벼락 포함)에 따른 소방손해 • 풍재, 수재, 설해, 지진에 의한 손해 • 화재(벼락 포함) 및 풍재, 수재, 설해, 지진에 의한 피난 손해 • **방재 및 긴급피난: 5일(120시간)이내 발생한 손해** • **잔존물 제거비용**	**풍재·수재·설해·지진**: 0%, 5%, 10%을 곱한 금액 또는 50만원 중 큰 금액 **화재**: 0%, 5%, 10%를 곱한 금액

특별
약관
	소
	도체결함
	보장
		• **도축장에서 도축되어 경매시까지 발견된 도체의 결함
		  (근출혈, 수종, 근염, 외상, 근육제거, 기타 등)으로**
		  손해액이 발생한 경우
			보험금의 20%

	협정보험 가액	• 협의 평가로 보험 가입한 금액, **종모우는 필수** ※ 시가와 관계없이 가입금액을 보험가액으로 평가	주계약, 특약조건 준용
	화재대물 배상책임	• 축사 화재로 인해 인접 농가에 피해가 발생한 경우	–

*협정보험가액(특약): 유량검정젖소, 종빈돈, 종모돈, 종가금, 자돈(이유자돈, 포유자돈)

■ 보상하는 손해(돼지, 豚)

구 분		보상하는 손해	자기부담금
주계약 (보통 약관)	돼지	· 폐사, 방재 또는 긴급피난(120시간 이내) · **화재 및 풍재, 수재, 설해, 지진**에 의한 손해 · 화재 및 풍재, 수재, 설해, 지진 발생 시 **방재 또는 긴급피난** 시 발생한 손해 · **가축사체 잔존물 처리 비용**	보험금의 5%, 10%, 20%
	축사	· **화재**(벼락 포함)에 의한 손해 · 화재(벼락 포함)에 따른 **소방손해** · **풍재, 수재, 설해, 지진**에 의한 손해 · 화재(벼락 포함) 및 풍재, 수재, 설해, 지진에 의한 **피난(5일 이내)손해** · **잔존물 제거비용**	풍재·수재·설해·지진: 0%, 5%, 10%을 곱한 금액 또는 50만원 중 큰 금액 화재: 지급보험금 계산 방식에 따라 계산한 금액에 자기부담비율 0%, 5%, 10%를 곱한 금액
특별 약관	질병위험 보장	· TGE, PED, Rota virus에 의한 손해 ※ 신규가입일 경우 가입일로부터 1개월 이내 질병 관련 사고는 보상하지 아니함	**보험금의 10%, 20%, 30%, 40% 또는 200만원 중 큰 금액**
	축산휴지 위험보장	· 주계약 및 특별약관에서 보상하는 사고의 원인으로 축 산업이 휴지되었을 경우에 생긴 손해액	-
	전기적장치 위험보장	· 전기장치가 파손되어 온도의 변화로 가축 폐사 시	보험금의 10%, 20%, 30%, 40% 또는 200만원 중 큰 금액
	폭염재해 보장	· 폭염에 의한 가축 피해 보상	
	협정보험 가액	· 협의 평가로 보험 가입한 금액 ※ 시가와 관계없이 가입금액을 보험가액으로 평가(종빈돈, 종모돈, 포유자돈, 이유자돈)	주계약, 특약 조건 준용
	설해손해 부보장	· 설해에 의한 손해는 보장하지 않음 ※ 축사보험료의 **4.9% 보험료 할인**	-
	화재대물 배상책임	· 축사 화재로 인해 인접 농가에 피해가 발생한 경우	-

■ 보상하는 손해 (가금, 家禽)

구 분		보상하는 손해	자기부담금
주계약 (보통 약관)	가금	· 폐사, 방재 또는 긴급피난(120시간 이내) · **화재 및 풍재, 수재, 설해, 지진에 의한 손해** · 화재 및 풍재, 수재, 설해, 지진 발생 시 **방재 또는 긴급피난**에 필요한 조치로 목적물에 발생한 손해 · **가축 사체 잔존물 처리 비용**	보험금의 10%, 20%, 30%, 40%
	축사	· 화재(벼락 포함)에 의한 손해 · 화재(벼락 포함)에 따른 소방손해 · 풍재, 수재, 설해, 지진에 의한 손해 · 화재(벼락 포함) 및 풍재, 수재, 설해, 지진에 의한 피난손해 · 잔존물 제거 비용	**풍재·수재·설해·지진 :** 0%, 5%, 10%을 곱한 금액 또는 50만원 중 큰 금액 **화재:** 지급보험금 계산 방식에 따라 계산한 금액에 자기부담비율 0%, 5%, 10%를 곱한 금액
특별 약관	전기적장치 위험보장	· 전기장치가 파손되어 온도의 변화로 가축 폐사 시	보험금의 10%, 20%, 30%, 40% 또는 200만원 중 큰 금액
	폭염재해 보장	· 폭염에 의한 가축 피해 보상 · 전기적 장치위험보장 특약 가입자에 한하여 가입 가능	
	협정보험 가액	· 협의평가로 보험 가입한 금액 ※ 시가와 관계없이 가입금액을 보험가액으로 평가(종가금)	주계약, 특약 조건 준용
	설해손해 부보장	· 설해에 의한 손해는 보장하지 않음 ※ 축사보험료의 **9.4% 보험료 할인**	-
	화재대물 배상책임	· 축사 화재로 인해 인접 농가에 피해가 발생한 경우	-

■ 폭염재해

폭염특보 발령 24시간 전부터 폭염특보 해제 후 24시간 이내까지 보상
보험종료일 까지 폭염특보가 해제되지 않은 경우에는 보험기간 종료일을 해제일로 본다.

■ 보상하는 손해 (말, 馬)

구 분		보상하는 손해	자기부담금
주계약 (보통약관)	경주마 육성마 종빈마 종모마 일반마 제주마	• 폐사, 긴급도축(부산난산실), 불임 • 질병 또는 각종 사고 (풍해·수해·설해 등 자연재해, 화재)로 인한 **폐사** • 부상(경추골절, 사지골절, 탈골·탈구), 난산, 산욕마비, 산통, 경주마의 실명으로 **긴급도축** 하여야 하는 경우 • **불임** ※ 불임은 임신 가능한 암컷말(종빈마)의 생식기관의 이상과 질환으로 인하여 발생하는 영구적인 번식 장애를 의미 • **가축 사체 잔존물 처리 비용**	**보험금의 20%** 단, 경주마(육성마)는 경마장외 30%, 경마장내 5%,10%,20% 중 선택
	축사	• **화재**(벼락 포함)에 의한 손해 • 화재(벼락 포함)에 따른 **소방손해** • **풍재, 수재, 설해, 지진**에 의한 손해 • 화재(벼락 포함) 및 풍재, 수재, 설해, 지진에 의한 **피난 손해** • **잔존물 제거비용**	**풍재·수재·설해·지진:** 0%, 5%, 10%을 곱한 금액 또는 50만원 중 큰 금액 **화재:** 지급보험금 계산 방식에 따라 계산한 금액에 자기부담비율 0%, 5%, 10%를 곱한 금액
특별약관	말운송위험 확장보장	• 말 운송 중 발생되는 주계약 보상사고	–
	씨숫말번식첫 해선천성불임 확장 보장	• 씨숫말이 불임이라고 판단이 된 경우에 보상	
	경주마 부적격	• 경주마 부적격 판정을 받은 경우 보상	–
	화재대물 배상책임	• 축사 화재로 인해 인접 농가에 피해가 발생한 경우	–

■ 보상하는 손해 (기타 가축)

구 분		보상하는 사고	자기부담금
주계약 (보통 약관)	**사슴, 양, 오소리, 꿀벌, 토끼**	• **화재 및 풍재, 수재, 설해, 지진**에 의한 손해 • 화재 및 풍재, 수재, 설해, 지진 발생 시 **방재 또는 긴급피난**에 필요한 조치로 목적물에 발생한 손해 • **가축 사체 잔존물 처리 비용**	보험금의 5%, 10%, 20%, 30%, 40%
	축사	• **화재**(벼락 포함)에 의한 손해 • 화재(벼락 포함)에 따른 **소방손해** • **풍재, 수재, 설해, 지진**에 의한 손해 • 화재(벼락 포함) 및 풍재, 수재, 설해, 지진에 의한 **피난 손해** • **잔존물 제거 비용**	**풍재·수재·설해·지진:** 0%, 5%, 10%을 곱한 금액 또는 50만원 중 큰 금액 **화재:** 지급보험금 계산 방식에 따라 계산한 금액에 자기부담비율 0%, 5%, 10%를 곱한 금액
특별 약관	**폐사 · 긴급도축 확장보장 특약 (사슴, 양)**	• 질병 또는 각종 사고 (풍해·수해·설해 등 자연재해, 화재)로 폐사 • **부상**(사지골절, 경추골절, 탈골), **산욕마비, 난산**으로 긴급도축을 하여야 하는 경우 ※ 신규가입: 1개월 이내 질병 관련사고 보상(X) (긴급도축 제외)	보험금의 5%, 10%, 20%, 30%, 40%
	꿀벌 낭충봉아 부패병보장	• 벌통의 꿀벌이 **낭충봉아부패병**으로 폐사 (감염 벌통 소각 포함)한 경우	보험금의 5%, 10%, 20%, 30% 40%
	꿀벌 부저병보장	• 벌통의 꿀벌이 **부저병**으로 폐사 (감염 벌통 소각 포함)한 경우	보험금의 5%, 10%, 20%, 30% 40%
	화재대물 배상책임	• 축사 화재로 인해 인접 농가에 피해가 발생한 경우	-

* 꿀벌: 아래와 같은 벌통에 한하여 보상한다.

① 서양종(양봉)은 꿀벌이 있는 상태의 소비(巢脾)가 3매 이상 있는 벌통

② 동양종(토종벌, 한봉)은 봉군(蜂群)이 있는 상태의 벌통

구분	축종	보장범위
주계약	한우,육우,젖소	폐사(질병,사고,자연재해), 긴급도축, **도난·행방불명**
	종모우	폐사(질병,사고,자연재해), 긴급도축, **경제적도살**
	말	폐사(질병,사고,자연재해), 긴급도축, **불임**
긴급도축	소	부상, 산욕마비, 난산, 급성고창증, 젖소의 유량감소
	종모우	부상, 급성고창증
	말	부상, 산욕마비, 난산, 산통, 경주마 실명
	사슴.양	부상, 산욕마비, 난산
부상	소말사양	사지골절, 경추골절, 탈구(탈골)
폐사	소	- 질병, 자연재해, 사고, 화재, 잔존물처리비용
	말	- 질병, 자연재해, 사고, 화재, 잔존물처리비용
	돼지	- 풍수설지화, 질병, 방재.긴급피난, 잔존물처리비용
	가금	- 풍수설지화, 방재.긴급피난, 잔존물처리비용
	기타	- 풍수설지화, 방재.긴급피난, 잔존물처리비용
축사		화재손해, 풍수설지, 긴급피난(5일 120시간이내), 잔존물제거비용
협정보험가액 (특약)		종빈우, 유량검정젖소, 종빈돈, 종모돈, 자돈(포유,이유), 종가금 (종모우는 보통약관)
농축산자조금		한우, 육우, 낙농, 양돈, 오리, 산란계, 육계, 양록, 양봉

▣ 보상하는 손해 (축사)

① 화재에 따른 손해

② 화재에 따른 소방손해

③ 태풍, 홍수, 호우(豪雨), 강풍, 풍랑, 해일(海溢), 조수(潮水), 우박, 지진, 분화 및 이와 비슷한 풍재 또는 수재로 입은 손해

④ 설해에 따른 손해

⑤ 화재 또는 풍재·수재·설해·지진에 따른 피난 손해(5일 동안 생긴 손해를 포함한다.)

⑥ **지진 피해(최저 기준)** (아래 기준을 초과해야 손해로 인정한다)

　㉠ **기둥 또는 보 1개 이하를 해체하여 수선 또는 보강하는 것(1개 초과 시 보상)**

　㉡ **지붕틀의 1개 이하를 해체하여 수선 또는 보강하는 것(1개 초과 시 보상)**

　㉢ **기둥, 보, 지붕틀, 벽 등에 2m 이하의 균열이 발생한 것(2m 초과 시 보상)**

　㉣ **지붕재의 2㎡ 이하를 수선하는 것(2㎡ 초과 시 보상)**

⑦ 비용손해

　　㉠ 잔존물제거비용: 잔존물 해체비용, 청소비용, 차에 싣는 비용(손해액의 10% 한도)

　　㉡ **오염물질 제거비용, 폐기물 처리비용은 보상하지 않는다.**

■ 가축재해보험에서 비용손해

① **잔존물처리비용:** 폐사한 가축의 견인비용, 차에 싣는 비용, 적법한 시설 내에서의 랜더링 비용, **매몰비용(X)**
② **손해방지비용:** 보험사고가 발생 시 손해의 방지 또는 경감을 위하여 지출한 필요 또는 유익한 비용
③ **대위권 보전비용:** 보험사고와 관련하여 제3자로부터 손해의 배상을 받을 수 있는 경우 그 권리를 지키거나 행사하기 위하여 지출한 필요 또는 유익한 비용
④ **잔존물 보전비용:** 보험사고로 인해 멸실된 보험목적물의 잔존물을 보전하기 위하여 지출한 필요 또는 유익한 비용**(잔존물 취득 의사표시 유무에 따름)**
⑤ **기타 협력비용:** 재해보험사업자의 요구에 따라 지출한 필요 또는 유익한 비용

■ 보상하지 않는 손해 (가축 전체)

① **계약자, 피보험자 또는 이들의 법정대리인**의 고의 또는 중대한 과실
② 계약자 또는 피보험자의 **도살 및 위탁 도살**에 의한 가축 폐사로 인한 손해
③ 가축전염병예방법 제2조에서 정하는 가축전염병에 의한 폐사로 인한 손해 및 정부 및 공공기관의 **살처분 또는 도태 권고**로 발생한 손해
④ 보험목적이 유실 또는 매몰되어 보험목적을 객관적으로 확인할 수 없는 손해.
　　다만, 풍수해 사고로 인한 직접손해 등 재해보험사업자가 인정하는 경우에는 보상
⑤ 원인의 직접, 간접을 묻지 않고 전쟁, 혁명, 내란, 사변, 폭동, 소요, 노동쟁의, 기타 이들과 유사한 사태로 인한 손해
⑥ 지진의 경우 보험계약일 현재 이미 진행 중인 지진(본진, 여진 포함)으로 인한 손해
⑦ 핵연료 물질 또는 핵연료 물질에 의하여 오염된 물질의 방사성, 폭발성 그 밖의 유해한 특성 또는 이들의 특성에 의한 사고로 인한 손해
⑧ 이외의 방사선을 쬐는 것 또는 방사능 오염으로 인한 손해
⑨ 계약체결 시점 현재 기상청에서 발령하고 있는 기상특보 발령 지역의 기상특보 관련 재해(풍재, 수재, 설해, 지진, 폭염)로 인한 손해

■ 보상하지 않는 손해 (부문별 보상하지 않은 손해-이론서 참조) (암기사항)

① 도난 손해가 생긴 후 **30일 이내**에 발견하지 못한 손해(소)
② 보관 장소를 **72시간 이상** 비워둔 동안 생긴 도난 손해(소)
③ 추위, 서리, 얼음으로 생긴 손해(돼지, 가금, 기타가축, 축사)
④ 보험목적이 도난 또는 행방불명된 경우(돼지, 가금, 말, 종모우, 기타가축)

⑤ 성장 저하, 산란율 저하로 인한 직·간접 손해(가금)

⑥ **10kg미만**이 폐사한 경우**(양)**

⑦ 화재, 풍해, 수해, 설해, 지진 피해 시 **도난**으로 발생한 손해(축사)

■ 가축재해보험 일반조항 특별약관–(날짜인식오류 부보장 추가 약관)

부문	일반조항 특별약관
공통	**공동인수 특별약관**
	지정대리청구서비스 특별약관
	보험료분납 특별약관
	화재대물배상책임 특별약관
	동물복지인증계약 특별약관 ※ 동물복지축산농장인증(농림축산검역본부)시 보험요율 5% 할인
	구내폭발위험보장 특별약관
	장애인전용보험전환 특별약관
	전자서명 특별약관
소	**협정보험가액 특별약관 (유량검정젖소 가입 시)**
돼지	**협정보험가액 특별약관 (종돈 가입 시)**
가금	**협정보험가액 특별약관**

① **협정보험가액 특별약관:** 종빈우, 종모돈, 종빈돈, 자돈(포유자돈, 이유자돈), 종가금, 유량검정젖소(종모우는 보통약관에서 협정보험가액 적용)

　***유량검정젖소의 협정보험가액 특양 가입조건**

　㉠ 직전 월의 305일 평균유량이 10,000kg 이상이고 평균 체세포수가 30만 마리 이하를 충족하는 농가

　㉡ 최근 산차 305일 유량이 11,000kg 이상이고 체세포수가 20만 마리 이하인 젖소

■ 각 부문별 특별약관

부문	특별약관
소	소도체결함보장 특별약관
돼지	질병위험보장 특별약관
	축산휴지위험보장 특별약관
	전기적장치 위험보장 특별약관
	폭염재해보장 추가특별약관 ※ 전기적장치 특별약관 가입자만 가입가능
가금	전기적장치 위험보장 특별약관
	폭염재해보장 추가특별약관 ※ 전기적장치 특별약관 가입자만 가입가능
말	씨수말 번식첫해 선천성 불임 확장보장 특별약관
	말(馬)운송위험 확장보장 특별약관
	경주마 부적격 특별약관 (경주마, 제주마, 육성마 가입 시 자동 담보)
	경주마 보험기간 설정에 관한 특별약관
기타가축	폐사·긴급도축 확장보장 특별약관(사슴, 양 가입 시 자동 담보)
	꿀벌 낭충봉아부패병보장 특별약관
	꿀벌 부저병보장 특별약관
축사	설해손해 부보장 추가특별약관 ※ 돈사, 가금사에 한하여 가입 가능

* 다음은 가축재해보험 약관의 일반조항 및 부문별 특별약관 가입여부에 관한 내용이다. 가축별 가입대상 특약에 해당하면 "O"를 하시오.

구분	소	말	돼지	가금	사슴
화재대물배상책임 특약					
구내폭발위험보장 특약					
질병위험보장 특약					
전기적장치 위험보장 특약					
폭염재해보장 추가 특약					
폐사. 긴급도축확장보장 특약					
축산휴지위험보장 특약					

25

가축
(보험가액 산정)

25 가축(보험가액 산정)

⊙ 소-한우.육우.젖소

1. 보험가액 산정

(1) 폐사인 경우: (손해액)=(보험가액)
(2) 긴급도축인 경우: (손해액)=(보험가액)-(이용물처분액)
　　(이용물처분액)=(도축장발행 정산자료의 지육금액)x75%, (정부도축장)
　　(이용물처분액)=(도체중량)×(지육가격)x75% (사설도축장)

2. 한우(암컷, 수컷): 월령 계산(일 단위는 절사)

발육표준표에서 월령에 따른 체중을 산출한다.
(1) 한우 암컷(40개월 이상=470kg), 한우 수컷(25개월 이상=655kg), 육우(25개월 이상=600kg)

(예제) 발육표준표

한우 수컷 (거세우 포함)		한우 암컷				육 우	
월령	체중(kg)	월령	체중(kg)	월령	체중(kg)	월령	체중(kg)
2	-	2	-	26	385	2	-
3	-	3	-	27	390	3	210
4	-	4	-	28	400	4	220
5	-	5	-	29	410	5	230
6	-	6	-	30	420	6	240
7	230	7	230	31	425	7	250
8	240	8	240	32	430	8	270
9	250	9	250	33	435	9	290
10	260	10	260	34	440	10	310
11	295	11	270	35	445	11	330
12	325	12	280	36	450	12	350
13	360	13	290	37	455	13	370
14	390	14	300	38	460	14	390
15	420	15	305	39	465	15	410
16	450	16	310	40	470	16	430
17	480	17	315			17	450
18	505	18	320			18	470
19	530	19	325			19	490
20	555	20	330			20	500
21	580	21	340			21	520
22	600	22	350			22	540
23	620	23	360			23	560
24	640	24	370			24	580
25	655	25	380			25	600

(2) 농협축산정보센터에 등재된 (4~5월령)송아지가격이 있는 경우

⇨ **1월령~ 6월령 송아지 보험가액을 산정 방법**

*보험목적이 5개월 이하이면 (4~5개월령) 송아지가격을 기준

보험목적이 6개월이면 (6~7개월령) 송아지가격을 기준

① 농협축산정보센터에 등재된 **사고 전전월 전국산지 평균송아지가격(4~5월령)**이 있는 경우

단, 2개월 미만(질병이외): 50%, 3개월 미만(질병사고): 50% 적용

② 농협축산정보센터에 등재된 (4~5월령)송아지가격이 없는 경우

농협축산정보센터에 등재된 **사고 전전월 전국산지 평균송아지가격(6~7월령) 이용**

*(4~5월령)송아지가격이 있는 경우

농협축산정보센터에 등재된 (4~5월령) 송아지가격	암컷	A원
	수컷	B원
농협축산정보센터에 등재된 (6~7월령)송아지가격	암컷	C원
	수컷	D원
2개월 미만 송아지 (1개월 질병폐사, 1개월 부상)	암컷	Ax50%
	수컷	Bx50%
3개월 미만 송아지(질병) (1개월, 2개월 질병폐사)	암컷	Ax50%
	수컷	Bx50%
2월, 3월령 송아지 (2개월 질병제외, 3개월 아무거나)	암컷	Ax100%
	수컷	Bx100%
4월, 5개월령 송아지 (질병이든 부상이든 아무거나)	암컷	Ax100%
	수컷	Bx100%
6개월령 송아지 (질병이든 부상이든 아무거나)	암컷	Cx100%
	수컷	Dx100%

*신규가입: 보험가입 1개월 이내 질병폐사는 보상하지 않는다.(면책)

⇨ 보상하지 않지만 보험가액은 산정 할 수 있다.

예제 1 사고발생일자: 2024년 6월 15일, 다음 송아지의 보험가액의 계산과정과 값(원)을 쓰시오.

*농협축산정보센터 한우 전국산지 평균가격

구분	*2024년도 한우 월별 산지가격동향							
	한우 (단위 천원)							
	송아지 (4~5월령)		송아지 (6~7월령)		350kg		600kg	
	암컷	수컷	암컷	수컷	암컷	수컷	암컷	수컷
2월	2,800	2,950	3,200	3,250	4,680	4,200	7,120	6,600
3월	2,850	2,900	2,950	3,270	4,624	4,145	7,050	6,678
4월	2,800	3,000	3,200	3,300	4,900	4,200	7,200	6,600

물음 1 한우 암컷(1월령) 부상 긴급도축

물음 2 한우 수컷(2월령) 질병폐사

물음 3 한우 암컷(2월령) 부상 긴급도축

물음 4 한우 수컷(4월령) 질병폐사

물음 5 한우 암컷(5월령) 부상 긴급도축

물음 6 한우 암컷(6월령) 부상 긴급도축

물음 7 한우 수컷(6월령) 질병폐사

물음 8 한우 암컷(7월령) 부상 긴급도축(7월령 표준체중: 230kg)

풀이 1

사고발생일자: 2024년 6월 15일 ⇨ 사고 전전월 가격표를 이용한다.(4월 가격표 이용)
3개월 미만 질병사고 ⇨ (4~5월령)의 **50%, 2개월 미만 질병이외 사고** ⇨ (4~5월령)의 **50%2,3,4,5개월령** ⇨ (4~5월령)의 **100%,**
6개월령 ⇨ (6~7월령)의 **100%**(1) 한우 암컷(1월령) 부상 긴급도축(50%) ⇨ 140만원
(2) 한우 수컷(2월령) 질병폐사(50%) ⇨ 150만원

손해평가사 강의의 새로운 중심!! 나원참 손해평가사

(3) 한우 암컷(2월령) 부상 긴급도축(100%) ⇨ 280만원

(4) 한우 수컷(4월령) 질병폐사(100%) ⇨ 330만원

(5) 한우 암컷(5월령) 부상 긴급도축(100%) ⇨ 300만원

(6) 한우 암컷(6월령) 부상 긴급도축(100%) ⇨ 320만원

(7) 한우 수컷(6월령) 질병폐사(100%) ⇨ 330만원

(8) 한우 암컷(7월령) 부상 긴급도축 ⇨ 체중=230kgxMax(490만/350, 720만/600)=322만원

---

(3) **농협축산정보센터에 등재된 (4~5월령)송아지가격이 없고 (6~7월령) 송아지가격만 있는 경우 4~5월령 송아지 보험가액 산정 방법**

보험목적이 4개월 이상 6개월 이하이면 (6~7월령) 송아지가격을 기준으로 산정한다.

① **한우(암컷): 사고 전전월 전국산지 평균 6~7월령 암송아지 가격의 85%=A**

② **한우(수컷): 사고 전전월 전국산지 평균 6~7월령 숫송아지 가격의 80%=B**

③ **1개월 이상 3개월 이하 송아지 보험가액의 산정 ⇨ 2개월 미만(질병이외)=(A,B)x50%, 3개월 미만(질병사고)=(A,B)x50% 2~3개월 송아지는 (4~5월령 송아지 가격)의 100%**

*(4~5월령)송아지가격이 없는 경우

농협축산정보센터에 등재된 (4~5월령) 송아지가격	암컷	X
	수컷	X
농협축산정보센터에 등재된 (6~7월령)송아지가격	암컷	C원
	수컷	D원
2개월 미만 송아지 (1개월 질병폐사, 1개월 부상)	암컷	Ax50%
	수컷	Bx50%
3개월 미만 송아지(질병) (1개월, 2개월 질병폐사)	암컷	Ax50%
	수컷	Bx50%
2월, 3월령 송아지 (2개월 질병제외, 3개월 아무거나)	암컷	Ax100%
	수컷	Bx100%
4월, 5월령 송아지 (질병이든 부상이든 아무거나)	암컷	Cx85%=A
	수컷	Dx80%=B
6개월령 송아지 (질병이든 부상이든 아무거나)	암컷	Cx100%
	수컷	Dx100%

*신규가입: 보험가입 1개월 이내 질병폐사는 보상하지 않는다.(면책)

⇨ 보상하지 않지만 보험가액은 산정 할 수 있다.

📖 예제 2 사고발생일자: 2024년 4월 15일, 다음 송아지의 보험가액의 계산과정과 값(원)을 쓰시오. (보험가액 산정 시 원단위 미만은 절사)

*농협축산정보센터 한우 전국산지 평균가격

구분	*2024년도 한우 월별 산지가격동향							
	한우 (단위 천원)							
	송아지 (4~5월령)		송아지 (6~7월령)		350kg		600kg	
	암컷	수컷	암컷	수컷	암컷	수컷	암컷	수컷
2월	-	-	2,800	3,000	5,050	4,550	7,120	6,600
3월	-	-	2,950	3,050	5,100	4,650	7,050	6,878
4월	-	-	3,000	3,150	5,200	4,800	7,200	6,800

물음 1 한우 암컷(1월령) 부상 긴급도축

물음 2 한우 수컷(2월령) 질병폐사

물음 3 한우 암컷(2월령) 부상 긴급도축

물음 4 한우 수컷(4월령) 질병폐사

물음 5 한우 암컷(5월령) 부상 긴급도축

물음 6 한우 암컷(6월령) 부상 긴급도축

물음 7 한우 수컷(6월령) 질병폐사

물음 8 한우 암컷(7월령) 부상 긴급도축(7월령 표준체중: 230kg)

4~5월령 송아지 암컷가격=280만원x0.85=238만원,

4~5월령 송아지 수컷가격=300만원x0.8=240만원,

📄 **풀이 2**

(1) 한우 암컷(1월령) 부상 긴급도축(50%) ⇨ 119만원

(2) 한우 수컷(2월령) 질병폐사(50%) ⇨ 120만원

(3) 한우 암컷(2월령) 부상 긴급도축(100%) ⇨ 238만원

(4) 한우 수컷(4월령) 질병폐사(100%) ⇨ 240만원

(5) 한우 암컷(5월령) 부상 긴급도축(100%) ⇨ 238만원

(6) 한우 암컷(6월령) 부상 긴급도축(100%) ⇨ 280만원

(7) 한우 수컷(6월령) 질병폐사(100%) ⇨ 300만원

(8) 한우 암컷(7월령) 부상 긴급도축

⇨ 체중=230kgxMax(505만/350, 712만/600)=3,318,571원

(4) 보험목적이 7개월 이상이면 (체중)xMax{가격표/350, 가격표/600}

　　*사고 전전월 전국산지평균가격표 참조(4종류 가격 공시), 농협중앙회에서 매월 발표

　　*월령 7개월 이상의 보험가액이 **송아지 가격보다 낮은 경우**에는 송아지 가격을 보험가액으로 한다.

　　* 4종류 가격 공시

　　　(4~5월령) 송아지가격, (6~7월령) 송아지가격, 350kg, 600kg으로 분류하여 발표

　　* **한우 암컷(40개월 이상=470kg),**

　　　한우 수컷(25개월 이상=655kg), 육우(25개월 이상=600kg)

(5) 중복보험: 자기부담금 차감, 비례보상 적용(**축사는 자기부담금=0원**)

예제 3　다음은 2024년도 한우 월별 산지가격동향표이다. 가축재해보험에 가입한 농가에서 2024년 6월 8일에 보상하는 재해로 피해가 발생하였다. 다음 표를 참조하여 물음에 답하시오.

(단, 천원 미만은 절사)

*2024년도 한우 월별 산지가격동향								
구분	한우 (단위 천원)							
	송아지 (4~5월령)		송아지 (6~7월령)		350kg		600kg	
	암컷	수컷	암컷	수컷	암컷	수컷	암컷	수컷
2월	3,000	3,330	3,600	3,800	4,500	4,050	7,120	6,880
3월	3,100	3,200	3,650	3,670	4,500	4,145	7,150	7,178
4월	3,200	3,300	3,800	3,900	4,550	4,200	7,200	7,100

물음 1　한우 암컷(월령28개월) 질병 폐사 보험가액(28월령 표준체중: 400kg)

물음 2　한우 수컷(월령22개월) 질병 폐사 보험가액(22월령 표준체중: 600kg)

물음 2　한우 암컷(월령42개월) 질병 폐사 보험가액

물음 2　한우 수컷(월령28개월) 질병 폐사 보험가액

풀이 3

사고전전월=4월, 한우암컷: Max{455만/350, 720만/600}=13,000원 한우수컷: Max{420만/350, 710만/600}=12,000원

(1) 한우 암컷(월령28개월) 질병 폐사 보험가액=400x13,000=520만원

(2) 한우 수컷(월령22개월) 질병 폐사 보험가액=600x12,000=720만원

(3) 한우 암컷(월령42개월) 질병 폐사 보험가액=470x13,000=611만원

(4) 한우 수컷(월령28개월) 질병 폐사 보험가액=655x12,000=786만원

3. 육우(젖소수컷): 월령 계산(일 단위는 절사), 젖소수컷(25개월 이상=600kg)

① 보험목적이 **월령 2개월 이하**이면 사고 전전월 분유떼기 젖소수컷 가격(송아지)
   ㉠ 2개월 미만 질병이외 사고 **보험가액=(분유떼기 젖소수컷 가격)의 50%,**
   ㉡ 3개월 미만(질병)=(분유떼기 젖소수컷 가격)의 50%,
   ㉢ **2개월 질병이외 사고 보험가액=(분유떼기 젖소수컷 가격)의 100%**
② 보험목적이 **3개월 이상**이면 발육표준표의 체중을 이용하여 보험가액을 산정
   3월령=210kg, 20월령=500kg, 25개월 이상=600kg
   ***500kg 해당 전국산지평균가격이 있으면** ⇨ (체중)×(가격/500kg)
   ***500kg 해당 전국산지평균가격이 없으면** ⇨ (체중)×(지육평균가격)x58%
   *월령 3개월 이상의 보험가액이 **분유떼기 젖소수컷 가격보다 낮은 경우**에는 분유떼기 젖소수컷 가격을 보험가액으로 한다.
   *지육율=도체중÷생체중,
   *도체중은 생체에서 두부, 내장, 족 및 가죽 등을 제외한 무게를 의미한다.

📋 **예제 1**　가축재해보험에 가입한 젖소 수컷(육우)을 사육하는 농가에서 보상하는 재해로 폐사 피해가 발생하였다. 다음 조사내용을 참조하여 보험금(원)을 구하시오.

* 계약사항 및 조사내용

축종	보험가입금액	자기부담비율	사고당시 월령
젖소 수컷	432만원	20%	26개월

- 보험사고 전전월 젖소수컷 500kg 해당 전국산지 평균가격: 600만원
- 잔존물처리비용: 80만원

🔍 **풀이 1**

육우(월령26개월) 폐사 보험가액=600x(600만원/500)=720만원
보험가입금액=432만원, 비례보상=432만/720만=60%
(잔존물처리비용)=Min{720만원x10%, 80만원}=72만원
(손해액)+(잔존물처리비용)=720만원+72만원=792만원, 자기부담금액=792만원x0.6x0.2=950,400원
(지급 보험금)=Min{792만원x60%x(1-0.2), 432만원}=3,801,600원
손해액의 자기부담금액=720만원x0.6x0.2=864,000원,
잔존물의 자기부담금액=72만원x0.6x0.2=86,400원,
(손해액)보험금=Min{720만원x60%, 432만원}-864,000원=**3,456,000원**(잔존물)보험금=72만원x0.6-86,400원=**345,600원(틀린 계산)** (지급 보험금)=Min{792만원x60%, 432만원}-950,400원 =4,320,000원-950,400원=3,369,600원

예제 2 가축재해보험에 가입한 젖소 수컷(육우)을 사육하는 농가에서 보상하는 재해로 폐사 피해가 발생
하였다. 다음 계약내용과 조사내용을 참조하여 보험금의 계산과정과 값(원)을 쓰시오.

* 계약사항 및 조사내용

축종	보험가입금액	자기부담비율	사고당시 월령
젖소 수컷	348만원	20%	28개월

- 전전월 전국도매시장 지육평균가격: 20,000원,
- 잔존물처리비용: 60만원, 손해방지비용: 30만원

풀이 2

육우(월령28개월) 폐사 보험가액=600x(20,000x0.58)=696만원
보험가입금액=348만원, 비례보상=50%
(잔존물처리비용)=Min{696만원x10%, 60만원}=60만원
(손해액)+(잔존물처리비용)=696만원+60만원=756만원, 자기부담금액=756만원x0.5x0.2=756,000원
손해방지비용=30만원x50%=15만원(자기부담금 없음)
(지급 보험금)=Min{756만원x50%x(1-0.2), 348만원}+15만원=3,024,000원+15만원=3,174,000원

(다른 풀이법)
손해액의 자기부담금액=696만원x0.5x0.2=696,000원,
잔존물의 자기부담금액=60만원x0.5x0.2=60,000원,
(손해액)보험금=Min{696만원x50%, 348만원}-696,000원=**2,784,000원**(잔존물)보험금=60만원x0.5-60,000원=**240,000원**(손해액)+(잔존물처리비용)의 보험금=**2,784,000원+240,000원**=3,024,000원
손해방지비용=30만원x50%=15만원(자기부담금 없음)
(총 지급 보험금)=3,024,000원+15만원=3,174,000원

4. 젖소: 월령 계산(일 단위는 절사), 6,4,5,4,7,7,15,10, 67개월 이상

(1~7개월): 분유떼기 젖소암컷가격(A원) ⇨ 5월령 보험가액=A원
(8~12개월): (6) ⇨ 10월령 보험가액=A원+{(B-A)/**6**}x(10-7)
(13~18개월): 수정단계가격(B원) ⇨ 15월령 보험가액=B원
(19~23개월): (6) ⇨ 20월령 보험가액=B원+{(C-B)/**6**}x(20-18)
(24~31개월): 초산우가격(C원) ⇨ 25월령 보험가액=C원
(32~39개월): (9) ⇨ 35월령 보험가액=C원+{(D-C)/**9**}x(35-31)
(40~55개월): 다산우가격(D원) ⇨ 50월령 보험가액=D원
(56~66개월): (12) ⇨ 60월령 보험가액=D원+{(E-D)/**12**}x(60-55)
(67개월 이상): 노산우가격(E원) ⇨ 70월령 보험가액=E원

다음은 2024년도 젖소 월별 산지가격동향표이다. 가축재해보험에 가입한 농가에서 2024년 12월 5일에 보상하는 재해로 피해가 발생하였다. 다음 표를 참조하여 물음에 답하시오.(단, 보험가액 산정 시 천원 단위 절사)

구분	*2024년도 젖소 월별 산지가격동향					
	젖소 (단위 천원)					
	분유떼기 (1~7개월)		수정단계 (13~18개월)	초산우 (24~31개월)	다산우 (40~55개월)	노산우 (67개월이상)
	암컷	수컷				
10월	1,580	1,860	2,800	4,000	3,400	2,800
11월	1,570	1,850	2,700	3,950	3,350	2,950
12월	1,584	1,880	2,980	3,930	3,350	2,910

물음 1 젖소(월령2개월) 질병폐사 보험가액의 계산과정과 값(원)을 쓰시오.

물음 2 젖소(월령10개월) 폐사 보험가액의 계산과정과 값(원)을 쓰시오.

물음 3 젖소(월령20개월) 폐사 보험가액의 계산과정과 값(원)을 쓰시오.

물음 4 젖소(월령37개월) 긴급도축 보험가액의 계산과정과 값(원)을 쓰시오.

물음 5 젖소(월령17개월) 부상으로 폐사 보험가액의 계산과정과 값(원)을 쓰시오.

물음 6 젖소(월령28개월) 부상으로 폐사 보험가액의 계산과정과 값(원)을 쓰시오.

물음 7 육우(월령2개월) 질병폐사 보험가액의 계산과정과 값(원)을 쓰시오.

물음 8 육우(월령28개월) 폐사 보험가액의 계산과정과 값(원)을 쓰시오. (단, 2024년 11월 전국도매시장 지육 평균가격: 12,000원/kg)

풀이

(1) 젖소(월령2개월) 질병폐사 보험가액=1,580,000x0.5=79만원

(2) 젖소(월령10개월) 폐사 보험가액=158만원+{(280만-158만)/6}x(10-7)=219만원

(3) 젖소(월령21개월) 폐사 보험가액=280만원+{(400만-280만)/6}x(20-18)=320만원

(4) 젖소(월령37개월) 긴급도축 보험가액=400만원+{(340만-400만)/9}x(37-31)=360만원

(5) 젖소(월령17개월) 부상으로 폐사 보험가액=280만원

(6) 젖소(월령28개월) 부상으로 폐사 보험가액=400만원

(7) 육우(월령2개월) 질병폐사 보험가액=1,860,000x0.5=93만원

(8) 육우(월령28개월) 폐사 보험가액=600x(12,000x0.58)=4,176,000원=417만원

*젖소 60개월령 보험가액=340만원+{(280만-340만)/12}x(60-55)=315만원

■ 소도체결함보장 특별약관

(1) 보험가액과 손해액의 산정

> 보험가액 = 정상도체의 해당등급(사고소 등급)의 1두가격
> 손해액 = 보험가액- 사고소의 1두 경락가격

※ 1두가격 = 사고 전월 전국지육경매평균가격(원/지육kg) x 사고소(牛)의 도체중(kg)

단, kg당 전월 전국지육경매평균가격은 축산물품질평가원이 제시하는 가격을 따른다.

※ 도축 후 경매를 통하지 않고 폐기처분된 소의 손해액은 보통약관 소 부문의 손해액 산정 방식을 따른다. **잔존물처리비용은 보상하지 않는다.**

(2) 보험금의 산정(자기부담비율 20%)

보험금=Min{(손해액)x비례보상x(1-0.2), 보험가입금액} 또는

보험금=Min{(손해액)x비례보상, 보험가입금액}-자기부담금액

(3) 중복보험: 자기부담금 차감, 비례보상 적용

📋 예제 1 소 도체결함보장 특약에 가입한 경우 다음 계약내용 및 조사내용을 참조하여 물음에 답하시오.

*계약내용 및 조사내용

보험가입금액	사고소의 도체중	사고소 1두의 경락가격	잔존물처리비용
576만원	360kg	320만원	30만원

- 자기부담비율: 소 도체결함보장 특별약관에 정해진 비율
- 사고 전월 전국지육평균가격: 20,000원/kg

물음 1 보험가액과 손해액의 계산과정과 값(원)을 쓰시오.

물음 2 소도체결함보장 특약 보험금의 계산과정과 값(원)을 쓰시오.

📄 풀이 1

(1) 소 도체결함보장 특약에 정해진 자기부담비율은 20%

(보험가액)=360kgx20,000원=720만원, 보험가입금액=576만원, 비례보상=576/720=0.8

(손해액)=720만-320만=400만, (잔존물처리비용)=0원(인정하지 않음)

(2) (소도체결함 보험금)=Min{400만원x0.8x(1-0.2), 576만원}=2,560,000원

자기부담금액=400만원x0.8x0.2=64만원

(소도체결함 보험금)=Min{400만원x0.8, 576만원}-64만원=2,560,000원

📋 예제 2   가축재해보험에 가입한 소(한우)가 도축과정에서 근출혈이 발견 되었다. 다음 내용을 참조하여 소도체결함보장 특약 보험금의 계산과정과 값(원)을 쓰시오.

*계약사항

보통약관 계약		소도체결함보장 특별약관
보험가입금액	자기부담비율	보험가입금액
720만원	30%	432만원

*조사내용

사고소의 경락가격	사고소의 도체중	사고전월 전국지육평균가격
420만원	400kg	18,000원/kg

🔍 풀이 2

보험가액=400x18,000=720만원, 비례보상=432만/720만=0.6, 60%
손해액=720만원-420만원=300만원
보험금=Min{300만원x0.6x(1-0.2), 432만원}=1,440,000원

📋 예제 3   가축재해보험에 가입한 한우 수컷을 사육하는 농가에서 보상하는 재해로 피해가 발생하여 긴급도축을 하였다. 다음 조사내용을 참조하여 물음에 답하시오.

* 계약사항 및 조사내용

축종	보험가입금액	자기부담비율	사고당시 월령
한우(수컷)	393만원	20%	26개월

- 사고전전월 전국산지평균가격: 350kg=420만원, 600kg=660만원
- 도축장발행 정산자료의 지육금액: 480만원

물음 1   손해액의 계산과정과 값(원)을 쓰시오.

물음 2   지급 보험금의 계산과정과 값(원)을 쓰시오.

🔍 풀이 3

한우 수컷(월령26개월) 보험가액=655xMax(420만/350, 660만/600)=786만원
보험가입금액=393만원, 비례보상=0.5
(이용물처분액)=480만원x0.75=360만원, 손해액=786만-360만=426만원,
(2) (긴급도축시 보험금)=Min{426만원x0.5x(1-0.2), 393만원}=1,704,000원

예제 4 가축재해보험에 가입한 농가에서 보상하는 재해로 인해 젖소수컷(육우) 5마리가 폐사하였다. 다음 계약내용 및 조사내용을 참조하여 물음에 답하시오.

*계약내용 및 조사내용

축종	보험가입금액	자기부담비율	월령(사고당시)
육우	2,784만원	20%	26개월(3마리), 30개월(2마리)

- 전전월 전국도매시장 kg당 지육평균가격: 20,000원

잔존물처리비용	손해방지비용	잔존물보전비용	대위권보전비용	기타협력비용
200만원	50만원	30만원	20만원	10만원

물음 1 보험가액의 계산과정과 값(원)을 쓰시오.

물음 2 지급보험금(비용포함)의 계산과정과 값(원)을 쓰시오.

풀이 4

(1) 전국산지평균가격이 없고 지육평균가격이 제시되어 있으므로
(보험가액)=600x20,000x0.58x5마리=3,480만원, 보험가입금액=2,784만원
비례보상=2,784만/3,480만=0.8
(2) 잔존물처리비용=Min{3,480만x0.1, 200만원}=200만원, 손해액=보험가액
손해액+잔존물처리비용=3,680만원
지급 보험금= Min{3,680만원x0.8x(1-0.2), 2,784만}
+{50만+30만+20만}x0.8+10만원=23,552,000원+900,000원 =24,452,000원

예제 5 다음은 2024년도 젖소 월별 산지가격동향표이다. 가축재해보험에 가입한 농가에서 2024년 12월 8일에 보상하는 재해로 피해가 발생하였다. 다음 표를 참조하여 물음에 답하시오.(단, 보험금 산정 시 원 단위 미만은 절사할 것)

구분	*2024년도 젖소 월별 산지가격동향					
	젖소 (단위 천원)					
	분유떼기 (1~7개월)		수정단계 (13~18개월)	초산우 (24~31개월)	다산우 (40~55개월)	노산우 (67개월이상)
	암컷	수컷				
9월	1,390	1,850	3,780	5,498	5,974	4,400
10월	1,820	1,910	3,900	5,400	6,000	4,500
11월	1,880	1,950	3,950	5,330	6,100	4,550

물음 1 젖소(월령21개월) 질병폐사 보험금액의 계산과정과 값(원)을 쓰시오.

(보험가입금액: 372만원, 잔존물처리비용: 35만원, 자기부담비율: 20%)

물음 2 젖소(월령34개월) 긴급도축 보험금액의 계산과정과 값(원)을 쓰시오.

(보험가입금액: 392만원, 이용물처분액: 300만원, 자기부담비율: 20%)

풀이 5

사고발생일=12월 8일, 사고전전월(10월)

(1) 젖소(21개월) 폐사 보험가액=390만원+(540만-390만)x(21-18)/6=465만원

보험가입금액=372만원, 비례보상=372만/465만=80%

손해액=보험가액=465만원, 잔존물처리비용=35만원

손해액+잔존물처리비용=500만원

지급 보험금=Min{500만원x0.8x(1-0.2), 372만원}=3,200,000원

(2) 젖소(34개월) 긴급도축 보험가액=540만원+(600만-540만)x(34-31)/9=560만원

보험가입금액=392만원, 비례보상=392만/560만=70%

손해액=560만원-300만원=260만원,

지급 보험금=Min{260만원x0.7x(1-0.2), 392만원}=1,456,000원

⊙ 돼지-잔존보험가입금액: 고추, 브로콜리, 돼지, 가금, 기타가축, 축사

1. **종모돈 보험가액:** (종빈돈 보험가액)x120%

2. **종빈돈 보험가액:** kg당 비육돈 지육단가(원/kg)에서 정한 가격에 따른 종빈돈 가격 (5,350원 이상이면 70만원, 4,000원이면 56만원, 5,000원이면 66만원)

종빈돈의 보험가액은 재해보험사업자가 정하는 전국 도매시장 비육돈 평균지육단가(탕박)에 의하여 아래 표의 비육돈 지육단가 범위에 해당하는 종빈돈 가격으로 한다.

다만, 임신, 분만 및 포유 등 종빈돈으로서 기능을 하지 않는 경우에는 비육돈의 산출방식과 같이 계산한다.

<그림 3-2 종빈돈 보험가액(비육돈 지육단가의 범위에 해당하는 종빈돈 가격)>

비육돈 지육단가 (원/kg)	종빈돈 가격 (원/두당)	비육돈 지육단가 (원/kg)	종빈돈 가격 (원/두당)
1,949 이하	350,000	3,650 ~ 3,749	530,000
1,950 ~ 2,049	360,000	3,750 ~ 3,849	540,000
2,050 ~ 2,149	370,000	3,850 ~ 3,949	550,000
2,150 ~ 2,249	380,000	3,950 ~ 4,049	560,000
2,250 ~ 2,349	390,000	4,050 ~ 4,149	570,000
2,350 ~ 2,449	400,000	4,150 ~ 4,249	580,000
2,450 ~ 2,549	410,000	4,250 ~ 4,349	590,000
2,550 ~ 2,649	420,000	4,350 ~ 4,449	600,000
2,650 ~ 2,749	430,000	4,450 ~ 4,549	610,000
2,750 ~ 2,849	440,000	4,550 ~ 4,649	620,000
2,850 ~ 2,949	450,000	4,650 ~ 4,749	630,000
2,950 ~ 3,049	460,000	4,750 ~ 4,849	640,000
3,050 ~ 3,149	470,000	4,850 ~ 4,949	650,000
3,150 ~ 3,249	480,000	4,950 ~ 5,049	660,000
3,250 ~ 3,349	490,000	5,050 ~ 5,149	670,000
3,350 ~ 3,449	500,000	5,150 ~ 5,249	680,000
3,450 ~ 3,549	510,000	5,250 ~ 5,349	690,000
3,550 ~ 3,649	520,000	5,350 이상	700,000

3. 비육돈(육성돈, 후보돈) 보험가액

110kg 비육돈 수취가격=(5영업일 돈육대표평균가격)x110x0.768

(* 5영업일돈육대표평균가격 ⇨ 축산물품질평가원 발표)

*자돈(30kg기준) 가격과 **적용체중(10kg 구간마다 중간값)**, 110kg이상은 110kg

61~70kg의 적용체중=65kg, 101~110kg 미만의 적용체중=105kg

(보험가액)=(자돈가격)+{(적용체중-30)×(110kg비육돈 수취가격-자돈가격)}÷80

*종빈돈(임신 포유 불가능은 비육돈 적용)

4. 자돈(이유자돈. 포유자돈), 기타돼지 보험가액 ⇨ 협정보험가액(특약)

5. 돼지질병위험보장 특약의 보험가액 ⇨ 자기부담금(O), 비례보상(O)

(보험가액)=(모돈수)x2.5x(자돈가격)

(임신, 포유가능 모돈수), **(임신, 포유 불가능 모돈=비육돈)**

6. 축산휴지위험보장 특약의 보험가액 ⇨ 자기부담금(X), 비례보상(O)

(보험가액)=(모돈수)x10x(1두당 비육돈 100kg 평균가격)×(이익율)

(이익율)={A-1두당 경영비}÷A, **(단, 최저 16.5% 한도)**

(1두당 비육돈 100kg 평균가격)=A

📋 **예제 1** 가축재해보험에 가입한 돼지(비육돈, 육성돈, 후보돈)에 대한 계약내용 및 조사내용을 참조하여 물음에 답하시오.

*계약내용 및 조사내용

110kg 비육돈 지육율	자돈가격 (30kg 기준)
76.8%	30만원

- 사고당일 포함 직전 5영업일 평균돈육 대표가격(전체. 탕박): 10,000원

물음 1 110kg 비육돈 수취가격의 계산과정과 값(원)을 쓰시오.

물음 2 사고당시 육성돈 체중이 60kg일 경우 보험가액의 계산과정과 값(원)을 쓰시오.

물음 3 사고당시 후보돈 체중이 63kg일 경우 보험가액의 계산과정과 값(원)을 쓰시오.

물음 4 사고당시 비육돈 체중이 78kg일 경우 보험가액의 계산과정과 값(원)을 쓰시오.

물음 5 사고당시 비육돈 체중이 118kg일 경우 보험가액의 계산과정과 값(원)을 쓰시오.

📋 **풀이 1**

(1) (110kg 비육돈 수취가격)
   ={사고당일 포함 직전 5영업일 평균돈육대표가격(전체. 탕박)}x110x(지육율, 0.768)
   =10,000x110x0.768=844,800원

(2) 사고당시 육성돈 체중이 60Kg이면 적용체중은 중간체중=55kg
   보험가액=(자돈가격)+(적용체중-30)x(110kg비육돈 수취가격-자돈가격)÷80
   육성돈 보험가액=30만+{(55-30)/80}x544,800=470,250원

(3) 사고당시 후보돈 체중이 63kg이면 적용체중은 중간체중=65kg
   후보돈 보험가액=30만+{(65-30)/80}x544,800=538,350원

(4) 비육돈 체중이 78kg일 경우 보험가액=30만+{(75-30)/80}x544,800=606,450원

(5) 사고당시 비육돈 체중이 118kg이면 적용체중은 110kg이상이므로 적용체중은 110kg
   비육돈 보험가액=30만+{(110-30)/80}x544,800=844,800원

돼지(비육돈, 육성돈, 후보돈)를 사육하는 축산농가에 보상하는 재해로 축사 내에 돼지가 일부 폐사하여 돼지 한 마리당 보험가액을 산정하려고 다음과 같이 조사를 하였다. 조사내용을 참조하여 물음에 답하시오.

*계약내용 및 조사내용

110kg 비육돈 지육율	자돈가격 (30kg 기준)
76.8%	20만원

- 사고당일 포함 직전 5영업일 평균돈육 대표가격(전체. 탕박): 8,000원
- 전국도매시장 비육돈 평균지육단가(탕박): 5,500원/kg

생육단계	종빈돈 (임신,포유 불가능)	비육돈	육성돈 (20~60kg인 돼지)	후보돈 (교배경험이 없는 암퇘지)
생체중량	117kg	97kg	60kg	88kg

물음 1 110kg 비육돈 수취가격의 계산과정과 값(원)을 쓰시오.

물음 2 종빈돈(임신.포유 불가능)의 보험가액의 계산과정과 값(원)을 쓰시오.

물음 3 육성돈의 보험가액의 계산과정과 값(원)을 쓰시오.

물음 4 비육돈의 보험가액의 계산과정과 값(원)을 쓰시오.

물음 5 후보돈의 보험가액의 계산과정과 값(원)을 쓰시오.

물음 6 종빈돈(임신.포유 가능)의 보험가액의 계산과정과 값(원)을 쓰시오.

물음 7 종모돈의 보험가액의 계산과정과 값(원)을 쓰시오.

🔍 **풀이 2**

(1) (110kg 비육돈 수취가격)=8,000×110×0.768=675,840원

(2) 종빈돈(임신, 포유불가능) 체중이 117kg이면 적용체중110kg

보험가액=**(자돈가격)+{(적용체중-30)x(110kg비육돈 수취가격-자돈가격)}/80**

종빈돈 보험가액=20만+{(110-30)/80}×475,840=675,840원

(3) 육성돈 체중이 60kg이면 적용체중은 중간체중=55kg

육성돈 보험가액=20만+{(55-30)/80}×475,840=348,700원

(4) 비육돈 체중이 97kg이면 적용체중은 중간체중=95kg

비육돈 보험가액=20만+{(95-30)/80}×475,840=586,620원

(5) 후보돈 체중이 88kg이면 적용체중은 중간체중=85kg

비육돈 보험가액=20만+{(85-30)/80}×475,840=527,140원

(6) 전국도매시장 비육돈 평균지육단가(탕박): 5,500원/kg이면 종빈돈의 보험가액=70만원

(7) 종모돈의 보험가액=70만원×120%=84만원

■ 돼지 질병위험보장 특별약관

(1) 보험가액과 손해액의 산정

> **1. 전염성위장염(Transmissible gastroenteritis: TGE virus 감염증)**
> **2. 돼지유행성설사병(Porcine epidemic diarrhea: PED virus 감염증)**
> **3. 로타바이러스 감염증(Rota virus 감염증)**

* 보험기간 중에 질병으로 폐사하거나 보험기간 종료일 이전에 질병의 발생을 서면 통지한 후 **30일 이내**에 보험목적이 폐사할 경우를 포함한다.

① 보험가액 = (모돈수) x 2.5 x (자돈가격)

② **손해액 산정:** 보상할 손해액은 보통약관 돼지부문의 손해액 산정 방법에 따라 산정

(2) 보험금의 산정(자기부담비율 10, 20, 30. 40%)

자기부담금액=Max{손해액x비례보상x자기부담비율, 200만원} **지급 보험금=Min{(손해액)x비례보상-자기부담금액, 보험가입금액} 지급 보험금=Min{(손해액)x비례보상, 보험가입금액}-자기부담금액**

📖 예제 1 돼지질병위험보장 특약에 가입한 농가가 보상하는 재해로 피해가 발생하였다. 다음 계약내용 및 조사내용을 참조하여 물음에 답하시오.

*계약내용 및 조사내용

계약내용		조사내용			
보험가입금액	자기부담비율	사고원인	모돈수 (임신,포유가능)	손해액	자돈가격 (30kg기준)
900만원	20%	질병폐사	30마리	800만원	15만원

- 주어진 조건 이외 다른 조건은 고려하지 않음.

물음 1 보험가액과 보험금액의 계산과정과 값(원)을 쓰시오.

물음 2 보상하는 돼지질병 3가지를 서술하시오.

🔍 풀이 1

(1) 돼지질병위험보장 특약, 보험가액=30x2.5x15만=1,125만원, 보험가입금액=900만원, 비례보상=0.8
손해액=800만원, 자기부담금액=Max{800만원x0.8x0.2, 200만원}=200만원
돼지질병위험보장 보험금액=Min{800만원x0.8, 900만원}-200만원=4,400,000원

(2) TGE(전염성위장염), PED(돼지유행성설사병), Rota virus

📋 예제 2 가축재해보험에 가입한 돼지에 관한 내용이다. 다음 내용을 참조하여 돼지질병위험보장특약 보험금의 계산과정과 값(원)을 쓰시오.

*계약사항(돼지질병 특약의 자기부담비율은 최저비율 적용)

축종	주계약(보통약관)		질병특약 보험가입금액	자돈협정보험가액	
	보험가입금액	자기부담비율		이유자돈	포유자돈
돼지	3,000만원	20%	1,200만원	15만원	10만원

*조사내용

사고	모돈수	폐사현황	자돈가격
전염성위장염(TGE)	40마리	이유자돈: 40마리, 포유자돈: 50마리	15만원

🔍 풀이 2

보험가액=40x2.5x15만원=1,500만원, 비례보상=1,200만/1,500만=0.8
손해액=15만원x40+10만원x50=1,100만원
자기부담금액=Max{1,100만원x0.8x0.1, 200만원}=200만원
지급보험금=Min{1,100만원x0.8, 1,200만원}–200만원=6,800,000원

■ 돼지 축산휴지위험보장 특별약관

① **축산휴지**: 보험의 목적의 손해로 인하여 불가피하게 발생한 전부 또는 일부의 축산업 중단을 말한다.
② **축산휴지손해**: 보상위험에 의해 손해를 입은 결과 축산업이 전부 또는 일부 중단되어 발생한 사업이익과 보상위험에 의한 손해가 발생하지 않았을 경우 예상 되는 사업이익의 차감금액을 말한다.
③ **사업이익**: 1두당 평균가격에서 경영비를 뺀 잔액을 말한다.
④ **1두당 평균가격**: 비육돈, 육성돈 및 후보돈의 보험가액에서 정한 비육돈 생체중량 100kg의 가격을 말한다.
⑤ **경영비**: 통계청에서 발표한 최근의 비육돈 평균경영비를 말한다.
⑥ **이익률**: 손해발생 시에 다음의 산식에 의해 얻어진 비율을 말한다.
　　1두당 평균가격=S, 경영비=K
　　이익률=(S-K)/S
　　※ 단, 이 기간 중에 이익률이 16.5% 미만일 경우 이익률은 16.5%로 한다.

■ 손해액 산정

① 피보험자가 축산휴지손해를 입었을 경우 손해액은 보험가액으로 하며,

② 종빈돈에 대해서만 아래에 따라 계산한 금액을 보험가액으로 한다.

보험가액(손해액)=종빈돈 x 10 x 1두당 비육돈(100kg 기준)평균가격 x 이익률

※ 단, 후보돈과 임신, 분만 및 포유 등 종빈돈으로서 기능을 하지 않는 종빈돈은 제외한다.

* 자기부담금은 적용하지 않는다.

* 지급 보험금=Min{(손해액)x비례보상, 보험가입금액}

📃 예제 1 축산휴지위험보장 특약에 가입한 경우 다음 계약내용 및 조사내용을 참조하여 물음에 답하시오.

*계약내용 및 조사내용

종모돈	종빈돈		자돈가격 (30kg기준)	경영비 (두당)
	임신. 분만. 포유 가능(모돈)	임신. 분만. 포유 불가능		
10	8	2	20만원	30만원

- 축산휴지보장 특약 보험가입금액: 500만원,
- 110kg 비육돈 수취가격: 40만원
- 주어진 조건 이외 다른 조건은 고려하지 않음.

물음 1 1두당 100kg 비육돈 평균가격의 계산과정과 값(원)을 쓰시오.

물음 2 이익률(%)을 산정하시오.(단, %단위로 소수점 아래 셋째자리에서 반올림)

물음 3 손해액(보험가액)(원)을 산정하시오.(단, 원단위 미만은 절사)

물음 4 지급 보험금의 계산과정과 값(원)을 쓰시오.

🔍 풀이 1

(1) 1두당 100kg 비육돈 평균가격=20만+{(95-30)/80}x20만원=362,500원

(2) 이익률=(362,500-300,000)/362,500=17.24%

(3) 손해액(보험가액)=8x10x362,500x0.1724=4,999,600원

(4) 보험가액=4,999,600원, 보험가입금액=500만원, 초과보험이므로 비례보상(x)

지급보험금=4,999,600원

예제 2 가축재해보험에 가입한 돼지 사육농가에 수재로 인한 피해가 발생하여 가축들이 모두 폐사하였다. 다음 계약내용 및 조사내용을 참조하여 물음에 답하시오.

*계약내용 및 조사내용

종모돈	종빈돈		자돈가격 (30kg기준)	자기부담 비율
	임신. 분만. 포유 가능(모돈)	임신. 분만. 포유 불가능(94~100kg)		
6	5	4	30만원	20%

- 보험가입금액: 1,000만원
- 사고당일 포함 직전 5영업일 평균돈육대표가격(전체, 탕박): 8,000원/kg
- 전국도매시장 비육돈 평균지육단가(탕박): 5,500원/kg
- 비육돈 지육단가에 의한 종빈돈의 가격(5,350원 이상=70만원)

물음 1 110kg 비육돈 수취가격의 계산과정과 값(원)을 쓰시오.

물음 2 주계약 보험가액과 보험금액을 산정하시오.(보험가액은 만 단위 미만은 절사)

풀이 2

(1) 110kg 비육돈 수취가격=8,000x110x0.768=675,840원

(2) 전국도매시장 비육돈 평균지육단가(탕박): 5,500원/kg이면 종빈돈 가격=700,000원

(종빈돈보험가액)= 5x700,000+{30만+(95-30)(375,840)/80}x4=5,921,480원

(종모돈 보험가액)=6x700,000x(1+0.2)=5,040,000원

(주계약 보험가액)=10,961,480원, 비례보상=10,000,000/10,961,480

(주계약 보험금액)=10,961,480원x(1,000만원/10,961,480)x(1-0.2)=8,000,000원

⊙ 오리, 닭

1. 발육표준표

(1) 육계: 40일령 이상 ⇨ 2.3kg

*보험가액

① 생후 1주 미만=사고당일 포함 직전 5영업일의 육용실용계 병아리 평균가격

② 생후 1주 이상=(체중)×(사고당일 포함 직전 5영업일의 육용실용계 평균가격(원/kg))

(2) 토종닭: 84일령 이상 ⇨ 2.8kg

*보험가액

① 생후 1주 미만=사고당일 포함 직전 5영업일의 토종닭 병아리 평균가격

② 생후 1주 이상=(체중)×(사고당일 포함 직전 5영업일의 토종닭 평균가격(원/kg))

(3) 부화장

① 종란: 회사와 계약당시 협정한 가액

② 생후 1주 미만=사고당일 포함 직전 5영업일의 육용실용계 병아리 평균가격(원/kg)

(4) 오리: 45일령 이상 ⇨ 3.5kg

*보험가액

① 생후 1주 미만=사고당일 포함 직전 5영업일의 새끼오리의 평균가격

② 생후 1주 이상=(체중)×(사고당일 포함 직전 5영업일의 생체오리 평균가격(원/kg)

(5) 종오리의 보험가액

구분	해당주령	보험가액 산정방법
새끼오리	1주 미만	사고당일 포함 직전 5영업일의 새끼오리의 평균가격
오리	**1주 이상**	(체중)x(사고당일 포함 직전 5영업일의 생체오리 평균가격(원/kg))
종오리	27주 이하	**(28주령 가격=A)x[1-{(28주령-사고주령)x2.9%}**
	28주	**계약당시 협정한 보험가액=A원**
	29주~77주	**(28주령 가격=A)x[1-{(사고주령-28주령)x1.9%}**
	78주 이상	**(28주령 가격=A)x[1-{(78주령-28주령)x1.9%}=Ax5%**

(6) 삼계의 보험가액=(육계의 보험가액)x70%

닭(산란계) 농가에 보상하는 재해로 피해가 발생하였다. 다음 표를 참조하여 물음에 답하시오.

구분	육계(45일령)	토종닭(66일령)	토종닭(85일령)	오리(50일령)
kg당 평균가격	5,600원	8,200원	8,200원	7,400원

*토종닭(66일령) 중량: 2,090g,   육계(40일령)의 중량: 2,300g
 토종닭(84일령)의 중량: 2,800g, 오리(45일령)의 중량: 3,500g

물음 1 육계(45일령) 한 마리의 보험가액의 계산과정과 값(원)을 쓰시오.

물음 2 토종닭(66일령) 한 마리의 보험가액의 계산과정과 값(원)을 쓰시오.

물음 3 토종닭(85일령) 한 마리의 보험가액의 계산과정과 값(원)을 쓰시오.

물음 4 오리(50일령) 한 마리의 보험가액의 계산과정과 값(원)을 쓰시오.

📑 풀이

(1) 육계(45일령) 한 마리의 보험가액=2.3x5,600=12,880원
(2) 토종닭(66일령) 한 마리의 보험가액=2.09x8,200=17,138원
(3) 토종닭(85일령) 한 마리의 보험가액=2.8x8,200=22,960원
(4) 오리(50일령) 한 마리의 보험가액=3.5x7,400=25,900원

2. 종계의 보험가액

구분		해당주령	보험가액 산정방법
종계	병아리	3주 미만	사고당일 포함 직전 5영업일의 육용종계 병아리 평균가격
	성계	3주~6주	A원x30%=0.3A
		7주~30주	A원x{100%-(31-사고주령)x2.8%}
		31주	계약당시 협정한 보험가액=A원
		32주~61주	A원x{100%-(사고주령-31)x2.6%}
		61주~64주	A원x20%=0.2A
	노계	65주 이상	사고당일 포함 직전 5영업일의 종계 성계육 평균가격

예제 닭(종계) 농가에 보상하는 재해로 피해가 발생하였다. 다음 표를 참조하여 물음에 답하시오.

(단, 원단위 미만은 절사)

*조사내용: 사고당일 포함 직전 5영업일의 평균가격(대한양계협회의 가격 참조)표

구분	종계 병아리	31주 종계(협정보험가액)	종계 성계육
가격	8,500원	28,800원	5,500원

물음 1 병아리(생후5주) 한 마리의 보험가액의 계산과정과 값(원)을 쓰시오.

물음 2 성계(생후21주) 한 마리의 보험가액의 계산과정과 값(원)을 쓰시오.

물음 3 성계(생후41주) 한 마리의 보험가액의 계산과정과 값(원)을 쓰시오.

물음 4 성계(생후63주) 한 마리의 보험가액의 계산과정과 값(원)을 쓰시오.

물음 5 성계(생후68주) 한 마리의 보험가액의 계산과정과 값(원)을 쓰시오.

풀이

(1) 생후 5주=28,800원x30%=8,640원

(2) 성계(생후21주)=28,800원x{100%-(31-21)x2.8%}=28,800원x72%=20,736원

(3) 성계(생후41주)=28,800원x{100%-(41-31)x2.6%}=28,800원x74%=21,312원

(4) 성계(생후63주)=28,800원20%=5,760원

(5) 성계(생후68주)=5,500원

3. 산란계의 보험가액 1,7,5,3,20주,50, 71주 이상

1주 이하(병아리 가격)=A원

(2~9주): (9) ⇨ 5주령 보험가액=A원+{(B-A)/**9**}x(5-1)

(10~15주): (산란중추가격)=B원

(16~19주): (5) ⇨ 18주령 보험가액=B원+{(C-B)/**5**}x(18-15)

(20주 산란계): (20주 산란계가격)=410x70%x(5영업일 계란1개 평균가격-77원)=**C원**

(20~70주) ⇨ **(550-사고일령)×(70%)×(5영업일 계란1개 평균가격-77원)**

(71주 이상): (산란노계가격)=D원

*(사고당일 포함 직전 5일 평균가격, 왕란(2%)=a원, 특란(53.5%)=b원, 대란(44.5%)=c원)

계란 1개 평균가격=0.02xa+0.535xb+0.445xc

***(5영업일 계란1개 평균가격-77원)의 최저한도는 10원**

📱 **예제 1**   닭(산란계) 농가에 보상하는 재해로 피해가 발생하였다. 다음 표를 참조하여 물음에 답하시오.(단, 원단위 미만은 절사)

*조사내용: 사고당일 포함 직전 5영업일의 평균가격(대한양계협회의 가격 참조)표

구분	산란 실용계 병아리	산란 중추	20주 산란계	산란 성계육
가격	2,600원	11,600원	21,238원	3,100원

- 중량규격별(비중) 1개 평균가격, 왕란: 180원, 특란: 160원, 대란이하: 140원
- 계란 1개 생산비: 77원

물음 1   계란 1개 평균가격의 계산과정과 값(원)을 쓰시오.(단, 소수점 이하는 절사)

물음 2   병아리(생후7주) 한 마리의 보험가액의 계산과정과 값(원)을 쓰시오.

물음 3   산란 중추(생후17주) 한 마리의 보험가액의 계산과정과 값(원)을 쓰시오.

물음 4   산란계(생후40주) 한 마리의 보험가액의 계산과정과 값(원)을 쓰시오.

🔍 **풀이 1**

(1) 계란 1개 평균가격=180x0.02+160x0.535+140x0.445=151.5=151원

(2) 병아리 (생후7주) 한 마리의 보험가액=2,600+(11,600-2,600)(7-1)/9=8,600원

(3) 중추 (생후17주) 한 마리의 보험가액=11,600+(21,238-11,600)(17-15)/5=19,310원

(4) 산란계 (생후40주) 한 마리의 보험가액=(550-280)x0.7x(151-77)=13,986원

예제 2 닭(산란계) 농가에 보상하는 재해로 피해가 발생하였다. 다음 표를 참조하여 물음에 답하시오. (단, 보험금 산정 시 원단위 미만은 절사)

*조사내용: 사고당일 포함 직전 5영업일의 평균가격(대한양계협회의 가격 참조)표

구분	산란 실용계 병아리	산란 중추	20주 산란계	산란 성계육
가격	4,000원	16,000원	34,440원	5,000원

- 계란 1개 평균가격: 197원, 계란 1개 생산비: 77원

*1차사고 조사내용

보상하는 재해로 인한 산란계 (폐사)피해상황	
병아리 (생후7주)	산란계 (생후30주)
300마리	500마리

*보험가입금액: 2,000만원, 잔존물처리비용: 162만원, 자기부담비율: 20%

*2차사고 조사내용

보상하는 재해로 인한 산란계 (폐사)피해상황	
산란 중추 (생후18주)	산란 성계육 (생후72주)
200마리	200마리

- 잔존보험가입금액: (가), 자기부담비율: 20%

풀이 2

(1마리당 보험가액)

병아리(생후7주) 한 마리의 보험가액=4,000+(16,000-4,000)(7-1)/9=12,000원

산란계(생후30주) 한 마리의 보험가액=(550-210)x0.7x(177-77)=28,560원

산란중추(생후18주) 한 마리의 보험가액=16,000+(34,440-16,000)(18-15)/5=27,064원

산란성계육(생후72주) 한 마리의 보험가액=5,000원

(1차사고)

보험가액=12,000x300+28,560x500=1,788만원(초과보험)

손해액=1,788만원, 잔존물처리비용=162만원, 손해액+잔존물처리비용=1,950만원

자기부담금액=1,950만원x0.2=390만원

1차사고 보험금=Min{1,950만원x(1-0.2), 1,788만원}=15,600,000원

(2차사고)

잔존보험가입금액=2,000만원-1,560만원=440만원

보험가액=27,064x200+5,000x200=6,412,800원(일부보험), 비례보상=440만원/6,412,800원

손해액=6,412,800원, 자기부담금액=6,412,800원x(440만원/6,412,800원)x0.2=88만원

2차사고 보험금=Min{6,412,800원x(440만원/6,412,800원)x(1-0.2), 440만원}=3,520,000원

　　　　　　　　=Min{6,412,800원x(440만원/6,412,800원), 440만원}-88만원=3,520,000원

문제 1 다음 계약내용 및 조사내용을 참조하여 계약자 부담 보험료의 계산과정과 값(원)을 쓰시오.

*계약내용 및 조사내용

축종	보험가입금액	정부지원비율	보험료율
국내산 말	6,000만원	(가)	8%

- 납입 보험료의 산출식=(보험가입금액)x(보험료율)
- 주어진 조건 이외 다른 조건은 고려하지 않음.

문제 2 소도체결함보장 특약에 가입한 경우 다음 계약내용 및 조사내용을 참조하여 소도체결함 보험금의 계산과정과 값(원)을 쓰시오.

*특별약관 계약내용 및 조사내용

보험가입금액	사고소의 도체중	사고소 1두의 경락가격	자기부담비율
512만원	400kg	340만원	(가)

- 사고 전월 전국지육경매평균가격: 16,000원/kg

문제 3 가축재해보험에 가입한 농가에서 보상하는 재해로 인해 젖소수컷(육우) 3마리가 폐사하였다. 다음 계약내용 및 조사내용을 참조하여 물음에 답하시오.

*계약내용 및 조사내용

축종	보험가입금액	자기부담비율	월령(사고당시)
육우	3,132만원	20%	26개월(1마리) 35개월(2마리)

- 전전월 전국도매시장 kg당 지육평균가격: 20,000원

잔존물처리비용	손해방지비용	잔존물보전비용	대위권보전비용	기타협력비용
300만원	70만원	50만원	30만원	10만원

물음 1 보험가액의 계산과정과 값(원)을 쓰시오.

물음 2 지급보험금(비용포함)의 계산과정과 값(원)을 쓰시오.

문제 4 다음은 2024년도 젖소 월별 산지가격동향표이다. 가축재해보험에 가입한 농가에서 2024년 4월 8일에 보상하는 재해로 피해가 발생하였다. 다음 표를 참조하여 물음에 답하시오.
(단, 보험가액 산정 시 천원 단위 절사)

구분	분유떼기 (1~7개월)		수정단계 (13~18개월)	초산우 (24~31개월)	다산우 (40~55개월)	노산우 (67개월이상)
	암컷	수컷				
1월	1,230	1,100	2,780	4,490	4,970	3,400
2월	1,200	1,150	2,900	4,400	5,000	3,500
3월	1,240	1,150	2,950	4,330	5,100	3,550

*2024년도 젖소 월별 산지가격동향 — 젖소 (단위 천원)

물음 1 젖소(월령2개월) 질병폐사 보험가액의 계산과정과 값(원)을 쓰시오.

물음 2 젖소(월령1개월) 부상폐사 보험가액의 계산과정과 값(원)을 쓰시오.

물음 3 젖소(월령2개월) 부상으로 폐사 보험가액의 계산과정과 값(원)을 쓰시오.

물음 4 젖소(월령5개월) 질병으로 폐사 보험가액의 계산과정과 값(원)을 쓰시오.

물음 5 젖소(월령21개월) 폐사 보험가액의 계산과정과 값(원)을 쓰시오.

물음 6 젖소(월령34개월) 긴급도축 보험가액의 계산과정과 값(원)을 쓰시오.

물음 7 젖소(월령30개월) 부상으로 폐사 보험가액의 계산과정과 값(원)을 쓰시오.

문제 5 다음은 2024년도 한우 월별산지가격동향표이다. 가축재해보험에 가입한 농가에서 2024년 6월 18일에 보상하는 재해로 피해가 발생하였다. 다음 표를 참조하여 물음에 답하시오.
(단, 보험금 산정 시 원단위 미만은 절사)

* 계약사항

축종	보험가입금액	자기부담비율	잔존물처리비용
한우 수컷	393만원	20%	50만원

*조사내용(사고일 6월 18일)

사고당시 월령	도축장 발행 정산자료의 지육금액	사고소 등급에 해당하는 전국평균가격	사고소의 도체중량
28개월	400만원	10,000원/kg	500kg

*농협축산정보센터 한우 전국산지 평균가격

*2024년도 한우 월별 산지가격동향								
구분	한우 (단위 천원)							
	송아지 (4~5월령)		송아지 (6~7월령)		350kg		600kg	
	암컷	수컷	암컷	수컷	암컷	수컷	암컷	수컷
2월	2,800	3,330	3,200	3,850	4,680	4,200	7,120	6,600
3월	2,850	3,200	2,950	3,670	4,624	4,145	7,050	6,678
4월	3,200	3,400	3,400	3,900	4,900	4,200	7,200	6,600

물음 1 폐사한 경우 지급보험금의 계산과정과 값(원)을 쓰시오.

물음 2 긴급도축시 도축장발행 정산자료가 있는 경우 지급보험금의 계산과정과 값(원)을 쓰시오.

물음 3 긴급도축시 도축장발행 정산자료가 없는 경우 지급보험금의 계산과정과 값(원)을 쓰시오.

문제 6 가축재해보험에 가입한 A농가에서 한우 1마리가 인근농장 주인 B의 과실 (보상하는 손해)로 폐사하여 보험회사에 사고보험금을 청구하였다. 다음 내용을 참조하여 A농가에서 청구한 지급보험금액의 계산과정과 값(원)을 쓰시오.

A농가의 보험청구 항목		보험회사의 조사내용
보험금	소(한우)	폐사 시점의 한우 보험가액은 650만원이고 보험가입금액은 585만원으로 일부보험에 해당됨. - 자기부담비율: 20%
기타 비용	잔존물처리비용	사고현장에서 잔존물을 해체하여 견인하여 차에 싣는 비용이 50만원 지출된 것으로 확인됨.
	손해방지비용	A농가에서 보험목적물의 관리(예방접종, 정기검진등)를 위해 지출한 유익한 비용이 30만원으로 확인됨.
	대위권보전비용	A농가에서 B에게 손해배상을 받을 수 있는 권리를 행사하기 위해 지출한 유익한 비용이 30만원으로 확인됨.
	기타협력비용	A농가에서 보험회사의 요구 또는 협의 없이 단독으로 지출한 비용이 20만원으로 확인됨

문제 7 가축재해보험에 가입한 돼지에 관한 내용이다. 다음 내용을 참조하여 돼지질병위험보장특약 보험금의 계산과정과 값(원)을 쓰시오.

*계약사항

축종	주계약 보험가입금액	자기부담비율	질병특약 보험가입금액	자돈협정보험가액	
				이유자돈	포유자돈
돼지	2,000만원	20%	800만원	15만원	10만원

*조사내용

사고	모돈수	폐사현황	자돈가격
전염성위장염(TGE)	20마리	이유자돈: 20마리, 포유자돈: 30마리	20만원
- 잔존물처리비용: 50만원			

축산휴지위험보장 특약에 가입한 경우 다음 계약내용 및 조사내용을 참조하여 손해액(보험가액)과 지급보험금의 계산과정과 값(원)을 쓰시오.

*계약내용 및 조사내용

종모돈	종빈돈		자돈가격 (30kg기준)	경영비 (두당)
	임신. 분만. 포유 가능(모돈)	임신. 분만. 포유 불가능(94~100kg)		
6	10	8	30만원	40만원

- 자기부담율: 20%, -보험가입금액: 700만원
- 사고당일 포함 직전 5영업일 평균돈육대표가격(전체, 탕박): 6,000원/kg

문제 9
가축재해보험에 가입한 돼지 사육농가에 수재로 인한 피해가 발생하여 20마리의 돼지가 모두 폐사하였다. 다음 계약내용 및 조사내용을 참조하여 물음에 답하시오.

*계약내용 및 조사내용

종모돈	종빈돈		자돈가격 (30kg기준)	자기부담 비율
	임신. 분만. 포유 가능 (모돈)	임신. 분만. 포유 불가능(112~118kg)		
5	10	5	30만원	20%

- 보험가입금액: 1,200만원
- 사고당일 포함 직전 5영업일 평균돈육대표가격(전체, 탕박): 8,000원/kg
- 전국도매시장 비육돈 평균지육단가(탕박): 5,500원/kg
- 비육돈 지육단가에 의한 종빈돈의 가격(5,350원 이상: 70만원)
- 잔존물처리비용: 100만원

물음 1　110kg 비육돈 수취가격의 계산과정과 값(원)을 쓰시오.

물음 2　주계약 보험가액과 보험금액의 계산과정과 값(원)을 쓰시오.

문제 10 가축재해보험에 가입한 돼지 사육농가에 수재로 인한 피해가 발생하여 모든 돼지가 폐사하였다. 다음 계약내용 및 조사내용을 참조하여 물음에 답하시오.

*계약내용 및 조사내용

종모돈	종빈돈		비육돈 (105~109kg)	이유자돈	자기부담비율
	임신. 분만. 포유 가능 (84~88kg)	임신. 분만. 포유 불가능(94~100kg)			
10마리	15마리	5마리	20마리	20마리	20%

- 주계약 보험가입금액: 3,000만원,
- 사고당일 포함 직전 5영업일 평균돈육대표가격(전체, 탕박): 6,000원/kg
- 전국도매시장 비육돈 평균지육단가(탕박): 5,500원/kg
- 이유자돈 협정 보험가액: 150,000원/마리
- 자돈가격(30kg기준): 20만원
- 비육돈 지육단가에 의한 종빈돈의 가격(5,350원 이상: 70만원)

물음 1 110kg 비육돈 수취가격의 계산과정과 값(원)을 쓰시오.

물음 2 주계약 보험가액의 계산과정과 값(원)을 쓰시오.

물음 3 주계약 보험금의 계산과정과 값(원)을 쓰시오.

닭(산란계) 농가에 보상하는 재해로 피해가 발생하였다. 다음 표를 참조하여 물음에 답하시오.
(단, 원단위 미만은 절사할 것)

*조사내용: 사고당일 포함 직전 5영업일의 평균가격(대한양계협회의 가격 참조)표

구분	산란실용계 병아리	산란중추	20주 산란계	산란성 계육
가격	2,600원	11,600원	21,238원	3,000원

중량규격별(비중) 1개 평균가격		
왕란(2%)	특란(53.5%)	대란 이하(44.5%)
180원	160원	140원

물음 1 계란 1개 평균가격의 계산과정과 값(원)을 쓰시오.(단, 소수점 이하는 절사)

물음 2 병아리 (생후7주) 한 마리의 보험가액의 계산과정과 값(원)을 쓰시오.

물음 3 중추 (생후17주) 한 마리의 보험가액의 계산과정과 값(원)을 쓰시오.

물음 4 산란계 (생후40주) 한 마리의 보험가액의 계산과정과 값(원)을 쓰시오.

물음 5 산란노계 (생후78주) 한 마리의 보험가액의 계산과정과 값(원)을 쓰시오.

문제 12 닭(산란계) 농가에 보상하는 재해로 피해가 발생하였다. 다음 표를 참조하여 물음에 답하시오. (단, 원단위 미만은 절사할 것)

*조사내용: 사고당일 포함 직전 5영업일의 평균가격(대한양계협회의 가격 참조)표

구분	산란실용계 병아리	산란중추	20주 산란계	산란성 계육
가격	2,500원	15,300원	26,978원	3,900원

중량규격별(비중) 1개 평균가격		
왕란	특란	대란 이하
200원	180원	160원

보상하는 재해로 인한 산란계 (폐사)피해상황			
병아리 (생후8주)	중추 (생후18주)	산란계 (생후30주)	산란노계 (생후72주)
100마리	300마리	400마리	200마리

*보험가입금액: 2000만원, 잔존물제거비용=150만원, 자기부담비율: 20%

물음 1 계란 1개 평균가격의 계산과정과 값(원)을 쓰시오.(단, 원단위 미만은 절사)

물음 2 병아리 (생후8주) 한 마리의 보험가액의 계산과정과 값(원)을 쓰시오.

물음 2 산란계 (생후30주) 한 마리의 보험가액의 계산과정과 값(원)을 쓰시오.

물음 2 닭 농가 전체의 보험가액의 계산과정과 값(원)을 쓰시오.

물음 2 닭 농가 전체의 보험금액의 계산과정과 값(원)을 쓰시오.

닭을 사육하는 농가에 보상하는 재해 폭염으로 피해가 발생하였다. 다음 계약사항 및 조사내용을 참조하여 보험금의 계산과정과 값(원)을 쓰시오.

*계약내용(폭염재해보장 특별약관에 가입함)

품목	보험가입금액	종계협정 보험가액	자기부담비율	토종닭 (생후84일령)	육계 (생후45일령)
닭	2,000만원	20,000원/마리	10%	2.8kg/마리	2.3kg/마리

*조사내용

보상하는 재해로 인한 폐사현황			
종계(성계)	산란계(생후20주)	토종닭(생후90일령)	육계(생후45일령)
100마리	200마리	400마리	500마리

- 계란1개 평균가격: 127원
- 토종닭 평균가격: 3,000원/kg (사고당일포함 직전 5영업일 평균가격)
- 육계 평균가격: 2,000원/kg (사고당일포함 직전 5영업일 평균가격)
- 잔존물처리비용=100만원

01 | 풀이

(1) 정부지원 보험료=4,000만x0.08x(1-0.5)+{2000만x70%}
x0.08x(1-0.5)=2,160,000원

(2) 계약자 부담 보험료=4000만원x0.08x(1-
0.5)+{2000만x70%}x0.08x(1-0.5)
+{2000만x30%}x0.08x1=2,640,000원

02 | 풀이

소 도체결함보장 특약에 정해진 비율은 20%(사고 전전월이 아님)
(보험가액)=400kgx16,000원=640만원, 보험가입금액=512만원,
비례보상=512만/640만=0.8, (손해액)=640만-340만=300만원
(소도체결함 보험금)=Min{300만원x0.8x(1-0.2),
512만원}=1,920,000원

03 | 풀이

(1) 전국산지평균가격이 없고 지육평균가격이 제시되어 있으므로
(보험가액)=600x20,000x0.58x5마리=3,480만원,
보험가입금액=3,132만원
비례보상=0.9, 폐사 손해액=3,480만원

(2) 잔존물처리비용=Min{3,480만원x0.1, 300만원}=300만원
(목적물+잔존물) 보험금=
Min{(3,480만+300만)x0.9x(1-0.2),
3,132만}=27,216,000원
비용 보험금={70만+50만+30만}x0.9+10만원=1,450,000원
총 지급보험금=27,216,000원+1,450,000원=28,666,000원

04 | 풀이

사고발생일=4월 8일, 사고전전월(2월), 분유떼기 젖소암컷
=120만원

(1) 젖소(월령2개월) 질병폐사 보험가액=1,200,000x0.5=60만원

(2) 젖소(월령1개월) 부상폐사 보험가액=1,200,000x0.5=60만원

(3) 젖소(월령2개월) 부상폐사 보험가액=120만원

(4) 젖소(월령5개월) 질병폐사 보험가액=120만원

(5) 젖소(21개월) 폐사 보험가액=290만+(440만-290만)x
(21-18)/6=365만원

(6) 젖소(34개월) 긴급도축 보험가액=440만+(500만-440만)
x(34-31)/9=460만원

(7) 젖소(월령30개월) 부상으로 폐사 보험가액=440만원

05 | 풀이

(물음1) 사고전전월=4월, 한우 수컷: Max{420만/350,
660만/600}=12,000원

28개월령 체중=655kg, 보험가액=655xMax{420만/350,
660만/600}=786만원

보험가입금액=393만원, 비례보상=50%, 폐사 손해액=786만원
잔존물제거비용=50만원, 손해액+잔존물처리비용=836만원
지급보험금=Min{836만원x0.5x(1-0.2), 393만원}=3,344,000원

(물음2) 긴급도축시 도축장발행 정산자료가 있는 경우
이용물처분액=400만원x0.75=300만원
손해액=786만원-300만원=486만원
긴급도축인 경우 잔존물처리비용은 없음
지급보험금=Min{486만원x0.5x(1-0.2), 393만원}=1,944,000원

(물음3) 긴급도축시 도축장발행 정산자료가 없는 경우

이용물처분액=500x10,000x0.75=375만원

손해액=786만원-375만원=411만원

긴급도축인 경우 잔존물처리비용은 없음

지급보험금=Min{411만원x0.5x(1-0.2), 393만원}=1,644,000원

06 | 풀이

한우, 폐사인 경우 (손해액)=(보험가액)=6,500,000원,

보험가입금액=585만원, 비례보상=585만/650만=90%

잔존물처리비용으로 인정됨, 잔존물처리비용=Min{650만x0.1, 50만}=50만원

(손해액+잔존물처리비용)=700만원

(목적물+잔존물처리비용) 보험금=Min{700만원x0.9x(1-0.2), 585만}=5,040,000원

손해방지비용은 손해의 경감을 위해 지출한 비용이므로 보험목적물의 관리를 위한 경비는

손해방지비용으로 인정되지 않는다. **손해방지비용=0원**

A농가에서 B에게 손해배상을 받을 수 있는 권리를 행사하기 위해 지출한 유익한 비용이 30만원은

자기부담비율이 적용되지 않고 비례보상 적용,

대위권보전비용=30만원x0.9=27만원

기타협력비용을 보상 받기 위해서는 회사의 요구 또는 협의가 있어야 하므로 지급불가에 해당됨.

(최종 지급 보험금)=504만원+27만원=5,310,000원

07 | 풀이

보험가액=20x2.5x20만원=1,000만원,

비례보상=800만/1,000만=0.8

손해액=15만원x20+10만원x30=600만원,

잔존물처리비용=50만원

(손해액+잔존물)=650만원,

자기부담금액=Max{650만원x0.8x0.2, 200만원}=200만원

지급보험금=Min{650만원x0.8-200만원, 800만원}=3,200,000원

08 | 풀이

110kg 비육돈 수취가격=6,000x110x0.768=506,880원

1두당 100kg 비육돈 평균가격=30만+{(95-30)/8}x206,880=468,090원,

이익률=(468,090-40만)/468,090=0.14546, 최저한도 16.5% 적용

손해액(보험가액)=10x10x468,090x0.165=7,723,485원, 일부보험(비례보상)

지급보험금=7,723,485원x(700만원/7,723,485원)=7,000,000원

09 | 풀이

(1) 110kg 비육돈 수취가격=8,000x110x0.768=675,840원

(2) 전국도매시장 비육돈 평균지육단가(탕박): 5,500원/kg이면 종빈돈 가격=700,000원

(종빈돈 보험가액)= 10x700,000+675,840x5=10,379,200원

(종모돈 보험가액)=5x700,000x(1+0.2)=4,200,000원

(주계약 보험가액)=14,579,200원(일부보험),

비례보상=1,200만/14,579,200원

손해액의 자기부담금액=14,579,200원x(1,200만원/14,579,200원)x0.2=240만원

손해액 보험금=Min{14,579,200원x(1,200만원/ 14,579,200원), 1,200만원}-240만원=9,600,000원

잔존물처리비용=100만원,

자기부담금액=100만원x(1,200만원/14,579,200원)x0.2=164,618원

잔존물 보험금=100만원x(1,200만원/14,579,200원)-164,618원=658,472원

총 지급보험금=9,600,000원+658,472원=10,258,472원

손해액+잔존물처리비용=15,579,200원

(총 지급보험금액)=15,579,200원x(1,200만원/14,579,200원)x(1-0.2)=10,258,472원

(1) 110kg 비육돈 수취가격=6,000x110x0.768=506,880원
(2) (종빈돈 보험가액)=전국도매시장 비육돈 평균지육단가(탕박): 5,500원/kg이면 70만원

   15마리x700,000+{20만+(95-30)(306,880)/80}x5마리=12,746,700원

   (종모돈 보험가액)=10x700,000x(1+0.2)=8,400,000원

   (비육돈 보험가액)={20만+(105-30)(306,880)/80}x20=9,754,000원

   (이유자돈 보험가액)=20x150,000=3,000,000원

   (주계약 보험가액)=33,900,700원, 비례보상=30,000,000/33,900,700
(3) (주계약 보험금액)=33,900,700x(3,000만/33,900,700)x(1-0.2)=3,000만x(1-0.2)=24,000,000원

(1) 계란 1개 평균가격=180x0.02+160x0.535+140x0.445=151.5=151원
(2) 병아리 (생후7주) 한 마리의 보험가액=2,600+(11,600-2,600)(7-1)/9=8,600원
(3) 중추 (생후17주) 한 마리의 보험가액=11,600+(21,238-11,600)(17-15)/5=19,310원
(4) 산란계 (생후40주) 한 마리의 보험가액=(550-280)x0.7x(151-77)=13,986원
(5) 산란노계 (생후78주) 한 마리의 보험가액=3,000원

(1) 계란 1개 평균가격=200x0.02+180x0.535+160x0.445=171.5=171원
(2) 병아리 (생후8주) 한 마리의 보험가액=2,500+(15,300-2,500)(8-1)/9=12,455원
(3) 산란계 (생후30주) 한 마리의 보험가액=(550-210)x0.7x(171-77)=22,372원

(4) 닭 농가 전체의 보험가액

   중추 (생후18주) 한 마리의 보험가액=15,300+(26,978-15,300)(18-15)/5=22,306원

   산란노계 (생후73주) 한 마리의 보험가액=3,900원

   전체의 보험가액=12,455x100+22,306x300+22,372x400+3,900x200

   =17,666,100원

   보험가입금액=2,000만원, 초과보험
(5) 닭 농가 전체의 보험금액, 잔존물제거비용=150만원

   보험금액=(17,666,100원+150만)(1-0.2)=15,332,880원

(1) 계란 1개 평균가격=127원

   보험가액

   종계 한 마리 보험가액=20,000원

   산란계 (생후20주) 한 마리의 보험가액=(550-140)x0.7x(127-77)=14,350원

   토종닭 한 마리 보험가액=2.8x3,000=8,400원

   육계 한 마리 보험가액=2.3x2,000=4,600원

   전체의 보험가액=20,000x100+14,350x200+8,400x400+4,600x500

   =1,053만원(비례보상x)

   잔존물처리비용=1,000,000원

   손해액+잔존물처리비용=1,153만원

   자기부담금액=Max{1,153만원x0.1, 200만원}=200만원

   지급 보험금=Min{1,153만원-200만원, 2,000만원}=9,530,000원

| 부록 | 이론서 별표9 - 품목별 감수과실수 및 피해율 산정 방법

1. 적과전 종합위험방식 과수 품목 감수과실수 산정방법

품목	조사시기	재해종류	조사종류	감수과실수 산정 방법
사과 · 배 · 단감 · 떫은감	적과 종료 이전	자연 재해/ 조수해/ 화재/	피해사실 확인조사	□ **적과종료이전 보상하는 재해(자연재해, 조수해, 화재)로 발생한 착과감소량(과실수)은 아래와 산식과 같음** ○ 착과감소과실수 = 평년착과수 − 적과후착과수 ○ 적과종료이전의 미보상감수과실수 = {(착과감소과실수 × 미보상비율) + 미보상주수 감수과실수} 　※ 적과종료이전사고 조사에서 미보상비율적용은 미보상비율조사값 중 가장 큰 값만 적용 □ **단, 적과종료이전 사고로 일부 피해만 발생하는 경우 아래의 산식을 적용함(5종 한정 특약 가입건 제외)** **(일부피해 : 조수해·화재 사고접수되고 피해규모가 일부인 경우에 해당)** ○ 착과감소과실수 = 최솟값(평년착과수 − 적과후착과수, 최대인정감소과실수) ○ 최대인정감소량(과실수) = 평년착과량(수) × 최대인정피해율 　- 최대인정피해율 = 피해대상주수(고사주수, 수확불능주수, 일부피해주수) 　　÷ 실제결과주수 　※ 해당 사고가 2회 이상 발생한 경우에는 사고별 피해대상주수를 누적하여 계산
사과 · 배 · 단감 · 떫은감	적과 종료 이전	자연 재해/ 조수해/ 화재/	피해사실 확인조사	□ **「적과종료이전 특정위험 5종 한정 보장특별약관」가입건의 적과종료 이전 보상하는 재해로 발생한 착과감소량(과실수)은 아래의 산식과 같음. 적과종료이전 사고는 보상하는 재해가 중복해서 발생한 경우에도 아래 산식을 한번만 적용함** ○ 착과감소과실수 = 최솟값(평년착과수 − 적과후착과수, 최대인정감소과실수) ○ 최대인정감소량(과실수) = 평년착과량(수) × 최대인정피해율 　※ 최대인정피해율은 아래의 값 중 가장 큰 값 　- 나무피해 　　·(유실, 매몰, 도복, 절단(1/2), 소실(1/2), 침수주수) ÷ 실제결과주수 　　　단, 침수주수는 침수피해를 입은 나무수에 과실침수율을 곱하여 계산함 　　·해당 사고가 2회 이상 발생한 경우에는 사고별 나무피해주수를 누적하여 계산 　- 우박피해에 따른 유과타박률 　　·최댓값(유과타박률1, 유과타박률2, 유과타박률3, …) 　- 6월1일부터 적과종료 이전까지 단감·떫은감의 낙엽피해에 따른 인정피해율 　　·최댓값(인정피해율1, 인정피해율2, 인정피해율3, …)
		자연 재해	해당 조사없음	□ **적과종료 이전 자연재해로 인한 적과종료 이후 착과손해 감수과실수** ○ 적과후착과수가 평년착과수의 60%미만인 경우, 감수과실수 = 적과후착과수 × 5% ○ 적과후착과수가 평년착과수의 60%이상 100%미만인 경우, 　감수과실수 = 적과후착과수 × 5% × $\dfrac{100\% - 착과율}{40\%}$, 착과율 = 적과후착과수 ÷ 평년착과수 　※ 상기 계산된 감수과실수는 적과종료 이후 누적감수과실수에 합산하며, 적과종료 이후 착과 피해율(max A 적용)로 인식함 　※ 적과전종합방식(Ⅱ)가입 건 중 「적과종료이전 특정위험 5종 한정 보장특별약관」 미가입시에만 적용

품목	조사시기	재해종류	조사종류	감수과실수 산정 방법

사과 · 배	적과 종료 이후	태풍 (강풍) /화재/ 지진/ 집중 호우	낙과피해 조사	○ 낙과 손해(전수조사) : 총낙과과실수 × (낙과피해구성률 - max A) × 1.07
				○ 낙과 손해(표본조사) : (낙과과실수 합계 ÷ 표본주수) × 조사대상주수 × (낙과피해구성률 - max A) × 1.07
				  ※ 낙과 감수과실수의 7%를 착과손해로 포함하여 산정
				  - max A : 금차 사고전 기조사된 착과피해구성률 중 최댓값을 말함
				  ※ "(낙과피해구성률 - max A)"의 값이 영(0)보다 작은 경우 : 금차 감수과실수는 영(0)으로 함

			나무피해 조사	○ 나무의 고사 및 수확불능 손해
				  - (고사주수 + 수확불능주수) × 무피해 나무 1주당 평균 착과수 × (1 - max A)
				○ 나무의 일부침수 손해
				  - (일부침수주수 × 일부침수나무 1주당 평균 침수 착과수) × (1 - max A)
				  - max A : 금차 사고전 기조사된 착과피해구성률 중 최댓값을 말함

		우박	낙과피해 조사	○ 낙과 손해(전수조사) : 총낙과과실수 × (낙과피해구성률 - max A)
				○ 낙과 손해(표본조사) : (낙과과실수 합계 ÷ 표본주수) × 조사대상주수 × (낙과피해구성률 - max A)
				  - max A : 금차 사고전 기조사된 착과피해구성률 중 최댓값을 말함
				  ※ "(해당과실의 피해구성률 - max A)"의 값이 영(0)보다 작은 경우 : 금차 감수과실수는 영(0)으로 함

			착과피해 조사	○ 사고당시 착과과실수 × (착과피해구성률 - max A)
				  - max A : 금차 사고전 기조사된 착과피해구성률 중 최댓값을 말함
				  ※ "(착과피해구성률 - max A)"의 값이 영(0)보다 작은 경우 : 금차 감수과실수는 영(0)으로 함

		가을 동상해	착과피해 조사	○ 사고당시 착과과실수 × (착과피해구성률 - max A)
				  - max A : 금차 사고전 기조사된 착과피해구성률 중 최댓값을 말함
				  ※ "(착과피해구성률 - max A)"의 값이 영(0)보다 작은 경우 : 금차 감수과실수는 영(0)으로 함

단감 · 떫은감	적과 종료 이후	태풍 (강풍)/ 화재/ 지진/ 집중 호우	낙과피해 조사	○ 낙과 손해(전수조사) : 총낙과과실수 × (낙과피해구성률 - max A)
				○ 낙과 손해(표본조사) : (낙과과실수 합계 ÷ 표본주수) × 조사대상주수 × (낙과피해구성률 - max A)
				  - max A : 금차 사고전 기조사된 착과피해구성률 또는 인정피해율 중 최댓값을 말함
				  ※ "(낙과피해구성률 - max A)"의 값이 영(0)보다 작은 경우 : 금차 감수과실수는 영(0)으로 함

			나무피해 조사	○ 나무의 고사 및 수확불능 손해
				  - (고사주수 + 수확불능주수) × 무피해 나무 1주당 평균 착과수 × (1 - max A)
				○ 나무의 일부침수 손해
				  - (일부침수주수 × 일부침수나무 1주당 평균 침수 착과수) × (1 - max A)
				  - max A : 금차 사고전 기조사된 착과피해구성률 중 최댓값을 말함

			낙엽피해 조사	○ 낙엽 손해
				  - 사고당시 착과과실수 × (인정피해율 - max A)
				  - max A : 금차 사고전 기조사된 착과피해구성률 또는 인정피해율 중 최댓값을 말함
				  ※ "(인정피해율 - max A)"의 값이 영(0)보다 작은 경우 : 금차 감수과실수는 영(0)으로 함

		우박	낙과피해 조사	○ 낙과 손해(전수조사)
				  - 총낙과과실수 × (낙과피해구성률 - max A)
				○ 낙과 손해(표본조사)
				  - (낙과과실수 합계 ÷ 표본주수) × 조사대상주수 × (낙과피해구성률 - max A)
				  - max A : 금차 사고전 기조사된 착과피해구성률 또는 인정피해율 중 최댓값을 말함
				  ※ "(낙과피해구성률 - max A)"의 값이 영(0)보다 작은 경우 : 금차 감수과실수는 영(0)으로 함

품목	조사시기	재해종류	조사종류	감수과실수 산정 방법
단감 · 떫은감	적과 종료 이후	우박	착과피해 조사	○ 착과 손해 - 사고당시 착과과실수 × (착과피해구성률 - max A) - max A : 금차 사고전 기조사된 착과피해구성률 또는 인정피해율 중 최댓값을 말함 ※ "(착과피해구성률 - max A)"의 값이 영(0)보다 작은 경우 : 금차 감수과실수는 영(0)으로 함
		가을 동상해	착과 피해조사	○ 착과 손해 - 사고당시 착과과실수 × (착과피해구성률 - max A) ※ 단, '잎 50% 이상 고사 피해' 인 경우에는 착과피해구성률을 아래와 같이 적용함 착과피해구성률 $= \dfrac{(정상과실수 \times 0.0031 \times 잔여일수) + (50\%형피해과실수 \times 0.5) + (80\%형피해과실수 \times 0.8) + (100\%형피해과실수 \times 1)}{정상과실수 + 50\%형피해과실수 + 80\%형피해과실수 + 100\%형피해과실수}$ - 잔여일수 : 사고발생일로부터 예정수확일(가을동상해 보장종료일 중 계약자가 선택한 날짜)까지 남은 일수 - max A : 금차 사고전 기조사된 착과피해구성률 또는 인정피해율 중 최댓값을 말함 ※ "(착과피해구성률 - max A)"의 값이 영(0)보다 작은 경우 : 금차 감수과실수는 영(0)으로 함
사과 · 배 · 단감 · 떫은감	적과 종료 이후	일소피해	낙과·착과 피해조사	○ 낙과 손해 (전수조사 시) : 총낙과과실수 × (낙과피해구성률 - max A) ○ 낙과 손해 (표본조사 시) : (낙과과실수 합계 ÷ 표본주수) × 조사대상주수 × (낙과피해구성률 - max A) - max A : 금차 사고전 기조사된 착과피해구성률 또는 인정피해율 중 최댓값을 말함 ※ "(낙과피해구성률 - max A)"의 값이 영(0)보다 작은 경우 : 금차 감수과실수는 영(0)으로 함 ○ 착과손해 - 사고당시 착과과실수 × (착과피해구성률 - max A) - max A : 금차 사고전 기조사된 착과피해구성률 또는 인정피해율 중 최댓값을 말함 ※ "(착과피해구성률 - max A)"의 값이 영(0)보다 작은 경우 : 금차 감수과실수는 영(0)으로 함 ○ 일소피해과실수 = 낙과 손해 + 착과 손해 - 일소피해과실수가 보험사고 한 건당 적과후착과수의 6%를 초과하는 경우에만 감수과실수로 인정 - 일소피해과실수가 보험사고 한 건당 적과후착과수의 6% 이하인 경우에는 해당 조사의 감수과실수는 영(0)으로 함

※ 용어 및 관련 산식

품목	조사종류	내 용
사과 · 배 · 단감 · 떫은감	공 통	○ 조사대상주수 = 실제결과주수 - 고사주수 - 수확불능주수 - 미보상주수 - 수확완료주수 ○ 미보상주수 감수과실수 = 미보상주수 × 품종·재배방식·수령별 1주당 평년착과수 ○ 미보상감수과실수 = 적과종료이전 미보상감수과실수 + 적과종료이후 미보상감수과실수 ○ 기준착과수 결정 　- 적과종료전에 인정된 착과감소과실수가 없는 과수원 : 기준착과수 = 적과후착과수 　- 적과종료전에 인정된 착과감소과실수가 있는 과수원 : 기준착과수 = 적과후착과수 + 착과감소과실수
	나무피해 조사	○ 과실침수율 = $\dfrac{\text{침수 꽃(눈)·유과수의 합계}}{\text{침수 꽃(눈)·유과수의 합계 + 미침수 꽃(눈)·유과수의 합계}}$ ○ 나무피해 시 품종·재배방식·수령별 주당 평년착과수 = (전체 평년착과수 × $\dfrac{\text{품종·재배방식·수령별 표준수확량 합계}}{\text{전체 표준수확량 합계}}$) 　÷ 품종·재배방식·수령별 실제결과주수 ※ 품종·재배방식·수령별로 구분하여 산식에 적용
	유과타박률 조사	○ 유과타박률 = $\dfrac{\text{표본주의 피해유과수의 합계}}{\text{표본주의 피해유과수의 합계 + 표본주의 정상유과수의 합계}}$
	피해구성 조사	○ 피해구성률 = $\dfrac{(50\%\text{형피해과실수}\times0.5) + (80\%\text{형피해과실수}\times0.8) + (100\%\text{형피해과실수}\times1)}{\text{정상과실수} + 50\%\text{형피해과실수} + 80\%\text{형피해과실수} + 100\%\text{형피해과실수}}$ ※ 착과 및 낙과피해조사에서 피해구성률 산정시 적용
	낙엽피해 조사	○ 떫은감 인정피해율 = 0.9662 × 낙엽률 - 0.0703 ○ 단감 인정피해율 = (1.0115 × 낙엽률) - (0.0014 × 경과일수) 　- 낙엽률 = $\dfrac{\text{표본주의 낙엽수합계}}{\text{표본주의 낙엽수 합계 + 표본주의 착엽수합계}}$, 경과일수 = 6월 1일부터 낙엽피해 발생일까지 경과된 일수
	착과피해 조사	○ "사고당시 착과과실수"는 "적과후착과수 - 총낙과과실수 - 총적과종료후 나무피해과실수 　- 총 기수확과실수" 보다 클 수 없음
	적과후 착과수 조사	○ 품종·재배방식·수령별 착과수 = [$\dfrac{\text{품종·재배방식·수령별 표본주의 착과수 합계}}{\text{품종·재배방식·수령별 표본주 합계}}$] × 품종·재배방식·수령별 조사 　대상주수 ※ 품종·재배방식·수령별 착과수의 합계를 과수원별 『적과후착과수』로 함

2. 특정위험방식 밭작물 품목

품목별	조사종류별	조사시기	피해율 산정 방법

인삼	수확량조사	수확량 확인이 가능한 시점	**□ 전수조사 시**
			○ 피해율 = $(1 - \dfrac{수확량}{연근별기준수확량}) \times \dfrac{피해면적}{재배면적}$
			
			○ 수확량 = 단위면적당 조사수확량 + 단위면적당 미보상감수량
			  - 단위면적당 조사수확량 = 총조사수확량 ÷ 금차 수확면적
			  ▷ 금차 수확면적 = 금차 수확칸수 × 지주목간격 × (두둑폭 + 고랑폭)
			  - 단위면적당 미보상감수량 = (기준수확량 - 단위면적당 조사수확량) × 미보상비율
			○ 피해면적 = 금차 수확칸수
			○ 재배면적 = 실제경작칸수
			
			□ 표본조사 시
			○ 피해율 = $(1 - \dfrac{수확량}{연근별기준수확량}) \times \dfrac{피해면적}{재배면적}$
			○ 수확량 = 단위면적당 조사수확량 + 단위면적당 미보상감수량
			  - 단위면적당 조사수확량 = 표본수확량 합계 ÷ 표본칸 면적
			  ▷ 표본칸 면적 = 표본칸 수 × 지주목간격 × (두둑폭 + 고랑폭)
			  - 단위면적당 미보상감수량 = (기준수확량 - 단위면적당 조사수확량) × 미보상비율
			○ 피해면적 = 피해칸수
			○ 재배면적 = 실제경작칸수

3. 종합위험 수확감소보장방식 과수 품목

품목별	조사종류별	조사시기	피해율 산정 방법
자두, 복숭아, 포도, 감귤 (만감류)	수확량조사	착과수조사 (최초 수확 품종 수확전) / 과중조사 (품종별 수확시기) / 착과피해조사 (피해 확인 가능 시기) / 낙과피해조사 (착과수조사 이후 낙과피해 시) 고사나무조사 (수확완료 후)	□ **착과수(수확개시 전 착과수조사 시)** ○ 품종·수령별 착과수 = 품종·수령별 조사대상주수 × 품종·수령별 주당 착과수 ▷ 품종·수령별 조사대상주수 = 품종·수령별 실제결과주수 - 품종·수령별 고사주수 - 품종·수령별 미보상주수 ▷ 품종·수령별 주당 착과수 = 품종·수령별 표본주의 착과수 ÷ 품종·수령별 표본주수 □ **착과수(착과피해조사 시)** ○ 품종·수령별 착과수 = 품종·수령별 조사대상주수 × 품종·수령별 주당 착과수 ▷ 품종·수령별 조사대상주수 = 품종·수령별 실제결과주수 - 품종·수령별 고사주수 - 품종·수령별 미보상주수 - 품종·수령별 수확완료주수 ▷ 품종·수령별 주당 착과수 = 품종별·수령별 표본주의 착과수 ÷ 품종별·수령별 표본주수 □ **과중조사 (사고접수건에 대해 실시)** ○ 품종별 과중 = 품종별 표본과실 무게 ÷ 품종별 표본과실 수 □ **낙과수 산정 (착과수조사 이후 발생한 낙과사고마다 산정)** ○ 표본조사 시 : 품종·수령별 낙과수 조사 ▷ 품종·수령별 낙과수 = 품종·수령별 조사대상 주수 × 품종·수령별 주당 낙과수 - 품종·수령별 조사대상주수 = 품종·수령별 실제결과주수 - 품종·수령별 고사주수 - 품종·수령별 미보상주수 - 품종·수령별 수확완료주수 - 품종·수령별주당 낙과수 = 품종·수령별 표본주의 낙과수 ÷ 품종·수령별 표본주수 ○ 전수조사 시 : 품종별 낙과수 조사 ▷ 전체 낙과수에 대한 품종 구분이 가능할 때 : 품종별로 낙과수 조사 ▷ 전체 낙과수에 대한 품종 구분이 불가능할 때 (전체 낙과수 조사 후 품종별 안분) - 품종별 낙과수 = 전체 낙과수 × (품종별 표본과실 수 ÷ 품종별 표본과실 수의 합계) ◆ 품종별 주당 낙과수 = 품종별 낙과수 ÷ 품종별 조사대상주수 - 품종별 조사대상주수 = 품종별 실제결과주수 - 품종별 고사주수 - 품종별 미보상주수 - 품종별 수확완료주수) □ **피해구성조사 (낙과 및 착과피해 발생 시 실시)** ○ 피해구성률 = {(50%형 피해과실 수 × 0.5) + (80%형 피해과실 수 × 0.8) + (100%형 피해과실 수 × 1)} ÷ 표본과실 수 ○ 금차 피해구성률 = 피해구성률 - max A ▷ 금차 피해구성률은 다수 사고인 경우 적용 ▷ max A : 금차 사고전 기조사된 착과피해구성률 중 최댓값을 말함 ※ 금차 피해구성률이 영(0)보다 작은 경우에는 영(0)으로 함 □ **착과량 산정** ○ 착과량 = 품종·수령별 착과량의 합 ▷ 품종·수령별 착과량 = (품종·수령별 착과수 × 품종별 과중) + (품종·수령별 주당 평년수확량 × 미보상주수) ※ 단, 품종별 과중이 없는 경우(과중 조사 전 기수확 품종)에는 품종·수령별 평년수확량을 품종·수령별 착과량으로 한다. - 품종·수령별 주당 평년수확량 = 품종·수령별 평년수확량 ÷ 품종·수령별 실제결과주수 - 품종·수령별 평년수확량 = 평년수확량 × (품종·수령별 표준수확량 ÷ 표준수확량) - 품종·수령별 표준수확량 = 품종·수령별 주당 표준수확량 × 품종·수령별 실제결과주수

품목별	조사종류별	조사시기	피해율 산정 방법
자두, 복숭아, 포도, 감귤 (만감류)	수확량조사	착과수조사 (최초 수확 품종 수확전) / 과중조사 (품종별 수확시기) / 착과피해조사 (피해 확인 가능 시기) / 낙과피해조사 (착과수조사 이후 낙과피해 시) 고사나무조사 (수확완료 후)	□ 감수량 산정 (사고마다 산정) ○ 금차 감수량 = 금차 착과 감수량 + 금차 낙과 감수량 + 금차 고사주수 감수량 　- 금차 착과 감수량 = 금차 품종·수령별 착과 감수량의 합 　- 금차 품종·수령별 착과 감수량 = 금차 품종·수령별 착과수 × 품종별 과중 × 금차 품종별 　　착과피해구성률 　- 금차 낙과 감수량 = 금차 품종·수령별 낙과수 × 품종별 과중 × 금차 낙과피해구성률 　- 금차 고사주수 감수량 = (품종·수령별 금차 고사분과실수) × 품종별 과중 　▷ 품종·수령별 금차 고사주수 = 품종·수령별 고사주수 - 품종·수령별 기조사 고사주수 □ 피해율 산정 ○ 피해율(포도, 자두, 감귤(만감류)) = (평년수확량 - 수확량 - 미보상 감수량) ÷ 평년수확량 ○ 피해율(복숭아) = (평년수확량 - 수확량 - 미보상 감수량 + '병충해감수량) ÷ 평년수확량 　▷ 미보상 감수량 = (평년수확량 - 수확량) × 최댓값(미보상비율1, 미보상비율2, …) □ 수확량 산정(착과수조사 이전 사고의 피해사실이 인정된 경우) ○ 수확량 = 착과량 - 사고당 감수량의 합 □ 수확량 산정(착과수조사 이전 사고의 접수가 없거나, 피해사실이 인정되지 않은 경우) ○ 수확량 = max[평년수확량,착과량] - 사고당 감수량의 합 ※ 수확량은 품종별 개당 과중조사 값이 모두 입력된 경우 산정됨. □ *병충해 감수량(복숭아만 해당) ○ 병충해감수량 = 병충해 착과감수량 + 사고당 병충해 낙과감수량 　▷ **병충해 착과감수량 = 품종·수령별 병충해 인정피해(착과)과실수 × 품종별 과중** 　**- 품종·수령별 병충해 인정피해(착과)과실수 = 품종·수령별 잔여착과수 × 품종별 병충해 　　병충해피해구성비율** 　**◆ 품종별 병충해 착과피해구성률 = (병충해 착과 피해과실수 × 0.5) ÷ 표본 착과과실수** 　▷ **금차 병충해 낙과감수량 = 금차 품종·수령별 병충해 인정피해(낙과)과실수 × 품종별 과중** 　**- 금차 품종·수령별 병충해 인정피해(낙과)과실수 = 금차 품종·수령별 낙과피해과실수 × 　　품종별 병충해낙과피해구성비율** 　**◆ 품종별 병충해 낙과피해구성비율 = (병충해 낙과 피해과실수 × 0.5) ÷ 표본 낙과과실수**
밤, 호두	수확 개시 전 수확량조사 (조사일 기준)	최초 수확 전	□ **수확개시 이전 수확량 조사** ○ 기본사항 　▷ 품종별(·수령별) 조사대상 주수 　▷ = 품종별(·수령별) 실제결과주수 - 품종별(·수령별) 미보상주수 - 품종별(·수령별) 고사나무주수 　▷ 품종별(·수령별) 평년수확량 = 평년수확량 × ((품종별(·수령별) 주당 표준수확량 × 품종별 　　(·수령별) 　▷ 실제결과주수) ÷ 표준수확량) 　▷ 품종별(·수령별) 주당 평년수확량 = 품종별(·수령별) 평년수확량 ÷ 품종별(·수령별) 실제결과주수 ○ 착과수 조사 　▷ 품종별(·수령별) 주당 착과수 = 품종별(·수령별) 표본주의 착과수 ÷ 품종별(·수령별) 표본주수 ○ 낙과수 조사 　▷ 표본조사 　- 품종별(·수령별) 주당 낙과수 = 품종별(·수령별) 표본주의 낙과수 ÷ 품종별(·수령별) 표본주수

품목별	조사종류별	조사시기	피해율 산정 방법
밤, 호두	수확 개시 전 수확량조사 (조사일 기준)	최초 수확 전	▷ 전수조사 - 전체 낙과에 대하여 품종별 구분이 가능한 경우 : 품종별 낙과수 조사 - 전체 낙과에 대하여 품종별 구분이 불가한 경우 : 전체 낙과수 조사 후 낙과수 중 표본을 추출하여 품종별 개수 조사 　· 품종별 낙과수 = 전체 낙과수 × (품종별 표본과실 수 ÷ 전체 표본과실 수의 합계) 　· 품종별 주당 낙과수 = 품종별 낙과수 ÷ 품종별 조사대상 주수 　· 품종별 조사대상 주수 = 품종별 실제결과주수 - 품종별 고사주수 - 품종별 미보상주수 ○ 과중 조사 ▷ (밤) 품종별 개당 과중 = 품종별 {정상 표본과실 무게 + (소과 표본과실 무게 × 0.8)} ÷ 표본과실 수 ▷ (호두) 품종별 개당 과중 = 품종별 표본과실 무게 합계 ÷ 표본과실 수 ○ 피해구성 조사(품종별로 실시) ▷ 피해구성률 = {(50%형 피해과실 수×0.5) + (80%형 피해과실 수×0.8) + (100%형 피해과실 수×1)} ÷ 표본과실 수 ○ 피해율 = (평년수확량 - 수확량 - 미보상감수량) ÷ 평년수확량 ▷ 수확량 = {품종별(·수령별) 조사대상 주수 × 품종별(·수령별) 주당 착과수 × (1 - 착과피해구성률) × 품종별 과중 } + {품종별(·수령별) 조사대상 주수 × 품종별(·수령별) 주당 낙과수 × (1 - 낙과피해구성률) × 품종별 과중} + (품종별(·수령별) 주당 평년수확량 × 품종별(·수령별) 미보상주수) ▷ 미보상 감수량 = (평년수확량 - 수확량) × 미보상비율 □ **수확개시 후 수확량 조사** ○ 착과수 조사 ▷ 품종별(·수령별) 주당 착과수 = 품종별(·수령별) 표본주의 착과수 ÷ 품종별(·수령별) 표본주수 ○ 낙과수 조사 ▷ 표본조사 - 품종별(·수령별) 주당 낙과수 = 품종별(·수령별) 표본주의 낙과수 ÷ 품종별(·수령별) 표본주수 ▷ 전수조사 - 전체 낙과에 대하여 품종별 구분이 가능한 경우 : 품종별 낙과수 조사 - 전체 낙과에 대하여 품종별 구분이 불가한 경우 : 전체 낙과수 조사 후 낙과수 중 표본을 추출하여 품종별 개수 조사 　· 품종별 낙과수 = 전체 낙과수 × (품종별 표본과실 수 ÷ 전체 표본과실 수의 합계) 　· 품종별 주당 낙과수 = 품종별 낙과수 ÷ 품종별 조사대상 주수 　· 품종별 조사대상 주수 = 품종별 실제결과주수 - 품종별 고사주수 - 품종별 미보상주수 - 품종별 수확완료주수 ○ 과중 조사 ▷ (밤) 품종별 개당 과중 = 품종별 {정상 표본과실 무게 + (소과 표본과실 무게 × 0.8)} ÷ 표본과실 수 ▷ (호두) 품종별 개당 과중 = 품종별 표본과실 무게 합계 ÷ 표본과실 수 ○ 피해구성 조사(품종별로 실시) ▷ 피해구성률 = ((50%형 피해과실 수 × 0.5) + (80%형 피해과실 수 × 0.8) + (100%형 피해과실 수 × 1)) ÷ 표본과실 수 ▷ 금차 피해구성률 = 피해구성률 - max A - 금차 피해구성률은 다수 사고인 경우 적용 - max A : 금차 사고전 기조사된 착과피해구성률 중 최댓값을 말함 ※ 금차 피해구성률이 영(0)보다 작은 경우에는 영(0)으로 함

품목별	조사종류별	조사시기	피해율 산정 방법
밤, 호두	수확 개시 후 수확량조사 (조사일 기준)	사고 발생 직후	○ 금차 수확량 = {품종별(·수령별) 조사대상 주수 × 품종별 (·수령별)주당 착과수 × 품종별 개당 과중 × (1 − 금차 착과피해구성률)} + {품종별(·수령별) 조사대상 주수 × 품종별(·수령별) 주당 낙과수 × 품종별 개당 과중 × (1 − 금차 낙과피해구성률)} + (품종별(·수령별) 주당 평년수확량 × 품종별(·수령별) 미보상주수) ○ 감수량 = (품종별 조사대상 주수 × 품종별 주당 착과수 × 금차 착과피해구성률 × 품종별 개당 과중) + (품종별 조사대상 주수 × 품종별 주당 낙과수 × 금차 낙과피해구성률 × 품종별 개당 과중) + (품종별 금차 고사주수 × (품종별 주당 착과수 + 품종별 주당 낙과수) × 품종별 개당 과중 × (1 − max A)) ▷ 품종별 조사대상 주수 = 품종별 실제 결과주수 − 품종별 미보상주수 − 품종별 고사나무주수 − 품종별 수확완료주수 ▷ 품종별 평년수확량 = 평년수확량 × ((품종별 주당 표준수확량 × 품종별 실제결과주수) ÷ 표준수확량) ▷ 품종별 주당 평년수확량 = 품종별 평년수확량 ÷ 품종별 실제결과주수 ▷ 품종별 금차 고사주수 = 품종별 고사주수 − 품종별 기조사 고사주수 □ **피해율 산정** ○ 금차 수확 개시 후 수확량조사가 최초 조사인 경우(이전 수확량조사가 없는 경우) 1) 『금차 수확량 + 금차 감수량 + 기수확량 < 평년수확량』인 경우 ▷ 피해율 = (평년수확량 − 수확량 − 미보상감수량) ÷ 평년수확량 − 수확량 = 평년수확량 − 금차 감수량 − 미보상 감수량 = 금차 감수량 × 미보상비율 2) 『금차 수확량 + 금차 감수량 + 기수확량 ≥ 평년수확량』인 경우 ▷ 피해율 = (평년수확량 − 수확량 − 미보상감수량) ÷ 평년수확량 − 수확량 = 금차 수확량 + 기수확량 − 미보상 감수량 = (평년수확량 − (금차 수확량 + 기수확량)) × 미보상비율 ○ 수확 개시 전 수확량 조사가 있는 경우(이전 수확량조사에 수확 개시 전 수확량조사가 포함된 경우) 1) 『금차 수확량 + 금차 감수량 + 기수확량 > 수확 개시 전 수확량조사 수확량』 ⇒ 오류 수정 필요 2) 『금차 수확량 + 금차 감수량 + 기수확량 > 이전 조사 금차 수확량 + 이전 조사 기수확량』 ⇒ 오류 수정 필요 3) 『금차 수확량 + 금차 감수량 + 기수확량 ≤ 수확 개시 전 수확량조사 수확량』이면서 『금차 수확량 + 금차 감수량 + 기수확량 ≤ 이전 조사 금차 수확량 + 이전 조사 기수확량』인 경우 ▷ 피해율 = (평년수확량 − 수확량 − 미보상감수량) ÷ 평년수확량 − 수확량 = 수확 개시 전 수확량 − 사고당 감수량의 합 − 미보상감수량 = {평년수확량 − (수확 개시 전 수확량 − 사고당 감수량의 합)} × max(미보상비율)

품목별	조사종류별	조사시기	피해율 산정 방법
밤, 호두	수확 개시 후 수확량조사 (조사일 기준)	사고 발생 직후	○ 수확 개시 후 수확량 조사만 있는 경우(이전 수확량조사가 모두 수확 개시 후 수확량조사인 경우) 1)『금차 수확량 + 금차 감수량 + 기수확량 > 이전 조사 금차 수확량 + 이전 조사 기수확량』 ⇒ 오류 수정 필요 2)『금차 수확량 + 금차 감수량 + 기수확량 ≦ 이전 조사 금차 수확량 + 이전 조사 기수확량』인 경우 ① 최초 조사가『금차 수확량 + 금차 감수량 + 기수확량 < 평년수확량』인 경우 ▷ 피해율 = (평년수확량 - 수확량 - 미보상감수량) ÷ 평년수확량 - 수확량 = 평년수확량 - 사고당 감수량의 합 - 미보상 감수량 = 사고당 감수량의 합 × max(미보상비율) ② 최초 조사가『금차 수확량 + 금차 감수량 + 기수확량 ≧ 평년수확량』인 경우 ▷ 피해율 = (평년수확량 - 수확량 - 미보상감수량) ÷ 평년수확량 - 수확량 = 최초 조사 금차 수확량 + 최초 조사 기수확량 - 2차 이후 사고당 감수량의 합 - 미보상감수량 = {평년수확량 - (최초 조사 금차 수확량 + 최초 조사 기수확량) - + 2차 이후 사고당 감수량의 합} × max(미보상비율)
참다래	수확 개시 전 수확량조사 (조사일 기준)	최초 수확 전	○ 착과수조사 ▷ 품종·수령별 착과수 = 품종·수령별 표본조사 대상면적 × 품종·수령별 면적(m²)당 착과수 - 품종·수령별 표본조사 대상면적 = 품종·수령별 재식 면적 × 품종·수령별 표본조사 대상 주수 - 품종·수령별 면적(m²)당 착과수 = 품종·수령별 (표본구간 착과수 ÷ 표본구간 넓이) - 재식 면적 = 주간 거리 × 열간 거리 - 품종별·수령별 표본조사 대상주수 = 품종·수령별 실제 결과주수 - 품종·수령별 미보상주수 - 품종·수령별 고사나무주수 - 표본구간 넓이 = (표본구간 윗변 길이 + 표본구간 아랫변 길이) × 표본구간 높이(윗변과 아랫변의 거리) ÷ 2 ○ 과중 조사 ▷ 품종별 개당 과중 = 품종별 표본과실 무게 합계 ÷ 표본과실 수 ○ 피해구성 조사(품종별로 실시) ▷ 피해구성률 = ((50%형 피해과실수 × 0.5) + (80%형 피해과실수 × 0.8) + (100%형 피해과실수 × 1)) ÷ 표본과실수 ▷ 금차 피해구성률 = 피해구성률 - max A - 금차 피해구성률은 다수 사고인 경우 적용 - max A : 금차 사고전 기조사된 착과피해구성률 중 최댓값을 말함 ※ 금차 피해구성률이 영(0)보다 작은 경우에는 영(0)으로 함 ○ 피해율 산정 ▷ 피해율 = (평년수확량 - 수확량 - 미보상감수량) ÷ 평년수확량 - 수확량 = (품종·수령별 착과수 × 품종별 과중 × (1 - 피해구성률)) + (품종·수령별 면적(m²)당 평년수확량 × 품종·수령별 미보상주수 × 품종·수령별 재식면적) - 품종·수령별 면적(m²)당 평년수확량 = 품종별·수령별 평년수확량 ÷ 품종·수령별 재식면적 합계 - 품종·수령별 평년수확량 = 평년수확량 × (품종별·수령별 표준수확량 ÷ 표준수확량) - 미보상 감수량 = (평년수확량 - 수확량) × 미보상비율

품목별	조사종류별	조사시기	피해율 산정 방법
참다래	수확 개시 전 수확량조사 (조사일 기준)	최초 수확 전	○ 착과수조사 ▷ 품종·수령별 착과수 = 품종·수령별 표본조사 대상면적 × 품종·수령별 면적(㎡)당 착과수 ▷ 품종·수령별 조사대상 면적 = 품종·수령별 재식 면적 × 품종·수령별 표본조사 대상 주수 ▷ 품종·수령별 면적(㎡)당 착과수 = 품종별·수령별 표본구간 착과수 ÷ 품종·수령별 표본구간 넓이 ▷ 재식 면적 = 주간 거리 × 열간 거리 ▷ 품종·수령별 조사대상 주수 = 품종·수령별 실제 결과주수 - 품종·수령별 미보상주수 　　　　　　　　　　　　　　　　- 품종·수령별 고사나무주수 - 품종·수령별 수확완료주수 ▷ 표본구간 넓이 = (표본구간 윗변 길이 + 표본구간 아랫변 길이) 　　　　　　　　× 표본구간 높이(윗변과 아랫변의 거리) ÷ 2 ○ 낙과수 조사 ▷ 표본조사 - 품종·수령별 낙과수 = 품종·수령별 조사대상면적 × 품종·수령별 면적(㎡)당 낙과수 - 품종·수령별 면적(㎡)당 낙과수 = 품종·수령별 표본주의 낙과수 ÷ 품종·수령별 표본구간 넓이 ▷ 전수조사 - 전체 낙과에 대하여 품종별 구분이 가능한 경우 : 품종별 낙과수 조사 - 전체 낙과에 대하여 품종별 구분이 불가한 경우 : 품종별 낙과수 = 전체 낙과수 × (품종별 표본과실수 ÷ 전체 표본과실수의 합계) ○ 과중 조사 ▷ 품종별 개당 과중 = 품종별 표본과실 무게 합계 ÷ 표본과실 수 ○ 피해구성 조사(품종별로 실시) ▷ 피해구성률 = {(50%형 피해과실수×0.5)+(80%형 피해과실수×0.8)+(100%형 피해과실수×1)}÷표본과실수 ▷ 금차 피해구성률 = 피해구성률 - max A - 금차 피해구성률은 다수 사고인 경우 적용 - max A : 금차 사고전 기조사된 착과피해구성률 중 최댓값을 말함 ※ 금차 피해구성률이 영(0)보다 작은 경우에는 영(0)으로 함 ○ 금차 수확량 = {품종·수령별 착과수 × 품종별 개당 과중 × (1 - 금차 착과피해구성률)} + {품종·수령별 낙과수 × 품종별 개당 과중 × (1 - 금차 낙과피해구성률)} + {품종·수령별 ㎡ 당 평년수확량 × 미보상주수 × 품종·수령별 재식면적} ○ 금차 감수량 = {품종·수령별 착과수 × 품종별 과중 × 금차 착과피해구성률} + {품종·수령별 낙과수 × 품종별 과중 × 금차 낙과피해구성률} + {품종·수령별 ㎡ 당 평년수확량 × 금차 고사주수 × (1 - max A)) × 품종·수령별 재식면적} ▷ 금차 고사주수 = 고사주수 - 기조사 고사주수 ▷ 품종·수령별 면적(㎡)당 평년수확량 = 품종·수령별 평년수확량 ÷ 품종·수령별 재식면적 합계 ▷ 품종·수령별 평년수확량 = 평년수확량 × (품종·수령별 표준수확량 ÷ 표준수확량) □ **피해율 산정** ○ 금차 수확 개시 후 수확량조사가 최초 조사인 경우(이전 수확량조사가 없는 경우) 1) 「금차 수확량 + 금차 감수량 + 기수확량 < 평년수확량」인 경우 ▷ 피해율 = (평년수확량 - 수확량 - 미보상감수량) ÷ 평년수확량 - 수확량 = 평년수확량 - 금차 감수량 - 미보상 감수량 = 금차 감수량 × 미보상비율

472 손해평가사 강의의 새로운 중심!! 나원참 손해평가사

품목별	조사종류별	조사시기	피해율 산정 방법
참다래	수확 개시 전 수확량조사 (조사일 기준)	최초 수확 전	2) 『금차 수확량 + 금차 감수량 + 기수확량 ≧ 평년수확량』인 경우 ▷ 피해율 = (평년수확량 - 수확량 - 미보상감수량) ÷ 평년수확량 - 수확량 = 금차 수확량 + 기수확량 - 미보상 감수량 = (평년수확량 - (금차 수확량 + 기수확량)) × 미보상비율 ○ 수확 개시 전 수확량 조사가 있는 경우(이전 수확량조사에 수확 개시 전 수확량조사가 포함된 경우) 1) 『금차 수확량 + 금차 감수량 + 기수확량 > 수확 개시 전 수확량조사 수확량』⟹ 오류 수정 필요 2) 『금차 수확량 + 금차 감수량 + 기수확량 > 이전 조사 금차 수확량 + 이전 조사 기수확량』⟹ 오류 수정 필요 3) 『금차 수확량 + 금차 감수량 + 기수확량 ≦ 수확 개시 전 수확량조사 수확량』이면서 『금차 수확량 + 금차 감수량 + 기수확량 ≦ 이전 조사 금차 수확량 + 이전 조사 기수확량』인 경우 ▷ 피해율 = (평년수확량 - 수확량 - 미보상감수량) ÷ 평년수확량 - 수확량 = 수확 개시 전 수확량 - 사고당 감수량의 합 - 미보상감수량 = {평년수확량 - (수확 개시 전 수확량 - 사고당 감수량의 합)} × max(미보상비율) ○ 수확 개시 후 수확량 조사만 있는 경우(이전 수확량조사가 모두 수확 개시 후 수확량조사인 경우) 1) 『금차 수확량 + 금차 감수량 + 기수확량 > 이전 조사 금차 수확량 + 이전 조사 기수확량』⟹ 오류 수정 필요 2) 『금차 수확량 + 금차 감수량 + 기수확량 ≦ 이전 조사 금차 수확량 + 이전 조사 기수확량』인 경우 ① 최초 조사가『금차 수확량 + 금차 감수량 + 기수확량 < 평년수확량』인 경우 ▷ 피해율 = (평년수확량 - 수확량 - 미보상감수량) ÷ 평년수확량 - 수확량 = 평년수확량 - 사고당 감수량의 합 - 미보상 감수량 = 사고당 감수량의 합 × max(미보상비율) ② 최초 조사가『금차 수확량 + 금차 감수량 + 기수확량 ≧ 평년수확량』인 경우 ▷ 피해율 = (평년수확량 - 수확량 - 미보상감수량) ÷ 평년수확량 - 수확량 = 최초 조사 금차 수확량 + 최초 조사 기수확량 - 2차 이후 사고당 감수량의 합 - 미보상감수량 = {평년수확량 - (최초 조사 금차 수확량 + 최초 조사 기수확량) - + 2차 이후 사고당 감수량의 합} × max(미보상비율)
매실, 대추, 살구	수확 개시 전 수확량조사 (조사일 기준)	최초 수확 전	□ **피해율 = (평년수확량 - 수확량 - 미보상감수량) ÷ 평년수확량** ○ 수확량 = {품종·수령별 조사대상주수 × 품종·수령별 주당 착과량 × (1 - 착과피해구성률)} + (품종·수령별 주당 평년수확량 × 품종·수령별 미보상주수) ○ 미보상 감수량 = (평년수확량 - 수확량) × 미보상비율 ▷ 품종·수령별 조사대상주수 = 품종·수령별 실제결과주수 - 품종·수령별 미보상주수 - 품종·수령별 고사나무주수 ▷ 품종·수령별 평년수확량 = 평년수확량 × (품종별 표준수확량 ÷ 표준수확량) ▷ 품종·수령별 주당 평년수확량 = 품종별·수령별 (평년수확량 ÷ 실제결과주수) ▷ 품종·수령별 주당 착과량 = 품종별·수령별 (표본주의 착과무게 ÷ 표본주수) - 표본주 착과무게 = 조사 착과량 × 품종별 비대추정지수(매실) × 2(절반조사 시) ○ 피해구성 조사 ▷ 피해구성률 = ((50%형 피해과실무게×0.5)+((80%형 피해과실무게×0.8)+((100%형 피해과실무게 ×1))÷표본과실무게

품목별	조사종류별	조사시기	피해율 산정 방법
매실, 대추, 살구	수확 개시 후 수확량조사 (조사일 기준)	사고 발생 직후	○ 금차 수확량 = {품종·수령별 조사대상주수 × 품종·수령별 주당 착과량 × (1 - 금차 착과피해구성률)} + {품종· 수령별 조사대상주수 × 품종별(·수령별) 주당 낙과량 × (1 - 금차 낙과피해구성률)} + (품종별 주당 평년수확량 × 품종별 미보상주수) ○ 금차 감수량 = (품종·수령별 조사대상주수 × 품종·수령별 주당 착과량 × 금차 착과피해구성률) + (품종·수령별 조사대상 주수 × 품종별(·수령별) 주당 낙과량 × 금차 낙과피해구성률) + {품종·수령별 금차 고사주수 × (품종·수령별 주당 착과량 + 품종별(·수령별) 주당 낙과량) × (1 - max A)} 　▷ 품종·수령별 조사대상주수 = 품종·수령별 실제 결과주수 - 품종·수령별 미보상주수 　- 품종·수령별 고사나무주수 - 품종·수령별 수확완료주수) 　▷ 품종·수령별 평년수확량 = 평년수확량 ÷ 품종·수령별 표준수확량 합계 × 품종·수령별 표준수확량 　▷ 품종·수령별 주당 평년수확량 = 품종·수령별 평년수확량 ÷ 품종·수령별 실제결과주수 　▷ 품종·수령별 주당 착과량 = 품종·수령별 표본주의 착과량 ÷ 품종·수령별 표본주수 　▷ 표본주 착과무게 = 조사 착과량 × 품종별 비대추정지수(매실) × 2(절반조사 시) 　▷ 품종·수령별 금차 고사주수 = 품종·수령별 고사주수 - 품종·수령별 기조사 고사주수) ○ 낙과량 조사 　▷ 표본조사 　- 품종·수령별 주당 낙과량 = 품종·수령별 표본주의 낙과량 ÷ 품종·수령별 표본주수 　▷ 전수조사 　- 품종별 주당 낙과량 = 품종별 낙과량 ÷ 품종별 표본조사 대상 주수 　- 전체 낙과에 대하여 품종별 구분이 가능한 경우 : 품종별 낙과량 조사 　- 전체 낙과에 대하여 품종별 구분이 불가한 경우 : 품종별 낙과량 = 전체 낙과량 × (품종별 표본과실 　　수(무게) ÷ 표본 과실 수(무게)) ○ 피해구성 조사 　▷ 피해구성률 = ((50%형 피해과실무게×0.5)+((80%형 피해과실무게×0.8) 100%형 피해과실무게)÷ 　　표본과실무게 　▷ 금차 피해구성률 = 피해구성률 - max A 　- 금차 피해구성률은 다수 사고인 경우 적용 　- max A : 금차 사고전 기조사된 착과피해구성률 중 최댓값을 말함 　※ 금차 피해구성률이 영(0)보다 작은 경우에는 영(0)으로 함 □ **피해율 산정** ○ 금차 수확 개시 후 수확량조사가 최초 조사인 경우(이전 수확량조사가 없는 경우) 　1)『금차 수확량 + 금차 감수량 + 기수확량 < 평년수확량』인 경우 　　▷ 피해율 = (평년수확량 - 수확량 - 미보상감수량) ÷ 평년수확량 　　- 수확량 = 평년수확량 - 금차 감수량 　　- 미보상 감수량 = 금차 감수량 × 미보상비율 　2)『금차 수확량 + 금차 감수량 + 기수확량 ≥ 평년수확량』인 경우 　　▷ 피해율 = (평년수확량 - 수확량 - 미보상감수량) ÷ 평년수확량 　　- 수확량 = 금차 수확량 + 기수확량 　　- 미보상 감수량 = (평년수확량 - (금차 수확량 + 기수확량)) × 미보상비율

품목별	조사종류별	조사시기	피해율 산정 방법

매실,
대추,
살구
	수확
	개시 후
	수확량조사
	(조사일
	기준)
		사고
		발생
		직후
			○ 수확 개시 전 수확량 조사가 있는 경우(이전 수확량조사에 수확 개시 전 수확량조사가 포함된 경우)
			1) 『금차 수확량 + 금차 감수량 + 기수확량 > 수확 개시 전 수확량조사 수확량』⇒ 오류 수정 필요
			2) 『금차 수확량 + 금차 감수량 + 기수확량 > 이전 조사 금차 수확량 + 이전 조사 기수확량』⇒ 오류 수정 필요
			3) 『금차 수확량 + 금차 감수량 + 기수확량 ≤ 수확 개시 전 수확량조사 수확량』이면서
			○ 『금차 수확량 + 금차 감수량 + 기수확량 ≤ 이전 조사 금차 수확량 + 이전 조사 기수확량』인 경우
			  ▷ 피해율 = (평년수확량 - 수확량 - 미보상감수량) ÷ 평년수확량
			  - 수확량 = 수확 개시 전 수확량 - 사고당 감수량의 합
			  - 미보상감수량 = {평년수확량 - (수확 개시 전 수확량 - 사고당 감수량의 합)} × max(미보상비율)
			
			○ 수확 개시 후 수확량 조사만 있는 경우(이전 수확량조사가 모두 수확 개시 후 수확량조사인 경우)
			1) 『금차 수확량 + 금차 감수량 + 기수확량 > 이전 조사 금차 수확량 + 이전 조사 기수확량』⇒ 오류 수정 필요
			2) 『금차 수확량 + 금차 감수량 + 기수확량 ≤ 이전 조사 금차 수확량 + 이전 조사 기수확량』인 경우
			① 최초 조사가 『금차 수확량 + 금차 감수량 + 기수확량 < 평년수확량』인 경우
			  ▷ 피해율 = (평년수확량 - 수확량 - 미보상감수량) ÷ 평년수확량
			  - 수확량 = 평년수확량 - 사고당 감수량의 합
			  - 미보상 감수량 = 사고당 감수량의 합 × max(미보상비율)
			② 최초 조사가 『금차 수확량 + 금차 감수량 + 기수확량 ≥ 평년수확량』인 경우
			  ▷ 피해율 = (평년수확량 - 수확량 - 미보상감수량) ÷ 평년수확량
			  - 수확량 = 최초 조사 금차 수확량 + 최초 조사 기수확량 - 2차 이후 사고당 감수량의 합
			  - 미보상감수량 = {평년수확량 - (최초 조사 금차 수확량 + 최초 조사 기수확량)
			  - + 2차 이후 사고당 감수량의 합} × max(미보상비율)

오미자	수확 개시 전
	수확량조사
	(조사일
	기준)
		최초
		수확 전
			□ **피해율 = (평년수확량 - 수확량 - 미보상감수량) ÷ 평년수확량**
			○ 수확량 = {형태·수령별 조사대상길이 × 형태·수령별 m당 착과량 × (1 - 착과피해구성률)}
			       + (형태·수령별 m당 평년수확량 × 형태·수령별 미보상 길이)
			  ▷ 형태·수령별 조사대상길이 = 형태·수령별 실제재배길이 - 형태·수령별 미보상길이 - 형태·수령별 고사길이)
			  ▷ 형태·수령별 길이(m)당 착과량 = 형태·수령별 표본구간의 착과무게 ÷ 형태·수령별 표본구간 길이의 합
			  - 표본구간 착과무게 = 조사 착과량 × 2(절반조사 시)
			  ▷ 형태·수령별 길이(m)당 평년수확량 = 형태·수령별 평년수확량 ÷ 형태·수령별 실제재배길이
			  - 형태·수령별 평년수확량 = 평년수확량×{(형태·수령별 m당 표준수확량×형태·수령별 실제재배길이)
			  ÷표준수확량}
			○ 미보상감수량 = (평년수확량 - 수확량) × 미보상비율
			○ 피해 구성 조사
			  - 피해구성률 = ((50%형 피해과실무게 × 0.5) + (80%형 피해과실무게 × 0.8) + (100%형 피해과실무게 × 1)) ÷ 표본과실무게

품목별	조사종류별	조사시기	피해율 산정 방법
오미자	수확 개시 전 수확량조사 (조사일 기준)	최초 수확 전	○ 기본사항 ▷ 형태·수령별 조사대상길이 = 형태·수령별 실제재배길이 - 형태·수령별 미보상길이 - 형태·수령별 고사 길이 - **수확완료길이** ▷ 형태·수령별 평년수확량 = 평년수확량 ÷ 표준수확량 × 형태·수령별 표준수확량 ▷ 형태·수령별 길이(m)당 평년수확량 = 형태·수령별 평년수확량 ÷ 형태·수령별 실제재배길이 ▷ 형태·수령별 길이(m)당 착과량 = 형태·수령별 표본구간의 착과무게 ÷ 형태·수령별 표본구간 길이의 합 ▷ 표본구간 착과무게 = 조사 착과량 × 2(절반조사 시) ▷ 형태·수령별 금차 고사 길이 = 형태·수령별 고사 길이 - 형태·수령별 기조사 고사 길이 ○ 낙과량 조사 ▷ 표본조사 - 형태·수령별 길이(m)당 낙과량 = 형태·수령별 표본구간의 낙과량의 합 ÷ 형태·수령별 표본구간 길이의 합 ▷ 전수조사 - 길이(m)당 낙과량 = 낙과량 ÷ 전체 조사대상길이의 합 ○ 피해구성조사 ▷ 피해구성률 = ((50%형 과실무게×0.5) + ((80%형 과실무게×0.8) + (100%형 과실무게×1)) ÷ 표본과실무게 ▷ 금차 피해구성률 = 피해구성률 - max A - max A : 금차 사고전 기조사된 착과피해구성률 중 최댓값을 말함 ※ 금차 피해구성률이 영(0)보다 작은 경우 : 금차 감수과실수는 영(0)으로 함 ○ 금차 수확량 = {형태·수령별 조사대상길이 × 형태·수령별 m당 착과량 × (1 - 금차 착과피해구성률)} + {형태·수령별 조사대상길이 × 형태·수령별 m당 낙과량 × (1 - 금차 낙과피해구성률)} + (형태·수령별 m당 평년수확량 × 형태별수령별 미보상 길이) ○ 금차 감수량 = (형태·수령별 조사대상길이 × 형태·수령별 m당 착과량 × 금차 착과피해구성률) + (형태·수령별 조사대상길이 × 형태·수령별 m당 낙과량 × 금차 낙과피해구성률) + (형태·수령별 금차 고사 길이 × (형태·수령별 m당 착과량 + 형태·수령별 m당 낙과량) × (1 - max A)) □ **피해율 산정** ○ 금차 수확 개시 후 수확량조사가 최초 조사인 경우(이전 수확량조사가 없는 경우) 1)『금차 수확량 + 금차 감수량 + 기수확량 < 평년수확량』인 경우 ▷ 피해율 = (평년수확량 - 수확량 - 미보상감수량) ÷ 평년수확량 - 수확량 = 평년수확량 - 금차 감수량 - 미보상 감수량 = 금차 감수량 × 미보상비율 2)『금차 수확량 + 금차 감수량 + 기수확량 ≥ 평년수확량』인 경우 ▷ 피해율 = (평년수확량 - 수확량 - 미보상감수량) ÷ 평년수확량 - 수확량 = 금차 수확량 + 기수확량 - 미보상 감수량 = (평년수확량 - (금차 수확량 + 기수확량)) × 미보상비율 ○ 수확 개시 전 수확량 조사가 있는 경우(이전 수확량조사에 수확 개시 전 수확량조사가 포함된 경우) 1)『금차 수확량 + 금차 감수량 + 기수확량 > 수확 개시 전 수확량조사 수확량』⇒ 오류 수정 필요

품목별	조사종류별	조사시기	피해율 산정 방법
오미자	수확 개시 전 수확량조사 (조사일 기준)	최초 수확 전	2) 『금차 수확량 + 금차 감수량 + 기수확량 > 이전 조사 금차 수확량 + 이전 조사 기수확량』⇒ 오류 수정 필요 3) 『금차 수확량 + 금차 감수량 + 기수확량 ≤ 수확 개시 전 수확량조사 수확량』 이면서 ○ 『금차 수확량 + 금차 감수량 + 기수확량 ≤ 이전 조사 금차 수확량 + 이전 조사 기수확량』인 경우 ▷ 피해율 = (평년수확량 - 수확량 - 미보상감수량) ÷ 평년수확량 - 수확량 = 수확 개시 전 수확량 - 사고당 감수량의 합 - 미보상감수량 = {평년수확량 - (수확 개시 전 수확량 - 사고당 감수량의 합)} × max(미보상비율) ○ 수확 개시 후 수확량 조사만 있는 경우(이전 수확량조사가 모두 수확 개시 후 수확량조사인 경우) 1) 『금차 수확량 + 금차 감수량 + 기수확량 > 이전 조사 금차 수확량 + 이전 조사 기수확량』⇒ 오류 수정 필요 2) 『금차 수확량 + 금차 감수량 + 기수확량 ≤ 이전 조사 금차 수확량 + 이전 조사 기수확량』인 경우 ① 최초 조사가 『금차 수확량 + 금차 감수량 + 기수확량 < 평년수확량』인 경우 ▷ 피해율 = (평년수확량 - 수확량 - 미보상감수량) ÷ 평년수확량 - 수확량 = 평년수확량 - 사고당 감수량의 합 - 미보상 감수량 = 사고당 감수량의 합 × max(미보상비율) ② 최초 조사가 『금차 수확량 + 금차 감수량 + 기수확량 ≥ 평년수확량』인 경우 ▷ 피해율 = (평년수확량 - 수확량 - 미보상감수량) ÷ 평년수확량 - 수확량 = 최초 조사 금차 수확량 + 최초 조사 기수확량 - 2차 이후 사고당 감수량의 합 - 미보상감수량 = {평년수확량 - (최초 조사 금차 수확량 + 최초 조사 기수확량) - + 2차 이후 사고당 감수량의 합} × max(미보상비율)
유자	수확량조사	수확개시전	○ 기본사항 ▷ 품종·수령별 조사대상주수 = 품종·수령별 실제결과주수 - 품종·수령별 미보상주수 - 품종·수령별 고사주수 ▷ 품종·수령별 평년수확량 = 평년수확량 ÷ 표준수확량 × 품종·수령별 표준수확량 - 품종·수령별 주당 평년수확량 = 품종·수령별 평년수확량 ÷ 품종·수령별 실제결과주수 ▷ 품종·수령별 과중 = 품종·수령별 표본과실 무게합계 ÷ 품종·수령별 표본과실수 ▷ 품종·수령별 표본주당 착과수 = 품종·수령별 표본주 착과수 합계 ÷ 품종·수령별 표본주수 ▷ 품종·수령별 표본주당 착과량 = 품종·수령별 표본주당 착과수 × 품종·수령별 과중 ○ 피해구성 조사 ▷ 피해구성률 = ((50%형 피해과실수×0.5) + (80%형 피해과실수×0.8) + (100%형 피해과실수×1)) ÷ 표본과실수 ○ 피해율 = (평년수확량 - 수확량 - 미보상감수량) ÷ 평년수확량 ▷ 수확량 = {품종·수령별 표본조사 대상 주수 × 품종·수령별 표본주당 착과량 × (1 - 착과피해구성률)} + (품종·수령별 주당 평년수확량 × 품종·수령별 미보상주수) ▷ 미보상감수량 = (평년수확량 - 수확량) × 미보상비율

477

4. 종합위험 및 수확전 종합위험 과실손해보장방식

품목별	조사종류별	조사시기	피해율 산정 방법
복분자	종합위험 과실손해 조사	수정완료 시점 ~ 수확 전	□ **종합위험 과실손해 고사결과모지수** **= 평년결과모지수 - (기준 살아있는 결과모지수 - 수정불량환산 고사결과모지수 + 미보상 고사결과모지수)** ○ 기준 살아있는 결과모지수 = 표본구간 살아있는 결과모지수의 합 ÷ (표본구간수 × 5) ○ 수정불량환산 고사결과모지수 = 표본구간 수정불량 고사결과모지수의 합 ÷ (표본구간수×5) ○ 표본구간 수정불량 고사결과모지수 = 표본구간 살아있는 결과모지수 × 수정불량환산계수 ○ 수정불량환산계수 = (수정불량결실수 ÷ 전체결실수) - 자연수정불량률 　= 최댓값((표본포기 6송이 피해 열매수의 합 ÷ 표본포기 6송이 열매수의 합계)-15%, 0) 　▷ 자연수정불량률 : 15%(2014 복분자 수확량 연구용역 결과반영) ○ 미보상 고사결과모지수 = 최댓값({평년결과모지수 - (기준 살아있는 결과모지수 - 수정불량환산 결과모지수)} × 미보상비율, 0) □ **특정위험 과실손해 고사결과모지수 = 수확감소환산 고사결과모지수 - 미보상 고사결과모지수** ○ 수확감소환산 고사결과모지수 (종합위험 과실손해조사를 실시한 경우) 　= (기준 살아있는 결과모지수 - 수정불량환산 고사결과모지수) × 누적수확감소환산계수 ○ 수확감소환산 고사결과모지수 (종합위험 과실손해조사를 실시하지 않은 경우) 　= 평년결과모지수 × 누적수확감소환산계수
	특정위험 과실손해 조사	사고접수 직후	▷ 누적수확감소환산계수 = 특정위험 과실손해조사별 수확감소환산계수의 합 　▷ 수확감소환산계수 = 최댓값(기준일자별 잔여수확량 비율 - 결실률, 0) 　▷ 결실률 = 전체결실수 ÷ 전체개화수 　= Σ(표본송이의 수확 가능한 열매수) ÷ Σ(표본송이의 총열매수) ○ 미보상 고사결과모지수 = 수확감소환산 고사결과모지수 × 최댓값(특정위험 과실손해조사별 미보상비율) □ **피해율 = 고사결과모지수 ÷ 평년결과모지수** - 고사결과모지수 = 종합위험 과실손해 고사결과모지수 + 특정위험 과실손해 고사결과모지수
오디	과실손해 조사	결실완료 시점 ~ 수확 전	□ **피해율 = (평년결실수 - 조사결실수 - 미보상 감수 결실수) ÷ 평년결실수** ○ 조사결실수 = Σ{(품종·수령별 환산결실수 × 품종·수령별 조사대상주수) 　　　　　　 + (품종별 주당 평년결실수 × 품종·수령별 미보상주수)} ÷ 전체 실제결과주수 - 품종·수령별 환산결실수 = 품종·수령별 표본가지 결실수 합계 ÷ 품종·수령별 표본가지 길이 합계 - 품종·수령별 표본조사 대상 주수 = 품종·수령별 실제결과주수 - 품종·수령별 고사주수 - 품종·수령별 미보상주수 - 품종별 주당 평년결실수 = 품종별 평년결실수 ÷ 품종별 실제결과주수 - 품종별 평년결실수 = (평년결실수 × 전체 실제결과주수) × (대상 품종 표준결실수 × 대상 품종 실제결과주수) ÷ Σ(품종별 표준결실수 × 품종별 실제결과주수) ○ 미보상감수결실수 = Max((평년결실수 - 조사결실수) × 미보상비율, 0)

품목별	조사종류별	조사시기	피해율 산정 방법
감귤 (온주밀 감류)	과실손해 조사	착과피해 조사	○ 과실손해 피해율 = {(등급 내 피해과실수 + 등급 외 피해과실수 × 50%) ÷ 기준과실수} × (1 - 미보상비율) ○ 피해 인정 과실수 = 등급 내 피해 과실수 + 등급 외 피해과실수 × 50% 1) 등급 내 피해 과실수 = (등급 내 30%형 과실수 합계×0.3) + (등급 내 50%형 과실수 합계 ×0.5) + (등급 내 80%형 과실수 합계×0.8) + (등급 내 100%형 과실수×1) 2) 등급 외 피해 과실수 = (등급 외 30%형 과실수 합계×0.3) + (등급 외 50%형 과실수 합계 ×0.5) + (등급 외 80%형 과실수 합계×0.8) + (등급 외 100%형 과실수×1) ※ 만감류는 등급 외 피해 과실수를 피해 인정 과실수 및 과실손해 피해율에 반영하지 않음 3) 기준과실수 : 모든 표본주의 과실수 총 합계 ※ 단, 수확전 사고조사를 실시한 경우에는 아래와 같이 적용한다. - (수확전 사고조사 결과가 있는 경우) 과실손해피해율 = [{(최종 수확전 과실손해 피해율 ÷ (1-최종 수확전 과실손해 조사 미보상비율))} + {(1 - (최종 수확전 과실손해 피해율 ÷ (1 - 최종 수확전 과실손해 조사 미보상비율))) × (과실손해 피해율 ÷ (1 - 과실손해미보상비율))}] × {1 - 최댓값(최종 수확전 과실손해조사 미보상비율, 과실손해 미보상비율)} ◆ 수확전 과실손해 피해율 = {100%형 피해과실수 ÷ (정상 과실수 + 100%형 피해과실수)} x (1-미보상비율) ◆ 최종 수확전 과실손해 피해율 = {(이전 100%피해과실수 + 금차 100%피해과실수) ÷ (정상 과실수 + 100%형 피해과실수)} x (1-미보상비율)
	동상해조사	착과피해 조사	○ 동상해 과실손해 피해율 = 동상해 피해 과실수 ÷ 기준과실수 $= \dfrac{(80\%형피해과실수 \times 0.8) + (100\%형피해과실수 \times 1)}{정상과실수 + 80\%형피해과실수 + 100\%형피해과실수}$ ※ 동상해 피해과실수 = (80%형 피해과실수 x 0.8) + (100%형 피해과실수 x 1) ※ 기준과실수(모든 표본주의 과실수 총 합계) = 정상과실수 + 80%형 피해과실수 + 100%형 피해과실수

품목별	조사종류별	조사시기	피해율 산정 방법
무화과	수확량조사	수확전 수확후	□ **기본사항** ○ 품종·수령별 조사대상주수 = 품종·수령별 실제결과주수 - 품종·수령별 미보상주수 - 품종·수령별 고사주수 ○ 품종·수령별 평년수확량 = 평년수확량×(품종·수령별 주당 표준수확량×품종·수령별 실제결과주수÷표준수확량) ▷ 품종·수령별 주당 평년수확량 = 품종·수령별 평년수확량 ÷ 품종·수령별 실제결과주수 □ **7월31일 이전 피해율** ○ 피해율 = (평년수확량 - 수확량 - 미보상감수량) ÷ 평년수확량 ▷ 수확량 = {품종별·수령별 조사대상주수 × 품종·수령별 주당 수확량 × (1 - 피해구성률)} + (품종·수령별 주당 평년수확량 × 미보상주수) - 품종·수령별 주당 수확량 = 품종·수령별 주당 착과수 × 표준과중 - 품종·수령별 주당 착과수 = 품종·수령별 표본주 과실수의 합계 ÷ 품종·수령별 표본주수 ▷ 미보상감수량 = (평년수확량 - 수확량) × 미보상비율 ▷ 피해구성 조사 - 피해구성률 : {(50%형 과실수 × 0.5) + (80%형 과실수 × 0.8) + (100%형 과실수 × 1)} ÷ 표본과실수 □ **8월1일 이후 피해율** ○ 피해율 = (1 - 수확전사고 피해율) × 경과비율 × 결과지 피해율 ▷ 결과지 피해율 = (고사결과지수 + 미고사결과지수×착과피해율 - 미보상고사결과지수) ÷ 기준결과지수 - 기준결과지수 = 고사결과지수 + 미고사결과지수 - 고사결과지수 = 보상고사결과지수 + 미보상고사결과지수 ※ 8월1일 이후 사고가 중복 발생할 경우 금차 피해율에서 전차 피해율을 차감하고 산정함

5. 종합위험 수확감소보장방식 논작물 품목

품목별	조사종류별	조사시기	피해율 산정 방법
벼	수량요소 (벼만 해당)	수확 전 14일 (전후)	○ 피해율 = (평년수확량 - 수확량 - 미보상감수량) ÷ 평년수확량 (단, 병해충 단독사고일 경우 병해충 최대인정피해율 적용) ▷ 수확량 = 표준수확량 × 조사수확비율 × 피해면적 보정계수 ▷ 미보상감수량 = (평년수확량 - 수확량) × 미보상비율
	표본	수확 가능시기	○ 피해율 : (평년수확량 - 수확량 - 미보상감수량) ÷ 평년수확량 (단, 병해충 단독사고일 경우 병해충 최대인정피해율 적용) ▷ 수확량 = (표본구간 단위면적당 유효중량 × 조사대상면적) + {단위면적당 평년수확량 × (타작물 및 미보상면적 + 기수확면적)} - 단위면적당 평년수확량 = 평년수확량 ÷ 실제경작면적 - 조사대상면적 = 실제경작면적 - 고사면적 - 타작물 및 미보상면적 - 기수확면적 - 표본구간 단위면적당 유효중량 = 표본구간 유효중량 ÷ 표본구간 면적 · 표본구간 유효중량 = 표본구간 작물 중량 합계 × (1 - Loss율) × {(1 - 함수율) ÷ (1 - 기준함수율)} · Loss율 : 7% / 기준함수율 : 메벼(15%), 찰벼(13%), 분질미(14%) · 표본구간 면적 = 4포기 길이 × 포기당 간격 × 표본구간 수 ▷ 미보상감수량 = (평년수확량 - 수확량) × 미보상비율
	전수	수확 시	○ 피해율 : (평년수확량 - 수확량 - 미보상감수량) ÷ 평년수확량 (단, 병해충 단독사고일 경우 병해충 최대인정피해율 적용) ▷ 수확량 : 조사대상면적 수확량 + {단위면적당 평년수확량 × (타작물 및 미보상면적 + 기수확면적)} - 단위면적당 평년수확량 = 평년수확량 ÷ 실제경작면적 - 조사대상면적 = 실제경작면적 - 고사면적 - 타작물 및 미보상면적 - 기수확면적 - 조사대상면적 수확량 = 작물 중량 × {(1 - 함수율) ÷ (1 - 기준함수율)} · 기준함수율 : 메벼(15%), 찰벼(13%), 분질미(14%) ▷ 미보상감수량 = (평년수확량 - 수확량) × 미보상비율
밀 보리	표본	수확 가능시기	○ 피해율 : (평년수확량 - 수확량 - 미보상감수량) ÷ 평년수확량 ▷ 수확량 = (표본구간 단위면적당 유효중량 × 조사대상면적) + {단위면적당 평년수확량 × (타작물 및 미보상면적 + 기수확면적)} - 단위면적당 평년수확량 = 평년수확량 ÷ 실제경작면적 - 조사대상면적 = 실제경작면적 - 고사면적 - 타작물 및 미보상면적 - 기수확면적 - 표본구간 단위면적당 유효중량 = 표본구간 유효중량 ÷ 표본구간 면적 · 표본구간 유효중량 = 표본구간 작물 중량 합계 × (1 - Loss율) × {(1 - 함수율) ÷ (1 - 기준함수율)} · Loss율 : 7% / 기준함수율 : 밀(13%), 보리(13%) · 표본구간 면적 = 4포기 길이 × 포기당 간격 × 표본구간 수 ▷ 미보상감수량 : (평년수확량 - 수확량) × 미보상비율
	전수	수확 시	○ 피해율 : (평년수확량 - 수확량 - 미보상감수량) ÷ 평년수확량 ▷ 수확량 : 조사대상면적 수확량 + {단위면적당 평년수확량 × (타작물 및 미보상면적 + 기수확면적)} - 단위면적당 평년수확량 = 평년수확량 ÷ 실제경작면적 - 조사대상면적 = 실제경작면적 - 고사면적 - 타작물 및 미보상면적 - 기수확면적 - 조사대상면적 수확량 = 작물 중량 × {(1 - 함수율) ÷ (1 - 기준함수율)} · 기준함수율 : 밀(13%), 보리(13%) ▷ 미보상감수량 : (평년수확량 - 수확량) × 미보상비율

6. 종합위험 수확감소보장방식 밭작물 품목

품목별	조사종류별	조사시기	피해율 산정 방법
양배추	수확량조사 (수확 전 사고가 발생한 경우)	수확직전	○ 피해율 = (평년수확량 - 수확량 - 미보상감수량) ÷ 평년수확량 ▷ 수확량 = (표본구간 단위면적당 수확량×조사대상면적) + {단위면적당 평년수확량 × (타작물 및 미보상면적 + 기수확면적)} - 단위면적당 평년수확량 = 평년수확량 ÷ 실제경작면적 - 표본조사대상면적 = 실제경작면적 - 고사면적 - 타작물 및 미보상면적 - 기수확면적 - 표본구간 단위면적당 수확량 = 표본구간 수확량 합계 ÷ 표본구간 면적 · 표본구간 수확량 합계 = 표본구간 정상 양배추 중량 + (80% 피해 양배추 중량 × 0.2) ▷ 미보상감수량 = (평년수확량 - 수확량) × 미보상비율
	수확량조사 (수확 중 사고가 발생한 경우)	사고발생 직후	
양파, 마늘	수확량조사 (수확 전 사고가 발생한 경우)	수확직전	○ 피해율 = (평년수확량 - 수확량 - 미보상감수량) ÷ 평년수확량 ▷ 수확량 = (표본구간 단위면적당 수확량 × 조사대상면적) + {단위면적당 평년수확량 × (타작물 및 미보상면적 + 기수확면적)} - 단위면적당 평년수확량 = 평년수확량 ÷ 실제경작면적 - 조사대상면적 = 실제경작면적 - 고사면적 - 타작물 및 미보상면적 - 기수확면적 - 표본구간 단위면적당 수확량 = 표본구간 수확량 합계 ÷ 표본구간 면적 · 표본구간 수확량 합계 = (표본구간 정상 작물 중량 + (80% 피해 작물 중량 ×0.2)) × (1 + 비대추정지수) × 환산계수 · 환산계수는 마늘에 한하여 0.7(한지형), 0.72(난지형)를 적용 · 누적비대추정지수 = 지역별 수확적기까지 잔여일수 × 일자별 비대추정지수 ▷ 미보상감수량 = (평년수확량 - 수확량) × 미보상비율
	수확량조사 (수확 중 사고가 발생한 경우)	사고발생 직후	
차(茶)	수확량조사 (조사 가능일 전 사고가 발생한 경우)	조사 가능일 직전	○ 피해율 = (평년수확량 - 수확량 - 미보상감수량) ÷ 평년수확량 ▷ 수확량 = (표본구간 단위면적당 수확량 × 조사대상면적) + {단위면적당 평년수확량 × (타작물 및 미보상면적 + 기수확면적)} - 단위면적당 평년수확량 = 평년수확량 ÷ 실제경작면적 - 조사대상면적 = 실제경작면적 - 고사면적 - 타작물 및 미보상면적 - 기수확면적 - 표본구간 단위면적당 수확량 = 표본구간 수확량 합계 ÷ 표본구간 면적 합계 × 수확면적율 · 표본구간 수확량 합계 = {(수확한 새싹무게 ÷ 수확한 새싹수) × 기수확 새싹수 × 기수확지수} + 수확한 새싹무게 ▷ 미보상감수량 = (평년수확량 - 수확량) × 미보상비율
	수확량조사 (조사 가능일 후 사고가 발생한 경우)	사고발생 직후	
콩	수확량조사 (수확 전 사고가 발생한 경우)	수확직전	○ 피해율 = (평년수확량 - 수확량 - 미보상감수량) ÷ 평년수확량 ▷ 수확량(표본조사)= (표본구간 단위면적당 수확량 × 조사대상면적) + {단위면적당 평년수확량 × (타작물 및 미보상면적 + 기수확면적)} ▷ 수확량(전수조사)= {전수조사 수확량×(1 - 함수율)÷(1 - 기준함수율)}+ {단위면적당 평년수확량× (타작물 및 미보상면적 + 기수확면적)} - 표본구간 단위면적당 수확량 = 표본구간 수확량 합계 ÷ 표본구간 면적 · 표본구간 수확량 합계 = 표본구간별 종실중량 합계 × {(1 - 함수율) ÷ (1 - 기준함수율)} · 기준함수율 : 콩(14%) - 조사대상면적 = 실경작면적 - 고사면적 - 타작물 및 미보상면적 - 기수확면적 - 단위면적당 평년수확량 = 평년수확량 ÷ 실제경작면적 ▷ 미보상감수량 = (평년수확량 - 수확량) × 미보상비율
	수확량조사 (수확 중 사고가 발생한 경우)	사고발생 직후	

품목별	조사종류별	조사시기	피해율 산정 방법
감자	수확량조사 (수확 전 사고가 발생한 경우)	수확직전	○ 피해율 = {(평년수확량 - 수확량 - 미보상감수량) + 병충해감수량} ÷ 평년수확량 ▷ 수확량 = (표본구간 단위면적당 수확량×조사대상면적) + {단위면적당 평년수확량×(타작물 및 　미보상면적 + 기수확면적)} - 단위면적당 평년수확량 = 평년수확량 ÷ 실제경작면적 - 조사대상면적 = 실제경작면적 - 고사면적 - 타작물 및 미보상면적 - 기수확면적 - 표본구간 단위면적당 수확량 = 표본구간 수확량 합계 ÷ 표본구간 면적
	수확량조사 (수확 중 사고가 발생한 경우)	사고발생 직후	·표본구간 수확량 합계 = 표본구간별 정상 감자 중량 + (최대 지름이 5cm미만이거나 50%형 피해 　감자 중량 × 0.5) + 병충해 입은 감자 중량 ▷ 병충해감수량 = 병충해 입은 괴경의 무게 × 손해정도비율 × 인정비율 ☞ 위 산식은 각각의 표본구간별로 적용되며, 각 표본구간 면적을 감안하여 전체 병충해 감수량을 산정 - 손해정도비율 = 표 2-4-9) 참조, 인정비율 = 표 2-4-10) 참조 ▷ 미보상감수량 = (평년수확량 - 수확량) × 미보상비율
고구마	수확량조사 (수확 전 사고가 발생한 경우)	수확직전	○ 피해율 = (평년수확량 - 수확량 - 미보상감수량) ÷ 평년수확량 ▷ 수확량 = (표본구간 단위면적당 수확량 × 조사대상면적) + {단위면적당 평년수확량 × (타작물 및 미보상면적 + 기수확면적)} - 단위면적당 평년수확량 = 평년수확량 ÷ 실제경작면적 - 조사대상면적 = 실제경작면적 - 고사면적 - 타작물 및 미보상면적 - 기수확면적 - 표본구간 단위면적당 수확량 = 표본구간 수확량 합계 ÷ 표본구간 면적
	수확량조사 (수확 중 사고가 발생한 경우)	사고발생 직후	·표본구간 수확량 = 표본구간별 정상 고구마 중량 + (50% 피해 고구마 중량×0.5) + (80% 피해 고구마 중량×0.2) ▷ 미보상감수량 = (평년수확량 - 수확량) × 미보상비율
옥수수	수확량조사 (수확 전 사고가 발생한 경우)	수확직전	○ 손해액 = (피해수확량 - 미보상감수량) × 표준가격 ▷ 피해수확량 = (표본구간 단위면적당 피해수확량 × 조사대상면적) + (단위면적당 표준수확량 × 고사면적) - 단위면적당 표준수확량 = 표준수확량 ÷ 실제경작면적 - 조사대상면적 = 실제경작면적 - 고사면적 - 타작물 및 미보상면적 - 기수확면적
	수확량조사 (수확 중 사고가 발생한 경우)	사고발생 직후	- 표본구간 단위면적당 피해수확량 = 표본구간 피해수확량 합계 ÷ 표본구간 면적 - 표본구간 피해수확량 합계 = (표본구간별 "하"품 이하 옥수수 개수 + ("중"품 옥수수 개수 × 0.5)) × 표준중량 × 재식시기지수 × 재식밀도지수 ▷ 미보상감수량 = 피해수확량 × 미보상비율

품목별	조사종류별	조사시기	피해율 산정 방법
고추, 브로콜리, 배추, 무, 단호박, 파, 당근, 메밀	생산비보장 손해조사	사고발생 직후	☐ **보험금 산정(고추, 브로콜리)** ○ 보험금 = (잔존보험가입금액 ×경과비율 × 피해율) - 자기부담금 　(단, 고추는 병충해가 있는 경우 병충해등급별 인정비율 추가하여 피해율에 곱함) 　▷ 경과비율 　· 수확기 이전에 사고시 = $\left\{ a + (1-a) \times \dfrac{생장일수}{표준생장일수} \right\}$ 　· 수확기 중 사고시 = $\left(1 - \dfrac{수확일수}{표준수확일수} \right)$ 　※ α(준비기생산비계수) = (고추: 52.7%(49.5%), 브로콜리: 49.2%) 　　**<용어의 정의>** 　　생장일수 : 정식일로부터 사고발생일까지 경과일수 　　표준생장일수 : 정식일로부터 수확개시일까지의 일수로 작목별로 사전에 설정된 값 　　　　　　　　　 (고추 : 100일, 브로콜리 : 130일) 　　수확일수 : 수확개시일로부터 사고발생일까지 경과일수 　　표준수확일수 : 수확개시일부터 수확종료(예정)일까지 일수 　▷ 자기부담금 = 잔존보험가입금액 × **(3% 또는 5%)** ☐ **보험금 산정(배추, 무, 단호박, 파, 당근, 메밀, 시금치)** ○ 보험금 = 보험가입금액 × (피해율 - 자기부담비율) ☐ **품목별 피해율 산정** ○ 고추 피해율 = 피해비율 × 손해정도비율(심도) × (1 - 미보상비율) 　▷ 피해비율 = 피해면적 ÷ 실제경작면적(재배면적) 　▷ 손해정도비율 = {(20%형 피해 고추주수 × 0.2) + (40%형 피해 고추주수 × 0.4) + (60%형 피해 　　고추주수 × 0.6) + (80%형 피해 고추주수 × 0.8) + (100형 피해 고추주수)} ÷ (정상 고추주수 + 20% 　　형 피해 고추주수 + 40%형 피해 고추주수 + 60%형 피해 고추주수 + 80%형 피해 고추주수 + 100% 　　형 피해 고추주수) ○ 브로콜리 피해율 = 피해비율 × 작물피해율 　▷ 피해비율 = 피해면적 ÷ 실제경작면적(재배면적) 　▷ 작물피해율 = {(50%형 피해송이 개수 × 0.5) + (80%형 피해송이 개수 × 0.8) + (100%형 피해송이 개수)} 　　÷ (정상 송이 개수 + 50%형 피해송이 개수 + 80%형 피해송이 개수 + 100%형 피해송이 개수) ○ 배추, 무, 단호박, 파, 당근, 시금치 피해율 = 피해비율 × 손해정도비율(심도) × (1-미보상비율) 　▷ 피해비율 = 피해면적 ÷ 실제경작면적(재배면적) 　▷ 손해정도비율 　= {(20%형 피해작물 개수 × 0.2) + (40%형 피해작물 개수 × 0.4) + (60%형 피해작물 개수 × 0.6) + 　　(80%형 피해작물 개수 × 0.8) + (100%형 피해작물 개수)} ÷ (정상 작물 개수 + 20%형 피해작물 개수 　　+ 40%형 피해작물 개수 + 60%형 피해작물 개수 + 80%형 피해작물 개수 + 100%형 피해작물 개수) ○ 메밀 피해율 = 피해면적 ÷ 실제경작면적(재배면적) 　▷ 피해면적 　= (도복으로 인한 피해면적 × 70%) + [도복 이외로 인한 피해면적 × {(20%형 피해 표본면적 × 0.2) + 　　(40%형 피해 표본면적 × 0.4) + (60%형 피해 표본면적 × 0.6) + (80%형 피해 표본면적 × 0.8) 　　+ (100%형 피해 표본면적 × 1)} ÷ 표본면적 합계]

8. 농업수입감소보장방식 과수작물 품목

품목별	조사종류별	조사시기	피해율 산정 방법
포도	수확량조사	착과수조사 (최초 수확 품종 수확전) / 과중조사 (품종별 수확시기) / 착과피해조사 (피해 확인 가능 시기) / 낙과피해조사 (착과수조사 이후 낙과피해 시) / 고사나무조사 (수확완료 후)	**□ 착과수(수확개시 전 착과수조사 시)** ○ 품종·수령별 착과수 = 품종·수령별 조사대상주수 × 품종·수령별 주당 착과수 ▷ 품종·수령별 조사대상주수 = 품종·수령별 실제결과주수 - 품종·수령별 고사주수 - 품종·수령별 미보상주수 ▷ 품종·수령별 주당 착과수 = 품종·수령별 표본주의 착과수 ÷ 품종·수령별 표본주수 **□ 착과수(착과피해조사 시)** ○ 품종·수령별 착과수 = 품종·수령별 조사대상주수 × 품종·수령별 주당 착과수 ▷ 품종·수령별 조사대상주수 = 품종·수령별 실제결과주수 - 품종·수령별 고사주수 - 품종·수령별 미보상주수 - 품종·수령별 수확완료주수 ▷ 품종·수령별 주당 착과수 = 품종별·수령별 표본주의 착과수 ÷ 품종별·수령별 표본주수 **□ 과중조사 (사고접수 여부와 상관없이 모든 농지마다 실시)** ○ 품종별 과중 = 품종별 표본과실 무게 ÷ 품종별 표본과실 수 **□ 낙과수 산정 (착과수조사 이후 발생한 낙과사고마다 산정)** ○ 표본조사 시 : 품종·수령별 낙과수 조사 ▷ 품종·수령별 낙과수 = 품종·수령별 조사대상 주수 × 품종·수령별 주당 낙과수 - 품종·수령별 조사대상주수 = 품종·수령별 실제결과주수 - 품종·수령별 고사주수 - 품종·수령별 미보상주수 - 품종·수령별 수확완료주수 - 품종·수령별주당 낙과수 = 품종·수령별 표본주의 낙과수 ÷ 품종·수령별 표본주수 ○ 전수조사 시 : 품종별 낙과수 조사 ▷ 전체 낙과수에 대한 품종 구분이 가능할 때 : 품종별로 낙과수 조사 ▷ 전체 낙과수에 대한 품종 구분이 불가능할 때 (전체 낙과수 조사 후 품종별 안분) - 품종별 낙과수 = 전체 낙과수 × (품종별 표본과실 수 ÷ 품종별 표본과실 수의 합계) ◆ 품종별 주당 낙과수 = 품종별 낙과수 ÷ 품종별 조사대상주수 - 품종별 조사대상주수 = 품종별 실제결과주수 - 품종별 고사주수 - 품종별 미보상주수 - 품종별 수확완료주수) **□ 피해구성조사 (낙과 및 착과피해 발생 시 실시)** ○ 피해구성률 = {(50%형 피해과실 수 × 0.5) + (80%형 피해과실 수 × 0.8) + (100%형 피해과실 수 × 1)} ÷ 표본과실 수 ○ 금차 피해구성률 = 피해구성률 - max A ▷ 금차 피해구성률은 다수 사고인 경우 적용 ▷ max A : 금차 사고전 기조사된 착과피해구성률 중 최댓값을 말함 ※ 금차 피해구성률이 영(0)보다 작은 경우에는 영(0)으로 함 **□ 착과량 산정** ○ 착과량 = 품종·수령별 착과량의 합 ▷ 품종·수령별 착과량 = (품종·수령별 착과수 × 품종별 과중) + (품종·수령별 주당 평년수확량 × 미보상주수) - 품종·수령별 주당 평년수확량 = 품종·수령별 평년수확량 ÷ 품종·수령별 실제결과주수 - 품종·수령별 평년수확량 = 평년수확량 × (품종·수령별 표준수확량 ÷ 표준수확량) - 품종·수령별 표준수확량 = 품종·수령별 주당 표준수확량 × 품종·수령별 실제결과주수

품목별	조사종류별	조사시기	피해율 산정 방법
			□ 감수량 산정 (사고마다 산정) ○ 금차 감수량 = 금차 착과 감수량 + 금차 낙과 감수량 + 금차 고사주수 감수량 ▷ 금차 착과 감수량 = 금차 품종별·수령별 착과 감수량의 합 - 금차 품종·수령별 착과 감수량 = 금차 품종·수령별 착과수 × 품종별 과중 × 금차 품종별 착과피해구성률 - 금차 낙과 감수량 = 금차 품종·수령별 낙과수 × 품종별 과중 × 금차 낙과피해구성률 - 금차 고사주수 감수량 = (금차 품종·수령별 고사분과실수) × 품종별 과중 ▷ 품종·수령별 금차 고사주수 = 품종·수령별 고사주수 - 품종·수령별 기조사 고사주수 **□ 피해율 산정** ○ 피해율 = (기준수입 - 실제수입) ÷ 기준수입 ▷ 기준수입 = 평년수확량 × 농지별 기준가격 ▷ 실제수입 = (수확량 + 미보상감수량) × 최솟값(농지별 기준가격, 농지별 수확기가격) - 미보상 감수량 = (평년수확량 - 수확량) × 최댓값(미보상비율) **□ 수확량 산정 (착과수조사 이전 사고의 피해사실이 인정된 경우)** ○ 품종별 개당 과중이 모두 있는 경우 ▷ 수확량 = 착과량 - 사고당 감수량의 합 **□ 수확량 산정(착과수조사 이전 사고의 접수가 없거나, 피해사실이 인정되지 않은 경우)** ○ 수확량 = max[평년수확량,착과량] - 사고당 감수량의 합 ※ 수확량은 품종별 개당 과중조사 값이 모두 입력된 경우 산정됨

9. 농업수입감소보장방식 밭작물 품목

품목별	조사종류별	조사시기	피해율 산정 방법
콩	수확량조사	수확직전	○ 피해율 = (기준수입 - 실제수입) ÷ 기준수입 ▷ 기준수입 = 평년수확량 × 농지별 기준가격 ▷ 실제수입 = (수확량 + 미보상감수량) × 최솟값(농지별 기준가격, 농지별 수확기가격) - 수확량(표본조사) = (표본구간 단위면적당 수확량×조사대상면적)+{단위면적당 평년수확량 ×(타작물 및 미보상면적+기수확면적)} - 수확량(전수조사) = {전수조사 수확량×(1 - 함수율)÷(1 - 기준함수율)}+{단위면적당 평년수확량×(타작물 및 미보상면적+기수확면적)} · 표본구간 단위면적당 수확량 = 표본구간 수확량 합계 ÷ 표본구간 면적 · 표본구간 수확량 합계 = 표본구간별 종실중량 합계 × {(1 - 함수율) ÷ (1 - 기준함수율)} · 기준함수율 : 콩(14%) · 조사대상면적 = 실경작면적 - 고사면적 - 타작물 및 미보상면적 - 기수확면적 · 단위면적당 평년수확량 = 평년수확량 ÷ 실제경작면적 ▷ 미보상감수량 = (평년수확량 - 수확량) × 미보상비율 (또는 보상하는 재해가 없이 감소된 수량)
양파	수확량조사	수확직전	○ 피해율 = (기준수입 - 실제수입) ÷ 기준수입 ▷ 기준수입 = 평년수확량 × 농지별 기준가격 ▷ 실제수입 = (수확량 + 미보상감수량) × 최솟값(농지별 기준가격, 농지별 수확기가격) - 미보상감수량 = (평년수확량 - 수확량) × 미보상비율 (또는 보상하는 재해가 없이 감소된 수량) ○ 수확량 = (표본구간 단위면적당 수확량 × 조사대상면적) + {단위면적당 평년수확량 × (타작물 및 미보상면적 + 기수확면적)} ▷ 단위면적당 평년수확량 = 평년수확량 ÷ 실제경작면적 ▷ 조사대상면적 = 실경작면적 - 수확불능면적 - 타작물 및 미보상면적 - 기수확면적 ▷ 표본구간 단위면적당 수확량 = 표본구간 수확량 ÷ 표본구간 면적 - 표본구간 수확량 = (표본구간 정상 양파 중량 + 80%형 피해 양파 중량의 20%) × (1 + 누적비대추정지수) - 누적비대추정지수 = 지역별 수확적기까지 잔여일수 × 비대추정지수
마늘	수확량조사	수확직전	○ 피해율 = (기준수입 - 실제수입) ÷ 기준수입 ▷ 기준수입 = 평년수확량 × 농지별 기준가격 ▷ 실제수입 = (수확량 + 미보상감수량) × 최솟값(농지별 기준가격, 농지별 수확기가격) - 미보상감수량 = (평년수확량 - 수확량) × 미보상비율 (또는 보상하는 재해가 없이 감소된 수량) ○ 수확량 = (표본구간 단위면적당 수확량 × 조사대상면적) + {단위면적당 평년수확량 × (타작물 및 미보상면적 + 기수확면적)} ▷ 단위면적당 평년수확량 = 평년수확량 ÷ 실제경작면적 ▷ 조사대상면적 = 실경작면적 - 수확불능면적 - 타작물 및 미보상면적 - 기수확면적 ▷ 표본구간 단위면적당 수확량 = (표본구간 수확량 × 환산계수) ÷ 표본구간 면적 - 표본구간 수확량 = (표본구간 정상 마늘 중량 + 80%형 피해 마늘 중량의 20%) × (1 + 누적비대추정지수) - 환산계수 : 0.7(한지형), 0.72(난지형) - 누적비대추정지수 = 지역별 수확적기까지 잔여일수 × 비대추정지수
고구마	수확량조사	수확직전	○ 피해율 = (기준수입 - 실제수입) ÷ 기준수입 ▷ 기준수입 = 평년수확량 × 농지별 기준가격 ▷ 실제수입 = (수확량 + 미보상감수량) × 최솟값(농지별 기준가격, 농지별 수확기가격) - 미보상감수량 = (평년수확량 - 수확량) × 미보상비율 (또는 보상하는 재해가 없이 감소된 수량) ○ 수확량 = (표본구간 단위면적당 수확량 × 조사대상면적) + {단위면적당 평년수확량 × (타작물 및 미보상면적 + 기수확면적)} ▷ 단위면적당 평년수확량 = 평년수확량 ÷ 실제경작면적 ▷ 조사대상면적 = 실경작면적 - 수확불능면적 - 타작물 및 미보상면적 - 기수확면적 ▷ 표본구간 단위면적당 수확량 = 표본구간 수확량 ÷ 표본구간 면적 - 표본구간 수확량 = (표본구간 정상 고구마 중량 + 50% 피해 고구마 중량 x 0.5 + 80% 피해 고구마 중량 x 0.2) ※ 위 산식은 표본구간 별로 적용됨

2025 유튜버 나원참 손해평가사 2차 이론서 이론과 실무 및 손해평가 하권
개념·예제 설명+실전문제풀이

발행일 2024년 12월 15일

발행처 인성재단(지식오름)

발행인 조순자

편저자 나원참

편 집 이우미

ISBN 979 - 11 - 93686 - 95 - 9

정가 43,000원